KULTURGESCHICHTE SACHSENS

Joachim Menzhausen

KULTURGESCHICHTE SACHSENS

Edition Leipzig

Umschlag-Vorderseite:
Nach dem Bade, Gemälde von Karl Schmidt-Rottluff, 1912, SKD, Galerie Neue Meister
Meißener Burgberg mit Dom und Albrechtsburg

Umschlag-Rückseite:
Johann Sebastian Bach, Gemälde von Elias Gottlob Haussmann, 1746, Leipzig, Stadtgeschichtliches Museum
Meissener Porzellanteller mit bunter Blumenmalerei, Staatliche Porzellan-Manufaktur Meissen

Diese Ausgabe ist eine ergänzte und aktualisierte Neuauflage des Bandes Joachim Menzhausen, Kulturlandschaft Sachsen, Amsterdam/Dresden 1999.

Bibliografische Information der Deutschen Nationalbibliothek
Die Deutsche Nationalbibliothek verzeichnet diese Publikation in der Deutschen Nationalbibliografie; detaillierte bibliografische Daten sind im Internet unter http://dnb.dnb.de abrufbar.

ISBN 978-3-361-00628-7

Umschlaggestaltung:
Lambert und Lambert, Düsseldorf
Layout:
Dietmar Senf, Leipzig
Satz:
Roman Bold Black, Köln
Karten:
Kartographisches Büro Borleis & Weis, Leipzig, nach Reiner Groß
Farbreproduktionen:
Förster & Borries GmbH, Zwickau
Druck und Bindung:
Westermann Druck Zwickau GmbH

Printed in Germany

INHALT

»Glück und Zeit« (Allegorie auf die Verherrlichung Sachsens) aus Meissener Porzellan® von Johann Joachim Kaendler, 1766. Museum Porzellan-Manufaktur Meissen

VORWORT

Dieses Buch wurde geschrieben unter dem Gesichtspunkt seiner Brauchbarkeit für viele. Deshalb wurden nur unumgängliche Fachbegriffe verwendet, und deshalb hat es entgegen der Regel nur einen Autor. Eigentlich hätte es von mehreren Fachleuten verfasst werden müssen. Erfahrungen lehren jedoch, dass eine Sammlung von Studien, die einen Gegenstand aus vielerlei wissenschaftlichen Blickwinkeln behandeln, kein Ganzes ergibt, sondern eine Summe von Teilen, die vor allem das Interesse von Vertretern der jeweiligen Fachrichtungen erregen.

Diese heute übliche Methode zur Erlangung breit gefächerter wissenschaftlicher Authentizität wurde preisgegeben zugunsten einer altertümlichen Verfahrensweise, bei der nur ein Schreiber ein geschichtliches Panorama darstellt, das ihn selbst fasziniert, mit der Absicht, außer dem Geflecht von Vorgängen auch die Beteiligung an ihnen zu vermitteln. Denn wir alle sind aus dem historischen Prozess gegenseitiger Bedingtheiten von Politik, Religion, Wirtschaft, Philosophie, Kunst und Technik hervorgegangen, der vorangetrieben wurde durch kalkuliertes Handeln unserer Vorläufer und dessen oftmals unkalkulierbare Folgen. Wir selbst setzen ihn fort durch die bloßen Notwendigkeiten unserer Existenz.

Um diese uns betreffenden Vorgänge in ihrer Verschränktheit bewusst zu machen, war Subjektivität in Kauf zu nehmen und die Unzulänglichkeit eines Einzelnen, die aus beruflicher Spezialisierung hervorgeht – hier die des Kunsthistorikers.

Klassische Vorbilder, wie die von Winckelmann, Burckhardt und Friedell, beflügelten den Versuch, fachliche Begrenztheit zu überwinden und sich einer Methode zu bemächtigen, die der künstlerischen analog ist.

Hilfe leisteten mir dabei durch Hinweise, Rat und Kritik in allen Teilen der Arbeit meine Frau, bei musikwissenschaftlichen Fragen Ortrun Landmann; jene Passagen aber, die Bergbau- und Wirtschaftsgeschichte betreffen, hätten nicht geschrieben werden können ohne die Konsultationen, die mir Eberhard Wächtler freundschaftlich gewährte.

Anlässe zum Schreiben dieses Buches waren die Wiederbegründung Sachsens und sein Anschluss an die Bundesrepublik Deutschland im Jahre 1990 und deren Folgen. Probleme der Identität und der politischen Freiheiten gibt es seither nicht mehr unter den Bewohnern dieses Landes, dafür aber neue soziale, wirtschaftliche und kulturelle. In dieser schwierigen Periode erschien es mir wichtig, einen Beitrag auch zur Wiederbegründung des sächsischen Selbstverständnisses zu liefern. Verbunden mit der Erinnerung an große historische Leistungen ist dabei die Hoffnung, dass die intellektuellen, technischen und musischen Begabungen, die hier seit Jahrhunderten zu Hause sind, sich auch in den gegenwärtigen globalen Prozessen behaupten und die immer wieder hervortretende Feinheit und die regionale Besonderheit der sächsischen Künste nicht einer internationalen Postmoderne und ihren Irrationalismen geopfert werden.

Hier wird regionaler Spezifik das Wort geredet, und zwar für alle, die wie auch immer mit Sachsen verbunden sind. Das Bewusstsein dessen, was diesem Lande wesentlich ist, sollte hilfreich sein, ihm gemäße Methoden zu finden, wenn man im deutschen Mutterland der Bergfreiheit, der Reformation, der Aufklärung und der Arbeiterbewegung die heute drängenden Probleme der Ökologie und der Gesellschaft begreifen will und angeht.

Diese einleitenden Sätze wurden 1995 geschrieben für das Buch »Kulturlandschaft Sachsen«, das 1999 beim Verlag der Kunst in Dresden erschienen ist. Darin aufbewahrt ist die Stimmung des Aufbruchs jener Jahre.

Die Fassung von 2014, die der Verlag Edition Leipzig unter dem Titel »Kulturgeschichte Sachsens« hiermit herausbringt, hätte infolge der wissenschaftlich präziseren Zielstellung, die der Titel vorgibt, wesentlich umfänglicher sein müssen. Ein einziger Autor hätte dieses Vorhaben auch kaum bewältigen können, wegen der ungewöhnlichen Fülle und der umfassenden Differenziertheit kultureller Erzeugnisse und Ereignisse während einer annähernd tausendjährigen Geschichte dieses Landes.

Die programmatische Brauchbarkeit dieses Buches, die sich aus seiner Handhabbarkeit und der Geschlossenheit der Darstellung ergibt, erhielt aber den Vorzug. Sie wird in der gegenwärtigen kulturellen Situation für notwendig erachtet. Deswegen sind Text und Bilder mit jenen von 1999 zwar weitgehend identisch, es gibt aber Erweiterungen, vor allem bei den Abbildungen, die mir notwendig erschienen, um das Gewicht einzelner Bereiche in der Gesamtdarstellung besser zu tarieren. Dies betrifft vor allem Musik und Literatur, Besonderheiten der mittelalterlichen Kunst, die Bedeutung der Lausitz für die sächsische Kultur und die sächsische Kultur in der DDR und in der Zeit des Freistaates nach 1990.

Auch hat der Historiker Karl-Heinz Blaschke mir eine Konsultation gewährt, die eine Reihe von Korrekturen zur Folge hatte. Für diese kollegiale Hilfe sei ihm besonders gedankt, wie auch für seine Ermutigung, diese Arbeit noch einmal und verbessert zu publizieren. Erhebliche Schwierigkeiten bereitete mir seine Information über damals neueste Forschungen zu Luthers Wittenberger Thesenanschlag, der angeblich nie stattgefunden habe. Dies erschien mir wegen der überlieferten inneren Folgerichtigkeit der Ereignisse als unglaubwürdig und zugleich besonders schwerwiegend, weil es sich um einen Haupt- und Wendepunkt der sächsischen Geschichte handelt. In dieser schwierigen Lage half mir ein Jugendfreund aus Leipziger Tagen, Oberlandeskirchenrat i. R. Folkert Ihmels, den richtigen Weg zu finden, der mittlerweile auch durch neuere Funde wissenschaftlich bestätigt wurde. Für die Erlösung aus wissenschaftlicher Ratlosigkeit sei ihm hiermit noch einmal gedankt. Nicht minder uneigennützig hilfreich war Ortrun Landmann. Ihre Verbesserungsvorschläge betrafen aber nicht allein musikwissenschaftliche Bereiche, sie korrigierte auch einen Irrtum in Bezug auf jüdische Künstler.

ANFÄNGE UND GRUNDLAGEN

Der römische Feldherr Drusus unternahm im Jahre 9 vor Christi Geburt eine Expedition in die unbekannten Teile Germaniens. Seine Legionen brachen auf von ihrem Feldlager bei Mogontiacum, dem heutigen Mainz, und ihr Zug endete vor einem Strom. Weshalb ihn die Römer nicht überquerten, sondern von dort aus zurückmarschierten, wissen wir nicht. Der Flusslauf und sein Umland blieben unerkundet und versanken wieder in illiterarischem Dunkel für Jahrhunderte. Es war die Elbe.

Sachsen blieb außerhalb des römischen Imperiums und gehörte auch nicht zum Karolingerreich, das seine Nachfolge antrat und mit dem sich das politische Schwergewicht in Europa nach Norden verlagerte. Jene Sachsen, die Karl der Große an der Aller besiegte und abschlachten ließ, bevor er ihr Land einnahm, waren die Vorfahren der heutigen Niedersachsen. Historische oder ethnische Beziehungen zum heutigen Sachsen und seinen Bewohnern – auch Obersachsen genannt – waren kaum vorhanden. Die Gebiete östlich der mittleren Elbe und der Saale waren slawisch-heidnisch und wenig bekannt. Ihre Stämme waren dem deutschen Reich tributpflichtig und hatten noch keine größeren politischen Einheiten gebildet, wie etwa die Polen oder die Böhmen unter den Herzögen und Königen vom Hause der Przemysliden, die sich gegen Unterwerfung und Tribut wiederholt in heftigen Feldschlachten zur Wehr setzten. Die späteren Aufstände der Elbslawen im heutigen Brandenburg gegen ihre Unterwerfung und Christianisierung waren damit nicht zu vergleichen und so verloren sie letztlich ihre Identität – bis auf die Vorfahren der heutigen Lausitzer Sorben –, nachdem im Jahre 929 ein deutsches Ritterheer unter König Heinrich I. über die Saale zur Havel und zur oberen Elbe vorgerückt war. Von Meißen bis Magdeburg wurde das neu eroberte Land durch Festungen gesichert, die am Westufer lagen und deren wichtigste als Zentren der Christianisierung später den Rang von Bischofssitzen erhielten. Dome und Burgen standen zusammen, wie man es noch heute auf dem Meißner Burgberg sieht.

Diese Vorgänge waren allerdings von modernen Kriegen und Verwaltungsakten völlig verschieden. Die eroberten Gebiete, schwach besiedelt, bestanden zu weiten Teilen aus unerschlossener Wildnis. Außerdem sahen Polen und Böhmen in der deutschen Expansion durchaus eine Bedrohung und stießen wiederholt mit Heeresmacht in die elbslawischen Gebiete vor. Aber auch die von den Kaisern eingesetzten Markgrafen trachteten danach, in kriegerischen oder politischen Auseinandersetzungen untereinander und mit ihren kaiserlichen Herren ihre Gebiete zu erweitern oder sie von Lehen in vererbbare Herrschaften umzuwandeln. Die Konsolidierung dieser schwierigen Verhältnisse begann erst nach mehr als eineinhalb Jahrhunderten, als Kaiser Heinrich IV. im Jahre 1089 den Wettiner Heinrich I. von Eilenburg mit der Markgrafschaft Meißen belehnte. Von da an blieb das Land, mit nur geringen anfänglichen Unterbrechungen, bis 1918 unter der Herrschaft dieser Familie – kein anderes europäisches Fürstenhaus hat seinen Staat so lange regiert.

Nach 1100 setzte die planmäßige Rodung und Besiedelung der Wildnisse durch Bauern aus dem alten Reichsgebiet ein. Landbesitz und Freiheit waren ihnen versprochen und sie blieben ihnen. Es gab keine Leibeigenschaft im Kernland Sachsens, auch nicht für die alteingesessenen slawischen Bauern und Fischer. Dies mag zur Verschmelzung der unterschiedlichen Gruppen beigetragen haben, zumal genügend Land für alle vorhanden war. Die dichte Folge von Dörfern mit Namen deutschen und slawischen Ursprungs in Sachsens fruchtbaren Ebenen bezeugt die Friedlichkeit dieses Prozesses, der sich über Generationen hinzog, und aus dem die heutige obersächsische Bevölkerung hervorging. Der slawische Anteil war aber wesentlich und blieb bis heute lebendig – in der Neigung zu Zischlauten und in mundartlichen Wendungen des sächsischen Dialekts, in Familien-, Flur-, Stadt- und Flussnamen und in der Anlage zahlreicher Dorfkerne. Zu vermerken ist, dass es auch Schwierigkeiten bei der Verständigung selbst zwischen den deutschen Einwanderern aus Franken, Niedersachsen und Brabant gegeben haben muss.

Im Jahre 1168 wurde auf dem erzgebirgischen Gebiet des neu gegründeten Zisterzienserklosters

Altzella Silber gefunden. Markgraf Otto von Meißen, Stifter des Klosters, zwang die Mönche zu einem Gebietsaustausch und erklärte das Silber zum landesherrlichen »Regal«. Er berief erfahrene Bergleute aus dem Harzgebiet zum »freien Berg«, aus deren Ansiedlungen Freiberg erwuchs, das sogleich Stadtrecht erhielt. Die Bergleute arbeiteten nämlich als freie Unternehmer, die von dem Markgrafen als dem obersten Bergherrn das Schürfrecht erhielten, auf wessen Grundbesitz auch immer sie ihre Schächte anlegen mochten, gegen Zahlung von einem Zehntel der Ausbeute. Außerdem stand dem Bergherrn das Vorkaufsrecht für das Silber zu. Mit diesen Regelungen hatte Markgraf Otto die Grundlagen für den Jahrhunderte andauernden Erfolg des Bergbaus und den Wohlstand des Landes geschaffen. Zu Recht wurde ihm auf dem Freiberger Markt im 19. Jahrhundert ein Denkmal errichtet, auf dem auch sein sächsischer Zuname zu lesen ist: Otto der Reiche.

Als in den folgenden Jahren und Jahrzehnten Mine auf Mine ergraben wurde, Stadt auf Stadt in jenem Gebirge entstand, welches das Erzgebirge heißen sollte, erwies sich die Freiheit der sächsischen Bevölkerung als essentielles Moment einer frühkapitalistischen industriellen Entwicklung. Die Söhne der Bauern waren frei, sich zu verdingen oder als bergbauliche Kleinunternehmer zu arbeiten, wo immer es ihnen Erfolg versprechend schien, ungeachtet feudalen Grundeigentums. Sie entdeckten Zinn, Kupfer, Eisen, Wismut, Kobalt, Marmor, Kohle, Jaspis, Achat und Granatvorkommen. Sie bauten Schmelzhütten, Hammer- und Sägewerke, Stauseen, Wassergräben, Aquädukte und Pumpanlagen, Straßen, Handelshäuser, Werkstätten, Rathäuser, Kirchen und Stadtmauern über Jahrhunderte hin bis in die Neuzeit. Freiheit und Bergbau bildeten die Grundlagen des neuen Landes, der Mark Meißen, der sächsischen Kultur überhaupt.

Die Entwicklung verlief diskontinuierlich. Vorkommen erloschen plötzlich und wirtschaftliche Notzeiten gingen in »Berggeschrei« über, wenn neue Erzlager aufgetan wurden. Das Erzgebirge enthält ungewöhnlich starke Verwerfungen. Die Gänge verlaufen kompliziert und provozierten Erfindungskraft und den Einsatz großen Kapitals. Gesellschaften entstanden, in denen Patrizier, Edelleute und der Landesherr gleichberechtigt Verluste und Gewinne teilten. Antagonismen zwischen den Ständen und Klassen traten in Sachsen deshalb gemildert auf oder später, vor allem im 19. Jahrhundert. Immer gab es zwischen proletarisierten Schichten auch die hoch qualifizierten Facharbeiter, die »Arbeiteraristokraten«; neben armen Bürgern und Edelleuten die reichen Handels- und Bergherren aus beiden Ständen, neben pauperisierten Kleinbauern wohlhabende bäuerliche Grundbesitzer, die indirekt vom Bergbau profitierten, denn bereits um 1300 lebte ein Fünftel der Landesbewohner in Städten. Dies lässt erkennen, wie rapide der Ausbau der Mark Meißen verlief, trotz zahlreicher Kämpfe der frühen Feudalmächte, Bruderzwiste im Hause Wettin eingeschlossen. In den Jahrzehnten um 1200 wurden Leipzig, Dresden, Freiberg, Chemnitz, Altenburg und Zwickau gegründet – die drei Letzteren noch als kaiserliche Städte im Pleißener Land – um nur die wichtigsten zu nennen.

Markgraf Otto der Reiche. Denkmal von Georg Gröne auf dem Freiberger Obermarkt, 1889 bis 1897

Die Bischöfe von Meißen, Merseburg und Naumburg – mächtige Grundherren im Bereich der wettinischen Länder – erbauten ihre Dome, Klöster ihre Anlagen mit Kreuzgängen und Klosterkirchen. Dabei war das Land zwischen Saale und Neiße, Erzgebirge und Fläming fortwährend Opfer von Teilungen und Objekt von Kriegen, mit denen die Kaiser, Bischöfe und Grafengeschlechter ihre Besitzansprüche gegeneinander austrugen. Immer wieder gelang es den wettinischen Markgrafen von Meißen, durch Heiraten, Erbschaften und Kriegszüge ihre Herrschaft durchzusetzen, wenngleich sie sie durch Erbteilungen ständig neu gefährdeten. So kam Markgraf Heinrich der Erlauchte im Jahre 1247 durch Erbschaft zur Würde des Landgrafen von Thüringen und war als Herrscher über die meißnischen und thüringischen Länder einer der mächtigsten Feudalherren des Reiches, doch schon sein Sohn, Albrecht der Entartete, verlor um 1300 fast alle Gebiete und Rechte. Seine Söhne und Enkel erfochten sie wieder bis etwa zur Mitte des 14. Jahrhunderts. Erst seit diesem Zeitpunkt kann das Land, das später Sachsen heißen sollte, als politisch konsolidiert gelten. Dies war allerdings auch eine Folge von kriegerischen und politischen Erfolgen, die die Wettiner gegen die Ansprüche deutscher Könige errangen, ein eigenes Reichsgebiet zwischen dem Erzgebirge und Leipzig zu etablieren. Damit hatte Sachsen zum ersten Mal gezeigt, dass sich die kaiserliche Zentralgewalt gegen landesfürstliche Macht nicht durchzusetzen vermochte.

Dies war die Wirkung eines Territoriums, das bestimmt war von vielfach gebrochenen, ungleichmäßigen Entwicklungen, ein Landnehmer- und ein Silbergräberland. Während im alten Reichsgebiet zwischen Rhein und Saale schon in karolingischer und ottonischer Zeit die deutschen Stämme ihre Herzogtümer und Bischofssitze, ihre Klöster und Städte gleichsam organisch ausbildeten, beherrschten hier noch Bär und Elch die Wildnis zwischen verstreuten slawischen Dörfern in den Flussniederungen. Die Stadtgründungen setzten in Sachsen zwei Jahrhunderte später ein, aber ihr Umland war politisch nicht gefestigt und die Bevölkerung heterogen. Andererseits spendeten die Berge ungeheuren Reichtum, und die Straßen und Flüsse dieses Durchgangslandes wurden für den Handel in und aus allen Himmelsrichtungen unumgänglich. Über die Elbe war die Mark Meißen mit dem Norden und dem Süden des Kontinents verbunden. Die Niedere Straße – so geheißen, weil sie die Mittelgebirge mied – kreuzte sie bei Torgau; sie war der große Handelsweg zwischen Ost und West. Dieser Vorteil konnte aber blitzschnell in einen Nachteil umschlagen, denn das Land war nach allen Seiten offen und seine weiten Ebenen bildeten hervorragende Aufmarschgebiete. Überdurchschnittlich viele jener großen Schlachten, die Deutschlands oder gar Europas Schicksale für lange Zeit bestimmten, wurden in der sächsischen Tiefebene geschlagen. Zuletzt trafen sich die Truppen der Antihitlerkoalition bei Torgau an der Elbe, wo die Niedere Straße sie seit Jahrhunderten überquerte. Jedoch, wo der Soldat marschierte und der Kaufmann zog, dort wanderte auch der Künstler. Viele der großen Kunstwerke Sachsens wurden von Künstlern geschaffen, die zugewandert waren. Zu definieren, ob sie dennoch sächsisch sind, ist eine Aufgabe dieses Buches.

Im Jahre 1230 – drei Jahrhunderte nach dem Slawenfeldzug König Heinrichs I. – übernahm ein junger Wettiner Amt und Macht der Markgrafschaft Meißen, in dessen Regierungsstil aufschien, was als

Markgraf Heinrich der Erlauchte. Illustration aus der Manessischen Liederhandschrift, um 1314. Universitätsbibliothek Heidelberg

Wesensmerkmal und bestes Erbteil seines Hauses in künftigen Jahrhunderten immer wieder hervortrat und dazu beitrug, Sachsen zu prägen: die Doppelbegabung für Macht und Kultur. Schon zu Lebzeiten erhielt er den Zunamen »Illustris«, der Glanzvolle. In der Geschichte heißt er Heinrich der Erlauchte. Dieser Fürst vereinigte in seiner Hand die Mark Meißen, die Ostmark – etwa die heutige Niederlausitz –, die Pfalzgrafschaft Sachsen westlich von Naumburg und die Landgrafschaft Thüringen, und war somit Herr zwischen Eisenach und Guben, Pirna und Torgau. Er gehörte zu den mächtigsten und reichsten Herrschern im Heiligen Römischen Reich. Zugleich war er Minnesänger, also Dichter und Komponist, und er tritt uns mit seinen Versen im Idealbild der Manessischen Liederhandschrift entgegen. Walther von der Vogelweide und Heinrich von Morungen waren am Hofe seines Vaters als Sänger und Dichter hervorgetreten und mögen als viel gerühmte Vorbilder gewirkt haben. Er stiftete Klöster, verlieh Stadtrechte; während seiner Regierungszeit von 1230 bis 1288 schritt der Bau der Dome von Naumburg, Meißen und Freiberg voran, wurde die erste Elbbrücke von Dresden errichtet, erschienen Silber und Zinn aus der Mark Meißen auf den großen europäischen Märkten, wurden die Grundstrukturen der Landesverwaltung festgelegt und das Freiberger Bergrecht schriftlich fixiert, sind erste Handwerkerinnungen gegründet worden und beim Leipziger Thomaskloster die erste Stadtschule. Wegen des einsetzenden Geldverkehrs wurden Juden und Christen rechtlich gleichgestellt. Als Heinricius Illustris veranstaltete er berühmte Turniere in Nordhausen, Merseburg und Meißen, Höhepunkte höfisch-ritterlichen Lebens im Reiche und Vorläufer jener Feste, die in späteren Jahrhunderten den Dresdner Hof auszeichneten.

Heinrich war es auch, der 1242 die Wahl seines Halbbruders zum Bischof von Naumburg durchsetzte. Jener Bischof Dietrich erbat 1249 in einem offenen Brief Beiträge zum Westchor des Domes mit den Figuren der Stifter, die sich durch die Gründung – vor 200 Jahren – höchste Verdienste bei Gott und Vergebung ihrer Sünden erwirkt hätten. Er brachte diese Idee hervor, die damals einzig und ohne Vergleich war, mit der Ehrung seiner Vorfahren zugleich die Schutzmacht des Fürstenhauses über das Bistum für Vergangenheit und Zukunft zu fixieren, denn neun dieser zwölf Gestalten waren Wettiner. Bischof Dietrichs zukunftsweisende Vorgabe inspirierte den Naumburger Meister, das noch

Lebensgroße Stifterfiguren Eckehard und Uta an der Westwand des Westchores im Naumburger Dom, 1250 bis 1260

nie Dagewesene zu verwirklichen: In monumentaler Größe meißelte er mit seinen Gehilfen jene längst verstorbenen Grafen und Gräfinnen in lebendiger Gegenwärtigkeit, mit Schild und Schwert, mit den Zeichen ihrer Würde, mit Nennung der Namen und Taten, in individueller Charakterisierung. In höfisch-ritterlichem Gewande tritt in den geheiligten Raum der Kirche die politische Führungselite des Landes mit Anspruch auf ihr Recht vor Gott und den Menschen auf Ewigkeit, nicht im Tode und nicht mit dem Kirchenmodell in Händen, sondern als sie selbst: kriegerische und sogar morderprobte Herren, hochmütige Edeldamen, trauernde Witwen. Wir müssen diese von der Wirklichkeit inspirierten Idealbilder zusammen mit den etwa gleichzeitigen Figuren des großen italienischen Bildhauers Niccolò Pisano sehen und begreifen: Hiermit bricht in Europa eine neue Epoche an, die Gotik, die Stadtkultur.

Wir wissen nicht, woher der große Bildhauer stammt, der diese Meisterwerke schuf. Jedoch ist erschlossen, dass er über die Dombauhütten von

Reims und Mainz nach Naumburg kam. Im Reimser Dom sieht man auch schon solche Blätter und Blattranken aus Kapitellen und Gesimsen wachsen, die im Naumburger Westchor zu kaum je wieder erreichter Freiheit naturnaher Gestaltung entwickelt wurden, so neu und unabhängig wie die Idee eines Westchores als Ehrenmal und Gedenkstätte der Stifter selbst.

Zur genialen Kunstform bedurfte es aber durchaus der Aufgabe, die Bischof Dietrich stellte. Insofern sind diese Statuen vom Geiste des von Machtkämpfen und Aufbrüchen bewegten Landes gezeichnet, von traditionsloser Unmittelbarkeit, kraftvoller Selbstbehauptung, Reichtum und höchstem künstlerischem Anspruch. Dies war nicht mehr neu im Lande. Schon in den Jahren um und nach 1230 waren in Freiberg und in Wechselburg an der Mulde skulpturale Werke entstanden, die zu den wesentlichen Schöpfungen der deutschen Spätromanik gehören. Eine Generation vor den Arbeiten des – schon frühgotisch wirkenden – Naumburger Meisters fertiggestellt, haben sie mit ihnen gemeinsam, dass auch sie im Auftrag der wettinischen Landesherren von Bildhauern geschaffen wurden, die von der französischen und rheinischen oder von der niedersächsischen Kathedralplastik herkamen. In Wechselburg hatte schon 1174 ein Großonkel Heinrichs des Erlauchten, Graf Dedo von Groitzsch, ein

Wechselburg, Stiftskirche

Dedo V., Graf von Groitzsch, und seine Gemahlin Mechthild von Heinsberg. Neogotische Tumba mit den Reliefplatten des Stifterpaares, um 1230/35. Wechselburg, Stiftskirche

Augustiner Chorherrenstift gegründet. Dessen Kirche, eines der feinsten romanischen Bauwerke östlich der Saale, bestimmte er zu seiner Grablege. Auf dem Sarkophag (Tumba) sieht man ihn vollplastisch, neben seiner Gemahlin Mechthild, mit Fahne, Schild und Schwert, das Kirchenmodell in der Hand, ähnlich dem etwa gleichzeitigen Grabmal seines Vorgängers, des Grafen Wiprecht von Groitzsch, in der Laurentius-Kirche zu Pegau. Großartiger noch erscheinen die Skulpturen des Lettners und die Triumphkreuzgruppe, die von byzantinischen und französischen Vorbildern ausgehen und zudem von so klassischer Klarheit sind, als hätten die Bildhauer antike Skulpturen gekannt.

Im Freiberger Dom sind vom Lettner nur noch Bruchstücke erhalten, vollständig aber ist die Triumphkreuzgruppe. Sie sind von anderen Händen gefertigt, aber ersichtlich haben die Meister beider Bauhütten miteinander in Verbindung gestanden. Sie waren weniger als 50 Kilometer voneinander entfernt und zwischen ihnen gab es ein geistliches und geistiges Zentrum, das Zisterzienserkloster Altzella beim heutigen Nossen, das 1162 von Otto dem Reichen gestiftet und zur markgräflichen Grablege bestimmt worden war. Auch dieses größte und reichste der sächsischen Klöster hat die Reformation nicht überdauert. Nur Reste und Ruinen sind noch vorhanden, von Kunstwerken wenige. Sie müssen denen der beiden anderen Anlagen in Freiberg und Wechselburg ähnlich gewesen sein, gingen ihnen jedoch um etwa eine Generation voraus. Vor diesen wiederum stand in etwa gleicher historischer Distanz der romanische Dom mit seiner Ausstattung auf dem Burgberg von Meißen, dessen Bau bereits um 1006 begonnen worden war. Dies sind jedoch nur die wichtigsten Bauten. Sie muss man sich umgeben von etwa 40 Klöstern im Bereich der Mark Meißen vorstellen, deren Zentren ebenfalls romanische Kirchen mit ihren Skulpturen bildeten.

Eine Ahnung von jenen verlorenen Andachtsbildern gibt ein einziges erhaltenes. Es ist die sogenannte Otzdorfer Madonna, ein Werk vom Ende des 12. Jahrhunderts, das zweifellos nicht von Anfang an in der Kirche dieses Dorfes im Muldenland bei Döbeln gestanden hat, nach dem es benannt wurde, sondern wohl in einem dieser frühen Klöster. Es ist ein Meisterwerk von großer Würde und Schönheit. Wahrscheinlich stammt es von einem Bildhauer, der im Maasgebiet ausgebildet wurde, dem Kulturraum, der das Zentrum des Karolingerreiches bildete. Dort, im nördlichen Randgebiet des römischen Imperiums, setzten künstlerische Produktionen etwa drei Jahrhunderte früher ein als in den slawischen Ländern. Allein dies erklärt, weshalb die großen Kunstwerke des hohen Mittelalters in der Mark Meißen sämtlich importiert sind oder von Meistern gearbeitet wurden, die aus den alten kulturellen Zentren zwischen der Île de France und Niedersachsen berufen worden waren. Sie sind also nicht sächsisch, jedoch ihr dichtes Auftreten im meißnischen Silberland und die offensichtliche Kommunikation zwischen seinen kirchlichen und landesherrschaftlichen Stätten könnten eine Eigenschaft erklären, die jene Reste einer großen Epoche gemeinsam aufweisen, nämlich eine eigentümliche Klassizität: Neigung zu ruhiger, klarer Form, wie sie die Römer vorgebildet haben. Es ist dabei in Betracht zu ziehen, dass fast alle großen, uns überlieferten Werke höfisch sind, denn sie entstanden im Auftrag der Landesherren.

Dies betrifft vor allem eines der mächtigsten skulpturalen Denkmäler der Epoche, die Goldene Pforte des Freiberger Doms. Schon 1902/03 musste sie in einen Vorbau eingeschreint werden, der sie vor den Luftverschmutzungen der Industrie bewahren sollte. So ist ihre Fernwirkung dahin. Als das Portal um 1230 in voller farbiger Pracht mit vielen vergoldeten Teilen, vielem Rot und Blau, auch Grün und Weiß den Haupteingang inmitten der Westfassade des ersten romanischen Doms feierlich-festlich umschloss, muss das für die Gläubigen wohl atemberaubend gewesen sein. Markgraf Heinrich der Erlauchte sah sie leuchten gegenüber seiner Burg in der Wildnis des schwach besiedelten Gebirges, das kaum 70 Jahre zuvor von Bauern und Bergleuten mit Axt und Hacke bezwungen worden war. Gleich nach den Silberfunden hatte nämlich sein Großvater, Markgraf Otto der Reiche, bei der ersten Ansiedlung der Goslarer Bergleute einen Herrenhof errichten lassen. Schon gegen 1200 stand dort eine Burg als Position landesherrlicher Vollmacht und Kontrolle. Der Dom gehörte zur Burg und war anfänglich der Staatsmacht vorbehalten. Pracht, Monumentalität und Neuartigkeit der Pforte stehen in diesem Zeichen und sind durch hohe Kunst und klassische Schönheit mit dem Gedanken der Erlösung verbunden, repräsentiert durch die Madonna mit dem Kind in der Mitte des Tympanons. Unter ihr betrat der Fürst seine Kirche. Erst beim Bau der gotischen Hallenkirche im 15. Jahrhundert hat man das Portal an die Südseite versetzt.

Otzdorfer Madonna. Holzplastik, um 1150. SKD, Skulpturensammlung

Die Bildhauer, die mit der Goldenen Pforte einen bayerisch-fränkischen Portaltyp weiterentwickelten, werden aus dem Raum von Halberstadt / Goslar ins Erzgebirge gekommen sein, von dort also, woher auch die Fachleute für den Silberbergbau kamen. Nie zuvor und nie danach ist ein Portal von solchem Reichtum und solcher Klassizität in Deutschland geschaffen worden.

Eines der merkwürdigsten sächsischen Bildwerke dieser Epoche wurde aber für eine kleine, eigentlich unwichtige Klosterkirche in einem heutigen Vorort von Aue (Klösterlein-Zelle) geschaffen. Gelegen an der Zwickauer Mulde und an der Passstraße, die Leipzig mit Prag verband, erhielt diese Position für die Reichspolitik Kaiser Friedrichs I., Barbarossa, strategische Bedeutung, der dort an der Nord-Südachse ein eigenes Reichsgebiet zu installieren trachtete. Dieses Vorhaben endete mit dem Tode des Kaisers auf dem Kreuzzug von 1190. Er hatte 1173 das Kloster als Augustiner Chorherrenstift gegründet. Die veränderte politische Zielsetzung wird daran erkennbar, dass 1237 unter dem Markgrafen Heinrich dem Erlauchten die Zisterzienser das Klösterlein übernahmen. Sie erbauten es neu und ließen an der Außenseite des Ostgiebels in etwa 5 Meter Höhe eine Putzritzzeichnung anbringen. Sie ist 244 mal 249 Zentimeter groß und zeigt die Madonna mit dem Kind, rechter Hand flankiert vom heiligen Nikolaus, links

Goldene Pforte. Rundbogen-Sandsteinportal am Freiberger Dom, 1230 bis 1235

vom Gründer Friedrich Barbarossa. Die Hauptlinien des Bildes waren ursprünglich rot ausgelegt, der Grund weiß gehalten. Heute befindet es sich im Refektorium des Klosters Altzella bei Nossen im Dachgeschoss, an dessen Weite, Höhe und Schönheit man noch immer den Rang der Klosterbibliothek ahnen kann, die sich bis zur Reformation dort befand.

Das Bild, von einer Doppellinie gerahmt, ist mit griffelartigen Instrumenten in den frisch aufgetragenen Putz geritzt worden, die Hauptlinien stärker als die Nebenlinien, und zwar mit bewunderungswürdiger Sicherheit, viele mehr als meterlang in einem Zuge. Die Madonna hat nicht mehr das majestätisch Thronende der aus Otzdorf oder jener aus Freiberg. Das Kind blickt zu ihr auf und hat den Arm um ihre Schulter gelegt. Wirkliches und Individuelles sind damit ins Bild genommen worden. Die Madonna tritt hervor und aus dem Bild heraus, indem ihr Fuß den Rahmen übersteigt, wie auch ihr Heiligenschein die obere Begrenzung durchbricht. Sie ist in ihrer Überlänge, aber auch in der gleichsam irdischen Beziehung von Mutter und Kind als Hauptfigur zu sehen, darin ist sie bereits gotisch. Diese Darstellungsweise kannte der Zeichner von byzantinischen Vorbildern, direkt aber aus Frankreich. Das zu wissen ist wichtig, denn es zeigt uns, dass damals, am Anfang einer neuen Monumentalkunst, als die städtischen Zentren mit Mauern und Märkten, Kathedralen und Universitäten sich eben bildeten und es Territorialschulen, feste Werkstätten und große Residenzen noch nicht gab, die Künstler als Wanderer von Kirche zu Kirche zogen. Sie bewegten sich in einem europäischen Kulturraum mit Herrschaftsgebieten, aber ohne souveräne Staaten und mit einer Kultursprache,

Putzritzzeichnung des Meisters Martin aus Aue. Klösterlein-Zelle bei Aue. Heutiger Standort: Konversenhaus, erstes Obergeschoss (Bibliothekssaal), des ehemaligen Zisterzienserklosters Altzella bei Nossen. Eigentümer Ev.-Luth. Kirchgemeinde Aue-Zelle

dem Latein. In lateinischen Majuskeln (Großbuchstaben) konnte seit etwa 1240 ein schriftkundiger Reisender die Inschrift auf der Fußleiste lesen: MARTIN ME FECIT, zu Deutsch »Martin hat mich gemacht«. Dies ist eine der ersten Künstlerinschriften der europäischen Kunst.

Es gibt heute nur noch wenige solcher Putzritzzeichnungen. Sie alle befinden sich im nord-mitteldeutschen Raum, sodass man vom Beginn eines Territorialstils sprechen kann. Er ist aber noch nicht sächsisch, sondern deutsch – wie auch beim Naumburger Meister. Geist und Stil sind aber ganz europäisch, denn nur um ein paar Jahre versetzt, erschienen an den Marmorwerken der Bildhauerfamilie Pisano in Oberitalien ebenfalls Signaturen. Es sind die ersten Zeugnisse eines bürgerlichen Selbstbewusstseins, allein darauf gegründet, was ein Mann – damals noch keine Frau – an Neuem und Großartigem hervorzubringen vermag, und nicht mehr auf eine Position in der politischen oder kirchlichen Hierarchie. Der Umbruch von der Romanik zur Gotik, von der Kultur der Burg zu der der Stadt war aber gleich, ob in Paris oder Mailand, Naumburg oder Aue. Je nach den Fähigkeiten der unbekannten Meister waren die Werke zwar von unterschiedlichem Rang, aber Provinzialität gab es noch nicht, solange sie in einem geistig einheitlichen Europa ohne feste Werkstätten in Residenzen und Städten arbeiteten, verschieden nur durch Sprache und Tradition.

Die Reihe außerordentlicher Bildwerke der Spätromanik und Frühgotik im Kernland Sachsens setzte in den Jahren um 1230 in Freiberg und Wechselburg ein, erreichte ihre Höhe nach 1250 in Naumburg und endete wohl ein Jahrzehnt später in Meißen. Dort war der spätromanische Dom im Bau. Seine Westfront sollte ein sehr groß dimensioniertes Figurenportal schmücken. Über 2 Meter hohe Statuen waren dafür bei Bildhauern der Naumburger Werkstatt bestellt worden. Nach Änderung dieses Plans wurden vier dieser Figuren auf Konsolen an den Wänden des Chors aufgestellt, drei in einer Kapelle an der Südseite. Entsprechend der frühgotischen Entwicklung im französisch-deutschen Raum sind sie, wiewohl nur wenig später gearbeitet als die Naumburger, bewegter und also weniger blockhaft, reicher in ihren Einzelformen und weniger monumental. Sie sind von hohem Rang, aber eben auf einer jüngeren Stilstufe, und sie bezeugen die unmittelbare Verbindung der sächsischen mit der zentraleuropäischen Kunst der Epoche.

Es ist überaus bedenkenswert, dass nunmehr die Entwicklung der Skulptur auf dieser Höhe in der Mark Meißen abbrach. Dabei wuchsen aber gleichzeitig die Städte weiter und nahmen an Reichtum und Geltung zu. Im Jahre 1230 setzte der Zinnbergbau im Erzgebirge ein und schon elf Jahre später wurde mit sächsischer Ware das englische Zinnmonopol auf dem Kölner Markt gebrochen. Freiberg (vor 1244) und Leipzig (1273) erhielten das Recht, Münzen zu schlagen. In Dresden wurde 1275 die erste Elbbrücke gebaut, die bald darauf als steinern bezeugt wird – ein Ausdruck zunehmender Bedeutung ganzjähriger Handelsverbindungen. Darauf verweisen auch die Gründung von Zünften und die Anteile von Handwerkern an den Räten der Städte. Handel, Produktion und Geldwirtschaft begannen also gerade in diesen Jahrzehnten das Land zu prägen.

Es waren offenbar drei gegenläufige Faktoren, welche die erste große Blütezeit der Kunst in der Mark Meißen beendeten. Dabei fällt ins Gewicht, dass es sich um höfische Kunst gehandelt hat. 1288 starb Heinrich der Erlauchte. In üblicher Weise hatte er schon vorher Teile des Landes seinen zwei Söhnen übertragen. Diese wiederum hatten schon erwachsene Nachkommen mit eigenen Erbansprüchen, und so entbrannte zwischen diesen Herren der Streit um die wettinischen Länder. Dabei spielte Heinrichs ältester Sohn eine besonders destruktive Rolle. Er hieß Albrecht und erhielt im 16. Jahrhundert schließlich den Zunamen der »Entartete«. Durch Verkäufe ganzer Grafschaften dezimierte er den gemeinsamen Besitz. Kriege brachen aus zwischen ihm und seinen Söhnen und auch den Söhnen seines verstorbenen Bruders. Die deutschen Kaiser nutzten diese Konflikte, um große Landesteile wieder in Reichsbesitz zu nehmen. 1295 ging sogar die Markgrafschaft Meißen verloren und ein Jahr später eroberten kaiserliche Truppen die Stadt Freiberg. Erst 1310 war die wettinische Herrschaft durch Rückeroberung in der Mark Meißen und in Thüringen wiederhergestellt und 1311 kam das Pleißenland hinzu. Damit war durch kaiserlichen Verzicht die Zentralgewalt im Heiligen Römischen Reich wieder geschwächt worden, doch dies gedachte Kaiser Karl IV. nicht hinzunehmen. Er hatte schon als König von Böhmen das Land Bautzen erworben, und es gelang ihm schließlich, beide Lausitzen und die Mark Brandenburg unter seine Herrschaft zu bringen. Seine Residenz Tangermünde baute er in der Absicht, den Elbhandel zwischen Italien und der Nordsee zu beherrschen, zu einer gewaltigen Festung aus. Bis zu seinem Tode standen die Wettiner unter starkem politischem Druck und die Lausitzen blieben von Sachsen bis 1635 getrennt.

Die kaiserlichen Eingriffe bildeten den zweiten Faktor, der dritte aber, der zum Ende der ersten kulturellen Blütezeit beitrug, war die Krise des Silberbergbaus. Zwar hatte man im 13. Jahrhundert noch weitere Silberadern entdeckt – so 1266 bei Dippoldiswalde, das daraufhin Stadtrecht erhielt und zwei Kirchen bauen konnte, von denen St. Nicolai noch im spätromanischen Zustand erhalten ist –, aber mit dem technischen Vermögen der meist einzeln arbeitenden freien Bergunternehmer war nur an Lager heranzukommen, die sich nahe der Erdoberfläche hinzogen. Die Schächte reichten bis in etwa 12 Meter Tiefe. Vor allem einbrechendes Wasser verhinderte das Weiterarbeiten. So verminderten sich die Erträge, und auch die Einnahmen des obersten Bergherren sanken, denn Silber war so gut wie Geld und die Abgaben aus den Zinnminen von Geyer, Ehrenfriedersdorf, Seiffen und Altenberg vermochten die Verluste nicht auszugleichen.

Die kulturelle Situation des 14. Jahrhunderts war also dadurch gekennzeichnet, dass die Künste im Dienste des Hauses Wettin kaum mehr zu großartiger Entfaltung gelangten und gleichzeitig beim Aufbau der zahlreichen Städte und Burgen im ganzen Land noch keine Werke hohen Ranges entstanden. Dabei kam aber die Konsolidierung der Kommunen unablässig voran, nicht einmal prinzipiell gestört oder gar verhindert durch die Pest, die die Bevölkerung – wie in ganz Europa – seit 1249 in Mitteldeutschland jahrelang dezimierte. Ganze Dörfer wurden wüst und Landschaften fielen in die Wildnis zurück. Dennoch bildete sich gerade im 14. Jahrhundert hier das städtische Schulwesen aus, stärker als in jedem anderen deutschen Land. Der Bergbau und die ihm nachfolgenden Gewerke sowie die wichtigen Handelsstraßen zu Wasser und zu Lande förderten in Sachsen die Städtegründungen, und deren Bewohner – Händler, Bergleute und Handwerker – bildeten bereits etwa ein Viertel der Gesamtbevölkerung. Die meisten von ihnen benötigten Schriftkenntnisse. Daher also etablierten nach Leipzig nun auch die Städte Dresden, Zwickau, Zittau, Freiberg, Reichenbach im Vogtland, Lößnitz, Pirna, Plauen, Bautzen, Großenhain, Grimma, Löbau, Oschatz, Görlitz, Reichenbach in der Oberlausitz, Wolkenstein, Bischofswerda, Waldenburg, Dippoldiswalde, Leisnig und Chemnitz ihre öffentlichen Schulen, die den Charakter von Gymnasien annahmen. Sie sollten zu Pflanzstätten der Reformation werden.

Stiftungsurkunde der Nikolaischule Leipzig, ausgestellt von Bischof Bonifatius IX. am 11. März 1395

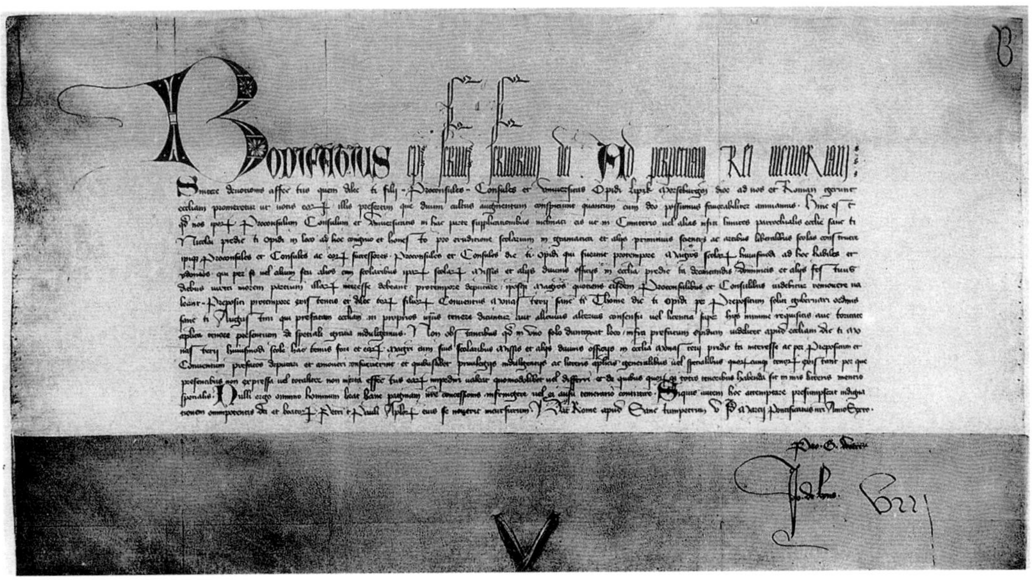

Meißner Dom, Langhaus, Ende 13. bis Ende 14. Jahrhundert

Natürlich standen in diesen Städten, wie in zahlreichen weniger wichtigen und kleineren, Kirchen aus Gründungszeiten, zumeist spätromanische Bauten, und in ihnen befanden sich Altäre und Andachtsbilder. Davon haben aber allenfalls Reste auch nur das 15. Jahrhundert überdauert. Die Räume wurden zu klein für die anwachsende Bevölkerung, und manche Kirchen waren nur aus Holz. Sie sind deshalb in der Regel mit größeren spätgotischen Hallenkirchen überbaut worden. Die alten Ausstattungen aber sind generell nicht für wert befunden worden, aufbewahrt zu werden, und wurden durch neue ersetzt. Dieser Prozess erfasste das ganze Land.

Im 14. Jahrhundert konnte in der Mark Meißen nur ein Bauwerk hohen Ranges entstehen, das, den bekannten Gründen entsprechend, weder höfisch noch bürgerlich war, eine bischöfliche Kathedrale: der Meißner Dom. Unter den gotischen Domen Deutschlands ist er einer der kleinsten. Seine östlichen Teile mit dem Querschiff und die unteren Turmgeschosse wurden noch im letzten Drittel des 13. Jahrhunderts errichtet. Aber der Bau des Langhauses dauerte das ganze 14. Jahrhundert über. Dies bezeugt einen enormen Rückgang der Kapazitäten im Verhältnis zur vorangegangenen Periode. Andererseits ist diese Halle von wunderbarer Einheitlichkeit des hochgotischen Stils, obwohl vier Generationen an ihr gebaut haben. Die Fenster nehmen die Flächen zwischen den Pfeilern völlig ein. Sie müssen ehemals mit ihren Glasmalereien den Raum mit einem gleichmäßigen farbigen Schein erfüllt – heller als etwa in der riesigen Basilika von Chartres – und die feingliedrige Plastizität der Stützen stärker modelliert haben, als sie es mit ihrem heutigen hellgrauen Licht vermögen. Die Pfeiler sind vielfach gebündelt und die Kreuzrippengewölbe steil, sodass der Raum schlank erscheint und von ruhiger Klassizität. Merkwürdig tritt damit wiederum ein Formencharakter in Erscheinung, der schon den Naumburger Dom und die großen skulpturalen Werke des Anfangs der wettinischen Hofkunst auszeichnete: das Klare, das Feine und das Prächtige. Großartigkeit wurde selbst in Zeiten außerordentlichen Reichtums in Sachsen unter diesem Zeichen verwirklicht, nicht in großformiger Monumentalität.

Im Jahre 1382 wurde Wilhelm I., genannt der Einäugige, Markgraf von Meißen – ein entschlossen handelnder Politiker und tüchtiger Verwalter. Er erwarb Pirna und Gottleuba, Colditz und Eilenburg und brachte durch Krieg die Burggrafschaft Dohna sowie schließlich auch die Burg Königstein in wettinischen Besitz. Er erließ eine Landfriedensordnung zur Förderung von Handel und Gewerbe. Seine größte Tat aber war es, dass er den Ausbau des »Alten Tiefen Fürstenstollen« beginnen ließ.

Die ersten erzgebirgischen Silberadern waren schon über 200 Jahre zuvor auf dem Freiberger Hochplateau entdeckt worden. Die Stadt liegt über dem Tal der Mulde. Wie erwähnt, wurden im Verlauf des 14. Jahrhunderts die Erträge ständig geringer wegen Erschöpfung der Vorkommen nahe der Erdoberfläche. Wassereinbrüche verhinderten die Anlage tieferer Schächte. So entstand der Gedanke, unterhalb von Freiberg, einen Stollen auszuhauen, der bis unter die Stadt führen und die gesamte Hochfläche entwässern sollte. Die zahlreichen Gruben der Bergleute konnten durch schräg verlaufende

Meißner Dom, Westchor, um 1415 bis um 1428

Gänge mit diesem Stollen verbunden werden, sodass praktisch an alles Silber, das der Berg bis zu dieser Tiefe enthielt, heranzukommen sein musste. Es war ein Unternehmen nicht minder großartig als der Bau einer Kathedrale und so wie dieser für Generationen geplant. In der Tat wurde an dem gesamten Stollensystem bis zum 16. Jahrhundert gearbeitet. Allerdings waren die Voraussetzungen andere als beim Hochbau und sie hatten eine Revolutionierung der gesamten bergbaulichen Arbeitsorganisation zur Folge. Zum einen mussten Geologie und Geodäsie so weit entwickelt gewesen sein, um ein Wagnis zu rechtfertigen, für das es keine Vorbilder gab – ein Weg in unbekannte Risiken, wie die Fahrt des Kolumbus. Offensichtlich fürchtete man nicht, den Höllenschlund anzuschneiden und man traute sich die Streckenführung zu. Andererseits war dieses Jahrhundertunternehmen nicht von einzeln arbeitenden Fachleuten zu finanzieren. Der Einsatz großen Kapitals begann und damit organisierte Lohnarbeit in arbeitsteiligen Prozessen, wie sie bis dahin unbekannt gewesen waren. Der Investor – wie man heute sagt – war der Landesherr. Der Silberbergbau, wettinische Angelegenheit von Anfang an, wurde es nunmehr auch in seinen technischen und finanziellen Erfordernissen, in seinem jetzt einsetzenden ständigen Innovationsbedarf. Das städtereiche Land mit seinem außerordentlichen Standard an weltlicher Bildung konnte dafür das finanzielle und intellektuelle Potential bereitstellen. Es begann das System zu arbeiten, das Sachsens Wirtschaft und Kultur für Jahrhunderte steuern sollte, die Verzahnung der Interessen von Bergbau, Industrie und Handel, von Bürgertum, Adel und dem Fürstenhaus Wettin. Aufgrund der Tatsache, dass seine Basis die Wirtschaft war, nicht mehr die Landwirtschaft, entwickelten sich kulturelle Zentren in den Städten. Die Künstler wanderten nicht mehr von Auftrag zu Auftrag zwischen Klöstern und Dombauhütten, sie wurden Bürger und gründeten Werkstätten in den wachsenden Kommunen. Aus ihren Verflechtungen begann sich allmählich ein frühbürgerlicher Territorialstil zu bilden. Der Bau des Rathauses in Zwickau 1403 und die Gründung der Leipziger Universität als sechste im Heiligen Römischen Reich im Jahre 1409 waren Schritte auf diesem Wege.

Kurz darauf wurde der Westchor des Meißner Doms als neue wettinische Begräbniskapelle errichtet und mit einem reichen Figurenprogramm ausgestattet, das das ursprüngliche Westportal aus der Mitte des 14. Jahrhunderts mit einschloss und so prachtvoll farbig gefasst war wie Freibergs Goldene Pforte fast 200 Jahre zuvor. Dies war eine durchaus höfische Anlage. Sie zeigte den neuen Rang der entstehenden Residenz an, denn in der Mitte des Chors wurde 1428 Friedrich der Streitbare beigesetzt, der erste wettinische Kurfürst von Sachsen. Seine Bedeutung markiert eine hohe bronzene Tumba, Meisterwerk einer noch unbekannten Werkstatt, auf der seine Figur überlebensgroß und flachplastisch liegt, mit dem Kurschwert, das dem Kaiser bei der Wahl voranzutragen jenes Privileg war, das er seinem Haus errang (siehe S. 24).

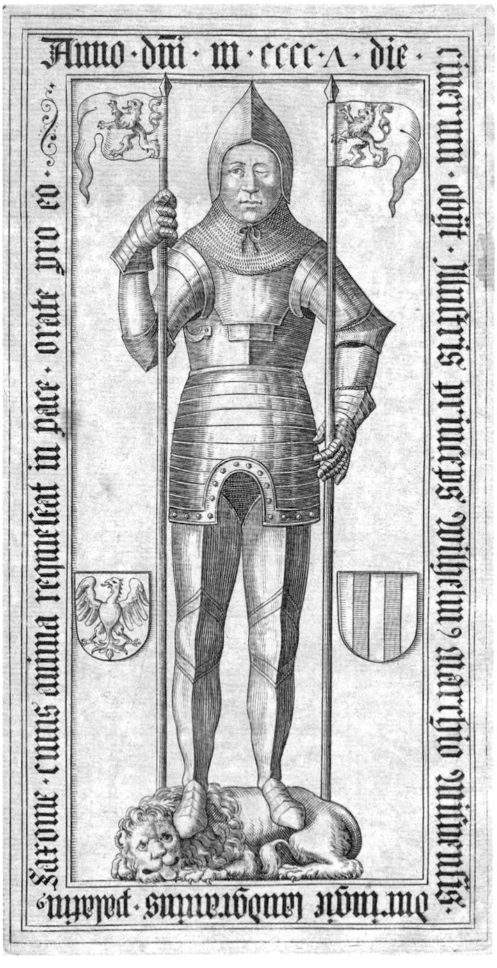

Wilhelm I., der Einäugige (1343–1407), Markgraf von Meißen. Kupferstich eines unbekannten Stechers nach der Grabplatte

Bulle von Papst Alexander V. mit der Bestätigung des »studium generale« in Leipzig. Pisa, 9. September 1409

Markgraf Friedrich IV. hatte seinen Zunamen »der Streitbare« erhalten, weil er Kaiser Sigismund wiederholt in den Kämpfen gegen die Hussiten zu Hilfe geeilt war. Das Land hatte mehrere Feldzüge der böhmischen Heerscharen zwischen 1420 und 1438 mit schweren Verwüstungen durchzustehen. Die Hussiten drangen bis Magdeburg vor, brandschatzten die Oberlausitz, Colditz und Altenburg, Plauen und das rechtselbische Dresden und belagerten Meißen.

In den ersten Kriegsjahren (1422) starb der Zweig der Askanier aus, der das Herzogtum Sachsen-Wittenberg beherrschte. Mit diesem kleinen und politisch mittlerweile relativ unbedeutend gewordenen mittelelbischen Land war aber seit 1356 die Kurwürde verbunden sowie das Amt eines Reichsvikars und das Erzmarschallamt des Heiligen Römischen Reiches. Dieses Lehen erhielt nun im Jahre 1423 des Kaisers treuer und kriegstüchtiger Gefolgsmann Friedrich IV., Markgraf von Meißen. Von da an durfte er sich – als erster seines Hauses – Kurfürst Friedrich I. von Sachsen nennen. Damit waren die Wettiner in den Kreis der sieben ranghöchsten Fürsten des Reiches aufgestiegen, berechtigt zur Wahl des Kaisers. Sie vermochten als Herren des Silberlandes sowie der Städte und Handelswege zwischen Eisenach und Pirna diese Würde politisch weitaus effektiver einzusetzen als ihre askanischen Amtsvorgänger. So ging dieser wichtigste aller wettinischen Titel in der Folgezeit auf das von ihnen regierte Land über. Aus der Mark Meißen wurde das Kurfürstentum Sachsen. Der meißnische Löwe verlor seine Dominanz im wettinischen Wappen. An seine Stelle trat das schwarzgelbe Schild mit der grünen Raute des Herzogtums Sachsen, verbunden mit den roten, gekreuzten Kurschwertern auf schwarz-weißem Grund.

Es muss dazu ergänzt werden, dass die Markgrafen von Brandenburg bereits 1417 mit der Kurwürde belehnt worden waren. Mit diesen beiden Ernennungen hatte der Kaiser anerkannt, dass die östlichen Marken nunmehr ihren Ausbau vollzogen hatten und ein Mitspracherecht in Reichsangelegenheiten beanspruchen konnten. Anderseits wurde

Kurfürst Friedrich I. von Sachsen. Bronzedeckplatte der Tumba in der Fürstenkapelle des Domes zu Meißen, um 1430

Kurschwert Friedrichs des Streitbaren. Ungarisch, Klinge aus Passau, 1419 bis 1425. SKD, Rüstkammer

damit ein Verhältnis der Konkurrenz zwischen beiden verwandten Nachbarn etabliert, das für ein halbes Jahrtausend Deutschlands politische Geschicke mitbestimmen sollte.

Die Macht der beiden neuen Kurfürstentümer bestand allerdings nunmehr vor allem in der Produktionskraft der Städte und ihres Handels. Sie vor allem erbrachten mit ihren Steuern den Landesherren die Mittel zur politischen Stabilisierung ihrer Territorien. Damit aber bildeten sie einen innenpolitischen Komplex, der zur Ausbildung des Ständestaates führte.

Im Jahre 1438, mit dem Ende der Hussitenkriege, traten die kursächsischen Landstände – Adel, Geistlichkeit und Städte – zum ersten Mal als konstituierte Körperschaft zusammen, um Steuerfragen eigenverantwortlich zu regeln: Es war Sachsens erster Landtag.

SPÄTGOTIK UND FRÜHRENAISSANCE
(Beginn einer eigenständigen sächsischen Kunst nach 1450)

Nach eineinhalb Jahrhunderten kriegerischer Auseinandersetzungen innerhalb und außerhalb des Landes, Pestilenz und nachlassender Bergbauerträge begann um die Mitte des 15. Jahrhunderts eine Periode wirtschaftlicher Expansion, vergleichbar der Industrialisierungsphase des 19. Jahrhunderts – eine Gründerzeit. Mittlerweile war nämlich das Entwässerungssystem des »Alten Tiefen Fürstenstollens« im Freiberger Revier wirksam geworden. Mit der Haspel – einer starken hölzernen Achse mit Kurbeln an beiden Enden, über die ein Seil lief – konnte Erz bis zur Tiefe von etwa 40 Metern gefördert werden. Arbeitsteilige Prozesse, wie sie schon beim Aushauen des Stollens eingesetzt hatten, Kapitaleinsatz und die Bildung größerer Unternehmen bestimmten nunmehr den Bergbau. Es kam zu ersten Streiks von Bergleuten, die nach altem Brauch als einzeln arbeitende Kleinunternehmer keine wirtschaftliche Effektivität mehr erreichten.* Doch die Ausbeute an Silber erhöhte sich enorm. Mit gleicher Technik begann man auch an anderen Orten des Erzgebirges zu arbeiten, am Pöhlberg (1442) und dem Schneeberg (1443). An beiden Orten gelangte man um 1470 an reiche Lagerstätten. Schon 1471 wurde die Stadt Schneeberg gegründet. Nach neuen Funden am Schreckenberg folgte 1497 Annaberg. Bereits 1477 erbrachte allein das Schneeberger Revier eine Jahresausbeute von 77 352 Mark Silber. Herzog Albrecht der Beherzte, so wird berichtet, sei zu dieser Zeit mit »eingefahren«, um in der Tiefe des Berges an einem tischgroßen Block gediegenen Silbers zu tafeln, der dort entdeckt worden war. Auf einem Sattel sitzend, war er mit Seilen herabgelassen worden, und deswegen wurde der Sattel in das Schneeberger Stadtwappen aufgenommen. Annaberg zählte schon zehn Jahre nach seiner Gründung 8 000 Einwohner, ebenso viele wie Leipzig. Man muss sich dazu vorstellen, dass so rasch Straßen durch das Gebirge gebahnt worden waren, tauglich für Schwertransporte von Hausteinen, Bau- und Feuerholz, dass Entwässerungsstollen und Hüttenbetriebe angelegt worden waren, kurfürstliche, städtische und kirchliche Verwaltungen arbeiteten und ein Handelsnetz zur Versorgung und zum Ausbau der Städte funktionieren musste. Unmittelbar nach den Gründungen wurden auch die Fundamente der beiden großen Stadtkirchen von Annaberg und Schneeberg gelegt. In Meißen begann Arnold von Westfalen die kurfürstliche Albrechtsburg zu bauen (siehe S. 65). Gezahlt wurde mit Münzen aus Schneeberger Silber.

Dies sind jedoch nur einige der wichtigsten Bauten. Tatsächlich begann zu dieser Zeit geradezu ein Baufieber das ganze Land zu erfassen. Es gab fast keine Stadt im gesamten Kurfürstentum, in der keine Kirche errichtet wurde, und in vielen wurden ihre romanischen Vorgängerbauten aus der Gründungszeit abgebrochen. Ein Verwaltungsakt erhellt diesen Sachverhalt. Kurfürst Friedrich II. erließ 1464 als erster Reichsfürst eine Landesbauordnung, in der den Ämtern und Vögten die Aufsicht über das gesamte Bauwesen übergeben wurde. Sie waren darin dem Landbaumeister unterstellt. Ab 1471 erhielt Arnold von Westfalen dieses Amt. Damit war das kursächsische Bauwesen in einer bereits vorabsolutistischen Weise zentralisiert und die Albrechtsburg in Meißen, Deutschlands erster Schlossbau, sollte die staatliche Zentralverwaltung aufnehmen. Getragen von der rapiden frühkapitalistischen Entwicklung im Bergbau, trat hier zum ersten Mal in Deutschland die Idee des souveränen weltlichen Fürstenstaates in Erscheinung.

Diesem modernen Konzept entspricht die Albrechtsburg in allen ihren Formen. Sie ist der erste Bau kursächsischer weltlicher Staatsrepräsentation, etwa in gleicher Höhe wie der Dom. Noch nie gesehene Lösungen technischer Probleme in den Kunstformen des Wendelsteins und in der Mannigfaltigkeit der Wölbungen über den weiten Sälen verkünden Macht und Reichtum der Herren des Bergstaates. Noch in gotischem Gewande wurden dabei architektonische Grundsätze der Renaissance verwirklicht.

Damit wetteiferten Bischöfe und Städte. Von Merseburg bis Pirna, von Annaberg bis Wittenberg errichteten sie in wenigen Jahrzehnten – am dichtesten etwa zwischen 1470 und 1530 – Dutzende von Hallenkirchen. Es war eine Kunstblüte ohnegleichen.

* mündliche Information von Eberhard Wächtler

Die Albrechtsburg Meißen von der Hofseite, erbaut 1471 bis 1521 von Arnold von Westfalen

Dieser im Wesentlichen gotische Bautypus hatte sich seit dem 12. Jahrhundert von Frankreich aus über ganz Mitteleuropa verbreitet. Das Langhaus des Meißner Doms aus dem 14. Jahrhundert ist eine seiner feinsten deutschen Ausprägungen. In jenem Jahrhundert standen aber die neuen Kirchenbauten von Süddeutschland über Böhmen und Schlesien bis nach Brandenburg und Pommern hinauf unter dem Einfluss der Parler, einer Familie von Baumeistern und Bildhauern, deren bedeutendstes Mitglied, Peter Parler, den Veitsdom auf der Prager Burg und andere Staatsbauten für Kaiser Karl IV. errichtet hatte. Wie bereits dargelegt, gab es politische und wirtschaftliche Gründe dafür, dass das damals daniederliegende Sachsen an dieser großen mitteleuropäischen Kunstentwicklung kaum teilhatte – mit Ausnahme der zu dieser Zeit kaiserlichen Lausitz – und sie sich deshalb in großem Bogen um die wettinischen Länder herum ausbreitete. Allein die Ruine der Klosterkirche auf dem Oybin bei Zittau bezeugt den plastisch belebten Parler-Stil im heutigen Freistaat. Die obersächsischen Hallenkirchen entsprachen niedersächsischen Traditionen, sie kamen, bildlich gesprochen, über Magdeburg die Elbe herauf.

Natürlich stand Sachsen als zentral gelegenes Land ständig unter den geistigen Einwirkungen seiner verschiedenen Nachbarn. Deswegen findet man auch in den Kirchen dieser großen Epoche, je nach ihrer geografischen Lage, Beziehungen auch zu Brandenburg, Franken und Böhmen. Aber die meisten der großen und wichtigen sächsischen Bauten dieser Zeit gehen auf Baumeister und Werkmeister aus der Schule Arnolds von Westfalen zurück. Er ist der Begründer einer eigenständigen sächsischen Bauschule.

Um die traditionellen Vertikalen der gotischen Strebepfeiler an den Fassaden der Albrechtsburg zu vermeiden und die modernen Horizontalgliederungen italienischer und französischer Bauten zu gewinnen, hat Arnold die Pfeiler, die den Druck der Gewölbe abfangen, nach innen gezogen. An den Fenstern sind die gotisch steilen Spitzbögen durch mehrfach konkav gebrochene Vorhangbögen ersetzt. Er hat Zellengewölbe eingeführt, die strukturell über die ursprünglich statischen Funktionen der Gewölberippen hinausführen zu geradezu kaleidoskopisch unterschiedlichen Ornamentformen, ebenso dramatisch wie dekorativ in ihrer Wirkung durch starke Licht-Schatten-Kontraste. Das Resultat dieser Künste sieht man vom Wladislaw-Saal des Prager Hradschins bis zu den Resten des Wittenberger Schlosses, auch im benachbarten Anhalt und in Brandenburg sowie in den großen sächsischen Hallenkirchen. Ihre prachtvollen, manchmal geschwungenen Stern- und Netzgewölbe, deren Rippen nicht mehr tragen, sondern eher getragen werden, sind Wunderwerke der Statik. Sie sind von enormer Bedeutung für die einheitliche Raumwirkung dieser großen, meist dreischiffigen Säle. Ähnlich den Hallen der Albrechtsburg mit ihren breiten Fenstern, scheinen sie gelagert, nicht steil und nicht auf den Chor gerichtet wie bei älteren Kirchenbauten. Obwohl vor der Reformation gebaut oder entworfen, wirken sie doch schon wie lutherische Predigtkirchen und nicht mehr wie für Prozessionen gemacht. Oft haben sie nicht nur diese Wirkung, ihre Langhäuser sind wirklich nicht mehr lang, sondern fast quadratisch – so etwa bei den Stadtkirchen von Zwickau, Rochlitz oder Dippoldiswalde. Im Geiste sind sie schon Renaissancebauwerke, wenngleich mit gotischem Formenrepertoire. Arnolds Neuerungen wirkten im gesamten mitteldeutschen Raum fast drei Generationen lang, bis in die vierziger Jahre des 16. Jahrhunderts. Erst die internationale Spätrenaissance hat sie verdrängt.

Hier ist es notwendig, innezuhalten, denn es stellt sich die Frage, ob sich nicht die Renaissance nördlich der Alpen überhaupt an ihrem Anfang der eigenen, eben gotischen Formensprache bediente. Ein Blick nach Frankreich vermag zur Klärung des Sachverhaltes beizutragen. Von dort aus war im 13. Jahrhundert der gotische Stil nach Deutschland übertragen worden, auch in die Mark Meißen. Nachdem König Charles VII. um die Mitte des 15. Jahrhunderts den Hundertjährigen Krieg mit England siegreich beendet hatte, begann die Konsolidierung des französischen Königreichs und dessen erneuter Aufstieg zur Großmacht. Sein Sohn Louis XI. setzte diese Politik seit 1461 energisch fort. Über dem Tal der Loire wurden prachtvolle Königsschlösser wieder aufgebaut und erweitert. Es waren ursprünglich Burgen gewesen, die von ihren schwer einnehmbaren Felsspornen herab das Flusstal beherrschten und die nun dem neuartigen, von den oberitalienischen Städten herrührenden Wohnkomfort der Renaissance angeglichen wurden. Aber im Unterschied zu jenen Modellen sollten sie zugleich Verwaltungszentren eines großen, schon zentral regierten Staates sein und diesen neu gegründeten Anspruch architektonisch darstellen. Die französischen Baumeister bedienten sich dabei der Repräsentationsformen des gotischen Kirchenbaus: Gewölbe und Türme.

Diese Blütezeit trat fast parallel zur sächsischen ein, nur um etwa zehn Jahre früher. Deshalb standen jene neuartigen Schlossanlagen in frischem Glanz, als die fürstlichen Brüder Ernst und Albrecht von Sachsen planten, ein modernes Repräsentations- und Verwaltungszentrum ihres durch Silber, Technik und Handel erstarkten Staates in Meißen zu errichten: ein Schloss dort, wo eine Burg war, auf einem Felssporn über dem Fluss. Es handelte sich exakt um die gleiche Aufgabe, die in Frankreich soeben ruhmvoll gelöst worden war. Betrachtet man die zweiflügeligen, rechtwinkligen Schlossanlagen mit ihren repräsentativ erhöhten Treppentürmen, den markanten Horizontalbändern zwischen den Geschossen, mit ihren großen Fenstern und spitzen, gotisch verzierten Mansarden, die um 1460/70 an der Loire errichtet wurden, so ist ersichtlich, dass Arnold von Westfalen sie gesehen haben muss. Die Elbe hinab durch den Ärmelkanal, die Loire hinauf – dies war damals viel leichter, bequemer und gefahrloser als jegliche Reise über Land. (Zwei Menschenalter später wird der Baumeister des Herzogs Moritz, Hans Dehn-Rothfelser, den gleichen Weg genommen haben, als er an die Loire fuhr zu gleichem Zweck.) Allerdings lag es dem kursächsischen Landbaumeister fern, die französischen Anlagen zu kopieren. Er übernahm die Grunddisposition. Sie darf jedoch nicht begriffen werden als eine lediglich formale, denn sie schloss die neuartige Repräsentationsgestik des souveränen weltlichen Staates im Äußeren wie im Inneren mit ein. Dies bedeutete zu jenem Zeitpunkt nördlich der Alpen, Bedingungen der Renaissance in gotischer Bautradition zu erfüllen. Große Säle, die Licht von großen Fenstern erhalten, unter säulengestützten Gewölben – dafür hatte der hochgotische Typus der Hallenkirche variable Konstruktionsvorlagen bereitgestellt. Wie sie verwendet werden können zur weltlichen Repräsentation einer Großmacht – einer zwar geistlich determinierten – wurde schon 100 Jahre zuvor in den Remtern der Ritter des Deutschen Ordens in der Marienburg bei Danzig gezeigt. Dort waren selbstverständlich die Fassaden noch senkrecht durch Strebepfeiler gegliedert. Arnold aber erreichte, wie erwähnt, modern strukturierte, breit gelagerte Außenansichten dadurch, dass er die Pfeiler nach innen zog und seine breiten, durch die Geschossteilung relativ kurzen Fenster mit den von ihm erfundenen Vorhangbögen abschloss, die eine Vermittlung zwischen dem traditionellen gotischen Spitzbogen und dem italienischen Horizontalabschluss darstellten.

Beispiellos jedoch und über alle Vorgängerbauten hinausgehend war es, dass er drei gewölbte Stockwerke übereinandertürmte. Nur das Dachgeschoss weist eine flache Balkendecke auf. Die mächtigen Schubkräfte dieser Gewölbe ohne außen sichtbare Strebepfeiler abzufangen, war nur möglich durch eine Verstärkung der Innenpfeiler nach oben, sodass die Gewölbe sozusagen durch keilartig ausladendes Mauerwerk stabilisiert werden, wobei das jeweils untere Gewölbe durch den Druck des oberen festgehalten wird. Diese Auffassung des Baukörpers als Balance von einander widerstrebenden Kräften hat die gleichsam ingenieurtechnischen Leistungen der gotischen Kathedralbaukunst zur Voraussetzung, steht aber auch in Beziehung zu den Problemlösungen der raumüberspannenden Kuppelkirchen der italienischen Renaissance.

Das erstaunlichste Werk dieses Baumeisters ist der Große Wendelstein. Der Wissende vermag ihn

Spindel im Großen Wendelstein der Meißner Albrechtsburg

nur mit Ehrfurcht zu betrachten. Eigentlich war er unnötig. Man erreicht alle Stockwerke beider Flügel über den kleinen Wendelstein im Winkel zwischen ihnen. Der große Treppenturm ist reine Repräsentationsarchitektur und steht damit am Anfang einer spezifisch deutschen Entwicklung, die in den großen Treppenhäusern des Spätbarocks gipfelt. Seine Stufen sind breiter als die aller Innentreppen zuvor in Deutschland. Sie liegen über tiefen Zellengewölben. Die enorme Tonnage dieses Aufganges wird im Inneren durch drei schmale sechskantige Pfeiler mit konkav gehöhlten Flächen gehalten. Als Hilfskonstruktion eingesetzte Eisenstangen verhindern, dass sie dem Druck des Treppenlaufs nachgeben und das System kollabiert. Ihnen entsprechen außen drei schmale Strebepfeiler, gleichsam radial gesetzte Mauern, die das Gewicht der Treppe gegen die Fassade drücken. Sie sind in Höhe der Geschosse durchbrochen, sodass Altanumgänge hinter reliefierten Brüstungen entstehen, nützlich sowohl für die Betrachtung von Festspielen im Hof wie auch für die filigrane Gesamterscheinung des Bauwerks. Das Prinzip der durchbrochenen Pfeiler wurde von Arnolds Schülern weiterverwendet und bildete ein Charakteristikum sächsischer Architektur, etwa in den Schlosskapellen von Wittenberg und Dresden, nur dass sie dort Emporen tragen statt der Altane.

Treppentürme als Gestaltungselemente großer Staatsarchitektur und als technische Wunderwerke zu gleichem Zweck bildeten eine zentrale Bauaufgabe der Renaissance nördlich der Alpen. Selbst der große Leonardo da Vinci beschäftigte sich mit dem Problem kurz vor seinem Tode in Frankreich an der Loire, und die berühmte doppelläufige Wendeltreppe im Schloss Chambord wurde unter seinem Einfluss konstruiert. Sie ist nach 1516 gebaut worden. Arnolds Konstruktion ging ihr etwa 40 Jahre voraus. Es war eine geniale Einzelleistung, die wie in einem Konzentrat enthält, was in sächsischer Kunst fortan immer wieder in Erscheinung treten sollte: der ästhetische Eigenwert von Lösungen neuartiger technischer Probleme. Selbstverständlich gibt es das nicht nur in Sachsen, hier jedoch besonders oft. Es ist die Folge einer hohen technischen Kultur, die vom Bergbau ausgeht und in den Künsten die Neigung zu Virtuosität und Feinheit zeitigt – ein rationales Moment, leicht zu erfassen und übertragbar auf alle Gewerke. Es blieb wirksam bis hin zur Lausitzer Textilindustrie, zum erzgebirgischen Maschinen- und Instrumentenbau, zum Leipziger Buch und Notendruck, zum Meissener Porzellan und zur Dresdner feinmechanischen Industrie, um nur einige Hauptbeispiele zu benennen.

Fährt man von Meißen nach Annaberg, so erkennt man sofort die Wirkung Arnold'scher Lehren. Der Bau der Stadtkirche St. Anna, eine riesige dreischiffige Halle, folgte 1499 den Silberfunden und der Stadtgründung. Reiche Erträge der Minen ermöglichten es, Mengen von Bauleuten aller Gewerke und Schwertransporte von kaum abschätzbarer Anzahl kontinuierlich zu finanzieren, sodass die Kirche in einem Zuge bis 1525 vollendet werden konnte. Konrad Pflüger, der schon als Schüler Arnolds von Westfalen an der Albrechtsburg mitgebaut hatte, wird sie wohl entworfen haben. Er hatte die Bauleitung bis 1515 inne.

Schon außen sieht man Vorhangbögen, welche die unteren Fenster des Langhauses und die kleinen Turmfenster abschließen, und man sieht die glatten Wände, ermöglicht durch die nach innen gezogenen Strebepfeiler, die das Gefühl des breit Gelagerten vermitteln, das damals neu war am Kirchenbau. Im Inneren wird man überwältigt von der festlichen Pracht der Halle, die eigentlich nicht sakral wirkt, sondern eher wie repräsentative Bürgerarchitektur. Diese Wirkung beruht darauf, dass die Seitenschiffe fast von gleicher Spannweite sind wie das Mittelschiff und die ziemlich flachen, gleichhohen Gewölbe von übergreifenden, zu Sternen sich bildenden Mustern tief linear geschnittener Rippen einheitlich überzogen werden. So entsteht ein in sich ruhender saalartiger Raum, der durch seinen reichen skulpturalen Schmuck von lichter Farbigkeit uns den Glanz jener Epoche des Aufstiegs übermittelt. Seine aus Pfeilern und Wänden in makellos schönen Kurven aufsteigenden Gewölberippen sind Arnold'sches Erbe. Die Wiederherstellung der originalen Einheit und Farbigkeit dieses Raumes seit den 1970er Jahren ist ein Meisterwerk der sächsischen Denkmalpflege.

Bestimmend für seine Erscheinung sind insbesondere 100 Reliefs, die die Brüstung der Empore schmücken. Sie sind, wie gotische Holzfiguren, farbig gefasst, bestehen aber als echte Renaissancewerke aus Stein. Geschaffen hat sie der Bildhauer Franz Maidburg, der aus einer Freiberger Werkstatt hervorging, mit Gesellen und wohl weiteren Mitarbeitern, nach 1520. Sie zeigen die Lebensalter und Szenen aus dem Alten und Neuen Testament, und sie markieren einen Übergangsstil, wie man ihn gleichzeitig in westlicheren Kunstzentren über

Innenraum der Annaberger Stadtkirche St. Anna, erbaut 1499 bis 1525 unter Konrad Pflüger

Franken bis an die Loire findet. Die Figuren sind kraftvoll und gedrungen wie der erzgebirgische Menschenschlag, ihre Gesichter von starkem individuellem Ausdruck, und dies geht merkwürdig überein mit der feinen Eleganz ihrer spätgotisch geknitterten Gewänder. Diese Merkmale hatte der große Zwickauer Bildschnitzer Peter Breuer aus der Riemenschneider-Werkstatt von Franken herübergebracht. Die markig geprägten Gesichter findet man aber auch beim sogenannten Meister der Freiberger Domapostel, bei dem Maidburg gelernt haben mag. Tatsächlich war am Ende des 15. Jahrhunderts ein Netz von Maler- und Bildhauerwerkstätten entstanden, von Geyer und Annaberg bis hinab nach Oschatz und Leipzig. Ausgehend von den Werkstätten der besten und gefragtesten Meister, bildete sich ein eigenständiger obersächsischer Stil heraus. Wie gleichzeitig die Baumeister im Gefolge Arnolds von Westfalen, neigten auch sie zu technisch brillanten Lösungen von Formproblemen bis an die Grenze der Möglichkeiten ihres Materials. Franz Maidburgs Kanzel von 1516 weist an ihren dekorativen Baugliedern Durchbrechungen auf, als sei der spröde Stein elastisch und knetbar, ein Wunderwerk an Formfantasie und virtuoser Beherrschung des Materials. Dies war jedoch nicht eine individuelle Leistung des Freiberger Meisters.

Die Renaissance brachte auch im süddeutschen Raum, in Böhmen, Italien und Frankreich technisch komplizierteste Formgebilde hervor. Genies wie Dürer, Michelangelo oder Leonardo da Vinci verbanden dabei künstlerische Problemstellungen mit wissenschaftlichen, etwa der Statik, der Mechanik oder der Perspektive. Die zahlreichen Talente der Epoche aber vollbrachten im Kunsttechnischen Leistungen, die alles Vorhergehende übertrafen, Bildhauer, Goldschmiede, Baumeister, Grafiker, Steinschneider oder Tischler gleichermaßen. Maidburgs Arbeiten sind dieser modernen europäischen Gesinnung zuzuordnen, wie die jener vielen unbekannten oder wenig bekannten Meister, die die zahllosen Altargesprenge, Sakramentshäuschen, Reliquiare, Chorgestühle, Fenster- und Türbögen jener Zeit schufen, die sämtlich von gleichem Geiste und ähnlich wunderbar gearbeitet sind. Zu ihnen gehört z. B. das Heilige Grab von Michael Heuffner in der Zwickauer Marienkirche, ein über 5 Meter hohes virtuoses Schnitzwerk von 1507. Sachsen ist reich an solchen Arbeiten, und sie treten hier nicht als Spezialitäten einer Stadt auf, sondern als die des Landes, und zwar insbesondere des Erzgebirges. Denn in seinen Städten wurden ständig Probleme der Geodäsie, der Mechanik, der Mineralogie, der Verhüttungstechniken und des Wasserbaus neu gestellt und gelöst, sodass man sich dort nicht nur ein künstlerisches, sondern auch ein technisch-wissenschaftliches Klima vorzustellen hat, mit dem kulturellen gleichzeitig, gleichbedeutend und übereinstimmend.

Etwa um 1500 wurde der Pferdegöpel erfunden. Diese Maschine revolutionierte den gesamten Bergbau. Bis dahin wurde er nur mit menschlicher Arbeitskraft betrieben. Mit verdoppelter oder vervierfachter Pferdestärke aber waren nunmehr Schächte bis zu 250 Metern Tiefe zu erschließen, bei entsprechender Entwässerung. Die Pferde waren an einen Balken angeschirrt, der mit einem großen waagerechten Zahnrad verbunden war. Dieses wiederum trieb ein senkrechtes an, über dessen Achse ein Seil mit dem Förderkorb lief. Im Brunnenhaus des Schlosses Augustusburg bei Chemnitz sieht man noch heute eine solche Anlage, zwar rekonstruiert, jedoch im originalen Zusammenhang aus der zweiten Hälfte des 16. Jahrhunderts. Doch auch in den geschnitzten mechanischen Bergwerken von Volkskünstlern in erzgebirgischen Heimatmuseen, die gegen Ende des 19. Jahrhunderts geschaffen wurden, sind sie noch vorhanden wie eine Selbstverständlichkeit. Wenige Jahre nach der Erfindung des Pferdegöpels wurden im Erzgebirge ähnliche Hebemaschinen konstruiert, die aber mit Wasserkraft arbeiteten und auf Gegenlauf umgeschaltet werden konnten. Diese Kehrräder förderten Wasser, Gestein und Erz noch bis aus 500 Metern Tiefe. Stauseen im oberen Gebirge und künstliche Wasserläufe, die auf Aquädukten Täler überquerten und in Tunneln Berge durchströmten – ungeachtet

Pumpwerk. Holzschnitt aus Georgius Agricola, De re metallica, Basel 1556

A obere Welle, B Wasserrad, das durch das Bachwasser getrieben wird, C Zahnrad, D untere Welle, E Getriebe, F Krummzapfen, G Gruppen von Pumpsätzen

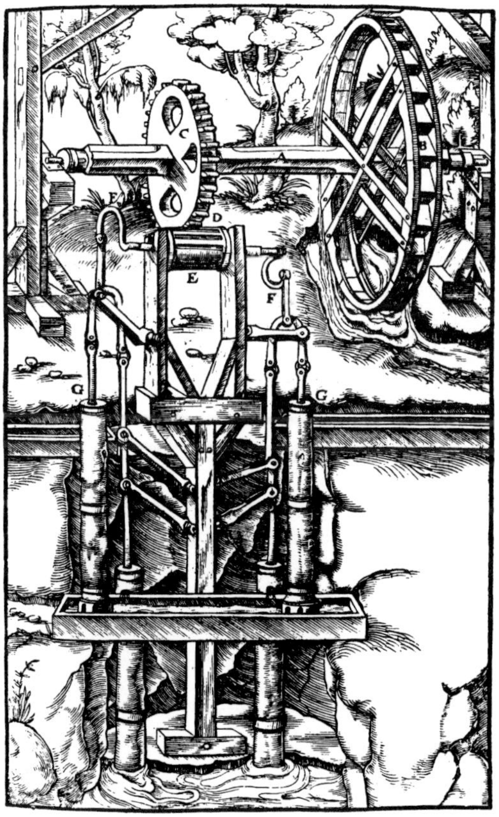

der Interessen örtlicher Grundeigentümer – versorgten sie ganzjährig mit Energie. Fast drei Jahrhunderte später schilderte der Reiseschriftsteller Johann Kaspar Riesbeck das sächsische Bergrevier: »Man sollte glauben, der ganze ungeheure Berghaufen, der sich längs der böhmischen Grenze hinzieht, wäre untergraben. Es sind Gruben an Gruben, und alle Täler ertönen von Hammerwerken. Ein fleißigeres Volk als die Sachsen habe ich noch nie gesehen. Das ganze Gebirge wimmelt von beschäftigen Menschen, und, den nackten Felsen trotzen sie Nahrung ab.«*

Ein Gemälde Hans Hesses auf der Rückseite des Annaberger Bergmannsaltars von 1521 kann wie eine Illustration zu diesem Bericht gesehen werden, denn jener Zustand, den Riesbeck beschrieb, war zwischen Schneeberg und Freiberg damals schon erreicht. Als seine architektonische Entsprechung waren die etwa gleichzeitigen Bauten der Stadtkirchen oder ihrer Langhäuser und Wölbungen in Freiberg, Chemnitz, Dresden, Pirna, Buchholz, Crimmitschau, Dippoldiswalde, Geyer, Hainichen, Leipzig, Lommatzsch, Meerane, Mittweida, Mügeln, Rochlitz, Sayda, Stollberg, Waldenburg, Wurzen und Zwickau neben Annaberg und Schneeberg anzusehen.

Jedoch die damals noch zu Böhmen gehörende Lausitz stand Kursachsen nicht nach. Man muss dabei bedenken, dass die sprunghafte Entwicklung des Bergbaus auch südlich des Gebirgskammes stattfand und daher die böhmische Spätgotik und Frührenaissance der sächsischen im Prinzip gleichkam, obwohl sie sich aus anderer Tradition entwickelte. Außerdem wechselten Künstler und Handwerker auch über die Grenze und tauschten ihre Kenntnisse aus. Traditionell besonders vielfältig und reich waren dabei die Beziehungen zu den bedeutenden Oberlausitzer Handelsstädten. Diese hatten sich schon im 14. Jahrhundert durch den Sechsstädtebund eine relative Eigenständigkeit gesichert, sie waren aber gleichzeitig vom Elbhandel und vom sächsischen Durchgangsverkehr nach Osten abhängig. Ein Blick auf die Landkarte zeigt ihre naturgegebene Verbindung mit der sächsischen Tiefebene, weswegen sie auch wiederholt lange Zeit über in wettinischem Besitz und ihre Kirchen dem Bistum Meißen zugeordnet waren. Aus diesen Gründen trat der wirtschaftliche Aufschwung der Jahrzehnte um 1500 auf beiden Seiten des oberen Elbtals ein, und die großen Hallenkirchen von Kamenz, Bautzen, Zittau und Görlitz sind den gleichzeitig gebauten im sächsischen Kernland verwandt. In einigen Fällen haben die gleichen Baumeister an ihnen gearbeitet. Nur in ihren Ausstattungen waren sie stärker an Böhmen orientiert.

Hingegen repräsentiert die Gesamtheit der Bildwerke in der Annaberger Annenkirche das höchste Niveau obersächsischer Kunst der Epoche. Nur Arbeiten des älteren Cranach fehlen. Dafür gab es politische Gründe. Sie werden noch zu erörtern sein.

Von dem bedeutenden Zwickauer Bildschnitzer Peter Breuer gibt es eine heilige Anna selbdritt in der Brautkapelle. Er hatte im benachbarten Franken gelernt und in Würzburg von Riemenschneider dauernde Eindrücke empfangen. Die beseelte Sanftheit hat er von Riemenschneider, aber Breuer ist näher an der Realität, seine Heiligen wirken ausdrucksstärker, sogar krass infolge ihrer farbigen Fassung. Seine Hauptwerke, die kurz nach 1500 entstanden, sind leidvolle Gestalten, die »Beweinung« im Zwi-

Beweinung Christi. Farbig gefasste Holzplastik von Peter Breuer, um 1502. Zwickau, Dom St. Marien

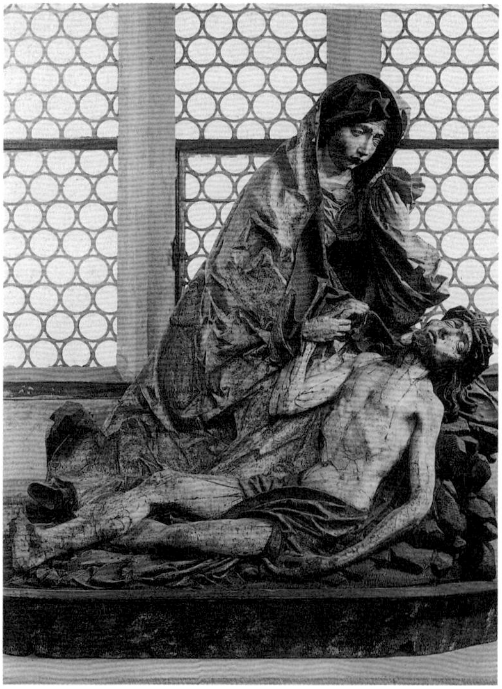

* Johann Caspar Riesbeck: Briefe eines reisenden Franzosen über Deutschland, Zürich 1783. Neu hrsg. von Jochen Golz. Berlin 1976

Maria mit Kind. Farbig gefasste Holzplastik von Peter Breuer, um 1500, aus dem Altarschrein der Nikolaikirche in Zwickau. Leipzig, Museum für Kunsthandwerk

Pulthalter. Lebensgroße, farbig gefasste Holzplastik von Hans Witten, um 1512. Chemnitz-Ebersdorf, Stiftskirche

ckauer Dom und der »Christus in der Rast« im Freiberger Bergbaumuseum, beide etwas unterlebensgroß. Ihre Umrisse sind streng und kantig gebrochen, die Körper Christi von blutenden Wunden bedeckt, stille Trauer liegt über beiden Werken, stärker und tiefer als in jeder anderen deutschen Skulptur dieser Zeit. Es scheint, als habe das harte Dasein der Bergleute sie geprägt, und man hat sie wegen dieser sozial interpretierbaren Eigenschaft vorreformatorisch genannt. Christus erscheint in ihnen als armer gequälter Mensch – direkt, unmittelbar, ohne Idealisierung. Merkwürdigerweise zeigen auch andere sächsische Meister dieser Zeit den gleichen Wirklichkeitsbezug. Ihre Madonnen sind nicht lieblich, ihre Heiligen haben scharf geprägte Charakterköpfe, Umrisse und Falten ihrer Gewänder sind mehr ausdrucksstark als schönlinig, alles ist kraftvoll bei durchweg meisterlicher Beherrschung der Form bis hin zu ausgesucht komplizierten und neuartigen Darstellungsweisen.

Der größte Meister dieses obersächsischen Stils war kein Sachse. Hans Witten war Braunschweiger, dort wohl vor 1470 geboren. Über Goslar und Halle kam er 1504 nach Chemnitz. In der Annenkirche befinden sich vier Arbeiten von ihm, darunter zwei Hauptwerke: der Taufstein (1515) und die Schöne Tür (1512). Sie wurden für andere Kirchen geschaffen und erst in nachreformatorischer Zeit hierhin versetzt, belegen somit auch die anhaltende Wertschätzung Wittens. Beide haben spiralig sich empordrehende, dynamisierte Architekturformen gemeinsam – vergleichbar den Pfeilern in den Sälen der

Geißelsäule. Farbig gefasste Holzplastik von Hans Witten, um 1515. Chemnitz, Schlossmuseum

Albrechtsburg –, in die gleichfalls stark bewegte Figuren einkomponiert sind: ein enormer Reichtum sich überschneidender Formen und Körper, deren Bedeutung schlängelnde Spruchbänder erklären. Die Kompositionen dieses Bildhauers stellen eine Sonderform der Plastik in jener Übergangsepoche dar, sie sind poetisch beredt und zielen auf das Großartige. Selbst im Holz bevorzugt er Lebensgröße, so beim Altar der Stadtkirche von Ehrenfriedersdorf (nach 1507), der zu den bedeutendsten dieser Zeit gehört, und in den Pulthaltern der Kirche von Ebersdorf bei Chemnitz, deren Gesichter zu beben scheinen in seelischer Bewegtheit. Der Meister bringt diesen Ausdruck in ähnlicher Weise hervor wie es Permoser in Dresden 200 Jahre später tat: durch fließende Unbestimmtheit der Form. Nur wenige große Bildhauer haben dieses Vermögen, atmendes Leben darzustellen.

In vergleichsloser Einzigartigkeit aber stehen zwei Werke Hans Wittens in der deutschen Kunst. Die Geißelsäule in der Chemnitzer Schlosskirche besteht aus Holz und ist annähernd 4 Meter hoch. Christus ist an einen mächtigen Baumstamm gefesselt. Er steht in halber Höhe auf knorrig verschlungenem Astwerk und wird von zwei brutal gleichgültigen Kriegsknechten geschlagen und getreten. Ein Dritter kniet unten und flicht die Dornenkrone. Die Vergegenwärtigung des Vorgangs erscheint wie dokumentierter Besatzungsalltag, und dieser Wirklichkeitsbezug ist das Obersächsische daran. Nicht minder aber ist es das kompliziert Verschränkte und Durchbrochene der Form, das technisch Bewundernswerte, bei dem hier das Knorrige und Verästelte des Baumes merkwürdig übereingeht mit den frei in den Raum ragenden Gliedmaßen. Alles aber steht im Dienste des Ausdrucks.

Ein Baumstamm ist auch Träger des berühmtesten Werkes dieses Meisters, der sogenannten Tulpenkanzel des Freiberger Doms. Sie besteht aus Stein und ist 5 Meter hoch. Wie man aber angesichts der großen, frei gearbeiteten Figuren der Geißelsäule annehmen könnte, sie seien aus Stein, so erscheint es hier fast unglaublich, dass das Werk nicht aus Holz geschnitzt ist, denn um den zentralen Stamm wachsen Blätter, er treibt Ranken und hängende fantastische Blüten bis hinauf zum Blütenkelch des Kanzelkorbes, aus dem die Büsten der vier Kirchenväter schauen. Engel klettern in den Ranken, und am Fuße sitzt, offenen Auges in einen Traum versunken, ein Mann. Die Treppe wird auch von Baumstämmen gebildet, eine andere Männerfigur, in einer Astgabel hockend, trägt sie. Der Träumer ist wahrscheinlich der Prophet Daniel. Ein Engel, heißt es, habe ihm im Schlaf einen Schatz versprochen, der in einem Baume verborgen sei. Als er ihn in der Krone nicht fand, empfahl der Engel, zwischen den Wurzeln zu suchen – (siehe S. 66) dies wäre der Anfang des Bergbaus gewesen. Dass ihr Beruf himmlischen Ursprungs sei, sahen die Bergleute im Kunstgebilde, das auch nicht von dieser Welt zu sein schien, so unglaublich war es gemacht.

Überhaupt sah der Bergmann sich selbst in seinem Stand als Gestalter und Träger der Kommune in diesen erzgebirgischen Stadtkirchen. In manchen, so in Glashütte, trägt er die Kanzel; in Annaberg arbeitet er unter Tage im Relief am Aufgang zur Kanzel, und seine Werkzeuge, gekreuzt wie die Schwerter im Wappen der Landesherren, erscheinen unter dem Bild der Madonna im Stadtwappen

Kanzelträger. Farbig gefasste Holzplastik auf Steinen des Müglitztals, 1650. Glashütte, Stadtkirche St. Wolfgang

Bergmannskanzel von Hans Fritzsche im Freiberger Dom, 1638

in der Mitte unter dem Kanzelkorb. Anbetend sieht man ihn, auf Gestein kniend, zu beiden Seiten der Predella des Altars der Knappschaft. Dessen Rückseite deckt ein Gemälde, das die Seitenflügel mit einbezieht und das ebenfalls zu den vergleichslosen Sonderleistungen der obersächsischen Renaissance zählt. Der Maler Hans Hesse hat es 1521 gemalt. Er war in Franken, vermutlich in Nürnberg, ausgebildet worden, arbeitete seit etwa 1500 in Zwickau – oft gemeinsam mit Peter Breuer – und kam wohl 1506 nach Annaberg. Das Bild zeigt die Legende vom Ursprung des Bergbaus mit dem Propheten Daniel und dem Engel, eingebettet in eine erzgebirgische Landschaft, in der dicht gedrängt alle Arbeiten des Silberbergbaus stattfinden, vom Aushauen des Schachtes bis zum Schlagen der Münzen. Man sieht Haspel und Göpel, den Transport des Erzes und wie es zerkleinert und gewaschen wird, schließlich Verhüttung und Vermünzung. Deutlich wird das Niveau der Arbeitsteilung und Spezialisierung (siehe S. 67).

Hauptaltar von Hans und Adolf Daucher aus Solnhofer Stein, 1518 bis 1522. Annaberger Stadtkirche St. Anna

Portal der alten Sakristei. Farbig neu gefasster Sandstein von Franz Maidburg, um 1518. Annaberger Stadtkirche St. Anna

Hesses singuläre Bilderfindung ist kein Werk der freien Kunst, sie war bestellt worden, und zwar zu einem bestimmten Zweck von der Annaberger Knappschaft. Dass sie die Rückseite des Altars bedeckt, bedeutet, sie war dort zugänglich und muss beim Gottesdienst der Gewerke einen speziellen Sinn erfüllt haben.

Tatsächlich hatten die Bergleute eigene Organisationsformen und eigene Riten, eine eigene Kultur, die der hohen Qualifikation und Verantwortung im Umgang mit dem Silber entsprach. Schon in dieser Zeit waren sie auf etwa 40 verschiedene Gewerke spezialisiert, von denen die Mehrzahl höchste Disziplin und neueste Kenntnisse voraussetzte. Von der Arbeit des Maschinisten am Kehrrad oder des Stollenbauers hing das Leben vieler Mitbürger ab, die weit entfernt in gefährlichen Tiefen ihr Tagewerk verrichteten. Die Schmelzer mussten Hochtemperaturprozesse beherrschen, bei denen es auf blitzschnelle Reaktionen ankam, wobei es um das Leben, die Treib- und Schmelzöfen und die Qualität des kostbaren Materials ging. Solche neuartigen Fähigkeiten ganzer sozialer Gruppen brachten ein eigenes Selbstverständnis und eine eigene religiöskulturelle Haltung hervor, deren vollendetes Abbild die Hallenkirche mit ihren Bildwerken war.

Allerdings tritt in der Annenkirche noch eine gänzlich andere soziale Komponente auf: die fürstliche Landesherrschaft, und deren Gewicht zeigt sich in ihrer Positionierung. Immerhin war sie seit den Tagen Ottos des Reichen Schutzmacht und Nutznießer des Bergbaus, seit der Anlage des Freiberger Fürstenstollens auch Investor. Deshalb war es von Anfang an wettinische Politik, mit unübersehbaren Zeichen auf den obersten Bergherrn hinzuweisen. Die Goldene Pforte bildete deren Auftakt. Noch in der kleinen, durch ihre Zinnminen reich gewordenen Bergstadt Ehrenfriedersdorf bezeugen Rautenschild und Kurschwerter am Taufstein der Stadtkirche vom Ende des 15. Jahrhunderts, unter wessen Herrschaft das Leben begann. Groß trat dieser Anspruch dann im neuen Zentrum des Silberbergbaus hervor. An der Frontseite der Kanzel Franz Maidburgs über dem Stadtwappen und gegenüber dem Gestühl der Annaberger Ratsherren paradiert das Wappen des Bergherrn, Herzog Georgs von Sachsen, und daneben zum ersten Mal hierzulande das Wappen mit dem polnischen Adler, denn Georg hatte eine polnische Prinzessin geheiratet.

Eine zweite, ebenso wichtige Stelle für die Symbole der Staatsmacht war der Hauptaltar. Die beiden Wappen sind über dem Mittelfeld angeordnet. Herzog Georg der Bärtige hatte den Altar 1522 gestiftet. Überhaupt förderte er den Bau der Kirche und beabsichtigte, ihre Bedeutung und damit die der Stadt zu erhöhen durch Ausgestaltung zu einem Wallfahrtsort. Sein Altar besteht aus Solnhofer Stein und Marmor, er wurde von Adolf und Hans Daucher in Augsburg geschaffen, der bedeutendsten Werkstatt in jenem großen Handelszentrum, das zuerst in Deutschland das Formengut der italienischen Renaissance in allen Gewerken aufnahm. Der Herzog hatte diese neuartigen Künste auf Reichstagen kennengelernt und trachtete nunmehr danach, die Annenkirche durch dieses hochmoderne und teure Importwerk zu ehren und hervorzuheben.

Vergleicht man allerdings die Formen des Altars mit Franz Maidburgs Sakristeipforte von 1518, so erkennt man, dass die erzgebirgische Renaissance auf der gleichen Stilhöhe stand. Bei Maidburg wie bei den Dauchers sind die Gewänder der Figuren noch im spätgotischen Knitterstil gehalten – bei der Darstellung des Heiligen wagte man Neuerungen zuletzt –, während alle architektonischen und dekorativen Teile den modernen italienischen Stil aufweisen. Die gleiche Formverbindung zeigt auch der Altar der Münzerknappschaft von 1522. Christoph Walther I. hat ihn geschaffen. Er war 1515 aus Breslau zugewandert, ging von Annaberg nach Meißen, wo er an der Albrechtsburg die Reliefs an den Brüstungen des großen Wendelsteins und die Wappenhalterinnen im Wappensaal meißelte. In Dresden arbeitete er um 1530 am Georgentor. Er wurde zum Begründer einer Dynastie von Bildhauern, die in Dresden über 100 Jahre lang tätig war.*

Georgs des Bärtigen Herrschaft über Annaberg war der erste einer Reihe historischer Glücksfälle, die uns die Annenkirche in ihrer grandiosen Selbstdarstellung erzgebirgischer städtischer Renaissancekultur erhielt. Dieser albertinische Herzog war katholisch geblieben und mit ihm sein Herrschaftsgebiet, während im ernestinischen Sachsen nach Einführung der Reformation Bilderstürme die Kirchen verheerten. Herzog Georg starb 1539. Sein Bruder und Nachfolger, Heinrich der Fromme, ließ zwar sogleich die Kirchen im albertinischen Sachsen reformieren, aber damals lagen die revolutionären Unruhen schon eineinhalb Jahrzehnte zurück, und so vermochten die Zünfte und Bruderschaften in Annaberg ihre Altäre zu bewahren. Nicht sämtliche Andachtsbilder konnten über die Jahrhunderte erhalten werden, aber doch wohl die wichtigsten.

Ein anderes Bild bietet die zweite der neuen großen erzgebirgischen Stadtkirchen in der Silberstadt Schneeberg, die der Annaberger an Größe fast gleichkommt und sie hinsichtlich der Entwicklung der Halle noch übertrifft. Hier sind nämlich die drei Schiffe gleich breit und von einem gleich strukturierten Gewölbe überspannt, bei dem die Rippen wie bei einer Quadrierung die Längs- und Breitrichtung gleichwertig betonen. Es entstand so eine klar überschaubare Halle von festlicher Wirkung, trotz ihrer rationalen Struktur. 1515 wurde der Grundstein gelegt, der Mauerbau war schon 1521 abgeschlossen – ein noch rapideres Bautempo als bei St. Annen –, gewölbt wurde während der Reformation, aber erst 1546 stand die Stadtkirche St. Wolfgang vollendet. Nach dem Willen Martin Luthers gab es nur einen Hauptaltar. Er sollte zur Belehrung der Gläubigen beitragen, auf seinen Tafeln erschienen nun nicht mehr Maria und die Heiligen, sondern hauptsächlich das neutestamentarische Heilsgeschehen in seinen wesentlichen Stationen, vor allem Abendmahl, Kreuzigung und Auferstehung. Der Schneeberger Altar besteht aus zwölf Tafeln. Ihre Abfolge enthält eine symbolische Darstellung des evangelischen Glaubensbekenntnisses. Dies in Bildern vorzustellen, war eine neue Aufgabe der Malerei. Vollbracht hat sie der kurfürstlich-sächsische Hofmaler Lucas Cranach d. Ä. in Wittenberg im Jahre 1539. Cranach war mit Luther befreundet und man kann deshalb mit hoher Sicherheit annehmen, dass die hier erstmalig formulierte Themenfolge einer evangelischen Ikonografie mit dem Reformator abgesprochen worden war. Dieser Altar ist der erste der monumentalen Reformationsaltäre, so wie St. Wolfgang selbst eigentlich die erste evangelisch-lutherische Stadtkirche ist – nach dem Datum wie auch im Geiste.

Kurfürst Johann der Beständige und Herzog Johann Ernst waren die Stifter des Werkes. Sie erscheinen kniend »in ewiger Anbetung« als Bekenner

* Mehrere Mitglieder der Familie hießen Christoph, zur Unterscheidung von seinen Nachkommen versieht man seinen Namen mit der römischen Eins.

Innenraum der Schneeberger Stadtkirche St. Wolfgang mit dem Hauptaltar von Lucas Cranach d. Ä., 1539

6 Hauptaltar von Lucas Cranach d. Ä., 1539. Schneeberger Stadtkirche (siehe auch S. 70)

der evangelischen Konfession auf seinen Flügeln und sind somit in der Bürgerkirche ihrer Silberstadt als oberste Bergherren ebenso präsent wie ihr katholischer Vetter der albertinischen Linie des Hauses Wettin im benachbarten Annaberg.

Im April 1945 schossen amerikanische Tiefflieger die Schneeberger Wolfgangskirche in Brand. Unter Lebensgefahr bargen Bürger der Stadt den berühmten Altar Lucas Cranachs. Nach dem Kriege verwarfen die Mitglieder der Schneeberger Gemeinde einen Plan, ihre Kirche in moderner Form wieder aufzubauen. Die Gewölbe waren eingestürzt. Unter den schwierigen Bedingungen des Nachkriegs und der DDR beschlossen sie den getreuen Wiederaufbau, und sie arbeiteten daran mit wahrem Opfersinn. So haben sie den alten identitätsstiftenden Sinn der Stadtkirche noch einmal erfüllt – St. Wolfgang ist auch ihr Denkmal.

Gerade in dieser Epoche des Glanzes, des Ausbaus der Städte und der Blüte ihrer Kultur traten zwei Ereignisse ein, die die sächsische Geschichte, sogar die deutsche und damit auch die europäische, bis heute bestimmen oder beeinflussen sollten.

Im Jahre 1464 starb Kurfürst Friedrich II. und seine beiden Söhne übernahmen gemeinsam die Regierung. Diese Art, mit dem Erbe umzugehen, war schon wiederholt vorgekommen. Sie war normal, solange die Länder noch als Privateigentum einer Familie angesehen wurden und noch nicht als eigenständiges Subjekt mit eigener Identität, solange sie also noch keine modernen Staaten waren. Kurfürst Ernst und sein militärisch begabter jüngerer Bruder Albrecht, »des Kaisers gewaltiger Marschall und Bannermeister«, der deshalb den Zunamen »der Beherzte« erhielt, wussten beide nicht, dass sie an der Schwelle eines neuen Zeitalters standen, als sie 1485 beschlossen, das Land zu teilen. Angeblich hatten Streitigkeiten zwischen ihren Räten zu dieser Entscheidung geführt, die ebenfalls in der mittelalterlichen Geschichte des Hauses Wettin wiederholt vorgekommen sein soll und also politisch normal war. Die zwei Landesteile wurden dabei so gewissenhaft miteinander verschränkt und durchsetzt mit Gebieten gemeinsamer Verwaltung, dass eine endgültige Trennung unmöglich schien.

In Leipzig wurde die anscheinend administrative Maßnahme vollzogen. Herzog Albrecht wählte die südöstlichen und nordwestlichen Abschnitte; der Nordosten mit dem Südwesten blieben dem Kurfürsten Ernst. So entstanden das albertinische und das ernestinische Sachsen. Damit hatte sich der

Wettinische Gebiete nach der Teilung von 1485

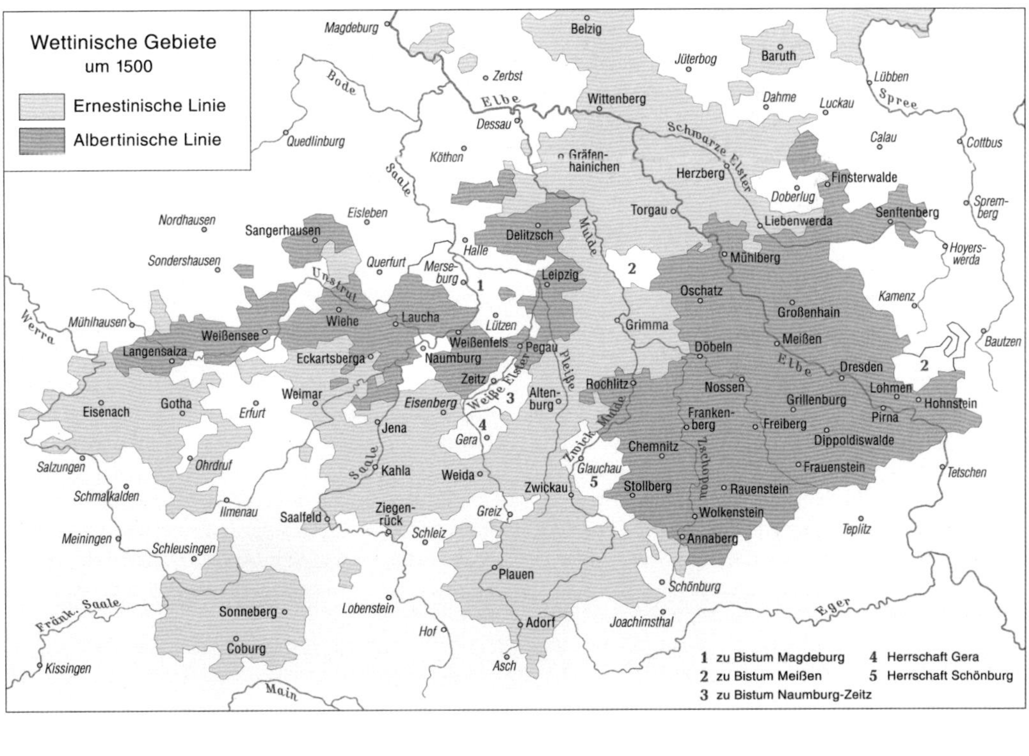

– nächst dem habsburgischen – zweitgrößte, städtereichste und wirtschaftlich stärkste unter den deutschen Fürstenstaaten für immer und ewig um seinen in Jahrhunderten errungenen politischen Rang gebracht. Ohne diese Teilung wäre Deutschlands Geschichte – stärker sächsisch bestimmt – anders verlaufen und damit auch die Geschicke der angrenzenden Länder. Was immer Sachsens ehrgeizigste und tüchtigste Fürsten in Zukunft unternahmen, diesen Machtverlust ihres Hauses wieder wettzumachen, die Leipziger Teilung von 1485, war der Anfang von jenem politischen Ende, das der Wiener Kongress von 1815 über Sachsen verhängte und aus dem jenes Territorium hervorging, das annähernd den heutigen Freistaat bildet, etwa ein Viertel des sächsisch-thüringischen Landkomplexes von 1485.

Kulturell wirkte die Teilung zunächst positiv, denn jene monumentalen Aufgaben frühabsolutistischer Repräsentation, die die Kraft großer Territorien erforderten, waren der Kunst noch nicht gestellt. Die Residenzen wurden erst etabliert aufgrund zunehmender Schriftlichkeit in den administrativen Vorgängen, die die ständig zunehmende Wirtschaft und der Geldverkehr mit ihren juristischen Konsequenzen erforderten. Dieses in Kursachsen erreichten Standards wegen war die Meißner Albrechtsburg zu Deutschlands erstem Schlossbau geworden. Als gemeinsames Verwaltungs- und Repräsentationszentrum der fürstlichen Brüder geplant, wurde sie aus unbekannten Gründen nach der Teilung nicht benutzt, sondern das albertinische Dresden und das ernestinische Wittenberg – verbunden durch die Elbe – erhielten Residenzcharakter. In Dresden wurde die gotische Burg an der Elbbrücke von Arnold von Westfalen weiter- und ausgebaut; in dem bis dahin völlig unbedeutenden Wittenberg, das eher einem Dorf glich, war ein neues Schloss erforderlich. Da die Leipziger Universität herzoglich-albertinisch geworden war, benötigte nun auch das ernestinische Kurfürstentum eine landeseigene Hochschule zur Ausbildung von Fachleuten, die der Staat zunehmend brauchte. Deshalb gründete, nachdem Ernst schon 1486 gestorben war, sein Nachfolger Kurfürst Friedrich, später »der Weise« genannt, 1502 die Wittenberger Universität.

Überhaupt hatte die albertinische Linie mit dem oberen Elbtal und dem angrenzenden Osterzgebirge ein schon weitgehend ausgebautes Land erhalten, während die Ernestiner am Mittellauf des Flusses zwar das alte, mit der Kurwürde belehnte sächsische Herzogtum besaßen, aber einen Ausbau noch zu vollbringen hatten, der dem Rang und der Geltung ihres Titels unter Deutschlands Fürsten entsprach. Infolge dieses Zugzwangs verlagerte sich das kulturelle Schwergewicht nach der neuen Residenzstadt Wittenberg.

Zwei spezielle Gründe bewirkten deren kometenhaften Aufstieg: Zum einen markierte die Konstituierung zentralistisch organisierter Feudalstaaten fast im ganzen westlichen Europa das Ende oder die nachlassende Geltung der großen städtischen Bürgerkulturen. Residenzen begannen, ihre Stelle einzunehmen. Die Anwesenheit der Landesherren in Bild oder Wappen in den religiös-gesellschaftlichen Zentren der beiden Bergstädte Annaberg und Schneeberg zeigt den Beginn dieses Prozesses in Sachsen an. Zum anderen war Kurfürst Friedrich der Weise einer der begabtesten Regenten des Zeitalters, der rechte Mann zur rechten Zeit am rechten Ort. Was wäre gewesen, wenn sein Vater nicht Land und Macht halbiert hätte, wie anders wäre wohl Deutschlands Geschichte verlaufen?

Friedrich der Weise regierte gemeinsam mit seinem jüngeren Bruder Herzog Johann, der später wegen seines unbeirrbaren Einstehens für die Reformation den Zunamen »der Beständige« erhielt. Johann wurde die Verwaltung der südwestlichen Territorien übertragen und er nahm Weimar zur Residenz. Aber alle wesentlichen Entschlüsse wurden gemeinsam gefasst, ohne dass das herzliche Einvernehmen der Brüder je getrübt worden wäre. Dies war eine Voraussetzung der Reformation.

Zunächst musste die Kleinstadt Wittenberg bei der alten gotischen Burg der Askanier, die eine eichene Elbbrücke sicherte, zur kurfürstlichen Residenzstadt ausgebaut werden. Schon 1492 war die Holzbrücke erneuert worden und der Bau des neuen Schlosses begann. Den Gepflogenheiten der Zeit entgegen, hatte der junge Fürst die alte Burg abbrechen lassen. Nicht um Weiterentwicklung also ging es ihm, sondern um Neubeginn. Es ist anzunehmen, dass der Schüler Arnolds von Westfalen, Konrad Pflüger, an der Planung beteiligt war. Seit 1490 Ratsbaumeister in Görlitz, leitete er dort den Bau der großen Hallenkirche. Als modernster und daher gefragtester Architekt der Region hatte er auch in Halle und Magdeburg Aufträge bei den großen Kirchenbauten zu erledigen, wie später für St. Anna in Annaberg.

In Wittenberg baute er am Schloss, seit 1496 an der Schlosskirche und schließlich errichtete er 1503 im Auftrag Friedrichs das Collegium Fridericianum, das erste Gebäude der eben gegründeten Universität. Zweifellos wurde er unterstützt von dem Baumeister Hans von Torgau, der gleichzeitig für den Kurfürsten am Torgauer Schloss und am Jagdschloss Annaburg arbeitete, das damals Lochau hieß. Dieser Architekt, wohl identisch mit Hans Meltwitz, war dann nach 1510 der erste Baumeister der Stadtkirche St. Wolfgang in Schneeberg.

Die Wittenberger Neubauten aus der Zeit um 1500 müssen als Bestandteile einer alles umfassenden Erneuerung verstanden werden, für die die Begriffe Zeitenwende und Gründerzeit gleichermaßen zutreffen. Die Bezeichnung Renaissance beschreibt den Umbruch in Europa generell, die sächsische Besonderheit erfasst er unzureichend. Denn hier galt nicht, was die Kultur der Stadtstaaten und Fürstentümer Oberitaliens oder der mächtigen Handelsstädte Süddeutschlands und der Niederlande ausmachte. Verglichen mit ihnen waren selbst Leipzig, Freiberg und Annaberg – um nur die großen Kommunen zu nennen – unbedeutend. Die sächsische Wirtschaftspolitik seit Otto dem Reichen, vor allem das fürstliche Silberregal, hatte das Entstehen mächtiger Städte mit weltumspannenden Handelshäusern verhindert, aber den Aufbau zahlreicher Kleinstädte begünstigt, wie sie für Sachsen charakteristisch und charakterbildend sind – bis heute. Sie waren die Träger der Gymnasien, der Wissenschaften und Künste im ganzen Land. Aus ihnen kamen damals jene Männer, deren Ideen den Kontinent erschütterten.

Kurfürst Friedrich war einer von ihnen, aus einer Region stammend, die eben erst zu ihrer eigenen Kultur gefunden hatte, einer Mittelmacht am Rande der Entwicklungen Westeuropas, klein und reich, ein Sonderfall, der Sonderformen erzeugte. Friedrich setzte Zeitzeichen. Conrad Celtis, einer der ersten Humanisten Deutschlands, widmete ihm sein erstes Buch im Jahre 1486 als Professor an der Leipziger Universität. Damals war der Kurfürst 23 Jahre alt. Daraufhin verwendete dieser sich bei Kaiser Friedrich II., Celtis zum Poeta Laureatus zu krönen und damit eine Ehrung aus antiker Zeit,

Titelblatt der »Ars versificandi et carminum« von Conrad Celtis (1459–1508), 1486 als erste Poetik des deutschen Humanismus in Leipzig erschienen

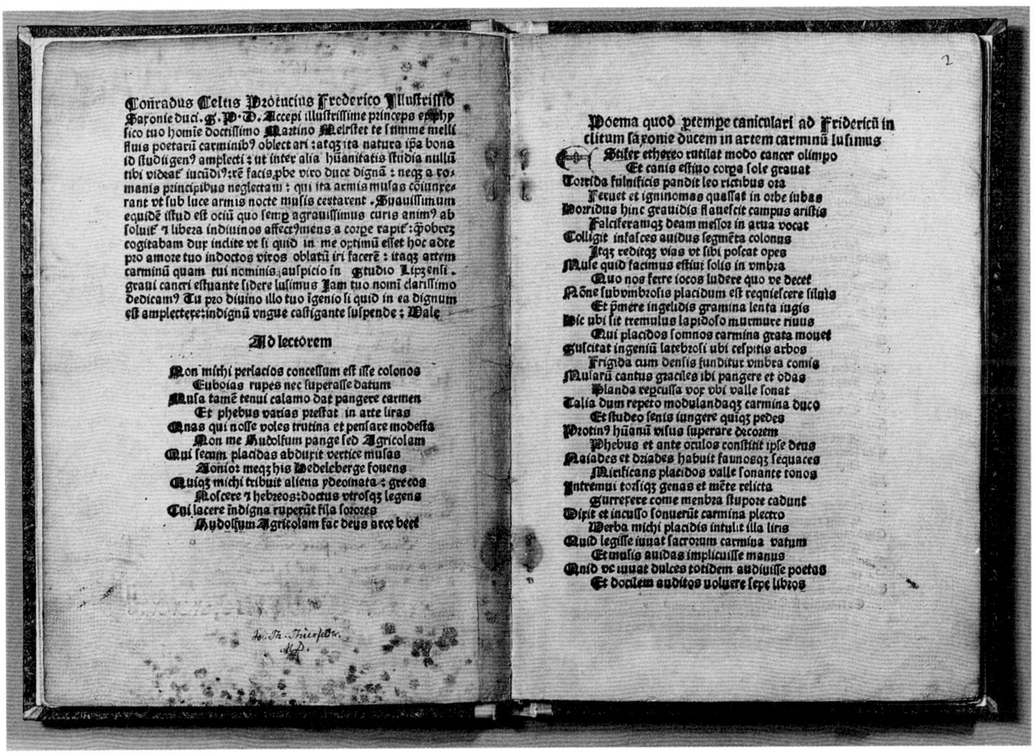

Conradus Celtis Protucius Frederico Illustrissimo Saxonie duci. S. P. D. Accepi illustrissime princeps ex phisico tuo homie doctissimo Martino Melrstet te summe melliflluis poetarũ carminib9 oblectari: atq3 ita natura ipa bona id studii gen9 amplecti: ut inter alia hũanitatis studia nullũ tibi videat' iucũdi9: rē facis pbe viro duce dignã: neq3 a romanis principibus neglectam: qui ita armis musas coniunxerant vt sub luce armis nocte musis cessarent. Suauissimum equidē istud est ociũ quo semp a grauissimus curis anim9 absoluit' 7 libera in diuinos affect9 mens a corpe rapit': quobrez cogitabam dux inclite vt si quid in me optimũ esset hoc adte pro amore tuo indoctos viros oblatũ iri facerē: itaq3 artem carminũ quam tui nominis auspicio in Studio Lipzensi grauí cancri estuante sidere lusimus Iam tuo nomi clarissimo dedicam9 Tu pro diuino illo tuo igenio si quid in ea dignum est amplectere: indignũ vngue castigante suspende: Vale

Ad lectorem

Non michi perlacios concessum est isse colonos
Euboias rupes nec superasse datum
Musa tamē tenui calamo dat pangere carmen
Et phebus varias prestat in arte liras
Quas qui nosse voles trutina et pensare modesta
Non me Rudolfum pange sed Agricolam
Qui secum placidas abduxit vertice musas
Aonio: meq3 his Hedelberge fouens
Quiq3 michi tribuit aliena vocabula: grecos
Noscere 7 hebreos: doctus vtrosq3 legens
Cui lacere indigna ruperũt fila sorores
Rudolfum Agricolam fac deus arce beet

2

Poema quod ptempe canicularí ad Fridericũ inclitum saxonie ducem in artem carminũ lusimus
Ethifer ethereo rutilat modo cancer olimpo
Et canis estiuo corpa sole grauat
Torrida fulnificis pandit leo rictibus ora
Feruet et ignivomas quassat in orbe iubas
Horridus hinc grauidis flauescit campus aristis
Falciferamq3 deam messor in arua vocat
Colligit infalces auidus segmēta colonus
Itq3 reditq3 vias vt sibi poscat opes
Muse quid facimus estiui solis in vmbra
Quo nos ferre iocos ludere quo ve decet
Nōne sub vmbrosis placidum est requiescere siluis
Et pmere ingelidis gramina lenta iugis
Hic ubi sit tremulus lapidoso murmure riuus
Qui placidos somnos carmina grata mouet
Suscitat ingeniũ latebrosi ubi cespitis arbos
Frigida cum densis funditur vmbra comis
Musarũ cantus graciles ibi pangere et odas
Blanda repcussa vox vbi valle sonat
Talia dum repeto modulandaq3 carmina duco
Et studeo senis iungere quiq3 pedes
Protin9 hũanũ visus superare decorem
Phebus et ante oculos constitit ipse deus
Naiades et driades habuit faunosq3 sequaces
Mirificans placidos valle sonante tonos
Intremui torsiq3 genas et mēte relicta
Surrexere come menbra stupore cadunt
Dixit et incusso sonuerũt carmina plectro
Verba michi placidis intulit illa liris
Quid legisse iuuat sacrorum carmina vatum
Et musis auidas implicuisse manus
Quid ve iuuat dulces totidem audiuisse poetas
Et doctem auditos voluere sepe libros

die schon in Italien praktiziert wurde, in Deutschland einzuführen. Nach der Dichterkrönung 1487 auf dem Nürnberger Reichstag schrieb Celtis: »Der ich als erster unter den Deutschen die Auszeichnungen und Ehrenzeichen der Literatur und den kaiserlichen Lorbeerkranz vom Kaiser erhielt auf deine Anleitung und Ermahnung hin, erlauchtester Fürst Friedrich«. Im Laufe seines Lebens wurden diesem Kurfürsten etwa 30 Bücher gewidmet von Autoren wie Celtis, Reuchlin, Pirkheimer, Erasmus von Rotterdam, Karlstadt, Melanchthon und Luther.

Wohl 1501 schrieb der venezianische Maler Jacopo de' Barbari, damals im Dienste Kaiser Maximilians, an Friedrich einen Brief, in dem er ihn als Liebhaber der Künste und Wissenschaften darum bat, ein Reichsgesetz zu erwirken, durch das die Malerei als achte freie Kunst anerkannt werden sollte. Bildhauer und Maler wurden nämlich in Italien als Künstler angesehen, doch im spätmittelalterlichen Deutschland zählten sie noch zu den Handwerkern wie Goldschmiede oder Tischler, während etwa die Uhrmacher, die damals Kenntnisse der Mathematik und der Astronomie benötigten, als Künstler betrachtet wurden, denn ihre Wissenschaften gehörten zu den Sieben Freien Künsten, die an den Universitäten studiert werden konnten. Die Übertragung des bis heute gültigen Kunstbegriffs, der in der italienischen Renaissance geprägt wurde, auf deutsche Verhältnisse war ein Thema der humanistischen Diskussion. Im Jahre 1503 kam Jacopo de' Barbari selbst an den Wittenberger Hof und blieb zwei Jahre. 1505 folgte ihm der Bildhauer Konrad Meit. Er ging 1510 an den Hof der Statthalterin der Niederlande. Aber gleichfalls 1505 war auch der Maler Lucas Cranach von Wien nach Wittenberg berufen worden und er blieb 50 Jahre lang bis zu seinem Tod Hofmaler des ernestinischen Fürstenhauses. Diese drei Künstler repräsentierten, jeder auf seine Weise, die modernsten Entwicklungen der Künste. Sie waren gleichsam Sendboten der Renaissance und der humanistischen Gelehrsamkeit im Norden, zugleich aber auch einer neuen Funktion der Künste, denn sie waren Deutschlands erste Hofkünstler in Amt, Stil und Geist. Ihr Erscheinen am kursächsischen Hof markierte die bereits erwähnte neue Epoche in Architektur und bildender Kunst – den allmählichen Rückgang der großen städtischen Kulturen und den Aufstieg der Residenzen. Ein Beispiel soll dies verdeutlichen.

Herzog Heinrich der Fromme. Gemälde von Lucas Cranach d. Ä., 1514. SKD, Gemäldegalerie Alte Meister

In der Dresdner Galerie befindet sich Cranachs Bildnis Herzog Heinrichs des Frommen von 1514. Es ist ständig zu sehen, weil es eines der wichtigsten Werke der deutschen Malerei der Renaissance ist. Der Herzog füllt die schmale hohe Tafel in Lebensgröße. Es ist das erste höfische Repräsentationsporträt überhaupt, denn es zeigt den Dargestellten von Kopf bis Fuß in kostbarster modischer Kleidung, so, als ob alles an ihm wichtig wäre, wie es zuvor nur Heiligen zustand. Cranachs Problem bei diesem Vorstoß ins Unbekannte war, dass das Gesicht als wesentliches Moment des Porträts nur einen winzigen Teil der großen Bildtafel einnimmt. Sein Genie fand die Lösung. Er stilisierte den Körper des Herzogs ins Ornamentale, indem er sich der Praxis der alten gotischen Meister bediente, Körper flächig darzustellen. Die Füße und selbst den Daumen am Gefäß des Schwertes verdrehte er in die Fläche, ebenso den Hund zu Heinrichs Füßen. Nur das Gesicht malte er in der modernen Technik plastisch-perspektivischer Wirklichkeitsdarstellung. So scheint es aus dem Grund des Bildes hervorzutreten und dominiert alle flächigen Teile. Es waren diese Stilisierungskünste und Perspektivwechsel, das intellektuelle Verhältnis zum Werk, die Picasso an Cranach faszinierten, die Autonomie der Bildräume: eine sächsische Sonderform. Raffaels und Tizians ganzfigurige Fürstenbildnisse sind mit anderen Methoden gemacht, aber später.

Kurfürst Friedrichs Begabung, Zukunftsträchtiges zu erkennen und voranzubringen, bezeugen zwei Bildnisse. Der wenig bekannte florentinische Bildhauer Adriano Fiorentino schuf im Jahre 1498 seine etwa lebensgroße Bronzebüste. Sie ist die erste ihrer Art und Vorläufer einer endlosen Reihe plastischer Herrscherporträts, die nicht zum Gedenken oder zu dynastischer Präsenz mit Kirchen oder öffentlichen Bauten verbunden waren, sondern als mobile Werke freier Kunst die Persönlichkeit repräsentierten, ein Bildwerk aus dem Geiste der Renaissance. Thematisch nicht so aufsehenerregend neuartig war ein gemaltes Brustbild, das der Kurfürst schon zwei Jahre zuvor in Auftrag gegeben hatte. Bildnistafeln waren bereits üblich. Dieses aber hatte Friedrich 1496 von dem fünfundzwanzigjährigen Albrecht Dürer in Nürnberg malen lassen. Es beweist sein enormes Gespür für Qualität und Kenntnis der neuesten Entwicklungen in den Künsten. Friedrich war Dürers erster Mäzen. Noch im gleichen Jahr bestellte er bei ihm zwei Altäre, die glücklicherweise in die Dresdner Galerie gelangten, der »Dresdner Altar« und »Die Sieben Schmerzen Mariae«. Ihnen folgte 1504 »Die Anbetung der Könige« und drei Jahre darauf »Die Marter der 10 000 Christen«. Parallel dazu lieferten auch einige der besten Nürnberger und Augsburger Maler Gemälde und Altäre nach Wittenberg, wie Michael Wolgemut, Hans Burgkmair und Leonhard Schäufelein. Aber in diesen Jahren begann bereits Cranach als Hofmaler zu arbeiten und er erledigte fortan die großen Aufträge. Der alte Kurfürst saß 1523 noch einmal dem alten Dürer Modell für ein Porträt, eine Silberstiftzeichnung. Sie war die Zwischenstufe zu einem der feinsten späten Kupferstichbildnisse des Meisters von 1524. Cranachs Stärke dagegen war der Holzschnitt.

Als die Arbeiten an der Wittenberger Schlosskirche Allerheiligen um 1510 beendet waren, standen in ihr etwa 20 Altäre von den ersten Meistern der deutschen Renaissance, die beste Sammlung ihrer Art. Es war dennoch keine Kunstsammlung, sondern die Ausstattung der Haupt- und Universitätskirche eines mächtigen deutschen Fürstentums. Frömmigkeit und Staatsrepräsentation gingen dabei überein. Künstlerische Kriterien, für uns von so überragender Bedeutung, sind gleichermaßen – wie bereits dargestellt – für die Ausstattung der Annenkirche wesentlich gewesen. Gute Bilder waren teuer. Der Unterschied ist dennoch bedeutsam. In

Kurfürst Friedrich der Weise. Kupferstich von Albrecht Dürer, 1524

Innenraum der Wittenberger Schlosskirche »Allerheiligen«, 1498 bis 1507. Links und rechts vom Altar die knienden Kurfürstenskulpturen

der Stadtkirche arbeiteten hauptsächlich ansässige Bildschnitzer in ihrem traditionellen, überall verfügbaren Material sowie einheimische Maler, die auch die hölzernen Skulpturen in Farben fassten. In der Hofkirche ist zur gleichen Zeit diese Traditionslinie abgebrochen worden. Italiener oder der italienischen Formensprache kundige Meister, hauptsächlich aus den süddeutschen Zentren, wurden herangezogen, und zwar vor allem Maler, denn die großen italienischen Künstler, deren Ruhm über die Alpen drang, waren zumeist Maler. Wurden aber Skulpturen importiert, so mussten sie wie die italienischen aus Stein oder Bronze sein.

Diesen Sachverhalt bezeugt jenes Werk, das der albertinische Herzog Georg für die Annenkirche bestellte, der Hauptaltar mit den herzoglichen Wappen. Er wurde aus kostbarem Material – Marmor und Kelheimer Stein – von Adolf und Hans Daucher in Augsburg geschaffen. Zwar sind seine skulpturalen Teile, wie bereits beschrieben, stilistisch kaum moderner als jene von Franz Maidburg aus Freiberg, aber sein Aufbau mit Säulen, Voluten und horizontalen Gebälken ist ganz italienisch. Es ist ersichtlich, dass die einheimischen Meister für Sachsens Fürsten zu gotisch arbeiteten und dies war gleichbedeutend mit bürgerlich und national, während die Hofkunst von Anfang an tendenziell international war, wie die fürstlichen Familien selbst und deren Personal.

Die allen Heiligen geweihte kursächsische Hof- und Universitätskirche enthielt aber noch eine andere, für die Zeitgenossen weit wichtigere Sammlung. Es war das Wittenberger Heiltum. Schon sein Name, von mittelalterlicher Frömmigkeit geprägt, zeigt an, dass das moderne säkularisierte Verständnis mit dem Begriff »Sammlung« den von Friedrich mit tiefem Engagement zusammengebrachten Bestand von Reliquien kaum trifft. Mit diesen Überresten von Heiligen oder von Gegenständen, mit denen sie in Berührung waren, verbanden die damaligen Christen das Heil ihrer Seelen. Der religiöse Gedanke, der dem Kult zugrunde lag, war schlüssig, denn die Heiligen, ehemals Menschen wie wir und infolge ihrer Taten zweifellos aufgenommen in das Reich Gottes, vermochten zu vermitteln zwischen Gott und dem sündigen Lebenden. In ihren Überresten glaubte man sie geistig anwesend und gute Werke, vor ihnen für Gottes Kirche getan, vermochten ihre Fürbitte auszulösen. Dies hatten in den Gründerzeiten Feudale durch Stiftung von Kirchen und Klöstern für sich bewirkt, jetzt aber war es durch päpstlichen Erlass auch dem kleinen Mann möglich, denn die frühkapitalistische Geldwirtschaft vermochte es, gute Werke in Münzen auszudrücken. Die durch Zahlungen erwirkten Ablässe – also Verminderungen künftiger Höllenqualen – trugen aber nicht nur unmittelbar bei zur Finanzierung kirchlicher Vorhaben, sondern auch mittelbar. So erwirkte etwa Kurfürst Friedrich bei dem großen Papst Julius II. – dem Mäzen Raffaels und Michelangelos – durch Vorauszahlung eines hohen Betrages einen Ablass zugunsten des Baus der Torgauer Elbbrücke. Darüber hinaus vermochten aber auch Reliquien, die an den Tagen der Heiligen dem Volk vorgewiesen wurden, die besitzenden Kirchen zu Pilgerstätten zu erhöhen. Sie wurden so zu Reisezielen großer Menschenmengen; Jahrmärkte und Volksfeste waren die Pendants der Gottesdienste. Selbstverständlich gehörte es zu den Pflichten eines frommen Landesherrn, dafür zu sorgen, dass seine Untertanen im Lande für ihr Seelenheil beten und zahlen konnten. Insofern war es sowohl gottesfürchtig wie auch zweckmäßig, dass Friedrich der Weise seine neue Residenz- und Universitätsstadt zu einem Zentrum der Heiligenverehrung ausbaute. Die neue Schlosskirche Allerheiligen eignete sich gut dafür, Partikel von Körpern und Gegenständen aller Heiligen aufzubewahren. Der Kurfürst bewirkte zur Vermehrung dieser ideellen Güter päpstliche Erlasse und führte dazu Korrespondenzen mit geistlichen und weltlichen Fürsten ganz Europas über Jahre hin. Seine Bemühungen kulminierten, als im benachbarten Halle Kardinal Albrecht von Brandenburg, Erzbischof von Mainz und mächtigster unter den geistlichen Kurfürsten des Reiches, ebenfalls begann, eine Reliquiensammlung aufzubauen, das Hallesche Heiltum, ein Unternehmen religiöser, wirtschaftlicher und politischer Konkurrenz. Im Jahre 1520 war der Wittenberger Reliquienbestand auf 19013 Objekte angewachsen. Damit war er einer der umfangreichsten überhaupt und ermöglichte die Dispensierung von der Pein des Fegefeuers für ungefähr 150000 Jahre. Viele dieser Partikel, die zum Teil für Geld erworben worden waren, erhielten einen gemeinsamen Behälter, besonders wichtige und heilsversprechende hatten ein besonderes Reliquiar.

Wie diese Schaugefäße beschaffen waren, übermittelt uns das Wittenberger Heiltumsbuch mit Holzschnitten von Lucas Cranach aus dem Jahre 1509, als die Sammlung erst 5005 Reliquien um-

Reliquiar aus dem Wittenberger Heiltumsbuch. Holzschnitt von Lucas Cranach d. Ä., 1509

fasste. Die Reliquiare wurden in etwa 120 Holzschnitten dargestellt und neben ihnen ihre Inhalte aufgelistet, sodass der Pilger jenes bei der Vorweisung erkennen konnte, das einen Teil vom Leibe seines Namenspatrons oder des Schutzheiligen seines Berufes enthielt. Lesefähigkeit wurde vorausgesetzt.

Dem Kundigen stockt noch heute der Atem beim Blättern in diesem Heftchen. Diese Reliquiare repräsentierten das Feinste, das Kostbarste deutscher Goldschmiede- und Juwelierkunst der Epoche. Kurfürst Friedrich muss die berühmtesten Meister beauftragt haben, diesen Heiligtümern die ihnen einzig angemessenen Gehäuse zu schaffen.

Natürlich sollte das Heiltum selbst in einer erlesenen Hülle aufbewahrt werden. Am Anfang des Chorraumes gab es einen kostbaren Schrein, den man zum Vorzeigen der Reliquiare an Festtagen öffnen konnte. Höchstwahrscheinlich waren die beiden lebensgroßen knienden Statuen Friedrichs des Weisen und Johanns des Beständigen, die man heute auf hohen Postamenten etwa an dieser Stelle sieht, ursprünglich dazu bestimmt gewesen, in ewiger Anbetung beiderseits des Heiltums zu knien. Aber 1520 hat man sie auf Konsolen in etwa halber Höhe vor die Pfeiler am Choreingang gestellt – eine merkwürdige Position, vergleichbar der der Stifterfiguren in Naumburg und Meißen, aber der Epoche eigentlich fremd. Es wird wohl eine Verlegenheitslösung gewesen sein, denn das Heiltum wurde zu dieser Zeit in einer Seitenkapelle aufbewahrt – wohl wegen Überfüllung des Schreins – und die beiden kostbaren Fürstenstatuen hätten dort weder Sinn noch Platz gehabt. Auch war die Reformation bereits eingeleitet, der Ankauf von Reliquien schon 1520 abgesagt und seit 1521 wurde in Wittenberg kein Ablass mehr verkündet.

Es ist bisher nicht beachtet worden, dass diese Skulpturen aus Kelheimer Stein bestehen, einem marmorähnlichen, politurfähigen Kalkstein, der damals in süddeutschen, vornehmlich Augsburger Werkstätten bevorzugt verwendet wurde. Hinzu kommt, dass sie zu den ersten frei stehenden großplastischen fürstlichen Adoranten gehören – so heißen die »in ewiger Anbetung« Dargestellten – Vorläufer eines Typus, der vom Innsbrucker Maximiliansgrab über das Freiberger Moritzmonument bis ins 17. Jahrhundert gebräuchlich war. In Frankreich gab es sie schon in der königlichen Begräbniskirche St. Denis, in Deutschland in Malerei und Grafik, zumal bei Cranach, doch als monumentale Bekundung fürstlichen Selbstverständnisses an sakralem Ort waren sie neu. Es versteht sich von selbst, dass ein so neuartiger und wichtiger Staatsauftrag, auszuführen in wertvollem Material, nur an eine Werkstatt vergeben wurde, die der Modernität und Würde der Aufgabe gewachsen war. In Augsburg fand sich eine solche. Als Kurfürst Friedrich der Weise aus dem ernestinischen Wittenberg und Herzog Georg aus dem albertinischen Dresden 1518 am Augsburger Reichstag teilnahmen, wird ihnen ohne jeden Zweifel die eben fertiggestellte Fuggerkapelle gezeigt worden sein. Es war die modernste, die italienischste Anlage des Reiches. Auf dem Altar in ihrem Zentrum stand vollplastisch und fast lebensgroß eine Gruppe mit dem vom Kreuz genommenen Christus, wohl ebenfalls aus Kelheimer Stein, ein Werk der Hochrenaissance, ohne Vergleich diesseits der Alpen. Es muss den Zeitgenossen erschienen sein, als habe sich der Geist Italiens auf deutsche Bildhauer niedergelassen. Seine Meister waren Adolf Daucher und sein Sohn Hans.

Kurfürst Friedrich der Weise in ewiger Anbetung. Lebensgroße Plastik aus farbig gefasstem Kelheimer Stein von Adolf und Hans Daucher, Augsburg, um1519/20. Wittenberger Schlosskirche

Wir wissen, dass Herzog Georg in dieser Werkstatt den Hauptaltar für die Annenkirche bestellte, der 1522 geliefert wurde, und etwa zehn Jahre später das Relief mit der Beweinung Christi für seine eigene Grabkapelle im Meißner Dom. Höchstwahrscheinlich hat auch Kurfürst Friedrich die beiden Adoranten für seine Hofkirche dort bestellt. Es ist zwar schwierig, sie einem bestimmten Meister zuzuschreiben, denn man sieht eigentlich nichts anderes als zwei minutiös dargestellte Harnische mit Porträtköpfen, die offensichtlich nach Zeichnungen Cranachs gearbeitet wurden. Aber gerade das kleinmeisterlich Präzise ist ein Charakteristikum der Daucher und die beiden Panzer vom damals modernen Typ der Maximiliansharnische sind bis auf die einzelnen Nieten genau wiedergegeben. Augsburg war das deutsche Zentrum der Harnischproduktion.

Seit der Augsburger Ausstellung »Welt im Umbruch« von 1980 ist bekannt, dass sich Hans Daucher mit dem Porträt Friedrichs des Weisen beschäftigte, und man kennt das Epitaph des Ritters Eberhard von Kürnhaim von 1526, das als Arbeit Hans Dauchers beschrieben wird. Der Ritter trägt dort einen fast gleichen Maximiliansharnisch, und zwar ebenfalls mit dem ungewöhnlichen Motiv der Rosetten auf Brust und Schoß, das man auch an den beiden Wittenberger Adoranten sieht. Gerade diese Rosetten weisen auf den Zusammenhang einer Bildhauerwerkstatt, in der man die leeren Flächen der Harnische scheute und Kleinteiligkeit erstrebte, ohne Rücksicht auf die Gebräuche der Plattnerkunst.*

Wir verdanken es dem ungewöhnlichen Ort, an dem die beiden Statuen aufgestellt wurden, dass sie erhalten sind. Denn alles, was mit dem Wittenberger Heiltum zusammenhing, die fast 20 000 Reliquien und ihre Hunderte von Reliquiaren aus Silber und Gold, Bergkristall, Jaspis, Email und Edelsteinen, ist still und fast spurlos verschwunden, wenige Jahre nach der Fertigstellung. Denn es war das Tor zu ebendieser kurfürstlichen Schloss- und Universitätskirche, hinter dem das Heiltum aufbewahrt war, an das der Theologieprofessor Martin Luther seine 95 Thesen gegen den Ablass angeschlagen hat.

Wittenberg ist von vielen Städten umgeben und es liegt an einer Hauptverkehrsader des alten Reiches, der Elbe. Südöstlich kreuzte sie die Niedere

Martin Luther als Mönch. Kupferstich von Lucas Cranach d. Ä., 1520. SKD, Kupferstich-Kabinett

und die Hohe Straße, die Leipzig – und damit Nürnberg und Augsburg im Südwesten – mit Brandenburg und Schlesien verbanden. Die Elbe verknüpfte Hamburg mit Böhmen. Leipzig, die große Handels- und Universitätsstadt des schriftkundigen Sachsen, war bereits zum Zentrum der Druckereien und des Buchhandels aufgestiegen. Kein Wunder also, dass sich Luthers Thesen wie ein Lauffeuer durch Deutschland verbreiteten. Kirchen waren die Versammlungsorte der Städte und was an ihren Toren angeschlagen stand, war öffentlich. Diese Öffentlichkeit aber war vorbereitet, solche Argumente aufzunehmen. Die Geldwirtschaft in den entwickelten Territorien Europas hatte sowohl den Gedanken des Ablasses erzeugt wie auch eine Schicht von unabhängigen Schriftkundigen, Gebildeten und Gelehrten, in der die Frage aufkommen konnte, ob Gottes Gnade käuflich sei wie Kaufmannsware. Tatsächlich hatte Kritik von humanistischer Seite bereits eingesetzt. Die ungeheure Wirkung Luthers beruhte aber darauf, dass seine Thesen nicht aus dem Bildungsgut einer schmalen

* Für Auskunft über Maximiliansharnische danke ich Holger Schuckelt, Rüstkammer Dresden.

akademischen Elite hervorgingen, sondern dass sie theologisch waren und dem tiefen Glauben und der Irritation der spätmittelalterlichen Menschen entsprangen, die in die Neuzeit eintraten.

Neuerdings wird infrage gestellt, ob Luther seine Thesen überhaupt an die Kirchentür angeschlagen habe, denn zeitgenössische Berichte darüber gibt es nicht. Luther selbst datierte den Beginn seines »Kampfes gegen den Ablass« auf den 31. Oktober 1517, weil er an diesem Tage einen Brief mit den 95 Thesen an den Kardinal Albrecht von Brandenburg, Erzbischof von Mainz, abgesandt habe – den in Halle residierenden mächtigsten Kirchenfürsten des Reiches. Erst nach dem Tode des Reformators berichtete Philipp Melanchthon, dass Luther seine Thesen am gleichen Tag an die Tür der Schloss- und Universitätskirche angeschlagen habe. Allerdings war dieser große Gelehrte, Luthers Mitstreiter und Professor für griechische Sprache und Theologie, erst im August 1518 in Wittenberg eingetroffen.

Anschläge von Thesen als Grundlage für eine wissenschaftliche Disputation waren an mittelalterlichen Universitäten üblich und die Kirchentür war der Ort, den man möglichst täglich passierte. Luther selbst hatte in dem Brief an den Erzbischof auch auswärtige Gelehrte zur Diskussion seiner Thesen aufgefordert. Dass Melanchthon den Thesenanschlag grundlos behauptet hätte, ist sowohl angesichts der Bedeutung dieser Aktion als auch des Renommees dieses Zeugen unwahrscheinlich. Hingegen ist anzunehmen, dass die Thesen – auf lateinisch – zunächst eine universitäre Veranstaltung ankündigten. Jedoch bereits im Dezember 1517 veröffentlichte der Leipziger Drucker Jakob Thanner ein Flugblatt mit den Thesen auf Deutsch. Darauf folgten andere Drucke im Januar 1518. Daraus ist abzuleiten, dass es ein aktuelles öffentliches Interesse an diesen Erklärungen des Wittenberger Theologieprofessors gab und dass der gesamte Problemkomplex nicht in den Gelehrtenkreisen zu halten war, an die er zunächst adressiert gewesen sein mag. Gutenbergs Erfindung ermöglichte die Verbreitung der Thesen und machte sie zur Volksangelegenheit, zur Reformation.

Deutschlands freie Reichsstädte fielen geradezu schlagartig an die neue Lehre. In Sachsen gab es zwar keine freien Reichsstädte, dafür aber überall das, was deren intellektuelle Besonderheit ausmachte: Gymnasien, Gewerbe und Handel. 1514 gründete Ruelein von Calw, Bürgermeister, Stadt-

Titelholzschnitt des »Nützlich bergbüchlein« von Ulrich Ruelein von Calw, 1518

arzt und Mathematiker in Freiberg, eine städtische Lateinschule. Schon 1501 hatte er sein »Nützlich bergbüchlein« publiziert, das erste deutsche Buch über den Bergbau. An der Leipziger Universität führte der Engländer Richard Crocus 1514 den Unterricht in Griechisch ein und auch der große Humanist Georgius Agricola gründete 1518 in Zwickau eine griechische Schule neben der bereits bestehenden städtischen Lateinschule.

Man darf sich aber die sächsischen Dörfer dieser Zeit nicht als Refugien des Analphabetismus vorstellen. Denn jener schon über 300 Jahre lang bestehende »feudale Wirtschaftsliberalismus« (Eberhard Wächtler), der es im Kurstaat jedem gestattete, nach Erz zu graben, hatte eine Fülle von ländlichen Gewerken nach sich gezogen, gegen die die städtischen Zünfte im Sinne ihrer strengen Ordnungen vergeblich einzuschreiten versuchten. Bedenkt man also, dass in vielen Landesteilen Stadt auf Stadt in weniger als zehn Kilometer Entfernung aufeinanderfolgten – Orte mit Stadtkirchen, Marktplätzen, Rathäusern und Befestigungen – und dass zwischen

Die Bibel. Übersetzung von Martin Luther, Druck von Hans Lufft, Wittenberg, 1534. Titelholzschnitt von Meister MS. Wittenberg, Lutherhalle

ihnen, vornehmlich in der Gebirgsregion, bereits Dörfer mit Manufakturen lagen, so wird deutlich, dass es überall im Lande Leser gab, die die Thesen aufnahmen, selbstbestimmt und ohne Erklärungen Dritter. Deshalb ereignete sich hier landesweit, und anfänglich selbst gegen die Landesherren, was anderswo punktuell eintrat: Sachsen wurde lutherisch.

Unter diesem Gesichtspunkt wird als folgerichtig erkennbar, dass der Reformator unter allen Kämpfen, die nun folgten, in einer erzwungenen Pause das Neue Testament »eindeutschte«, wie er es nannte. Dies geschah 1521 auf der ernestinischen Wartburg, wo er als Geächteter unter dem Decknamen Junker Jörg – einer von der Burgbesatzung – in kurfürstlicher Sicherheitsverwahrung arbeitete, nachdem er Kaiser Karl V. den Widerruf auf dem Reichstag zu Worms verweigert hatte mit den großen Worten: »Hier stehe ich, ich kann nicht anders, Gott helfe mir.«

Das war ein Satz auf Tod und Leben. Ein Jahrhundert zuvor hatte solcher Widerstand den Magister Jan Hus aus Prag vom Konstanzer Konzil direkt auf den Scheiterhaufen gebracht. Jetzt aber war der Kaiser durch internationale Konflikte geschwächt. Zwei Jahre zuvor hatte Friedrich der Weise die ihm angetragene Kaiserwürde abgelehnt – weise, denn das geteilte Sachsen war als Basis dafür nicht mächtig genug – und so die Wahl des Habsburgers erst ermöglicht. Auch war der Beistand des angesehenen Kurfürsten von Sachsen dem Kaiser unentbehrlich. Außerdem hatte der Wittenberger Augustinermönch und Professor Sympathisanten unter Reichsfürsten, der Ritterschaft, den Städten, den Humanisten und selbst unter humanistisch gebildeten geistlichen Würdenträgern. Einen Umsturz allerdings wollte keiner, auch Luther nicht, aber eine »reformatio«, also eine Rückführung der Kirche auf die alten Grundwerte, wollten viele. Wie aber das System zu modifizieren sei, auf dem Europas Zivilisation beruhte, das wusste zu dieser Zeit niemand.

Das Latein der Bibel war die verbindende Sprache zwischen Lissabon und Krakau, für die Wahrheit der Theologen ebenso wie für die politischen Auseinandersetzungen der Fürsten und die wissenschaftlichen Diskurse der Humanisten. Dass die Heiligen um ihrer Verdienste willen auserwählt waren von Gott und als Mittler fungierten zwischen ihm und den Gläubigen, war eine Glaubenstatsache, auf der das Gebäude der Kirche aufgebaut war seit Jahrhunderten. Dass man Gott etwas gibt, um von ihm etwas zu bekommen, war ein plausibler Grundsatz, der schon in der Antike praktiziert worden war und auf dem nun die Finanzierung des riesigen gesamteuropäischen Kirchenkomplexes und vielerlei zivilisatorische Maßnahmen beruhten. Die sächsischen Bildschnitzer von Annaberg und Freiberg arbeiteten nach den gleichen Grundsätzen wie der päpstliche Hofmaler Raffael in Rom. In ihren Altären stellten sie dieselbe Welt des Glaubens dar, in deren Zentrum die Hoffnungsgestalt der Madonna stand mit dem Kind zwischen den Heiligen, wie es die Sixtinische Madonna der Dresdner Galerie und etwa Hans Wittens Altar von Ehrenfriedersdorf zeigen, die annähernd gleichzeitig entstanden.

Dennoch war das System in Verruf geraten, denn gerade die Renaissance hatte neben der alten kirchlichen eine neue Repräsentationskultur der Fürsten, des Adels und des Patriziats hervorgebracht: geschnitzte Möbel; Tafelgeräte aus Silber, Edelsteinen,

Christus vertreibt die Wechsler und Händler aus dem Tempel. Gemälde von Lucas Cranach d. Ä., um 1515. SKD, Gemäldegalerie Alte Meister

reliefiertem Zinn oder emailliertem Glas; Statuetten und Gemälde zur Raumausstattung; kostbare Textilien und Prunkwaffen. Prächtige Rathäuser und Bürgerhäuser wie das Haus zur goldenen Schlange in Leipzig (1523) oder Wenzel Roskopfs Schönhof in Görlitz (1526) sind patrizische Pendants zu jenen sächsischen Burgen, die von Arnold von Westfalen oder seinen Schülern zu wohnlichen Schlössern erweitert wurden wie etwa Netzschkau, Kriebstein, Trebsen, Heynitz, Kuckuckstein oder zu den Schlossbauten der Wettiner und der sächsischen Bischöfe. Die reichen Klöster im ganzen Lande entwickelten einen vergleichbaren Standard im Wettstreit mit Bischofssitzen, Stadtkirchen und Schlosskapellen. Dies alles verursachte soziale Spannungen, denn die zunehmenden Luxusbedürfnisse steigerten den Druck auf die Lohnabhängigen. Unruhen der Handwerksgesellen in den Städten, Aufstände von Bergleuten in Schneeberg und Annaberg (1498) und schließlich der Bauernkrieg waren die Folgen.

Dies also war die Zeit, in der die Pracht der Annenkirche oder der Wittenberger Schlosskirche – um nur zwei Hauptbeispiele zu nennen – unerträgliche Kontraste zu bilden begann zur großen Menge jener, die dort ihr Heil erflehten. Es musste die Frage aufkommen, ob dies vereinbar sei mit den Geboten der Nächstenliebe und der geistlichen Nachfolge Christi. Kurfürst Friedrich der Weise, einer der größten Reliquiensammler überhaupt, hat deshalb 1521 vor Kaiser Karl V. auf dem Reichstag zu Worms seinen tödlich bedrohten Theologieprofessor unterstützt, indem er den Ablasshandel öffentlich missbilligte und fortan weitere Erwerbungen von Reliquien unterließ.

Es war das gleiche Jahr, in dem Thomas Müntzer als Prediger des Aufstandes gegen die alte Ordnung aus Zwickau vertrieben wurde und Cranach in seinem Holzschnitt »Passional Christi und Antichristi« den Papst als Verkörperung des Antichrist darstellte. Bereits zuvor hatte der Maler im Streit gegen den Ablasshandel ein neues Bildthema geschaffen – »Christus vertreibt die Wechsler und Händler aus dem Tempel«. Es war die Mitteltafel eines gänzlich neuartigen Altars.

1522 erschien das Neue Testament in Luthers Übersetzung und im gleichen Jahr begannen die Bilderstürme – zuerst in Wittenberg. Luther verließ auf eigene Gefahr die kurfürstliche Fluchtburg, um Ruhe zu stiften gegen seinen Kollegen Karlstadt, der eine Streitschrift gegen die Bilder geschrieben hatte (Von Abtuhung der Bylder, 1522). Der Reformator wandte sich zwar auch gegen den in allen Künsten blühenden Heiligenkult, trat aber ein für einen Hauptaltar mit Bildwerken zur Belehrung der Gemeinde über den wahren christlichen Glauben, also über das Heilsgeschehen. Daraus entwickelte sich die neue evangelische Ikonografie, in deren Mittelpunkt Kreuzigung, Abendmahl und Auferstehung standen. Sie war grundsätzlich verschieden von der katholischen, in der die Verehrung der Muttergottes und aller Heiligen ungebrochen weiterlief.

Von der freyheyt eynes Christen menschen.

Martinus Luther.

Tzu Vuittenbergk: Im XX iar.

BIBL. UNIVERS. LIPS.

Martin Luther, »Von der freyheyt eynes Christenmenschen«. Wittenberg, 1520. Leipzig, Universitätsbibliothek

Zu unserem Glück war Luthers Haltung weniger entschieden als die Zwinglis und Calvins. Sie verneinten Bilder im Gottesdienst grundsätzlich, deshalb wirken ihre reformierten Kirchen noch heute wie geplündert. Im Gegensatz dazu finden wir in vielen sächsischen Kirchen feine spätgotische Schnitzaltäre mit der Madonna und Heiligen. Oft sind sie Eigentum bescheidener Dorfkirchen, von Gemeinden also, die sich solche teuren Kunstprodukte niemals hätten leisten können. Nicht selten besitzen sie auch silbervergoldete Abendmahlskelche aus dieser Zeit. Es gibt nirgendwo in Deutschland noch so viele wie in Sachsen. Der

Kreuzigung (Epitaph Schmidburg). Gemälde von Georg Lemberger, um 1523. Leipzig, Museum der bildenden Künste

Totentanz. Sandsteinrelief von Christoph Walther I., 1534. Dresden (ursprünglich am Georgenbau des Dresdner Schlosses), Dreikönigskirche

Grund ist, dass die Säkularisierung der Klöster in den wettinischen Ländern im Wesentlichen geordnet verlief, weil sie staatlich verordnet war. Luther selbst und die sächsischen Landesherren wandten sich strikt gegen jeglichen Aufruhr, auch reformatorischen. Kelche und Altäre wurden zumeist nicht zerstört, sondern an bedürftige Gemeinden verteilt. Dabei waltete erstaunliche Toleranz gegenüber den Bildwerken der alten Konfession. In Annaberg z. B. mochten die Gewerke 1539 bei Vollzug der Reformation von den kostbaren Altären nicht lassen, die sie gestiftet hatten und die ihren Stolz ausmachten, ungeachtet ihrer Thematik. Alle möglichen Arten von Laxheit oder auch Gleichgültigkeit gegenüber Bildinhalten mögen bestimmend gewesen sein für die Erhaltung so vieler katholischer Werke in evangelischen Kirchen, denn Bilder standen gleichsam am Rande protestantischer Interessen. Vor ihnen wurde nicht mehr gebetet.

»Am Anfang war das Wort«, hatte Luther nicht nur übersetzt, sondern wörtlich genommen, und den Satz »Das Wort sie sollen lassen stahn« hatte er an den Beginn des zweiten Verses seines Bekenntnisliedes der Evangelischen gesetzt »Ein feste Burg ist unser Gott«. Martin Luther war ein Mann des Wortes. Er handhabte es mit unvergleichlicher Kraft und seine Gegner erkannten in seinem Deutsch die Größe der Gefahr für alle Tradition. Herzog Georg, Herr des albertinischen Sachsens und seit Luthers Leipziger Disputation mit Dr. Eck entschiedener Feind der Reformation, schrieb 1519 in einem Brief an seinen kurfürstlichen Vetter, eine Streitschrift Luthers sei deshalb so gefährlich, weil sie in deutscher Sprache geschrieben und so unter die »gmein, armen, eynfeldigen« Leute gebracht worden sei. Dies waren in der Tat Luthers Adressaten und deren Beteiligung am religiösen Diskurs, also an ihrer eigenen Sache, war der Skandal und Anfang vom Ende des Bildungsprivilegs, auf dem das kirchliche Gebäude des Mittelalters aufgebaut war.

Dies also war die aktuelle Wirkung der Luther'schen Bibelübersetzung. Mit ihr stand der »Gemeine, Arme und Einfältige« direkt vor seinem Gott, der sich ihm offenbart hatte in der Schrift. Von Vermittlern ist in den Evangelien nicht die Rede. Seine Gnade war nicht käuflich, Verantwortung nicht auf Wissende abschiebbar, so beschaffen war die »Freiheit eines Christenmenschen«, wie sie 1520 der Reformator beschrieben hatte. Die Pfarrer predigten deutsch und wohnten nicht länger in der Isolation der Klöster, sondern sie lebten in und mit der Gemeinde, der sie christliches Familienleben beispielhaft zu übermitteln hatten. Dies bedeutete aber zugleich, dass Frömmigkeit sich im Irdischen bewähren musste, nicht mehr in der Abkehr. Fast in jedem evangelischen Dorf wurde Schule gehalten, damit jeder Gottes Wort verstehe; bildeten die Pastoren Maßstäbe akademischer Bildung, waren die Kantoren Träger der Musikkultur. Das geistige Schwergewicht des Reiches verlagerte sich von Rhein und Donau an die Elbe. Die Entwicklung der deutschen Philosophie

von Jakob Böhme über Leibniz und Kant bis zu Hegel, Fichte und Schleiermacher, der Musik von Heinrich Schütz bis zu den Bach-Söhnen und der Literatur von Grimmelshausen an wurde im Wesentlichen zur Sache des protestantischen Deutschland. Doch die schönen Künste behielten ihre Heim- und Pflegestätten im katholischen Süden und Westen des Reiches.

Sachsens wichtigster Beitrag zur deutschen Kultur war die Erfindung der deutschen Sprache. Vor Luther gab es nur deutsche Dialekte und die Verständigung zwischen Bayern und Friesen, Alemannen und Pommern war weitaus schwieriger als nach der Etablierung des Korrektivs einer gemeinsamen Schriftsprache. Selbst Luthers Bibelübersetzung bedurfte noch der Kommentare, um sie in den verschiedenen Dialektbereichen voll zu erschließen. Dennoch war das schriftliche Idiom der Beamten am Wittenberger Hof – das sogenannte Meißner Kanzleideutsch, weil Kursachsen noch immer Mark Meißen genannt wurde – am besten geeignet zur Entwicklung einer gemeinsamen Nationalsprache, weil in diesem nordsächsischen Territorium die Dialekte der Einwanderer aus Ober- und Niederdeutschland sich mischten und die Synthese also vorbereitet war. Noch heute wechseln in diesem Raum das süddeutsche G und das norddeutsche J in der Umgangssprache von Ort zu Ort. Unsere Sprache hätte aber gewiss nicht jenen Charakter ausgebildet, den Thomas Mann im kalifornischen Exil ihren Orgelklang genannt hat, wenn der Übersetzer ein Beamtenidiom übernommen hätte. Er selbst schrieb über das »Einteutschen«, dass man auf die Jahrmärkte gehen und »dem Volk aufs Maul schauen« müsse. Daher stammt die elementare Kraft des Lutherdeutsch.

Die prägenden Folgen der lutherischen Reformation für die Kultur waren aber nicht nur positiv. Die Bilderstürme richteten sich gegen unchristlichen Luxus und Prunk in Klöstern und Kirchen. Dazu gehörten nicht nur die silbernen und goldenen liturgischen Geräte und die golddurchwirkten Gewänder des Klerus, sondern eben auch die vergoldeten Gesprenge, Hintergründe und Gewänder der Figuren in den Altären, der Glanz ihrer Farben, die Welt der Heiligen schlechthin. Welche Wandlung innerhalb weniger Jahre in der Gesinnung des Volkes eingetreten war, belegt eine Spottprozession im ernestinischen Buchholz, so nahe bei dem albertinischen Annaberg, dass sie heute eine Stadtgemeinde bilden.

Herzog Georg hatte – wie erwähnt – vorgehabt, die Annenkirche durch Erwerbung von Reliquien zu einem Wallfahrtszentrum zu erheben. Dies sollte selbstverständlich auch die Flut der Reformation eindämmen. Dazu beitragen sollte auch seine Bitte an den Papst, den Gründungsbischof Benno von Meißen heiligzusprechen. Von einem meißnischen Staatsheiligen versprach er sich integrierende Wirkung. Der Papst, vom gleichen Wunsch beflügelt, erfüllte den Antrag des kirchentreuen Landesherrn und Georg lud nunmehr in öffentlichen Briefen zur Hebung der Gebeine des neuen Heiligen nach Meißen für den 16. Juni 1524. Die gegenreformatorische Absicht war deutlich, deshalb trat Luther auf den Plan mit der Streitschrift »Wider den neuen Abgott und alten Teufel, der zu Meißen soll gehoben werden«. In Buchholz hatten die Bürger im gleichen Jahr einen lutherischen Prediger berufen und den katholischen abgedankt. Gegen Jahresende versammelten sich Bergleute und »junges volcks« mit Badehüten statt Baretten, richteten sich einen Bischof her, nahmen einen alten Fischkessel als Weihwasserbehälter und schaufelten unter Gesängen einen heiligen Benno aus einem alten Schacht hervor in Gestalt eines Pferdekopfes, zweier Pferdebeinknochen und des Unterkiefers einer Kuh. Diese Überreste trugen sie wie in einer Prozession in einer Düngertrage umher. Schließlich warfen sie einen »Papst« mit seinem Stuhl in den Röhrkasten – einen Brunnen – auf dem Markt.

Eine Folge des neuen religiösen Denkens war, dass sich die Auftragslage der Künstler zunehmend verschlechterte. In Buchholz wohnte der Maler Hans Hesse als angesehener Bürger. Nach 1524 fand er nur noch im benachbarten Böhmen Arbeit, das katholisch geblieben war. Im Jahr darauf verließ der große Bildhauer Hans Witten das Land und kehrte in seine niedersächsische Heimat zurück. Der Bildschnitzer Peter Breuer schuf seinen letzten Altar im Jahre 1522. So wie in seiner Zwickauer Werkstatt, ruhte auch die Arbeit bei den Bildhauern und Malern in Leipzig, Zeitz, Kamenz, Freiberg, Annaberg und Chemnitz. Die erste große Blütezeit einer genuin sächsischen Kunst brach ab.

Was an wesentlichen Erscheinungen blieb, war wenig, verglichen mit dem Reichtum der vorreformatorischen städtischen Kulturen. Es waren die Werkstätten von Cranach in Wittenberg und des Malers und Holzschneiders Georg Lemberger in Leipzig. Beide arbeiteten buchstäblich als Agitatoren der lutherischen Ikonografie. Bei Cranach kamen neue höfische Themen hinzu, Akte, kurfürstliche Jagden und Porträts. Auf ähnliche Weise gelang Christoph Walter I. der Übergang in das neue Zeitalter. Er arbeitete, wie bereits erwähnt, in den zwanziger und dreißiger Jahren an den Staatsbauten Herzog Georgs, in Meißen an der Albrechtsburg und in Dresden am Georgenbau des Schlosses. Dort ließ der alte Herzog ein dezidiert katholisches Bildprogramm gegen die Reformation anbringen. Er hatte sogar den Besitz der Lutherbibel verboten. Der Totentanz, einst farbig gefasst und beim Eintritt in die Residenzstadt weit über die Elbe hin sichtbar, ist Walthers Meisterwerk. Es ist die früheste und zugleich großartigste Erscheinung reiner Renaissanceplastik im norddeutschen Raum. Jedoch, ob ernestinisch oder albertinisch, nach 1525 war Kunst in Sachsen reformatorisch, höfisch oder beides zugleich und die Formen der internationalen Renaissance verdrängten die alte gotische Tradition, auch in den Städten.

KONSOLIDIERUNG DER REFORMATION UND AUFSTIEG DES ALBERTINISCHEN KURSTAATES (1525–1586)

Am 25. Mai 1525 starb Kurfürst Friedrich der Weise. Erst auf dem Totenbett bekannte er sich zur neuen Lehre. Bis dahin hatte er in der Spannung zwischen theologischen Einsichten und politischen Möglichkeiten das extreme Risiko des Widerstandes gegen Kaiser und Papst durch vorsichtiges Taktieren gemindert und so gelang es ihm, der Reformation erst Zeit zu ihrer Ausbreitung zu geben, bis sie zu einer Macht aufging, die nicht mehr durch Bann und Acht gebrochen werden konnte. Schon im Torgauer Bündnis von 1526 schlossen sich außer Kursachsen, Hessen und Magdeburg noch Herzöge von Braunschweig, Anhalt, Preußen, Mecklenburg und der Graf von Mansfeld um Luthers Lehre zusammen. Dies war erforderlich, nachdem Herzog Georg der Bärtige im Jahre zuvor einen Bund mit dem Kurfürsten von Brandenburg, dem Erzbischof von Mainz und anderen Herzögen braunschweigischer Linien gegen die evangelischen Reichsstände zusammengebracht hatte.- Damit begannen Konflikte zwischen den beiden wettinischen Fürstenhäusern auf die Reichspolitik einzuwirken. Dabei hatten noch kurz zuvor, am 15. Mai 1525, ernestinische und albertinische Truppen zusammen mit hessischen das Bauernheer unter Thomas Müntzer bei Frankenhausen vernichtet. Müntzer und viele seiner Mitstreiter wurden hingerichtet. Darin, nämlich in der Behauptung und Konsolidierung des Fürstenstaates gegen das Aufbegehren unterer Stände, waren sich die beiden sächsischen Linien zum letzten Mal einig gewesen.

Sogar Luther hatte die grausame Unterdrückung des Aufstandes gefordert. Seine evangelische Freiheit sollte nicht eine politische, sondern eine geistliche sein und die Macht der Fürsten war das einzig geeignete Mittel, sie durchzusetzen. Letztlich wurde deren politische Position durch die Reformation sogar gestärkt, denn sie waren nun Oberhäupter und Schutzherren ihrer Landeskirchen, unabhängig von Rom, und Eigentümer riesiger Besitzungen der Klöster. Außerdem rechtfertigte ihr religiöser Auftrag eine eigenständige Politik gegenüber dem katholischen Kaiserhaus. Zum zweiten Mal war somit von Sachsen aus die Zentralgewalt in Deutschland geschwächt worden, zum Schaden des Reiches zwar, aber auch wirksam bis hin in die Konstitution der Bundesrepublik.

Herzog Johann der Beständige folgte zehn Tage nach der Niederwerfung der Bauern bei Frankenhausen seinem verstorbenen Bruder als Kurfürst nach und konnte nun, gestützt durch das Torgauer Bündnis, die Reformation offen als kursächsische Staatsangelegenheit betreiben. Er begründete das System der evangelischen Landeskirchen, indem er als »summus episcopus«, höchster Landesbischof, 1527 eine Kirchenvisitation einleitete, bei der durch lutherische Theologen und juristisch ausgebildete Räte die Kirchen aufgesucht und die Pfarrer auf die Grundsätze der Reformation verpflichtet wurden. Durch diese Institutionalisierung der evangelischen Landeskirche stieg Kursachsen in Rang und Funktion zur lutherischen Hegemonialmacht auf. Der Wittenberger Hof und seine Universität erlangten gleichsam die religiös-politische Richtlinienkompetenz für die evangelischen Staaten Nordeuropas. Durch Luthers Kollegen, den Theologieprofessor Bugenhagen, wurde ganz Skandinavien reformiert. Infolge der hoch entwickelten staatlichen Verwaltung in Sachsen verlief diese Revolution von oben wohlorganisiert und im Wesentlichen gewaltlos. Deshalb also wurden nur solche sakralen Gegenstände zerstört, die für den evangelischen Gottesdienst untauglich waren wie etwa Prozessionskreuze und Reliquiare. Hingegen wurden Altäre, Messkelche und Statuen von Aposteln, Kirchenvätern oder der Madonna mit dem Kind erhalten und allenfalls an bedürftige Gemeinden verteilt. Die Klosterbibliothek von Altzella erhielt die Universität Leipzig. Auf diese Weise konnte ein großer Teil der spätgotischen Kunst Sachsens überleben. Katholische Enklaven hielten sich allerdings noch bis weit in die zweite Jahrhunderthälfte hinein. Es waren die Bischofssitze, die noch reichsunmittelbar waren und deshalb einen exterritorialen Rechtsstatus besaßen, der nur allmählich politisch ausgehöhlt werden konnte. Deshalb war es beispielsweise möglich, dass der große Gelehrte Georgius Agricola, Bürgermeister von Chemnitz, der 1555 als Katholik starb und in der evangelischen Stadt nicht begraben werden konnte, eine Gruft in der noch immer katholischen Bischofskirche St. Peter und Paul in Zeitz erhielt. Erst 1568 wurde als letztes in Kursachsen das Nonnenkloster zum Heiligen Kreuz bei Meißen aufgelöst. Doch bereits 1542 hatte Herzog Moritz etwa 100 000 Gulden durch den Verkauf säkularisierten Kirchengutes erzielt.

1539 starb Herzog Georg der Bärtige, der Vetter und Gegenspieler Kurfürst Friedrichs des Weisen. Bis zu seinem Tode hatte er gegen das Vordringen der Reformation gekämpft. Selbst der Besitz der Lutherbibel war in den albertinischen Ländern verboten. Dennoch hatte er es nicht verhindern können, dass sein Bruder Heinrich 1537 die Ämter Freiberg und Wolkenstein reformierte, in denen er regierte. Heinrich war ein engagierter Förderer des Bergbaus und hatte, nach neuen reichen Silberfunden, 1521 die Bergstadt Marienberg gegründet, eine Renaissanceanlage von strikter Regelmäßigkeit, erbaut in einem Zuge nach dem Plan des Freiberger Bürgermeisters Ruelein von Calw. Heinrich folgte 1539 seinem Bruder als Herzog des albertinischen Sachsens und führte dort sofort die Reformation ein. Deshalb erhielt er den Zunamen »der Fromme«. Für die nunmehr evangelischen Albertiner wählte er den Dom seiner Bergstadt Freiberg zur Grablege. Man könnte annehmen, dass eine neue Einigkeit unter den beiden sächsischen Fürstenhäusern angestrebt worden wäre, nachdem die konfessionelle Gleichheit wiederhergestellt war, denn ihre Staaten konnten einzeln nicht das politische Gewicht erreichen, das der sächsisch-thüringische Landkomplex vor 1485 im Reiche innegehabt hatte. Aber mittlerweile waren die Eigeninteressen so weit fortgeschritten, dass ihre Vereinigung nur jeweils auf Kosten der anderen Linie möglich erschien. Ausdruck dafür waren die endgültige Trennung der Münzen zwischen Ernestinern und Albertinern, die bereits 1529 eingeführt worden war, und der Ausbau der Residenzen.

Der Georgenbau des Dresdner Schlosses (Elbseite), wohl von Bastian Kramer, 1530 bis 1535

Fast gleichzeitig hatten 1533 Herzog Georg der Bärtige in Dresden das Georgentor vor der Elbbrücke als repräsentativen Zugang zur Stadt und Kurfürst Friedrich der Großmütige, der im Jahr zuvor zur Herrschaft gelangt war, den nach ihm benannten Südostflügel des Schlosses Hartenfels bei Torgau erbauen lassen. Mit beiden Häusern wurden die Formen der Renaissance in Sachsen eingeführt und sie waren – im Gegensatz zur Gotik Arnolds von Westfalen und seiner Schule – so international wie das Gedankengut des Humanismus, das sie beförderte. Über alle Gegensätze hinweg war es Reformatoren und Gegenreformatoren gemeinsam. So ist es zu verstehen, dass an der Elbfront des Georgenbaus in einem ausdrücklich antilutherischen Bildprogramm das gleiche Formenmaterial erscheint wie am Wendelstein des Torgauer Schlosses, beide aus gleicher Werkstatt in Elbsandstein gearbeitet, oder dass der Freund und Mitstreiter Luthers, Lucas Cranach d. Ä., beide verfeindete Seiten mit Bildwerken belieferte, mit programmatisch evangelischen Altären und schönen katholischen Madonnen.

Bei beiden Schlossbauten waren wiederum französische Vorbilder wirksam. Am deutlichsten tritt dies hervor an dem berühmten Wendelstein des Torgauer Schlosses. Sein Baumeister Hans Krebs muss auch an der Loire gewesen sein und den

Der große Wendelstein am Schloss Hartenfels in Torgau, erbaut aus Elbsandstein, 1533 bis 1535 von Konrad Krebs

Treppenturm des Schlosses Blois studiert haben. Der Torgauer Turm ist von gleicher Struktur, jedoch schmaler und steiler. Dasselbe trifft zu beim Vergleich des Georgentores mit französischen Bauten. Noch immer schlug die gotische Tradition in Sachsen durch und modifizierte das Erscheinungsbild der internationalen, italienisch bestimmten Renaissance. Doch gerade der Torgauer Wendelstein hat auch einen einheimischen Vorfahren, den Meißner, und noch die Vorhangbögen am Schlossflügel des Konrad Krebs zeigen, aus welcher Schule er kommt.

Die Skulpturen verdeutlichen den gleichen Sachverhalt wie die Bauten. In den Zwickeln des erhaltenen Torbogens am Georgenbau sieht man liegende Akte, Adam und Eva, zweifellos von Christoph Walther I. Die Körper sind extrem lang und Knie, Zehen und Ellenbogen markieren spitzige Umrisse – gotische Merkmale bei einem eigentlich italienischen Renaissancethema. Bereits 1518 hatte Cranach in Wittenberg das gleiche Sujet behandelt, wenngleich im Sinne des Humanismus, d. h. in Gestalt einer Nymphe. Die Umrisse bei

Adam und Eva. Reliefs von Christoph Walther I. am Georgentor des Dresdner Schlosses, um 1535

Cranach und Walther sind so ähnlich, als habe der Dresdner Meister sich bei dem Wittenberger informiert. Über den einzelnen Fall hinaus scheint aber hier eine eigene sächsische Spielart der deutschen Renaissance in Erscheinung zu treten, deren Repräsentant als Künstler von europäischem Rang Lucas Cranach d. Ä. ist.

Cranach wurde geboren und ausgebildet in der fränkischen Stadt Kronach, nach der er genannt ist. Er ging nach Wien und trat in Verbindung mit Humanisten der Universität. Dort erging an den bereits anerkannten jungen Maler der Ruf nach Wittenberg. Als er 1505 eintraf, war der Ausbau der kurfürstlichen Residenz in vollem Gange, aber einheimische Künstlerwerkstätten gab es noch nicht. Cranach geriet in eine einzigartige Situation und er besaß die glückliche Gabe, daraus etwas noch nie Dagewesenes zu entwickeln. Man kann es ein höfisches Kunstmonopol nennen. In den neuen oder erweiterten Schlössern waren Wände und Decken auszumalen; für Turniere und Feste mussten Fahnen, Pferdedecken und Schilde gestaltet werden; für die fürstliche Familie, den Adel, die Patrizier und Universitätsprofessoren waren Bildnisaufträge zu erledigen. Darüber hinaus erweckte die neue Wohnkultur Wünsche nach Gemälden und Holzschnitten, für die eine neue, der humanistischen Literatur und Diskussion gemäße Thematik zu erfinden war. Die Reformation schließlich verursachte geradezu einen Massenbedarf an Agitationsgrafik und Altären mit einer neuen evangelischen Ikonografie.

Dies alles war von einem Maler allein nicht zu bewältigen. Cranach stellte Gehilfen ein und seine Werkstatt, in der etwa zehn Künstler arbeiteten, geriet zur Bildermanufaktur. Seine unvergleichliche Leistung war es, die Mitarbeiter so hervorragend zu schulen, dass sie in der Lage waren, nach seinen Vorgaben wirkliche Cranachs in arbeitsteilig spezialisierten Produktionsprozessen zu malen. Nur wenige Fachleute vermögen heute unter den etwa 1 000 erhaltenen Gemälden, die nur einen Bruchteil der Produktion ausmachen, eigenhändige Arbeiten des Meisters zu identifizieren. In einigen Fällen geht es aus der Bedeutung der Werke hervor, etwa beim Dessauer Fürstenaltar oder dem Selbstbildnis in den Florentiner Uffizien. Doch bei den meisten Bildern schlägt Cranachs Genie und unerbittlicher Anspruch bis in die Werkstattarbeiten durch.

Allerdings entwickelte er dazu zweckdienliche Methoden, die schnelles Arbeiten ermöglichten, wie etwa mit kräftigen Akzenten vom Hellen ins Dunkle, vom Dunklen ins Helle zu malen, wobei der Kontur eine wesentliche Bedeutung zukam. Es war dies aber eine Rückorientierung auf die einheimische spätgotische Kultur der Linie, die im Gegensatz stand zu den modernen feinen Farbabstufungen, wie sie Dürer in Venedig gelernt und über die Alpen gebracht hatte. Dies wirkte sich auch auf die Darstellung räumlicher Tiefe aus. Farbabstufungen wurden reduziert, die Fläche in ihren dekorativen Gliederungen gewann wieder an Gewicht, wie schon exemplifiziert am Bildnis Heinrichs des Frommen. Diese Entwicklung der Bildkonstruktion entsprach aber dem tatsächlichen Weg des Malers von Süddeutschland nach Sachsen, denn der Erfolg seiner Arbeitsweise ist auch zurückzuführen auf ihre Angleichung an die große, omnipräsente Kultur der Spätgotik in Sachsen, die die optischen Konventionen seiner Bewohner stärker fixiert hatte, als dies im deutschen Süden der Fall war, der eben Italien in jeder Weise näherstand. Der süddeutsche Renaissancemeister Cranach übernahm eine sächsische Prägung und bestimmte so die sächsische Bildsprache das ganze Jahrhundert hindurch.

Natürlich konnte dies nur gelingen, weil er im Zentrum der geistigen und politischen Entwicklung stand. Cranach war 1525 Martin Luthers Trauzeuge und der Reformator wiederum war Taufpate der

Quellnymphe am Brunnen. Gemälde von Lucas Cranach d. Ä., 1518. Leipzig, Museum der bildenden Künste

Kinder des Malers. Cranach wurde mit einem Wappen bedacht und de jure geadelt, er gehörte zu den reichsten Patriziern Wittenbergs, besaß die einzige Apotheke der Stadt und zeitweise eine Druckerei, war Ratsmitglied und mehrmals Bürgermeister. Die von ihm geschaffene Wirtschaftsform der großen, höfischen Kunstmanufaktur entsprach dem vom Bergbau ausgehenden und landesweit verbreiteten Produktionsstandard in Sachsen. Cranach war der erste große Maler-Unternehmer der Kunstgeschichte, aber wie Tizian zur gleichen Zeit und Rubens nach ihm war er auch einer der ersten großen Fürstenmaler und Malerfürsten Europas.

Der Staat Friedrichs des Weisen und seiner Nachfolger war der deutsche Modellfall eines modernen, zentralistisch organisierten Fürstentums. Durch die Gründung der Universität, durch die Reformation und durch die Cranach-Werkstatt waren Verwaltung, Wissenschaft, Bildung, Religion und Kunst zu einem System zusammengeschlossen worden, in dessen Zentrum der feudale Souverän als Triebkraft wirkte wie Gott im Kosmos, wie die Stahlfeder im neuen Mechanismus der Räderuhr. Selbstverständlich musste die Wirtschaft unter dem gleichen Gesetz funktionieren.

Schon 1507 war von Kaiser Maximilian ein Messeprivileg für Leipzig erwirkt worden, das die Stadt zwischen Erzgebirge und Elbe zum bevorrechtigten Handelszentrum werden ließ. Ebenso wichtig für das Land war es, dass Herzog Georg 1509 das sogenannte Direktionsprinzip für die gesamte sächsische Montanwirtschaft deklarierte. Diese »Annaberger Bergordnung« verfügte die Oberaufsicht in allen Bereichen des Montanwesens durch fürstliche Bergbehörden. Ihr Ausbau wurde 1542 organisatorisch vollendet durch die Errichtung des Oberbergamtes als Zentralbehörde in Freiberg. Es »dirigierte« sämtliche Schächte, Hütten, Hammerwerke sowie die Verarbeitung der Produkte, die Be- und Entwässerungsanlagen, Straßen, Stauwerke und Flößereianlagen, die die Hütten mit Energie versorgten, einen Wirtschaftskomplex in den Maßen eines modernen Konzerns, der etwa 30 000 Beschäftigte unterhielt. Alle ökonomischen, technologischen und disziplinarischen Belange unterstanden der landesherrschaftlichen Kontrolle bei Wahrung der Freiheit von Unternehmen und Mitarbeitern. Im wissenschaftlichen Bereich dieser Organisation waren Männer tätig, die noch heute zu den Großen ihres Faches zählen: Ulrich Ruelein von Calw, Autor der ersten Bergbauschrift »Nützlich bergbüchlein« von 1501, Humanist, Arzt, Stadtplaner und Bürgermeister in Freiberg; Georgius Agricola, Humanist, Arzt, Schulgründer, Historiker und Bürgermeister von Chemnitz, Verfasser des ersten Grundlagenwerkes über den Bergbau »De re metallica« (Basel 1556); Adam Ries, »Rechenmeister«, Bergbeamter und Finanzkontrolleur in Annaberg, Verfasser der ersten Schriften über betriebswirtschaftliches Rechnen und Messen.

Die Bürokratisierung der Montanwirtschaft formierte das erste frühabsolutistische ökonomische System überhaupt und war das Modell für alle späteren montanwirtschaftlichen Ordnungen in anderen Staaten, denn es erbrachte und sicherte durch die Macht des Staates die höchste erreichbare Effektivität. Dazu tagte vom späteren 16. Jahrhundert an in Dresden unter dem Vorsitz des Kurfürsten das »Berggemach« – heute würde es »Bergkabinett« heißen –, eine Frühform späterer Industrieministerien. Es entschied über Arbeitszeiten, Löhne, finanziellen oder technischen Einsatz, Erlässe oder gesetzgeberische Maßnahmen.

Georgius Agricola, »De re metallica«, libri XII. Basel 1561. 1 Band mit 502 Folioseiten und 292 Holzschnitten, angeschlossen die 3. Ausgabe von »De animantibus subterraneis«. Görlitz, Oberlausitzische Gesellschaft der Wissenschaften

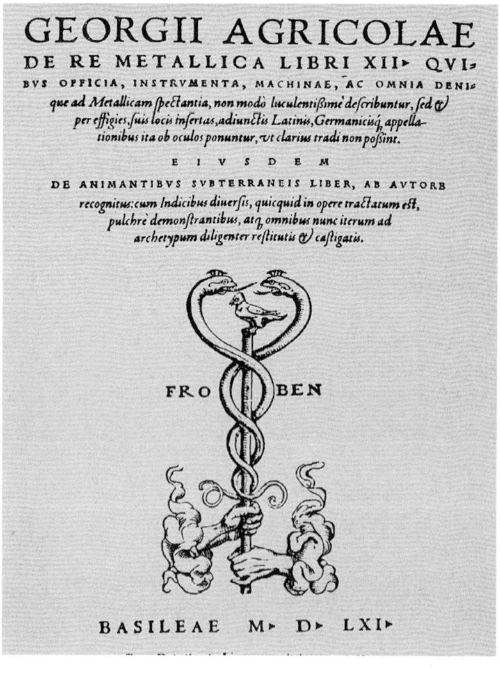
GEORGII AGRICOLAE
DE RE METALLICA LIBRI XII. QVI-
BVS OFFICIA, INSTRVMENTA, MACHINAE, AC OMNIA DENI-
que ad Metallicam spectantia, non modò luculentissimè describuntur, sed &
per effigies, suis locis insertas, adiunctis Latinis, Germanicisq; appella-
tionibus ita ob oculos ponuntur, ut clarius tradi non possint.
EIVSDEM
DE ANIMANTIBVS SVBTERRANEIS LIBER, AB AVTORE
recognitus: cum Indicibus diuersis, quicquid in opere tractatum est,
pulchrè demonstrantibus, atq; omnibus nunc iterum ad
archetypum diligenter restitutis & castigatis.
FRO BEN
BASILEAE M. D. LXI.

Meißener Burgberg mit Dom und Albrechtsburg

Tulpenkanzel. Tuffstein, von Hans Witten, 1508 bis 1510. Freiberger Dom

Bergaltar (Rückseite) von Hans Hesse, nach 1521. Annaberg, Kirche St. Annen

Kurfürst Moritz von Sachsen. Gemälde von Lucas Cranach d. J., 1578. SKD, Rüstkammer

Johann Friedrich der Großmütige in kaiserlicher Gefangenschaft. Gemälde von Tizian, 1550. Wien, Kunsthistorisches Museum

Hauptaltar (Mitteltafel) von Lucas Cranach d. Ä., 1539. Schneeberger Stadtkirche (siehe auch S. 40)

Kurfürst August von Sachsen. Gemälde von Zacharias Wehme, 1586. SKD, Rüstkammer

Wettinische Begräbniskapelle von Giovanni Maria Nosseni und Carlo de Cesare im Chor des Freiberger Doms (Südwand) mit der Statue Kurfürst Christians I., 1586 bis 1594

Rechenung nach der lenge/ auff den Linihen vnd Feder.
Darzu forteil vnd behendigkeit durch die Proportiones/Practica genant/ Mit gründlichem vnterricht des visierens.
Durch Adam Riesen.
im 1550. Jar.
ANNO 1550 ADAM RIES SEINS ALTERS IM LVIII
Cum gratia & priuilegio Cæsareo.

Rechenbuch des Annaberger Bergbeamten und Schreibers Adam Ries »Rechnung nach der lenge auff den Linien vnd Feder«, 1550 bei Valentin Schumann erschienen. Leipzig, Universitätsbibliothek

Nach nur zweijähriger Regierungszeit war Heinrich der Fromme 1541 gestorben. Ihm folgte sein ältester Sohn Moritz als Herzog in der albertinischen Linie nach, ein junger Mann von 20 Jahren, der Sachsens politische und kulturelle Gestalt für Jahrhunderte formen sollte. Aufgewachsen war er am katholischen Dresdner Hof, aber zum Abschluss seiner Erziehung hatte ihn sein Vater an den Hof nach Wittenberg gesandt, wo er noch unter Luthers Augen und beaufsichtigt von Kurfürst Johann dem Beständigen evangelisch geprägt wurde. Selbstverständlich hatte er dort den um 18 Jahre älteren Kurprinzen Johann Friedrich kennengelernt, einen gänzlich gegensätzlichen Charakter. Diese Erfahrung könnte mitbestimmend gewesen sein für die rigorose Politik, die er später als albertinischer Herzog gegenüber dem ernestinischen Kurstaat betrieb.

Schon ein Jahr nach seinem Regierungsantritt provozierte Moritz einen militärischen Aufmarsch der sächsischen Staaten gegeneinander, der zu einer Teilung bislang gemeinsam verwalteter Ämter führte. Daraufhin begann er, ein engeres Verhältnis zu Kaiser Karl V. anzustreben, obwohl beide wettinischen Länder im Schmalkaldischen Bund der evangelischen Reichsstände zusammengeschlossen waren, der Verteidigungsallianz gegen die katholische Reichspartei, die der Kaiser anführte. So unterstützte er Karl V. als Truppenführer 1542 im Türkenkrieg und im Jahr darauf beim siegreichen Feldzug gegen Frankreich, durch den der Kaiser auf den Höhepunkt seiner Macht gelangte. Andererseits kämpfte Moritz 1545 aufseiten des Schmalkaldischen Bundes gegen den katholischen Herzog Heinrich von Braunschweig. Als aber Karl V. mit Heeresmacht gegen den Schmalkaldischen Bund vorging, wechselte er wiederum die Front. Im Gegensatz zu seinem frommen kurfürstlichen Verwandten, der fest auf Gottes Beistand für die Verfechter des wahren Glaubens vertraute, war Moritz offensichtlich überzeugt, dass Gott – wie es Napoleon später formulierte – auf der Seite der stärkeren Bataillone stünde. Die herzoglich sächsischen Truppen kämpften also 1547 in der Entscheidungsschlacht bei Mühlberg an der Elbe oberhalb Torgaus auf der Seite der katholischen kaiserlichen Verbände gegen das kurfürstlich sächsische Heer und den Schmalkaldischen Bund der lutherischen Reichsstände. Die protestantische Partei wurde vernichtend geschlagen, Kurfürst Johann Friedrich der Großmütige, durch einen Schwertstreich im Gesicht verletzt, geriet in Gefangenschaft. Noch im Feldlager wurde Herzog Moritz zum Kurfürsten von Sachsen ausgerufen. Das war der Lohn für seine Kaisertreue, der für seinen Verrat war der Schimpfname »Judas von Meißen«.

In der »Wittenberger Kapitulation« vom 19. Mai 1547 erhielt der neue albertinische Kurstaat die nordwestlichen Landesteile mit dem Kurkreis um Wittenberg und die südöstlichen mit den ertragreichen Bergstädten. Den Ernestinern blieb nur ein großer Teil der wettinischen Gebiete Thüringens, die von anderen Herrschaften so durchzogen waren, dass ihr künftiges politisches Schicksal wie vorgezeichnet erscheint. Sie splitterten diese Länder weiterhin unter erbberechtigten Söhnen in immer kleinere Herzogtümer auf, wie Sachsen-Weimar, -Coburg, -Gotha, -Eisenach, -Altenburg, -Hildburghausen und -Meiningen. Deren politische Bedeutung stand allerdings in umgekehrtem Verhältnis zu ihrer kulturellen, denn wie klein und selbst arm diese Länder auch sein mochten, fast überall, wo die wettinischen Herzöge regierten, gab es Sammlungen, Malerei, Plastik, Musik, Theater und Literatur höchsten Ranges.

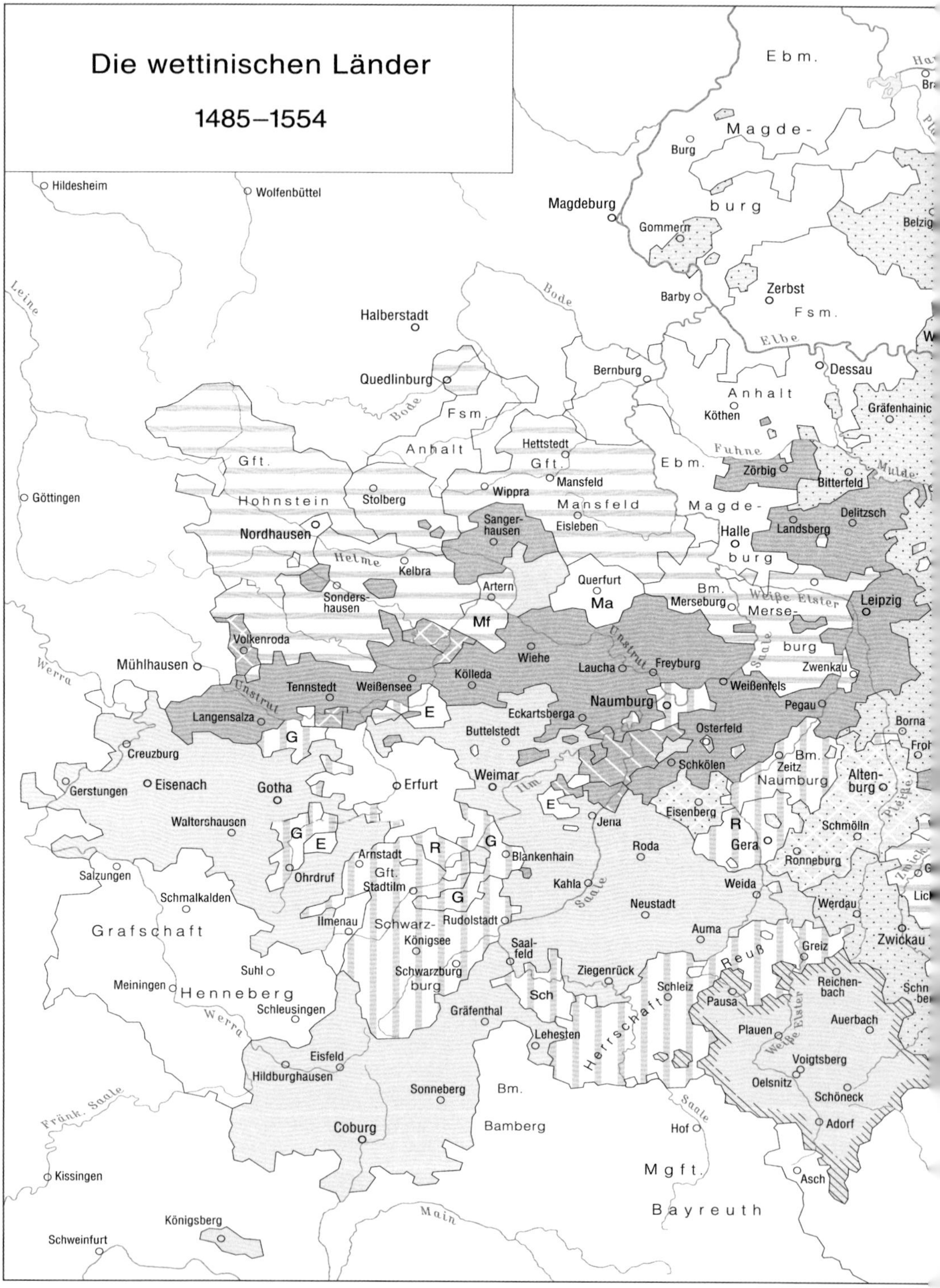

Karte der Neugliederung Sachsens nach der Leipziger Teilung 1485 und der »Wittenberger Kapitulation« von 1547

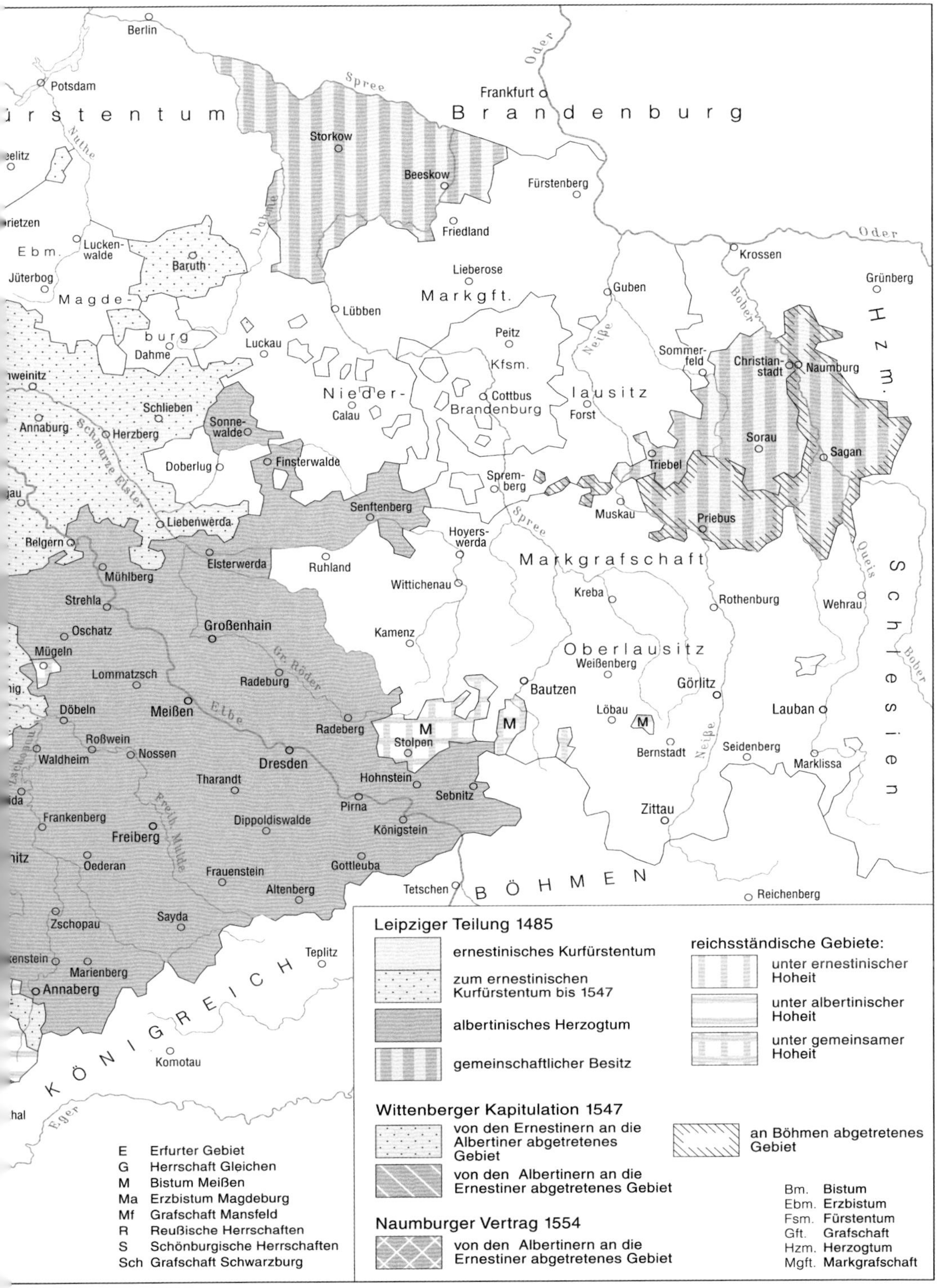

Berlin
Potsdam
Spree
Frankfurt
Oder
rstentum
Brandenburg
Storkow
Beeskow
Fürstenberg
Friedland
Nuthe
Dahme
Luckenwalde
Baruth
Ebm.
Jüterbog
Magdeburg
Dahme
Lieberose
Markgft.
Lübben
Guben
Krossen
Grünberg
Bober
Hzm.
Peitz
Kfsm.
Luckau
Nieder-
Calau
Cottbus
Brandenburg
lausitz
Forst
Sommerfeld
Christianstadt
Naumburg
Sorau
Sagan
Neiße
Schlieben
Annaburg
Herzberg
Schwarze Elster
Sonnewalde
Doberlug
Finsterwalde
Triebel
Spremberg
Muskau
Priebus
Senftenberg
Liebenwerda
Belgern
Hoyerswerda
Elsterwerda
Ruhland
Markgrafschaft
Queis
Mühlberg
Strehla
Wittichenau
Kreba
Rothenburg
Wehrau
Oschatz
Großenhain
Kamenz
Oberlausitz
Mügeln
Weißenberg
Lommatzsch
Radeburg
Gr. Röder
Bautzen
Görlitz
Lauban
Schlesien
Döbeln
Meißen
Elbe
Löbau
Roßwein
Radeberg
M
Stolpen
Bernstadt
Seidenberg
Marklissa
Waldheim
Nossen
Dresden
Hohnstein
Tharandt
Sebnitz
Pirna
Dippoldiswalde
Königstein
Zittau
Frankenberg
Freiberg
Freib. Mulde
Oederan
Frauenstein
Gottleuba
Altenberg
Tetschen
BÖHMEN
Reichenberg
Zschopau
Sayda
Teplitz
Marienberg
Annaberg
KÖNIGREICH
Komotau
Eger
E Erfurter Gebiet
G Herrschaft Gleichen
M Bistum Meißen
Ma Erzbistum Magdeburg
Mf Grafschaft Mansfeld
R Reußische Herrschaften
S Schönburgische Herrschaften
Sch Grafschaft Schwarzburg
Leipziger Teilung 1485
ernestinisches Kurfürstentum
zum ernestinischen Kurfürstentum bis 1547
albertinisches Herzogtum
gemeinschaftlicher Besitz
reichsständische Gebiete:
unter ernestinischer Hoheit
unter albertinischer Hoheit
unter gemeinsamer Hoheit
Wittenberger Kapitulation 1547
von den Ernestinern an die Albertiner abgetretenes Gebiet
von den Albertinern an die Ernestiner abgetretenes Gebiet
an Böhmen abgetretenes Gebiet
Naumburger Vertrag 1554
von den Albertinern an die Ernestiner abgetretenes Gebiet
Bm. Bistum
Ebm. Erzbistum
Fsm. Fürstentum
Gft. Grafschaft
Hzm. Herzogtum
Mgft. Markgrafschaft

Welches Erscheinungsbild böte wohl Deutschlands Kultur ohne das Wirken Herzog Carl Augusts von Sachsen-Weimar, in dessen winziger Residenz gleichzeitig die Genies Wieland, Goethe, Herder und Schiller erstrahlten? Es gelang den Ernestinern auch – vor allem durch die Heiratspolitik des Hauses Coburg –, das sächsische Rautenschild in den Wappen zahlreicher regierender Fürstenhäuser Europas erscheinen zu lassen. Seit der Wittenberger Kapitulation bildeten aber die ernestinischen Länder einen eigenen, mit Thüringen verbundenen historischen Komplex, während sächsische Geschichte und Kulturgeschichte im albertinischen Staat sich um die alten Kerngebiete der Mark Meißen ausbildete. Dort galt nämlich seit 1499 die vom Kaiser bestätigte »Väterliche Ordnung« Herzog Albrechts des Beherzten, mit der die Lehre aus der Leipziger Teilung gezogen wurde: Künftighin war nur der älteste Prinz Landeserbe und die albertinischen Herrschaftsgebiete durften nicht mehr geteilt werden. Dieses Hausgesetz galt im Prinzip bis zum Ende der albertinischen Herrschaft im Jahre 1918, ihm waren über 400 Jahre hinweg die politische Geltung und relative Stabilität Sachsens zu verdanken.*

Nach der Wittenberger Kapitulation wurde der gestürzte Kurfürst Johann Friedrich der Großmütige in »ewige Gefangenschaft« nach Augsburg überführt. Dort malte der Kaiserliche Hofmaler Tizian aus Venedig sein Porträt. Es zeigt ihn mit der verheilten Wunde im Gesicht, das tragische Bild der verlorenen Sache des deutschen Protestantismus (siehe S. 69).

Kaiser Karl V. schien alles erreicht zu haben, was er erstrebte. Frankreich war besiegt und der Fürstenaufstand gegen die kaiserliche Zentralmacht niedergeschlagen. Nun ging es ihm darum, gegen das alte Reichsgesetz zur Kaiserwahl die erbliche Monarchie durchzusetzen, wie sie in Frankreich, Spanien und England galt. So hätte die Macht der deutschen Territorialfürsten gebrochen und das Reich auf den Weg zur zentralistischen Monarchie gebracht werden können.

Der Kampf des jungen wettinischen Kurfürsten Moritz wäre schließlich vergeblich gewesen. Doch dieser wechselte erneut die Seite und seine Gründe dafür waren gut, denn es ging um die Macht im Reich. Der Kaiser hatte nämlich, entgegen dem Bestreben des Albertiners, den alten sächsisch-thüringischen Länderkomplex nicht wiederhergestellt, sondern ein verkleinertes ernestinisches Herzogtum aufrechterhalten, um Kursachsens Macht zu beschneiden; er hatte auch den zweiten Führer des Schmalkaldischen Bundes, den Landgrafen Philipp von Hessen, gleichfalls in »ewige Gefangenschaft« abgeführt. Dieser aber war Moritz' Schwiegervater und hatte kapituliert auf Grund eines Ehrenwortes seines sächsischen Schwiegersohnes, das ihm würdevolle Behandlung garantierte. Der Wettiner erkannte die Konsequenzen der kaiserlichen Politik und begann ein neues Fürstenbündnis gegen den Habsburger zu schmieden. 1551 sehen wir ihn als Führer eines zweiten Torgauer Vertrages norddeutscher evangelischer Fürsten. Ein Jahr darauf bot er König Henri II. von Frankreich das Reichsvikariat über die Bistümer Metz, Toul und Verdun für die Unterstützung einer neuen Erhebung gegen Karl V. an. Die Preisgabe von Rechtsansprüchen des Reiches war den Gegnern der katholischen Zentralgewalt kein Problem.

Endlich, 1552, marschierte das Heer der norddeutschen protestantischen Fürsten nach Tirol. Alle Widerstände überrennend, erschien die Streitmacht unter der Führung des Kurfürsten Moritz vor Innsbruck, wo der Kaiser residierte. Eben noch der mächtigste Herrscher Europas, floh Karl bei Nacht über die Alpen und sandte seinen Bruder Ferdinand zu Verhandlungen in das Lager der Aufständischen. Dies war die Voraussetzung für den Augsburger Religionsfrieden von 1555. Johann Friedrich der Großmütige und Philipp von Hessen wurden aus der Haft entlassen, die Truppen aufgelöst, die Evangelischen rechtlich anerkannt. Moritz von Sachsen stand als Führer der evangelischen Reichsstände unangefochten und Kaiser Karl V. zog sich nach Spanien zurück. Das deutsche Problem hatte sich als unlösbar erwiesen und Deutschland wurde kein zentral regierter Staat bis zur preußischen Reichseinigung von 1871.

Johann Friedrich der Großmütige hatte noch während der Gefangenschaft die Universität Jena als ernestinische Landeshochschule gestiftet und errichtete nun seine Residenz in Weimar. Sein achtzigjähriger Hofmaler musste ihm von Wittenberg nachfolgen – daher das prächtige Cranachhaus am Weimarer Marktplatz. Dort begann er, den großen Reformationsaltar für die künftige Begräbniskirche seines Herrn zu malen, die heutige Herder-Kirche, in der der alte Maler selbst 1553 bestattet wurde.

* Nachgeborenen Söhnen wurden sogenannte Sekundogenituren zur Verwaltung überlassen – kleinere Herzogtümer, die aber Bestandteil des albertinischen Staates blieben.

Der schlafende und der erwachte Herkules. Gemälde von Lucas Cranach d. J., 1551. SKD, Gemäldegalerie Alte Meister

Lucas Cranach d. J. aber blieb in seiner Werkstatt in Wittenberg und malte in albertinischen Diensten. Bereits im Jahre des zweiten Torgauer Vertrages, 1551, noch vor dem Feldzug gegen den Kaiser, stellte er in zwei großen Agitationsbildern das politische Selbstverständnis seines neuen Landesherrn dar. Im ersten Gemälde wird der schlafende Herkules von Pygmäen gefesselt, im zweiten sprengt der erwachte Held seine Fesseln und schlägt in mörderischem Zorn die entsetzten Zwerge in die Flucht. Die Wichte scheinen ebenso porträtmäßig wiedergegeben zu sein wie Moritz als fürstlicher Herkules, aber die Forschung bestreitet deren Identifizierbarkeit.

1578 erst schuf Cranach d. J. das bedeutendste Bildnis des Kurfürsten Moritz. Damals war der Herrscher schon seit 25 Jahren tot, aber der Maler hatte ihn selbstverständlich gekannt und zu seinen Lebzeiten gezeichnet. Persönliche Beziehung und Verehrung mögen hohe Glaubwürdigkeit und lebendige Darstellung bewirkt haben. Moritz ist im Paradeharnisch mit Helm, Schwert, Streithammer und der roten Feldbinde wiedergegeben, die den Truppenkommandeur kenntlich macht. Machtbewusst und verschlossen schaut der verschlagenste Politiker und kühnste Feldherr der deutschen Renaissance aus seinem Jahrhundert zu uns herüber. Er wäre jedoch kein Wettiner gewesen, hätte er nur diese Gaben besessen (siehe S. 68).

In seiner nur zwölfjährigen Regierungszeit schuf Moritz die fortgeschrittenste Verwaltungsorganisation Deutschlands. Außer dem Freiberger Oberbergamt errichtete er eine neue Bergordnung und eine »Regimentsordnung« mit einem Hofrat als staatlicher Zentralbehörde, die für das gesamte Justizwesen, die Polizei und das Grundeigentum im Sinne einer vom Hof unabhängigen Landesregierung zuständig war. Ihr waren als mittlere Behörden die zum Teil neu geschaffenen Kreise unterstellt, die wiederum die Lokalverwaltungen der Ämter kontrollierten. Dieser Struktur entsprach eine neue Gerichtsordnung mit einem übergeordneten Oberhofgericht. Bürgerliche Akademiker nahmen in diesen Ordnungen Positionen ein, die bis dahin dem Adel vorbehalten waren. Den staatlichen Organisationsformen parallel war eine kirchliche errichtet worden. Die evangelische Landeskirche wurde der Zuständigkeit von zwei Konsistorien unterstellt, die den Superintendenturen übergeordnet waren. Oberste Instanz war, wie in den Landesverwaltungen, der Kurfürst.

Natürlich bedurfte diese straffe Verwaltung, die zunehmend verdichtet wurde, eines Zustroms qualifizierter Beamter. Moritz gründete daher anstelle früherer Klosterschulen die drei berühmten sächsischen Fürstenschulen in Meißen, Pforta und Grimma zur Erziehung einer evangelischen, staatstragenden Elite. Neben Söhnen des Adels lernten hier Bürgerliche, die von den Städten delegiert wurden, und auch begabte Kinder aus mittellosen Schichten mit kurfürstlichem Stipendium. Männer wie Lessing und Klopstock, Fichte und Nietzsche sind aus ihnen hervorgegangen.

Schon im Jahre nach seinem Regierungsantritt 1542 hatte Moritz angeordnet, bei Dresden ein Jagdschloss zu errichten, nach dem Bauherrn Moritzburg genannt. Es bestand aus einem kleinen giebelbekrönten Bau, umgeben von einer Mauer mit vier runden Ecktürmen auf quadratischem Grundriss. Diese Disposition nach dem Umbau durch Pöppelmann unter August dem Starken zeigt das Schloss heute noch. In der geometrischen Regelmäßigkeit der Anlage tritt erneut – schon in der dritten Generation seit Arnold von Westfalen – die Vorbildlichkeit der französischen Loire-Schlösser für Sachsen zutage. In monumentaler Größe erscheint diese Orientierung aber erst in der Gestalt des kurfürstlichen Residenzschlosses, das Moritz sogleich nach der Übernahme der Kurwürde in Dresden errichten ließ. Der Umfang der gotischen Burg wurde verdoppelt, wodurch ihr nordwestlicher Eckturm in das Zentrum einer langen elbseitigen Fassade geriet. Der alte Bergfried erhielt eine modernere, hohe Kupferhaube und so gelang seine Umfunktionierung von der Wehr- zur Repräsentationsarchitektur. Dieses in der Renaissance ungewöhnliche Baumotiv wurde in einem weiten, vor allem sächsischen Umkreis beim Bau von Schlössern und Rathäusern aufgenommen. Seine Vorgänger waren die zentralen Treppentürme von Torgau und Meißen.

Noch ein zweiter wesentlicher Bestandteil der neuen Dresdner Residenz geht auf Torgau zurück: die Schlosskapelle. Sie ist ebenfalls in einen Flügel eingebaut, sodass sie von außen als Baukörper nicht wahrzunehmen ist, und sie hat die Höhe von drei Stockwerken und ist gewölbt, wobei die Gewölbe nach innen gezogenen Strebepfeilern aufliegen, die in Höhe der Emporen Durchgänge aufweisen. Diese Grunddisposition des Innenraumes geht von der Wittenberger Schlosskirche aus. Der Bautypus erscheint insgesamt vollendet in der noch von Luther geweihten Torgauer Schlosskapelle und ver-

Dresdner Residenzschloss, Zustand letztes Drittel des 16. Jahrhunderts. Modell von Siegfried Winderlich, Martin Wolf und Franz Bretschneider, 1989

breitete sich über die meisten Schlösser evangelischer Fürsten bis hinauf nach Skandinavien aus.

Nach mehreren, etwa gleichzeitigen Ansätzen moderner Schlossarchitektur im mitteldeutschen Raum ist die Residenz des Kurfürsten Moritz die erste einheitlich konzipierte und ausgeführte, fast regelmäßige Vierflügelanlage der deutschen Baukunst. In dieser repräsentativen Gestalt war sie Vorbild für viele Schlösser vor allem im evangelischen Deutschland und in Nordeuropa. Einzigartig und ohne Nachfolge blieb allerdings die Ausgestaltung der Außenwände mit Sgraffiti. Diese oberitalienische Kunsttechnik wurde hier so umfassend angewandt wie selbst im Ursprungsland nicht. Sie bedeckte alle Fassaden bis zum Turm hinauf, ausgenommen die Sandsteingewände der Treppentürme und die Altanbrüstungen, die mit Reliefs geschmückt waren. Die Entwürfe stammten überwiegend von italienischen Meistern und ihre wesentlichen Inhalte waren die Taten des Kurfürsten in Bildern alttestamentarischer Kämpfe und Siege, wodurch zugleich deren moralisch-religiöse Rechtfertigung vorgestellt war. Unter dem Dachansatz umlief eine große Inschrift alle vier Hofseiten, die neben dem Namen des Erbauers alle seine Titel aufzählte. Hinzu kam, dass die zahlreichen Statuen auf den Giebeln und die Spitzen sämtlicher Turmhauben vergoldet waren.

Mit diesem Aufwand an Pracht und Kunst stand das Dresdner Schloss einzigartig in seiner Zeit. Es repräsentierte nicht nur Macht, sondern auch Reichtum, Fest- und Kunstfreude der Herren des Silberlandes. Dies war ein Ton, der in der Architektur der sächsischen Residenz bis ins 19. Jahrhundert hinein erklang: die Neigung zu Formenreichtum und zu festlicher Heiterkeit. Dem entspricht auch eine andere große Kulturleistung dieses genialischen Wettiners. 1548 gründete er die Dresdner Hofkapelle, ein Orchester, das seit 450 Jahren den Geist der Stadt und des Landes mitgeformt hat, zu dessen Kapellmeistern Heinrich Schütz, Johann Adolf Hasse, Carl Maria von Weber und Richard Wagner zählten. Die Sächsische Staatskapelle ist das älteste Orchester Europas.

Kurfürst Moritz von Sachsen starb zweiunddreißigjährig nach einer schweren Schussverletzung in einem zweitrangigen Gefecht bei Sievershausen in Niedersachsen im Jahre 1553. Sein Harnisch mit dem Einschuss im Bereich der linken

Moritzmonument an der Brühlschen Terrasse. Erstes Denkmal in Dresden, von C. Voigt von Wierandt, bildhauerische Arbeit von Hans Walther II., 1555

Niere gleicht äußerlich einem normalen Offizierspanzer, sozusagen einem Konfektionsstück. Absolut ungewöhnlich ist jedoch, dass er aus extrem dünn geschlagenem Blech gearbeitet wurde. Eine normale Rüstung hätte dem Schuss vielleicht widerstanden. Der Harnisch wurde speziell angefertigt für einen Mann, dem Beweglichkeit auf dem Kampffeld wichtiger war als Sicherheit.

Während der zwölfjährigen Herrschaft des Kurfürsten Moritz war Sachsen von Grund auf verändert worden. Es war nicht nur wieder zur deutschen Großmacht aufgestiegen, sondern auch zur evangelischen Hegemonialmacht. Mit seinem rational ausgebauten Verwaltungssystem hatte es bereits frühabsolutistische Strukturen angenommen. Deren Verkörperung war das Residenzschloss. Kaum ein Drittel des Raumumfangs diente der kurfürstlichen Wohnung, der Staatsrepräsentation und dem Gottesdienst; der größere Teil nahm den Hofstaat auf und dieser bestand im Wesentlichen aus den Funktionsträgern der zentralen Staatsverwaltung. Andererseits setzte das Schloss auch einen neuen kulturellen Standard. Es vereinigte die neuesten Maßstäbe der internationalen Renaissance mit den neuesten deutschen der Reformation, ihrer Ikonografie und der von ihr beförderten rationalen Zweckbestimmtheit. Diese wiederum waren Bestandteile der zentralen staatlichen Ordnung geworden und wirkten zurück auf das bereits frühindustriell entwickelte Land.

Das lutherische Pfarrhaus und die mit ihm verbundene Kantorei wurden zum Bildungsferment, denn die Pfarrer waren humanistisch gebildete Akademiker und die Kantoren schrift- und notenkundig. Sie waren verpflichtet, ihren Gemeinden Beispiele evangelisch-lutherischen Verhaltens vorzuleben in Frömmigkeit, Bildung, Arbeit und Moral. Viele sächsische Künstler, Schriftsteller, Philosophen, Musiker und Gelehrte kamen aus diesen Familien. Bis zum Ende des 16. Jahrhunderts waren in fast allen sächsischen Gemeinden Schulen eingerichtet worden, zumindest Winterschulen für Knaben.

Es entsprach dem weit vorausschauenden strategischen Denken des Kurfürsten, dass er angesichts verschärfter Konflikte zwischen den Parteigängern beider Konfessionen die alten Stadtmauern seiner beiden wichtigsten Städte Dresden und Leipzig abbrechen und durch Bastionen von modernerer italienischer Konstruktion ersetzen ließ, die der verbesserten Schussleistung der zeitgenössischen Artillerie widerstehen konnten. In Dresden sind davon noch die heutige Brühlsche Terrasse erhalten und die Mauer über dem Zwingergraben, in Leipzig die Moritzbastei und Substruktionen des Neuen Rathauses, der früheren Pleißenburg.

In Dresden, am Ostende der Brühlschen Terrasse, ist heute ein Denkmal zu sehen, das sich ursprünglich etwa 200 Meter weiter südöstlich befand. Bis zu jener Stelle war der Bau der Festung Dresden fortgeschritten, als Moritz fiel. Dieses Denkmal in Gestalt eines Tabernakels mit etwa lebensgroßen,

Grabmal des Kurfürsten Moritz, entworfen von Benedetto und Gabriele Thola, aufgestellt 1563

vollplastischen Figuren ist das erste im freien, nichtkirchlichen Raum in Deutschland. Es zeigt, wie der vom Tode bedrohte Moritz das Kurschwert seinem Bruder August übergibt. Seitlich knien beide Ehefrauen. Dieses außergewöhnliche Werk dynastischer Repräsentation von Hans Walther wird noch übertroffen vom Grabdenkmal, das Kurfürst August seinem gefallenen Bruder als dem Begründer des albertinischen Kurstaates im Chor des Freiberger Doms errichten ließ.

Entworfen wurde es von den italienischen Künstlern, die schon für die Dekorationen des Schlosses verantwortlich gewesen waren, Gabriel und Benedikt Thola, jedoch an der Herstellung des Modells und der Ausführung waren der Hofschreiner und ein Goldschmied beteiligt. Obwohl das Monument aus mehrfarbigem belgischem Marmor, Alabaster und Bronze schließlich im Wesentlichen von dem Bildhauer Antonius von Zerroen aus Antwerpen in modern antikisierendem Stil ausgeführt wurde, blieb etwas kunsthandwerklich Kleinteiliges an ihm, das für die deutsche Spätrenaissance und insbesondere für den sächsischen Stil charakteristisch ist. Der mehrstufige, figurenreiche Aufbau wird von der überlebensgroßen Alabasterstatue des ersten albertinischen Kurfürsten bekrönt, der in ewiger Anbetung und dabei demonstrativ das Kurschwert erhebend vor einem bronzenen Kruzifix kniet. Wenn es auch fast 8 Meter hoch aufragt, wäre es dennoch in der Größe eines Kunstkammerschrankes vorstellbar. Es sollte aber in seinem Aufwand an Figuren, Materialien und lateinischen Inschriften einen enormen politischen Anspruch augenfällig machen. Tatsächlich gab es im deutschen Raum nur eine – fast gleichzeitige – Parallele, das Grabmal des Kaisers Maximilian in der Innsbrucker Hofkirche. In jenem katholischen, Italien nahen Raum ist die Wirkung aber gänzlich auf das Erscheinungsbild monumentaler Bronzestatuen ausgerichtet worden und damit auf einen italienisch geprägten Kunstbegriff. In Sachsen vertraute man hingegen auf die exzellente Verarbeitung edler Materialien und auf die erhabene Sprache der kommentierenden Texte aus der Feder humanistisch gebildeter Theologieprofessoren, auf ein gänzlich anderes, ein niederländisch inspiriertes, neues lutherisches Kunstverständnis. Dieses etabliert zu haben gehört zu den Taten des Kurfürsten August.

August beendete die expansive Außenpolitik seines Bruders und stellte die alte Bindung Kursachsens an das habsburgische Kaiserhaus wieder her, allerdings bei strikter Wahrung konfessioneller Grundsätze. Selbst mit den vertriebenen ernestinischen Vettern schloss er einen Vergleich durch Rückgabe von thüringischen Ländereien. August begnügte sich aber durchaus nicht mit den erreichten Grenzen. Er erweiterte sie jedoch zumeist friedlich: durch Kauf, auch durch erzwungenen, durch Säkularisation oder Erbschaft. Im Laufe seiner dreiunddreißigjährigen Regierung rundete er so das kursächsische Territorium ab: um die seither sächsischen Teile des Vogtlandes und der Grafschaft Mansfeld, um die Grafschaften Henneberg und Hartenstein und die Grundherrschaften Lauterstein, Lichtenwalde, Stollberg, Lausnitz, Mutzschen, Dippoldiswalde und Rauenstein sowie die auf kursächsischem Gebiet gelegenen bischöflichen Besitzungen. Fernerhin gewann er die thüringischen Ämter Ziegenrück, Weida und Arnshaugk nach einer kriegerischen Auseinandersetzung mit dem Herzog von Sachsen-Gotha.

Dieser Kurfürst verschrieb sich völlig dem inneren Ausbau seines Landes. Dazu gehörte selbstverständlich die Stabilisierung der evangelischen Landeskirche. August trug wesentlich zur Festlegung des Augsburger Religionsfriedens von 1555 bei, die den Reichsständen in ihren Territorien die Kirchenhoheit zuerkannte. Diesen Rechtsgrundsatz befolgte er allerdings mit dogmatischer Konsequenz und schuf so die Basis für eine lutherische Orthodoxie, die in Sachsen bis um 1700 vorherrschend blieb und das Land erstaunlich rasch um die Führung der protestantischen Reichsstände brachte. Denn August stimmte schließlich der Aufhebung von Schutzvorbehalten für Lutheraner in katholischen Herrschaftsbereichen zu und verfolgte andererseits Versuche sächsischer Intellektueller, eine Annäherung an die Calvinisten herzustellen, mit brutalem Terror, sodass die Spaltung der protestantischen Parteien sich vertiefte – eine Vorbedingung für den Dreißigjährigen Krieg.

Zu dem katastrophalen außen- und religionspolitischen Versagen dieses Fürsten steht seine Befähigung als Landesverwalter und Volkswirt in unglaublichem Gegensatz. Auf diesen Gebieten zählt er zu den bedeutendsten Männern seines Zeitalters. Seine Wirkung auf die sächsische Kultur ist ebenso weitreichend im Positiven wie seine politische im Negativen. Die Erfolge seiner Innenpolitik sind überall im alten Kursachsen bis heute sichtbar. Die meisten Rathäuser an den Marktplätzen, viele stattliche Bürgerhäuser mit volutengeschmückten Giebeln an den Straßenfronten und die meisten kurfürstlichen Schlösser der Renaissance wurden während seiner Regierungszeit erbaut oder um- und ausgebaut.

Nur als die wichtigsten Schlossneubauten wären zu nennen: Dresden, Leipzig, Colditz, Annaburg, die Lichtenburg und die Augustusburg. Vergleicht man die Kubatur der Letzteren, die hauptsächlich als Jagdschloss diente, mit der des ursprünglichen Schlosses Moritzburg bei Dresden, so wird die Höhe des wirtschaftlichen Aufstiegs einschätzbar. Er zeigt sich aber gleichermaßen im Erscheinungsbild, das fast alle kursächsischen Stadtzentren bis zum zweiten Weltkrieg boten. Wie noch heute Wittenberg und Meißen, Annaberg, Torgau und Pirna, waren auch Zwickau, Chemnitz, Leipzig und Dresden wesentlich von den Bauten der Renaissancezeit geprägt.

Erwägt man nur, welche Baukapazität dazu erforderlich war, welcher Aufwand an Erdarbeiten, Ziegeln, Dachziegeln, Haustein, Holz und Glas, welcher Umfang an Maurer-, Steinmetz-, Bildhauer-, Zimmermanns-, Tischler-, Glaser- und Schlosserarbeiten erbracht werden musste, so erhält man einen Begriff von der wirtschaftlichen Leistungsfähigkeit des Landes in der zweiten Hälfte des 16. Jahrhunderts.

Es ist kein Zufall, dass außer den namhaftesten Architekten des Dresdner Hofes, Dehn-Rothfelser, Buchner und Irmisch, damals ein Leipziger Baumeister hervortrat, denn das Handelszentrum wurde durch die Wirtschaftspolitik dieses Kurfürsten nicht minder begünstigt als die Verwaltungszentrale. Es war Hieronymus Lotter. Er stammte aus Nürnberg, war über Annaberg zugewandert und gelangte um die Mitte des 16. Jahrhunderts zu so hohem Ansehen, dass er mehrmals zum Bürgermeister von Leipzig gewählt wurde.

Lotter erbaute von 1550 bis 1567 die Pleißenburg, wobei er – wie beim etwa gleichzeitigen Bau des Dresdner Schlosses – den Bergfried der gotischen Burg einbezog und zum Repräsentationsmal umfunktionierte. Obwohl dieses Stadtschloss für Leipzigs Erscheinungsbild prägend war, musste es doch 1907 Hugo Lichts Neuem Rathaus weichen, und wiederum wurde von der alten Bausubstanz der Turm bewahrt. Gleichzeitig mit dem Schloss begann Lotter ab 1556 ein Rathaus zu errichten, das eines der prachtvollsten im Reiche werden sollte. Lotter nahm die gesamte Ostseite des Hauptmarktes dafür in Anspruch, wobei er eine alte Verbindungsstraße

»Das Rath-haus von Leipzig«, erbaut 1556 bis 1567 von Hieronymus Lotter. Stich im Verlag Petrus Schenk in Amsterdam um 1722 erschienen

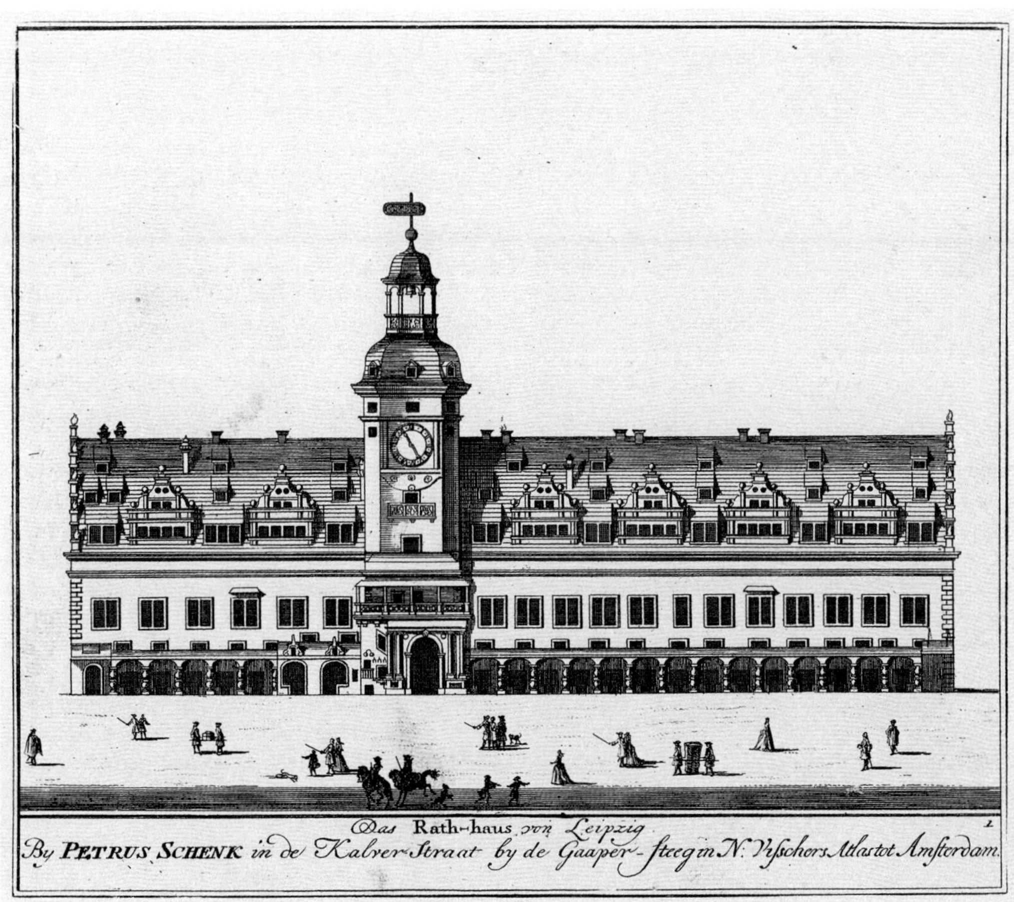

zum Naschmarkt überbaute und den Durchgang mit dem Turm markierte. Dieser breit gelagerte, turmgeschmückte Hauptbau der Kommune konkurrierte durchaus mit dem kurfürstlichen Stadtschloss und war damit das architektonische Zeichen einer relativen Eigenständigkeit, die die reiche Handelsmetropole als gewichtiger Machtfaktor im System des Ständestaates immer wieder gegenüber der fürstlichen Zentralverwaltung zu behaupten wusste. Denn natürlich waren diese kurfürstlichen Schlösser auch Zwingburgen, die Verwaltungsinstanzen und gegebenenfalls den Hofstaat aufnahmen und gegenüber kommunalem Selbstständigkeitsstreben repräsentierten. Diese fürstliche Omnipräsenz wird sehr deutlich am wichtigsten Verkehrsweg gezeigt, der den Kurstaat von Südosten nach Nordwesten durchquert, der Elbe. Hier trat die wettinische Staatsmacht mit Achtung gebietenden Herrschaftsbauten auf: auf dem Königstein, in Pirna, Dresden, Meißen, Torgau und Wittenberg. Bis auf die Albrechtsburg sind alle diese Schlösser im 16. Jahrhundert errichtet, erneuert oder erweitert worden, und die Mehrzahl von ihnen unter Kurfürst August.

Hieronymus Lotter (Ausschnitt). Gemälde, 1569. Leipzig, Stadtgeschichtliches Museum

Das großartigste seiner Schlösser gab er ebenfalls in die Hände von Hieronymus Lotter. 1568, unmittelbar nach Fertigstellung des Leipziger Rathauses, begann Lotter den Bau der Augustusburg im Erzgebirge, oberhalb von Chemnitz auf dem Plateau des Schellenberges. Diese Vierflügelanlage ist die erste auf rein quadratischem Grundriss errichtete der deutschen Schlossbaukunst. Zugleich aber belegt ihre geometrische Konstruktion Sachsens Verbindung und Übereinstimmung mit den europäischen Entwicklungen der Spätrenaissance, denn von St. Peter in Rom über Chambord an der Loire bis zum Escorial bei Madrid waren in dieser Zeit überall solche nach mathematischen Prinzipien gebildete Architekturen errichtet worden, deren Maße und deren Symmetrie zugleich Ausdruck und Symbol der Macht zentralistischer Fürstenstaaten waren. Im Falle des Escorial und der Augustusburg – die gleichzeitig auf Berggipfeln erbaut wurden – kommt die Bekundung der Herrschaft über das Land hinzu, das sie augenfällig dominieren.

Lotters Meisterwerk vereint diese Eigenschaften mit protestantischer Strenge und Klarheit. So wie das Schloss heute über den Wäldern des Erzgebirges aufscheint, sah es allerdings nicht von Anfang an aus. In den Dachzonen der bastionsähnlichen Ecktürme standen Giebel und in dieser Höhe umliefen Umgänge innen und außen das ganze Bauwerk. Dennoch beschädigten die späteren Begradigungen kaum seinen ursprünglichen Charakter, in dem das Funktionale mit dem Repräsentativen übereingeht.

Im ausgeprägt Rationalen entsprach das Schloss nämlich auch dem besonderen lutherischen Selbstverständnis dieses Fürsten und dem seiner bedeutenden Frau Anna, einer dänischen Königstochter. Sie betrachteten offensichtlich das fürstliche Gottesgnadentum auch als sozialen Auftrag und nahmen sich in die Pflicht, in den ihnen anvertrauten Ländern für eine im evangelischen Sinne gottgefällige Ordnung zu sorgen. August war zugleich weltlicher und geistlicher Landesherr, er nahm diese Bestimmung genau und es gab kein Gebiet des gesellschaftlichen Lebens in Kursachsen, in das er nicht als strenger evangelischer Familientyrann bevormundend eingriff. Dies erzeugte andererseits eine beispiellose rationalistische Durchdringung des ganzen Landes, prägend für Sachsen als Konsequenz der Reformation. Alles, was August und Anna an bleibenden Werten hervorbrachten, trägt dieses Signum, und ihre Zunamen in der sächsischen Geschichte erscheinen rechtens: Vater August und Mutter Anna.

Augustusburg, Schlossanlage, erbaut 1568 bis 1572/73 von Hieronymus Lotter für Kurfürst August von Sachsen

Schon im Jahr nach seinem Regierungsantritt 1554 erließ Kurfürst August eine neue Bergordnung, die den Ausbau und eine präzisere Gliederung des Beamtenapparates unter einem Berghauptmann vorsah, gleichsam einem Minister für Montanangelegenheiten. Ihr folgte 1555 eine Landesordnung, die das gesamte wirtschaftliche und soziale System des Landes reglementierte, darüber hinaus die Mühlsteinbergordnung, die Kanzleiordnung, die Münzordnung, die Bleichordnung – für den Ausbau der Chemnitzer Textilproduktion –, die Kirchen- und Schulordnung und schließlich die erst nach Augusts Tod erschienene Weinbergordnung. In allen diesen Landesgesetzen wurden detaillierte Verhaltens- und Verfahrensweisen sowie deren staatliche Kontrolle festgeschrieben. So trat etwa die Forstordnung der drohenden Entwaldung des Erzgebirges infolge des Holzbedarfs der Hütten entgegen, ordnete Wiederaufforstung an und installierte eine in Ämter gegliederte Forstbeamtenschaft. Die Bergordnung verbot die Arbeit in den Verhüttungsbetrieben während des Bienenflugs zum Schutz der Anwohner vor Gift im Honig. Heiratswilligen Paaren wurde vorgeschrieben, einen Obstbaum zu pflanzen. Das waren erste ökologische Gesetze. Das Fürstenpaar bemühte sich um die Verbesserung des Gartenbaus. August okulierte selbst, schrieb ein »Künstlich Obst- und Gartenbüchlein« und baute die kurfürstlichen Güter zu landwirtschaftlichen Musterbetrieben aus. Per Gesetz verbot er auch das Bauernlegen durch Aufkauf bäuerlicher Erbgüter, wodurch der Adel seinen Grundbesitz zu vergrößern trachtete. Sein Kammerpräsident Abraham von Thumshirn verfasste das Buch »Oekonomia oder nothwendiger Unterricht und Anleitung, wie eine ganze Haushaltung am nützlichsten und beßten kann angestellt werden«. Kurfürstin Anna hingegen schrieb ein »Arzneibüchlein«, förderte die Volksgesundheit und das Apothekenwesen. Sie betrieb ein Labor in dem nach ihr benannten Schloss Annaburg und war die Gründerin der Dresdner Hofapotheke. Augusts ökonomische Interessen waren aber gleichermaßen auf die Industrie in Stadt und Land gerichtet. Eine seiner Ordnungen begrenzte die Produktion dörflicher Manufakturen, die gegen die städtischen Zünfte konkurrierten. Andererseits för-

Ansicht der Saigerhütte Grünthal bei Olbernhau. Kolorierte Radierung, um 1840, signiert und beschriftet: G. Wunderlich del. et. sc./bei G. E. in Freiberg

derte er energisch dorfspezifische Textilproduktionen, wie die Weberei und vor allem die Spitzenklöppelei, die die Annaberger Patrizierin Barbara Uttmann nach brabanter Vorbild im Erzgebirge eingeführt hatte.

Unter massivem Druck brachte er die Saigerhütte Grünthal bei Olbernhau in seinen Besitz und verfügte, dass alles in seinen Ländern geförderte Kupfererz dort gesaigert werden musste. Dies war ein hochmoderner Verhüttungsprozess, bei dem Silberanteile und Kupfer voneinander geschieden wurden. Der Ertrag der Hütte kam oftmals dem eines Silberbergwerks gleich. Daneben errichtete er ein Kupferhammerwerk, das jahrhundertelang produzierte. Es lieferte auch die Bleche für Dresdner Repräsentationsbauten bis hin zu den Villen des Bürgertums, deren grünoxidierte Dächer das luxuriöse Erscheinungsbild der Stadt mitbestimmten. Noch heute steht bei dem alten Grünthaler Kupferhammer ein Fachwerkhaus, das als älteste Werksschule Europas gilt. Dort wurden jene Facharbeiter ausgebildet, die Silber herzustellen vermochten, das von der absoluten Reinheit nur um wenige Zehntel Prozent abwich. Aus Grünthaler Silber ließen sich diese Schmelzer von dem Freiberger Goldschmied David Winkler 1625 einen Pokal herstellen, der zu den wichtigen Werken deutscher Goldschmiedekunst des Frühbarock zählt. Er war ein Symbol der Privilegien, die ihnen die kurfürstlichen Eigner verliehen hatten. Auf seiner Wandung sind Arbeitsvorgänge in dieser Saigerhütte im Relief dargestellt und auf dem Deckel steht vollplastisch der Schmelzer in seiner Arbeitskleidung mit seinem Werkzeug in der einen, dem kurfürstlichen Wappen in der anderen Hand, wie ein Ritter mit Lanze und Schild (siehe S. 145). Genauso stolz stehen die Grünthaler Hüttenwerker auch auf ihren Grabsteinen mit Schürze und Gabel bei der Stadtkirche im benachbarten Olbernhau.

Kurfürst August erwarb bei Schneeberg Land, als im dortigen Revier die Produktion von Kobalt so stark anstieg, dass seine Erträge die der Silberminen übertrafen. Sächsisches Kobaltblau wurde in ganz Europa gebraucht und wuchs zu einem der wichtigsten Exportgüter des Landes auf. Gleichzeitig blühten auch die Eisenhütten im Pirnaer Revier und der

Eisenkunstguss gelangte im Technischen wie im Künstlerischen zu höchstem Niveau. Noch größere Bedeutung für Wirtschaft und Landeskultur erlangte dort die Sandsteinverarbeitung. Schon im späten Mittelalter war dieses Baumaterial für Kirchen und Schlösser weithin benutzt worden, vor allem im Einzugsbereich des Flusssystems der Elbe, das die Saale und die Havel mit einschloss. Nunmehr wurden daraus zunehmend Fenster- und Türgewände für den Ausbau der Städte gefertigt. Sitznischenportale mit anspruchsvollem Schmuck, aber auch Grabsteine mit reliefierten Gewandfiguren, vereinfacht durch perfekte Stilisierung, wurden offensichtlich manufakturell hergestellt und auf Bestellung über große Entfernungen hin geliefert.

Städtischer Wohlstand beflügelte ebenfalls die Produktion von Zinngefäßen, darunter so repräsentatives Gerät wie das mit figürlichen Reliefs. Reliefzinn wurde in Annaberg früher hergestellt als in Nürnberg. Hinzu kamen die kunstvollen Steinzeuggefäße von Freiberg und Annaberg, heute teure und gesuchte Werke. Höhere Ansprüche bedienten die Serpentindreher von Zöblitz bei Marienberg. Ihre Arbeiten, oftmals in Silber gefasst, findet man in den alten fürstlichen Sammlungen des ganzen nördlichen Europa, vor allem natürlich in Dresden. Hier sieht man auch die glanzvollen Erzeugnisse der Waffenschmiede aus Dresden und dem kursächsischen Suhl. Es sind Prunkstücke für die Selbstdarstellung großer Herren und sie gehören zu den feinsten der Epoche.

Alle diese Kunstindustrien sind aber nur die Spitze einer Pyramide aus speziellen Gewerken, die die sich rapide entwickelnde sächsische Bergindustrie hervorbrachte. Wenn auch die Erträge der Silberminen nachließen, so stieg doch die Produktion von Zinn in Altenberg, Geyer und Ehrenfriedersdorf, von Steinkohle im Zwickauer Revier, von Kobalt und Wismut bei Schneeberg und von Eisen bei Pirna und Chemnitz. Straßen- und Wasserbau wurden intensiv betrieben: zur Versorgung der Hammer-, Poch- und Mühlenwerke, der Schächte, Hütten und Hochöfen und zum Transport ihrer Produkte, zum Ausbau der Städte infolge wachsender Bevölkerung. Zur traditionell weit verbreiteten und vertragsmäßig organisierten Leinwandweberei kam seit 1532, von Chemnitz ausgehend, die von Barchent hinzu. Etwa gleichzeitig waren in den Silber- und Eisenhütten die ersten Hochöfen gebaut worden. Bereits seit 1507 wurden Nasspochwerke errichtet, durch die sich die Produktivität und Ausbeute wesentlich erhöhten. Diesen riesigen Wirtschaftskomplex hatte Kurfürst August wie ein moderner Manager durchorganisiert und effektiviert. Er selbst war der größte Bergunternehmer seines Landes.

Rekonstruktion (1960) der kursächsischen Kunstkammer in ihrem Zustand um 1600, Großes Gemach gegen den Festungsgraben

Grubeneigentum war damals in der Regel Gemeinschaftseigentum mehrerer Beteiligter, das in Anteilscheinen, sogenannten Kuxen, rechtlich fixiert war. Die Besitzer teilten die Ausbeute, aber auch bei Ertragsausfall die sogenannte Zubuße, errechnet nach der Menge der Kuxe. In diesem, heutigen Aktiengesellschaften ähnlichen System waren die Anteilseigner gleichgestellt, und dies war ein eigentümlich frühdemokratischer Zug innerhalb dieser frühkapitalistischen Wirtschaftsstruktur, denn Kuxe besaßen der Landesherr, die Städte, Unternehmer, Patrizier, Adelshäuser, und vor dem Kapital waren sie wie vor Gott und dem Recht alle gleich. Es versteht sich von selbst, dass eine straffe Rechtsordnung zu den Grundbedingungen dieses fortgeschrittenen Systems gehörte. Mit den 172 sogenannten Konstitutionen schuf August 1572 eines der ersten deutschen Landesgesetzbücher, dem eine klar strukturierte Gerichtsordnung entsprach, deren oberste Instanz das Dresdner Appellationsgericht war. Das kursächsische Rechtswesen war akademisch ausgebildeten Juristen anvertraut, die die Schriftlichkeit aller Rechtsvorgänge einzuhalten hatten.

Alle diese Neuerungen bezweckten die Konsolidierung des aus zwei Teilen neu zusammengefügten Kurstaates und dessen Anpassung an das evangelische Bekenntnis als Staatsreligion. Zugleich war dieser Prozess aber auch Bestandteil der gesamten europäischen Entwicklung der Renaissance mit ihren revolutionierenden Wechselwirkungen in den Wissenschaften und Künsten, in Philosophie und Technik, Politik und Religion. Auf diese Tatsache reagierte Kurfürst August durch den Aufbau von Sammlungen, die alle für ihn und das Land wichtigen Informationen bereithielten, etwa so, wie man heute Datenbanken anlegt: Er gründete eine Bibliothek und eine Kunstkammer, die noch heute unter dem Namen der Sächsischen Landesbibliothek und in den Beständen der Dresdner Museen für Künste und Wissenschaften fortbestehen. Beide Sammlungen hatten aber nicht allein jahrhundertelange Wirkung auf die Kultur des Landes, sie ragten auch unter anderen zeitgenössischen hervor.

Augusts Bibliothek ist berühmt unter den alten fürstlichen des Kontinents wegen ihres Umfanges und wegen ihrer Schönheit. Der Sammler hatte nämlich zu ihrer Ausstattung den Zwickauer Buchbinder Jakob Krause berufen, der heute als der bedeutendste Künstler seines Faches in der deutschen Renaissance geachtet wird. Er gestaltete die ledernen Rücken und Deckel ornamental in feinster Goldprägung aus, mit dem kursächsischen Wappen auf der Vorderseite. (Heute befindet sich nur noch ein Bruchteil dieses einmaligen Bestandes in Dresden, denn die sowjetische Besatzungsmacht beschlagnahmte im Jahre 1946 die meisten seiner Bände zusammen mit über 200 000 Werken der Sächsischen Landesbibliothek, von mittelalterlichen illuminierten Handschriften bis zu prachtvollen Buchausgaben aus dem 19. Jahrhundert. Sie wurden in die Moskauer Leninbibliothek eingegliedert und nicht, wie die meisten Kunstwerke der Museen, in den fünfziger Jahren zurückgegeben. Die Rückforderungen der Bundesrepublik Deutschland wurden bis heute nicht erfüllt.)

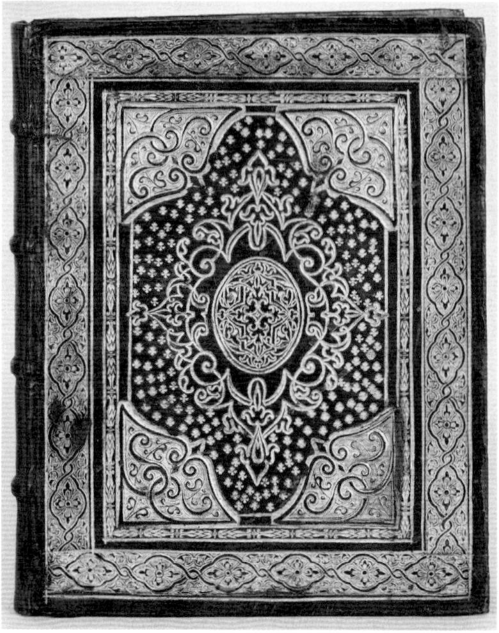

Einband zu Kurfürst August von Sachsens »Verordnungen und Constitutionen des Rechtlichen Proces ...«, Jakob Krause, gedruckt von Matthes Stöckel und Gimel Berg in Dresden, 1572. Sächsische Landesbibliothek – Staats- und Universitätsbibliothek Dresden

Die Dresdner Kunstkammer – zweite Gründung ihrer Art im Reich nach der Wiener – war ein Universalmuseum. Jedoch, was heute als Kunst angesehen wird, war in ihre Bestände nur gleichsam eingestreut. Die meisten ihrer Objekte waren Werkzeuge, die zweitgrößte Werkgruppe wissenschaftliche Instrumente; beide zusammen machten etwa 80 Prozent des Gesamtumfanges aus, rund gerechnet 8 000 von 10 000 Stücken. Diese Zahlen ergeben sich aus einer Analyse des ersten Inventars, das nach dem Tode des Gründers angelegt worden war und auf 1587 datiert ist.

Die heute unverständliche Menge von etwa 7 500 Werkzeugen war das Resultat stürmischer Entwicklungen in allen technischen Bereichen. Allein eine wohlausgestattete Goldschmiedewerkstatt war damals mit mehr als tausend verschiedenen Geräten für das Treiben, Schmelzen, Gießen, Hämmern, Ziselieren, Emaillieren, Gravieren, Vergolden und Ätzen versehen. Die neue Kultur des Wohnens in den Führungsschichten brachte den Bedarf an luxuriösem Mobiliar hervor. Für die Anfertigung von Kunstschränken, wie sie in allen Räumen der Dresdner Kunstkammer vorhanden waren, brauchte man Dutzende von Spezialsägen, Profilhobeln, Intarsien- und Schnitzmessern, Hämmern, Bohrern, Stechbeiteln und Zangen. Es gab Geräte, die mehrere Meter lang waren, wie Kurfürst Augusts Drahtziehbank, die sich heute im Technischen Museum von Paris befindet, und winzige Dreheisen zum Drechseln von Elfenbein. Sie alle hatten aber zwei Eigenschaften gemeinsam: Sie repräsentierten den neuesten Stand der Technik und waren in spezialisierten Werkstätten für den Kurfürsten gefertigt worden. Man kann sie benutzen, man kann sie bestaunen wegen der technischen Brillanz ihrer Ausführung und man kann sie bewundern wie Kunstwerke, denn ihre Oberflächen sind geschmückt mit geätzten oder geschnittenen Ornamenten, Figuren, Sprüchen und dem Wappen des Bestellers. Schöneres Werkzeug gibt es nicht.

Vieles davon ging im Zweiten Weltkrieg mit Beständen des Dresdner Mathematisch-Physikalischen Salons verloren, darunter auch die chirurgischen Instrumente, die Brillen und Linsen des Kurfürsten. Er beschäftigte sich mit beiden medizinischen Wissenschaften und zu seinen Verdiensten gehört es, den aus Gräfenhain in der Lausitz stammenden Arzt Georg Bartisch 1558 als Hofokulisten nach Dresden berufen und gefördert zu haben. 1583 veröffentlichte dieser seinen »Augendienst« und begründete damit die Augenheilkunde.

In diesem Museum befindet sich auch der größte Teil noch erhaltener wissenschaftlicher Instrumente aus Augusts Kunstkammer. Es sind vor allem Uhren, die astronomische und astrologische Informationen gaben, Globen, Messinstrumente und geodätisches Gerät. Letzteres war vor allem für den Bergbau erforderlich. Höhen- oder Tiefenmessungen waren Voraussetzungen für die Anlage von Stollen, Landvermessungen für die Klärung von Rechtsfragen. Aber diese Instrumente taugten gleichfalls zur Ballistik, der Wissenschaft von den Geschossbahnen der Artillerie. Hierin wie in Werken und Abbildungen zur Festungsbaukunst bot Augusts Kunstkammer das gesamte Wissen des Zeitalters. Die praktische Entsprechung dazu war sein Zeughaus und darin eine so große Anzahl von Geschützen, dass sie als Sammlung angesehen wurden, zumal die Bronzerohre kunstvoll ausgeziert waren. Beides galt als schön, nützlich, repräsentativ und wegen seiner Positionierung als Weltwunder – zumindest in Mitteleuropa.

Dieses berühmte Zeughaus ist in der Gestalt des Albertinums erhalten. Auf den Ursprungsbau gehen nur die beiden Tore der Westseite, die dahinter sich erstreckende Säulenhalle und die gewölbten Keller darunter zurück. Von Anfang an befand sich dort auch die Gießhütte, deren erster Meister Martin Hillger aus Freiberg war. Außer Geschützen goss er Glocken, Mörser und die Grabplatten für die kurfürstliche Begräbniskapelle im Freiberger Dom.

Aber Bücher, Bilder und Gerät zur Ballistik in der Kunstkammer sowie das Zeughaus mit Gießhütte und Kanonensammlung bildeten gemeinsam mit den Verteidigungsanlagen ein System. Das Zeughaus war nämlich unmittelbar an die innere Mauer der Festung gebaut – wie heute an der Verbindung von Albertinum und Brühlscher Terrasse zu sehen ist –, sodass Geschütze, Pulver, Munition und jegliche spezielle andere Waffenart zur Verteidigung der Festung Dresden aus dem Arsenal auf die Bastion gerollt und über die Tore hinweg um die ganze Stadt verteilt werden konnten. So erst war die lutherische Kapitale uneinnehmbar. Kunst, Wissenschaft und Technik waren unter diesem Fürsten praxisorientiert und bildeten in sich eine Ordnung, parallel zu allen anderen. Selbstverständlich nützten sie alle dem Lande. Die Sammlungen dienten der Information von Handwerkern, Künstlern und Wissenschaftlern und wirkten auf das ganze Kurfürstentum zurück. Sie trugen dazu bei, in seinen vielen kleinen, sogar winzigen Städten einen Standard zu entwickeln, der in den meisten anderen Ländern auf die großen Zentren der Macht und des Handels konzentriert war.

Eines der feinsten Beispiele dafür ist eine astronomische Uhr in vergoldetem Gehäuse aus Gelb-

Kurfürst August. Medaille von Tobias Wolff. SKD, Münzkabinett

Paul Buchner. Medaille von Tobias Wolff. Kunsthistorisches Museum Wien, Münzkabinett

guss, auf der Frontseite signiert in reliefierten Lettern: »Andreas Schellhorn 1570 zu Schneebergk in Meisen« (gemeint war noch immer die Mark Meißen). Dieses Gehäuse, ursprünglich bekrönt von einem silbernen Globus, weist Zifferblätter an allen vier Seiten auf, deren Funktionen darunter zwischen den Basen der Ecksäulen lateinisch beschrieben werden, ebenfalls in Lettern, die durch Ätzung hervortreten. Die Uhr zeigt die Stunden an, die Monate, die Tierkreiszeichen, noch immer die Kalendernamen der Heiligen im ganzen Jahr, die jeweiligen Tag- und Nachtstunden, sie schlägt und weckt und stellt laut Inschrift »das gesamte Astrolabium mit seinen Circumpolarsternen, Stunden und Kreisen« dar (siehe S. 146).

Dieses Urbild einer programmierten Maschine enthält das astronomische Wissen des Zeitalters, das wichtig war für astrologische Berechnungen; das geografische im Globus und das mechanische in den Funktionen der koordinierten Uhrwerke. Zudem ist das Gehäuse ein kunsttechnisches Wunderwerk, das, in der Sprache der Inschriften und im Stil auf der Höhe des Standards der europäischen Eliten, auch die Beherrschung des Legierens, Gießens, Ätzens, Ziselierens und Vergoldens vorstellt. Solche Fähigkeiten wurden im Reich von den Uhrmachern in Nürnberg, Augsburg, Prag und Kassel verlangt. Das winzige, jedoch produktionsstarke Technologiezentrum im Erzgebirge kam ihnen gleich, auch an Kunst. Denn in Schneeberg arbeitete zu dieser Zeit die Werkstatt der Malerfamilie Krodel. Matthias d. Ä. hatte noch Gemälde für die Emporenbrüstungen der Wolfgangskirche gemalt, auch Altäre im nördlichen Tiefland, z. B. in Mügeln, und es ist glaubhaft, dass ihn der Kurfürst für dekorative Malereien nach Dresden berief, obwohl dort vorzügliche Hofmaler tätig waren, die, wie Krodel, aus der Werkstatt des jüngeren Cranach stammten. Er gehörte aber schon der zweiten Generation dieser bedeutenden Malerfamilie an, Martin und Wolfgang waren ihm vorangegangen, der jüngere Matthias folgte ihm. Von einer anderen Schneeberger Künstlerfamilie, den Böhmes, ging schließlich nach dem Dreißigjährigen Krieg die Erneuerung der Dresdner Bildhauerschule aus.

Zwei weitere Sammlungen des Kurfürsten August waren ebenfalls von höchstem Rang, standen aber mehr im Verhältnis zur Staatsrepräsentation als zur Staatsökonomie oder Verteidigung. Andererseits entstanden sie aus der ererbten Neigung dieses Wettiners zu feinen, eleganten, technisch perfekt gemachten Dingen. Zu ihnen gehörten Münzen und Medaillen, die im bereits existierenden Münzkabinett zusammengefasst waren. Dem Ruhm und dem Ruf der Nürnberger Medailleure der Dürerzeit war bereits 1544 der Leipziger Goldschmied und Medailleur Hans Reinhardt mit seiner weitberühmten Dreifaltigkeitsmedaille gleichge-

Dreifaltigkeitsmedaille aus Silber, mit glattem Rand, von Hans Reichardt, 1544. SKD, Münzkabinett

kommen. Aber nachdem der Kurfürst 1574 Tobias Wolff als Hofmedailleur nach Dresden berufen hatte, wurde die sächsische Medaillenkunst führend im nördlichen Europa. Er porträtierte die Mitglieder der kurfürstlichen Familie in goldenen und silbernen Stücken von fabelhaftem Schnitt, aber auch Gelehrte und Künstler. Er schuf eine Galerie der politischen und geistigen Elite Sachsens.

Augusts prachtvollste Schöpfung ist jedoch die Rüstkammer. Noch heute, nach enormen Verlusten durch frühere Verkäufe und Abgaben sowie Diebstählen nach dem Zweiten Weltkrieg, steht sie neben Wien und Madrid in der Reihe der größten Prunkwaffensammlungen der Welt. In ihrem alten Kernbestand sind Arbeiten der besten Waffenschmiede versammelt, von den geflammten Stählen aus den Werkstätten von Damaskus bis zum scharfen Glanz der Klingen von Toledo, vom getriebenen und tauschierten Eisen der Mailänder bis zum minutiös geschnittenen Eisen der Nürnberger Waffen, von Degengefäßen aus emailliertem Gold bis zu Gewehren, deren Schäfte mit Elfenbein eingelegt sind, dazu Rüstungen für Mann und Ross aus den Werkstätten der berühmtesten Plattner. Der Sammler selbst war bis ins Alter ein besessener Turnierreiter. Doch alle Souveräne und adligen Herren waren damals in diesem höfischen Sport geübt, im Kriegshandwerk und in der Jagd geschult und wussten also zu bewundern und als Selbstinszenierung einer Großmacht einzuschätzen, was ihnen am Dresdner Hofe vorgezeigt wurde.

Insgesamt betrachtet war dieses System von Spezialsammlungen eine der erstaunlichsten Pioniertaten in der Geschichte des europäischen Museumswesens, zumal es nicht allein der persönlichen Sammelleidenschaft entsprang, sondern zugleich eine neuartige Funktion bei der Entwicklung der Landeskultur und der Wirtschaft des Kurstaates erfüllte und ihn darin auch repräsentierte. Es war die Wurzel der Dresdner Museen, und es hatte weitreichende Auswirkungen auf das Prinzip und die Struktur öffentlicher Sammlungen schlechthin.

Als Kurfürst August 1586 starb, stand das Land in voller wirtschaftlicher Blüte, aber sein geistiger Zustand war miserabel und enthielt den Keim des Niedergangs. Denn seit 1577 forderte August von allen kursächsischen Geistlichen, Kantoren und Lehrern unter Androhung des Amtsverlustes ihre Unterschrift unter die Konkordienformel, eine Zusammenfassung streng lutherischer Lehrsätze. Sie wurden 1580 unter der Bezeichnung Konkordienbuch veröffentlicht und alle lutherisch regierten Gebiete des Reiches – von Kurbrandenburg und Kurpfalz bis hin zu den evangelischen Reichsstädten – legten sich unterschriftlich darauf fest. Zwar hatte Kursachsen damit seinen lutherischen Hegemonialanspruch politisch gefestigt, zugleich war aber die »Freiheit eines Christenmenschen«

Turnierharnisch Christians I. von A. Pfeffenhauser, Augsburg, 1591. SKD, Rüstkammer

kaum 30 Jahre nach dem Tod des großen Reformators zu orthodoxem Dogmatismus verkommen. Melanchthon hatte noch zu Luthers Lebzeiten versucht, einen Ausgleich mit den Glaubensartikeln der Calvinisten zu erreichen. Nachdem er 1560 in Wittenberg gestorben war, begann in Kursachsen der Kampf gegen den sogenannten Kryptocalvinismus, einen als heimliche Unterwanderung der reinen Lehre denunzierten Versuch der Versöhnung unter den Protestanten beider Konfessionen. August ließ 1574 drei seiner Räte – höchste Funktionsträger des Kurstaates – verhaften und foltern, unter ihnen seinen Leibarzt Caspar Peucer, Melanchthons Schwiegersohn. Er kam erst zwölf Jahre später, nach dem Tode des Kurfürsten, wieder frei. Georg Craco, Mitautor der 172 Konstitutionen, starb während der Folter.

Mittlerweile waren schon die Landgrafen von Hessen Calvinisten geworden, dann die Pfälzer Kurfürsten und 1613 sollten ihnen die Kurfürsten von Brandenburg folgen. Angesichts der Spaltung der Protestanten und der kaisertreuen Politik Kursachsens konnte es Kaiser Matthias 1618 wagen, die böhmischen Protestanten zu provozieren und damit nach dem Prager Fenstersturz den Krieg zu entfesseln, der 30 Jahre dauern und Kurfürst Augusts Lebenswerk ruinieren sollte. Merkwürdigerweise kalkulierte dieser große Rechner nicht ein, dass der mit seiner Hilfe erreichte Grundsatz des Augsburger Religionsfriedens von 1555 »cuius regio eius religio« – wessen Regierung, dessen Religion –, den er selbst in Sachsen im Sinne absoluter Zentralgewalt radikal durchsetzte, auch von den Habsburgern zu gleichem Zweck eines Tages gegen die Reichsstände angewandt werden könnte.

RELIGIÖS-POLITISCHE KONFLIKTE, SCHWANKUNGEN UND DIE KATASTROPHE (1586–1656)

Augusts Nachfolger, Kurfürst Christian I., begann eine religiös-politische Änderung einzuleiten, die auf die Aussöhnung mit den Reformierten abzielte und damit auf den zunehmenden Druck der Gegenreformation reagierte. Sein wichtigster Helfer war dabei Dr. Nikolaus Krell, Jurist und Ratsherrensohn aus Leipzig, verschwägert mit dem dortigen Patriziat, der seine Studien auf Reisen in die Schweiz und nach Frankreich vervollständigt hatte. Er war der erste große Repräsentant der welterfahrenen kaufmännischen Bildungselite der Universitäts- und Messestadt. Schon 1589 stieg Krell zum Kanzler auf, zum mächtigsten Mann in der sächsischen Politik nach dem Fürsten.

Christian I. und sein Kanzler schafften den Schwur der Geistlichen, Lehrer und Professoren auf die Konkordienformel und das Dresdner Oberkonsistorium als lutherische Zentralbehörde ab, enthoben orthodoxe Theologen ihres Amtes und sorgten für die Herausgabe einer neuen, kommentierten Bibelübersetzung, die calvinistisches Gedankengut enthielt, ohne jedoch das lutherische Bekenntnis als Staatsreligion infrage zu stellen. In der Außenpolitik begannen sie, die Bindung an das Kaiserhaus zu lockern und eine Verbindung mit dem calvinistischen König von Frankreich, Heinrich IV., herzustellen.

Diesem Ansatz zu einer eigenständigen Außenpolitik – eigentlich eine Fortsetzung jener des Kurfürsten Moritz – diente aber nicht nur die konfessionelle Liberalisierung, sondern auch die Verteidigungs- und Kunstpolitik. Folgerichtig wurde der Ausbau der Festung Dresden mit Bastionen und Toren weitergeführt und der Zugang zur Festung Königstein mit der hochragenden Christiansburg und ihrem damals unüberwindbaren Torbau gesichert. Am deutlichsten treten aber die politischen Absichten dieses Wettiners in Architekturen und Kunstwerken in Erscheinung.

Langer Gang am Stallhof des Dresdner Residenzschlosses, erbaut 1586 bis 1588 wahrscheinlich nach Entwürfen Giovanni Maria Nossenis

Zuerst ließ er das Residenzschloss um den »Klepperstall«, das heutige Johanneum, erweitern. An seiner Frontseite weisen noch die beiden Tore mit plastischen Pferdeköpfen neben ihren Bögen auf die ursprüngliche Bestimmung hin. Im Obergeschoss wurde die Rüstkammer eingerichtet und insofern ist es das älteste erhaltene Sammlungs- oder Museumsgebäude in Deutschland. Mit dem Schloss verbunden wurde es durch den Langen Gang, dessen Straßenfront seit 1872 der berühmte Fürstenzug Wilhelm Walthers schmückt, eine neue Interpretation der Sgraffiti aus der Bauzeit, die nur durch grafische Darstellungen überliefert sind und einen thematisch nicht bestimmbaren Reiterzug darstellten. Auf der Hofseite war über den Arkaden der ursprüngliche Fassadenschmuck – die Taten des Herkules in gleicher Technik – noch bis 1945 erhalten. Bisher wurden nur die ornamentalen Teile der ursprünglichen Sgraffiti restauriert, weil deren korrekte Wiederherstellung unproblematisch schien.

In zweifacher Weise war damit von Christian ein Bezug zu seinem Onkel, dem Kurfürsten Moritz, hergestellt worden. So wie dieser seine politische Position durch das Bild des tugendhaften antiken Helden, der das Böse besiegt, von der Hand des jüngeren Cranach rechtfertigen ließ, ebenso legitimierte sich auch das Selbstverständnis seines Neffen und virtuellen Nachfolgers in den Sgraffiti des Hofmalers Heinrich Göding, eines Schülers von Cranach. Es war das zweite Mal, dass die Gestalt des Herkules für die Darstellung eines hochambitionierten Albertiners benutzt wurde. (Bekanntlich versuchte über ein Jahrhundert später noch ein dritter Hercules Saxonicus, in die Geschicke Europas einzugreifen.) Weiterhin führten die Sgraffiti des Langen Ganges natürlich jene weiter, mit denen Moritz das Schloss zu einem der prächtig-kunstreichsten seiner Zeit ausgestalten ließ. Überhaupt war der gesamte Residenzkomplex mit seinen Neubauten und seinem Schmuck zu einem der umfangreichsten und repräsentativsten im nördlichen Europa geworden – Demonstration einer Macht, die angestrebt wurde.

Der wichtigste Mann des Kurfürsten bei diesen Unternehmungen war Giovanni Maria Nosseni, Architekt und Bildhauer aus Lugano. Er war bereits 1575 von Kurfürst August nach Dresden berufen worden, und zwar im Sinne der merkantilen Prioritäten des Landesherrn, um im Erzgebirge nach verwertbaren Vorkommen edler Steine zu suchen. Seinen Erfolg verzeichnet das Inventar der Kunstkammer von 1587 in Gestalt von Proben aus Marmor, Serpentin, Jaspis und Amethyst, die ausdrücklich als sächsisch und von Nosseni übergeben bezeichnet werden. Die erste große Blütezeit der Zöblitzer Serpentinproduktion geht auf ihn zurück. Nach seinem Entwurf wurden zwölf Stühle gefertigt, deren Sitzflächen aus Serpentin bestehen, in die reich geschnitzten Lehnen aber ist sächsischer Jaspis eingelegt. Sie gehörten zu einem großen runden Tisch, der ganz aus Serpentin bestand, von dem aber nur Bruchstücke den Zweiten Weltkrieg überstanden haben. Große Serpentinhumpen in prächtigen Silberfassungen von dem Dresdner Goldschmied Urban Schneeweiß vervollständigen diese Repräsentation kursächsischen Materials in feinster Verarbeitung.

Die Technik, sogenannte Landedelsteine als schmückende Einlagen zu verwenden, war allerdings schon vor Nossenis Ankunft angewandt worden, so etwa beim Altar der Stadtkirche von Penig, einem Hauptwerk der sächsischen Renaissance von Christoph Walther II. aus dem Jahre 1564. Einlagen von Jaspis, Achat und Chalzedon ließ bereits Hans Walther für den Altar der Dresdner Kreuzkirche schleifen, der sich heute in der Stadtkirche von Bad Schandau befindet. Der Altar entstand etwa 1575, als Nosseni gerade eingetroffen war. Es ist aber verbürgt, dass er diese eigentlich italienische Dekorationsmethode gefördert hat. Walthers Hauptwerk in dieser Kunstgattung wurde 1583 von Kurfürst August erworben, stand in der Kunstkammer und zuletzt im Historischen Museum im Dresdner Johanneum, wo es 1945 verbrannte: das Orgel-Positiv. Dieses Musikinstrument war altarähnlich gebaut, etwa 3 Meter hoch und bestand aus verschiedenen Holzarten, war teils bemalt, vergoldet und geschmückt mit verschiedenen farbigen Marmorsorten, Alabaster, Solnhofer Stein, Serpentin und sächsischen Landedelsteinen. Das Programm der Statuen und Reliefs reichte von Verkörperungen der Musik und der Tugenden bis zu den Evangelisten; von Engeln und Löwen über figurenreiche Szenen aus dem Heilsgeschehen bis hin zur Kreuzigung und zu Gottvater. Es war der Gipfelpunkt jenes sächsischen Stils, der schon am Moritzmonument aufschien, in dem Pracht, Schmuckfreude und geradezu enzyklopädische Didaktik eine eigentümliche Verbindung eingehen. Es gibt dafür auch Beispiele im lutherischen Norden, die nicht sächsisch sind. Aber im Kurstaat war diese Form schmuckreichen Erzählens bis weit in das 17. Jahrhundert hinein ver-

Altar der Peniger Stadtkirche von Christoph Walther II., 1564

Orgelpositiv von Christoph Walther II. aus Edelholz, Marmor, Alabaster, Solnhofer Stein, sächsische »Landedelsteine«, 1584. Ehemals Rüstkammer Dresden, 1945 verbrannt

Deckelhumpen aus Zöblitzer Serpentin, gefasst mit vergoldetem Silber, von Urban Schneeweiß, vor 1585. SKD, Grünes Gewölbe. Am Fußrand Meistermarke (Rosenberg 1922–1928, Nr. 1726) und Dresdner Beschauzeichen

Hölzerner Humpen Martin Luthers, um 1540, Fassung und Henkel später zugefügt. Wittenberg, Lutherhalle

breitet. Man findet es selbst in Dorfkirchen, an hölzernen Altären mit ausgesägten Ornamenten und gedrechselten Säulen, festlich und heiter bemalt in bunter Pracht. Offenbar war dieser Stil den Sinnen des Volkes gemäß. Andererseits entsprach es dem verbreiteten Standard an Wohlstand und Bildung, dass sich die höfischen und bürgerlichen Künste nicht extrem voneinander unterschieden.

So sind etwa die Serpentinhumpen des Kurfürsten August von der Form des bäuerlichen und bürgerlichen Holzgefäßes abgeleitet, wie es ein großer gedrechselter Holzbecher zeigt, den Luther benutzte. Altäre kleiner Städte unterschieden sich kaum von denen der Schlosskapellen und wie schon zur Zeit der Reformation waren die teuren Arbeiten der Dresdner Hofkünstler und ihrer Schüler im ganzen Land verbreitet. Nosseni allerdings führte in der Residenz eine italienisch orientierte Stilhaltung ein, die zum Charakteristikum der kursächsischen Hofkunst werden sollte. Solchen Vorgaben folgte man im Lande allenfalls selektiv, zumal der Hofstil mit höherem finanziellem Aufwand in Verbindung stand.

Drei große Werke Kurfürst Christians I., in denen kursächsische Vormacht- und Repräsentationsgestik vereint auftreten, sind durch den Italiener geprägt: Der Lange Gang, das »Lusthaus« auf der Bastion Venus und die albertinische Begräbniskapelle im Freiberger Dom. In allen drei Anlagen erscheint die albertinische Dynastie als zentrales Thema.

Die Galerie im Obergeschoss des Langen Ganges (1945 ausgebrannt) war von Heinrich Göding ausgestaltet worden. Im Gegensatz zur italienischen Klassizität der Hofseite mit ihren Arkaden aus schlanken toskanischen Säulen, dem klar gegliederten Band aus Fenstern und den Sgraffiti darüber herrschte im Inneren niederländisches Formengut vor: eine eichene, mit Rollwerk bemalte Kassettendecke. Beiderseits auf Pfeilervorlagen aber war die Ahnengalerie des Fürstenhauses in etwas überlebensgroßen ganzfigurigen Gemälden zu sehen. Entsprechend den idealen Vorstellungen des Zeitalters präsentierten sie nicht das, was wir als wissenschaftliche Genealogie verstehen, sondern eine Ahnenreihe, die in ferne Vorzeit zurückreicht – je weiter, desto vornehmer – und als deren Gipfel und Blüte der gegenwärtige Herrscher vor den Augen der Betrachter erscheint. Im Falle der Albertiner wurde die Linie über das alte Herzogtum Sachsen gelenkt, das die Kurwürde trug, und sie lief weiter zurück über den Sachsenherzog Widukind bis zu sagenhaften germanischen Stammesfürsten. Glücklicherweise überstand ein Teil der Gemälde den Krieg im Auslagerungsort, sodass die Galerie weitgehend rekonstruiert werden könnte. Der Anteil Gödings, des letzten bedeutenden Sprosses der Cranach-Schule, ist unter Übermalungen und Ergänzungen noch festzustellen.

Im oberen Festsaal des Lusthauses auf der Bastion »Venus« wurde das dynastische Programm durch große Statuen Sebastian Walthers vorgestellt, allerdings erst lange nach dem Tode Christians I. Dort waren die Gestalten der kurfürstlichen Vorfahren denen ihrer jeweiligen kaiserlichen Herren gegenübergestellt. Insofern konnte man hier den Schwenk der kursächsischen Außenpolitik bis zurück zu den Grundsätzen des Kurfürsten August besichtigen, zur Kaisertreue, zum Ausgleich mit dem mächtigen katholischen Nachbarn.

Dieses Lusthaus muss Nossenis Meisterwerk gewesen sein. Wir kennen es nur aus Abbildungen, denn es fiel bereits 1747 einer Pulverexplosion zum Opfer. Es stand bündig auf der Ostecke der heutigen Brühlschen Terrasse, ein geschosshoher Sockelbau, von einer Balustrade umgeben, über der sich, etwas zurückgesetzt, ein zierlicher Saal von klassischer Proportion erhob.

Pöppelmann hat es noch gesehen und es muss für ihn maßgebend gewesen sein beim Entwurf der Eckpavillons des Zwingers, die gleich dem Lusthaus auf Bastionen standen und von Terrassen mit Balustraden umgeben waren, die Sicht gewährten auf die schöne Landschaft ringsum. Ebenso muss aber auch die Pracht der Marmorsäle im Zwinger mit der Ausstattung des Lusthauses gewetteifert haben. Hier wie dort waren Wände und Böden mit verschiedenfarbigem sächsischem Marmor verkleidet. Erst die Kenntnis von Nossenis Bau verdeutlicht uns die Kontinuität der Künste im Dienste des Bergstaates, der durch sie den Reichtum seines Bodens und die Feinheit der Verarbeitung seiner Schätze vorweist.

Dem Typ nach war das Lusthaus ein Belvedere, ein Pavillon zur schönen Aussicht, und somit Nachfolger seiner italienischen Vorgänger im päpstlichen Rom und im kaiserlichen Prag, auch darin Behauptung eines Anspruchs auf höchste Modernität der höfischen Lebensform und politische Geltung.

Das Lustschloss auf der Jungfernbastei. Bildliche Rekonstruktion von F. Hagedorn, 1889. Dresden, Stadtmuseum

Die Freiberger Begräbniskapelle kam dem gleich. Ihre Parallelen waren das kaiserliche Maximiliansgrabmal in Innsbruck und die Medicikapelle Michelangelos in Florenz, die Fuggerkapelle in Augsburg und die Grimaldikapelle in Genua, insgesamt Repräsentationsformen des katholischen Europa. Auch hier sollte die Selbstdarstellung einer Dynastie mit einem Großmachtgestus verbunden werden. Geplant war ursprünglich, den spätgotischen Chor abzureißen und an seiner Stelle eine moderne Grabkapelle zu errichten. Nicht nur sie sollte von italienischem Stil sein, sondern auch die Statuen in ihr und deshalb wurde Nosseni nach Italien gesandt. Er besuchte den berühmtesten Bildhauer Europas, Giovanni Bologna, Hofbildhauer der Großherzöge vom Hause Medici in Florenz, und es gelang ihm, einen seiner Mitarbeiter nach Sachsen zu holen, den Bildhauer Carlo de Cesare. Dieser Künstler brachte aber nicht nur den neuesten Stil der Großplastik mit, sondern auch die Kenntnis der komplizierten technischen Verfahren zur Herstellung großformatiger Bronzestatuen. Unter seinen Gehilfen müssen also auch Former, Gießer und Ofenbauer gewesen sein, denn die Werkstatt der Hillger beim Dresdner Zeughaus vermochte offenbar außer Kanonen und Gebrauchsgeräten nur Grabplatten zu gießen. Die großen Bronzestatuen des Florentiners waren die ersten im deutschen Norden gegossenen überhaupt. Die mehr als lebensgroßen Figuren, kniend in ewiger Anbetung, sind detailgetreu ziseliert mit ihren Prunkharnischen und Brokatgewändern, und sie heben sich in unpatiniertem Goldton von ihren dunklen Marmorgründen ab, zwischen Säulen, Inschrifttafeln, Gesimsen, Wappen, Ornamenten und Engeln aus rotem und gelblichem Marmor, Serpentin und Alabaster. Nichts Großartigeres war damals denkbar (siehe S. 72).

Die Gesamterscheinung der Grabkapelle ist durch die Steilheit des spätgotischen Chores bestimmt, den man stehen ließ. Sie blieb wirksam, obwohl Nosseni die Wandpfeiler zwischen den hohen Fenstern durch Horizontalordnungen gliederte und das Gewölbe durch eine halb plastische, halb gemalte Darstellung des Jüngsten Gerichts optisch herunterzog. Zwar war das Gestreckte und Steile ein Wesensmerkmal des internationalen Manierismus, zu dessen Entwicklung vor allem italienische Künstler beigetragen hatten, aber im Falle der Freiberger Anlage trat ein deutsches Moment hinzu durch den in Italien unüblichen Goldton der unpatinierten Bronzen, den Farbenreichtum der sächsischen Gesteine und die kleinteilige Formfülle, wiederum – wie schon beim Moritzmonument – ein goldschmiedemäßig-kunsthandwerklicher Charakter, im Stil vergleichbar dem Orgelpositiv in der Kunstkammer. Gerade dies belegt den Einfluss des sächsischen Auftraggebers auf die Arbeitsweise des italienischen Baumeisters.

Ursprünglich hatte Kurfürst Christian I. vorgesehen, sich selbst hervorzuheben durch ein frei stehendes Grabmal gleich dem seines Onkels Moritz. Darin zeigt sich, woran er anknüpfte und welche Bedeutung für die Zukunft der Dynastie er zu gewinnen trachtete. Zieht man solche Ansprüche in Betracht, die alle seine künstlerischen Unternehmungen deutlich aussagen, dann wird seine zögernde und inkonsequent erscheinende Religionspolitik erklärbar – sie entsprach einem riskanten Balanceakt. Ersichtlich ging es Christian nicht darum, Sachsen calvinistisch zu bekehren, nicht um eine zweite Reformation. Er sah die politische Notwendigkeit, angesichts der aufkommenden Gegenreformation eine einheitliche protestantische Union im Reiche zu schmieden, unterstützt von Frankreich, den Niederlanden und den skandinavischen Ländern, und Kursachsen sollte die Führungsmacht sein. Es war die Wiederaufnahme der Außenpolitik des Kurfürsten Moritz. Eine Strategie des friedlichen Ausgleichs zwischen den verfeindeten protestantischen Konfessionen erschien dafür unerlässlich und er glaubte offensichtlich, dies durch innenpolitisches Taktieren einleiten zu können. Genau das sollte sich als katastrophale Fehleinschätzung erweisen.

Plötzlich, einunddreißigjährig, nach nur fünf Jahren der Regierung, starb Kurfürst Christian I. 1591. Kanzler Krell wurde sofort verhaftet, gefoltert und eingekerkert, liberale und der calvinistischen Reformation nahe stehende Geistliche und Professoren entlassen. Die Reaktion kam staatsstreichartig, denn Christian und Krell hatten mit frühabsolutistischen Regierungspraktiken die Macht und die Privilegien des Adels beschnitten, durch calvinistisches Gedankengut die evangelischen Grundsätze der Landeskirche infrage gestellt und sogar die Leipziger Bürgerschaft gespalten infolge des Zuzugs von Konkurrenten aus den Niederlanden, die Calvinisten waren. Es hat den Anschein, als ob die mächtigsten gesellschaftlichen Gruppierungen innerhalb aller Stände des Landes am Ende der Herrschaft dieses Fürsten interessiert gewesen seien, sofort zur Politik seines Vaters zurückzuschwenken. (Merkwürdigerweise kam niemand bisher auf den Gedanken, die

Arretierung von Calvinisten 1591 in Leipzig, Kupferstich, 1593

Überreste Christians I. mit modernen forensischen Methoden zu untersuchen. Zwar waren damals unerklärlicher Verfall und Tod von Menschen in jungen Jahren alltäglich, aber Giftmord als Mittel der Politik war es auch.) Deshalb also blieb der gotische Chor des Freiberger Doms stehen, deshalb wurde das Statuenprogramm des Lusthauses auf der Bastion zur Kaisertreue hin formuliert und deshalb erhielt Christian I. kein frei stehendes Monument neben dem des Kurfürsten Moritz.

Als Administrator des Kurfürstentums wurde Herzog Friedrich Wilhelm von Sachsen-Weimar bestellt, der das Land für den unmündigen Kurprinzen Christian verwaltete. 1601, am Tage vor dem Regierungsantritt Kurfürst Christians II., wurde über Nikolaus Krell das Todesurteil gefällt und zwei Wochen später vor dem Stallgebäude ein Blutgerüst errichtet. In Gegenwart des Achtzehnjährigen wurde der Kanzler seines Vaters enthauptet und ihm so vor Augen geführt, wie es denen ergehen soll, die der rechten Religion, der rechten Politik und der rechten Staatsordnung in Kursachsen zuwiderhandeln. Ein Pflasterstein, der mit »Kr.« gezeichnet ist, markiert vor dem heutigen Johanneum die Stelle, an der dieser politische Mord damals vollzogen wurde.

Damit verlor das Land endgültig seine Vormachtstellung und 30 Jahre später war es nur mehr hilfloses Objekt im politischen und militärischen Kalkül der Großmächte, die ihre Kämpfe um die Macht im Reiche in Sachsen ausfochten. Seine Ost- und Südgrenzen waren gleichsam neuralgische Zonen im Dreißigjährigen Krieg, denn dort stießen wettinische und habsburgische, lutherische und katholische Einflussgebiete aufeinander.

Allerdings blieb dem Lande von den fünf Regierungsjahren und den tragisch unvollendeten Plänen des hochbegabten Kurfürsten Christian I. ein großes Erbe: Die italienische Komponente in der Dresdner Hofkunst hielt drei Jahrhunderte an. Es war – generalisierend formuliert – die glückliche Übereinstimmung italienischer Formenklarheit und Klassizität mit Formenstrenge und Rationalismus aus lutherischer Gesinnung, verbunden mit der Neigung zur Pracht und zu kunsttechnischer Brillanz – kontroverse Elemente, die in immer neuen Konstellationen in den sächsischen Künsten auftraten und wiederholt zu vergleichslosen Sonderformen zusammenfanden.

Von ebenso starker Wirkung war das Erbe der Kunstpolitik des Kurfürsten August. Die von ihm etablierte lutherische Orthodoxie bewirkte, dass die Künste im Sinne des Reformators zweckgebunden blieben. Nach dem Tode des älteren Cranach gab es in der sächsischen Tafelmalerei kaum Akte und Stillleben bis zum 18. Jahrhundert hin und in der Skulptur bis zum Frühbarock keine zweckfreie Kleinplastik. Den schönen Künsten wurde keine Autonomie zugestanden. Auch Sammlungen von Gemälden und Skulpturen gab es nicht. Die Künste dienten der Religion, der Repräsentation oder dem Totengedenken. Andererseits blieb dadurch ihre enge Verbindung mit dem Handwerk und der Architektur bestehen, wie es im Mittelalter gewesen war. In der Plastik wird dies besonders in der Tendenz zum Kleinmeisterlichen deutlich, bei dem das Kunsttechnische bewundert werden sollte und nicht der geistige Ausdruck der Form.

Diesen Sachverhalt bezeugt ein Relief, das der Freiberger Bildhauer Samuel Lorentz 1590 aus Elbsandstein für einen Taufstein schuf; deswegen ist es konvex gebogen. Statt in eine Kirche gelangte es aber in die kurfürstliche Kunstkammer, denn es war ein kunsttechnisches Wunderwerk. Es zeigt die Anbetung der Hirten. Deren Stäbe, wie die der Krippe, aber auch die Beine des Hundes sind in dem grobkörnigen Material frei gearbeitet, wie aus Alabaster oder feinstem Marmor.

Als das Werk mit den Beständen des Grünen Gewölbes 1958 von der Sowjetunion zurückgegeben wurde, war es beschädigt. Erst jetzt wurde sichtbar, dass Lorentz jene allerfeinsten freiplastischen Teile aus Steinstaub mit einem Bindemittel auf Holzstäbchen modelliert hatte. Es ist eine

Anbetung der Hirten. Relief aus sächsischem Sandstein, teilweise vergoldet, von Samuel Lorentz, 1590. SKD, Grünes Gewölbe

Materialfälschung. Ihr Ziel war es nicht, eine künstlerisch einmalige Leistung zu zeigen, sondern eine technische, und deren Aufnahme in die Kunstkammer belegt, dass genau dies gewürdigt wurde.

Am Ursprungsort der bis heute blühenden sächsischen Sandsteinindustrie, in Pirna, etablierte sich zu dieser Zeit eine Bildhauerschule, die zwar Beziehungen zu den Dresdner Hofbildhauern unterhielt, jedoch in ihrer demonstrativen Virtuosität bei der Behandlung des Sandsteins eigenständig und – ohne Anwendung von technischen Tricks – Bewunderungswürdiges schuf. In der Stadtkirche von Lauenstein hoch oben im Osterzgebirge sind ihre großartigsten Leistungen versammelt, der Epitaphaltar und das Erbbegräbnis der Familie von Bünau.

Wie es in den Jahrzehnten um 1600 zu so einem Aufwand an Kunst in dem entlegenen Städtchen nahe der böhmischen Grenze kommen konnte, der diese Arbeiten unter die bedeutendsten der Epoche in Deutschland erhebt, zeigt ein bislang kaum beachtetes Relief im Lauensteiner Schlosshof über dem Treppeneingang. Dort sieht man, wie Bergleute, kniend, tief unter Tage ihre Arbeit verrichten, von Engeln behütet. Die Bünaus, eines der bedeutendsten altsächsischen Adelsgeschlechter, waren reich durch ihre Beteiligung an der Montanwirtschaft. So konnte der junge Schlossherr Günther von Bünau 1594 den Bildhauer Michael Schwenke aus Pirna beauftragen, zum Gedächtnis seiner Eltern in der Stadtkirche einen Altar zu errichten. Er besteht aus Sandstein und reicht mit seinem viergeschossigen Säulenaufbau, bestückt mit vielfigurigen Hochreliefs und frei stehenden Statuen, bis zum Gewölbe hinauf. Die Stifter, überlebensgroß, knien in ewiger Anbetung über Türbögen zu seinen Seiten.

Der Typus solcher Konstruktionen aus Säulen, Nischen, Statuen und Reliefs war in Dresden im Portal der Schlosskapelle und an deren Altar vorgebildet. Sowohl italienische wie auch niederländische Meister hatten daran mitgewirkt und die Internationalität des Manierismus bewirkte die bruchlose Einheitlichkeit dieser Werke. Der Lauensteiner Altar, der die Dresdner Vorbilder an Größe und Figurenreichtum weit übertrifft, ist stärker auf die nordische Komponente des Stils orientiert, während die italienisch-klassische, befördert durch Nosseni, in der Hofkunst bevorzugt wurde. Den Pirnaer Meistern lag das Niederländische näher, dessen Formenfülle es ihnen ermöglichte, ihre wahre Stärke vorzuweisen: Virtuosität bei der Bearbeitung ihres einheimischen Steinmaterials. Selbstverständlich wussten sie die feinsten Sorten zu finden, um im Detail bis zum Unglaublichen vordringen zu können.

Michael Schwenke arbeitete danach, bis er 1610 starb, am Altar der Pirnaer Stadtkirche und wohl deshalb erhielt nicht er, sondern Lorenz Hornung aus Pirna 1609 den Auftrag für die Grabkapelle der Bünaus, ein Unternehmen, dessen Anlass und Ansporn zweifellos die albertinische Grablege in Freiberg war. Was dort die Bronze an Genauigkeit bei der Darstellung der Kurfürsten und ihrer Frauen ermöglichte, leistete der Sandstein unter den Händen des Meisters Hornung bei den mehr als lebensgroßen Statuen der vielköpfigen Bünau-Familie wie durch Zauberei. Nie wieder ist es einem Künstler gelungen, in sächsischem Sandstein Haut, Haar, Eisen und Stoffqualitäten so präzise wiederzugeben.

Auch Hornung türmte den altarähnlichen Aufbau des Gedenkmonuments bis zum Gewölbe, wohl etwa 9 Meter hinauf. Er verwendete dabei Einlagen von Jaspis und Achat, um die Wirkung ins Kostbare zu steigern. Deshalb sagt man ihm nach, aus Nossenis Werkstatt hervorgegangen zu sein. Solche Einlagen sind jedoch, wie dargelegt, schon vor Nosseni von Hofbildhauern der Familie Walther angewandt worden, sie kommen von dort her und sind so sächsisch wie Lorenz Hornungs Stil überhaupt; feine Arbeit in reicher Form und klarer Ordnung.

Das Sächsische ist allerdings nur zu verstehen als Variante eines internationalen Stils. Er ergab sich aus den Wanderungen und Berufungen von Künstlern und Handwerkern, aber auch aus Kupferstichen, die als Vorlageblätter hergestellt und auf Märkten und Messen verkauft wurden. Leipzig war ein günstiger Ort, solche Informationen über neueste Kunstentwicklungen zu erlangen. Aber in Dresden erhielt man sie ebenso rasch über die Elbe, zumal aus dem Norden. Niederländische Kupferstichvorlagen waren, neben süddeutschen, offensichtlich in allen Werkstätten in Umlauf. Dies erklärt die Vielfalt in der Einheit des Stils, etwa das Italienische der Fassaden und das Niederländische im Inneren des Langen Ganges, zusammengeführt durch sächsische Künstler und Handwerker. Dort aber, wo die Künste der Residenz nicht unmittelbar wirkten, erwies sich das traditionelle nordeuropäische Formgefühl als stärker, zumal es eher mit den protestantischen Haltungen übereinstimmte. Deswegen arbeitete man in Pirna ähnlich wie in Leipzig.

Bünauscher Epitaphaltar aus Sandstein von Michael Schwenke, 1594 bis 1602. Lauensteiner Stadtkirche

Epitaph der Bünaukapelle aus Sandstein und Alabaster von Lorenz Hornung, um 1610. Lauensteiner Stadtkirche

Trinkgefäß in Gestalt eines Hippokampen von Elias Geyer, vor 1610. SKD, Grünes Gewölbe

Dort entwickelte sich um 1600 der Goldschmied Elias Geyer zu einem der besten Meister in Deutschland. Fast das gesamte Lebenswerk Geyers, soweit bekannt, ist vom Dresdner Hof für die Kunstkammer aufgekauft worden und befindet sich heute im Grünen Gewölbe. Er war der einzige sächsische Goldschmied, der figürliche Trinkgefäße – als nutzbare silberne und vergoldete Kleinplastiken – in einer Qualität zu liefern vermochte, die den Arbeiten der besten Nürnberger Meister gleichkam. Wahrscheinlich hat er als Geselle in Nürnberg gearbeitet. Vergleicht man seine Werke mit süddeutschen, so erweisen sie sich als bizarrer und zugleich dynamischer in Form und Wesen. Sie haben gleichsam einen raueren Ton als die Nürnberger Goldschmiedeplastik, die sich eher an der Formkultur italienischer Bronzen orientiert zeigt.

Geyer schuf Greifen, Basilisken, Tritone, Nereiden und Meerpferde, deren Körper in Perlmuttermuscheln enden, und Strauße mit Leibern aus Straußeneiern. Ihre Köpfe sind abnehmbar und man kann aus ihnen trinken; ihre Silberteile sind feine Güsse, hervorragend ziseliert; ihre Bestimmung war die festliche Tafel der Fürsten des Silberlandes. Alle derartigen Arbeiten waren damals an reiche Adelshäuser adressiert und sie haben deshalb höfische Gravität und Gemessenheit gemeinsam, seien sie in Mailand oder Prag, Nürnberg, Paris oder Antwerpen gemacht. Geyers Figuren sind ihnen im Künstlerischen gleich, aber im Charakter ungleich. Sie sind expressiver und unterscheiden sich, so wie alle Plastik im Lande, vom Dresdner Hofstil. Geyers Jagdbecken von etwa 1612 ist eine der besten deutschen Treibarbeiten der Epoche. (Nur die Vorderleiber der Pferde sind gegossen und aufgeschraubt). Was er mit seinen Hämmern aus der Silberplatte aufwölbte, ist nur mit Bewunderung zu betrachten, ebenso, mit welcher Kraft und Präzision er Steine, Blätter und Wurzeln und die verschiedenen Fellarten der Tiere mit dem Graviereisen charakterisierte (siehe S. 147).

Hausaltar der Herzogin Magdalena Sibylle von Hans Kellerthaler, 1608. SKD, Grünes Gewölbe

Der Hausaltar des Dresdner Goldschmieds Hans Kellerthaler, 1608 an den Hof geliefert, ist in der Treibtechnik nicht minder bewundernswert und er scheint dem Geyer'schen Gießbecken in der Dramatik der Darstellung zu entsprechen. Nur ist das Relief deutlich flacher und das Silber wirkt streng gefasst im Schwarz des Ebenholzes.

In Dresden schaute man auf das kaiserliche Prag und nahm die berühmten Hofwerkstätten Rudolphs II. zum Vorbild. Aber ob höfisch oder bürgerlich, ob an Nürnberger oder Prager Vorgaben geschult, die sächsische Goldschmiedekunst stand um 1600 eigenständig auf der Höhe des mitteleuropäischen Stils. Mit der Taufgarnitur der Wettiner, bestehend aus Kanne und Becken, die Daniel Kellerthaler zwischen 1613 und 1617 in Dresden schuf, erreichte sie den höchsten Rang. Die dreipassige Schale mit ihren getriebenen Reliefs und aufgesetzten, gegossenen Putti hat den enormen Durchmesser von 77 Zentimetern. Die Kanne besteht in ihrer Mitte aus der hohl gegossenen Gruppe der Taufe Christi. Ihre Öffnung ist die Muschel, aus der Johannes das Haupt Christi begießt. Dies ist eine großartige Erfindung aus lutherischem Geist.

Denn obwohl die Gruppe auch in Bronze als freie Plastik hätte ausgeführt werden können – so gültig ist ihre skulpturale Qualität –, ist sie doch ein Gefäß, zweckgebunden und dienend. Keine andere deutsche Goldschmiedearbeit dieser Zeit ist im Formalen so weit zum Frühbarock vorgedrungen. Dieses vergleichslose Kunstwerk befindet sich seit 1945 als Kriegsbeute in der St. Petersburger Eremitage.

Daniel Kellerthaler hat außerdem Bildnismedaillen, Zeichnungen und Punzenstiche hinterlassen. Alle diese Arbeiten gehören zum Besten deutscher Kunst dieser Epoche, obwohl er kein freier Künstler, sondern ein Dresdner Innungsmeister war. Um 1575 geboren, verkörperte er geradezu den Typus des nicht emanzipierten, streng gebundenen lutherischen Künstlers. Aber seine Vorbilder sind in der italienischen Plastik zu finden. Durch sie kam jene Gemessenheit und Klassizität in die Gebärdensprache seiner Figuren, durch die sie sich von der Expressivität und der unruhigen Bildsprache der älteren und traditionellen Kunst im Lande unterschieden. Ihrem Stil nach standen sie schon auf der Stufe, die ein um etwa 20 Jahre jüngerer Bildhauer um 1630 erreichte. Es war Zacharias Hegewald aus Chemnitz. Er schuf aus Sandstein die lebensgroßen Statuen Adams und Evas, ohne Zweckbindung, eigentlich Aktfiguren. Sie gelangten sofort in die Kunstkammer, offensichtlich als Beispiele und Vorbilder, denn sie waren die ersten freien Bildwerke der sächsischen Plastik. Ihnen anzuschließen ist die Bronzegruppe »Tugend und Laster« von Wolf Ernst Brohn – so zu bestimmen wegen der Tierohren der unterlegenen Figur –, die trotz ihrer fehlerhaft gegossenen Basis ebenfalls in die Kunstkammer gelangte. Obwohl nach einem Vorbild Giovanni Bolognas modelliert, ist sie dennoch nicht italienisch, auch nicht süddeutsch oder französisch. Es ist ein schwerer Vollguss und er stammt aus einer Werkstatt, in der man nach 1600 die moderne italienische Technik noch nicht beherrschte, feine und leichte Hohlgüsse herzustellen.

Dieser Umstand erinnert daran, dass es Sebastian Walther um 1627 misslang, in der Dresdner Hillger-Werkstatt die Figur der Kurfürstin Sophie

Kanne aus der Taufgarnitur der Wettiner von Daniel Kellerthaler. Silber teilvergoldet, Dresden 1613 bis 1617

für die Freiberger Grablege zu gießen, und dass ein Jahr später Walthers Großneffe, der Bildhauer Wolf Ernst Brohn, den Bronzeguss eines überlebensgroßen Kruzifixus in der Hillger'schen Hütte zwar vollbrachte, dass die Figur aber nicht abgenommen wurde, weil sie für ihren Bestimmungsort, die Elbbrücke, zu schwer war. Dieser Gekreuzigte, seit 1657 Schmuck der Prager Karlsbrücke, war also, wenn nicht voll, so doch schwer und dickwandig gegossen. Gleiches trifft auf die Figur der Herzogin Hedwig im Freiberger Dom zu, die Brohn 1653 gießen ließ.

Auch aus stilistischen Gründen – wegen der ruhigen, schweren, runden Formen – ist die Bronzegruppe »Tugend und Laster« als ein Versuchsstück des jungen Brohn anzusehen. Trotz kleinerer anatomischer Mängel und technischer Unvollkommenheit wurde diese Arbeit offensichtlich hoch geschätzt als erster Erfolg eines sächsischen Künstlers im Bemühen um die in ganz Europa bewunderte und für Jahrzehnte unnachahmbare Technik der oberitalienischen Bildhauerschulen, kompliziert gebaute Kleinbronzen zu gießen. Wie Hegewalds etwa gleichzeitig gearbeitete steinerne Statuen gehört auch diese Skulptur zu den dem Inhalt nach italienisch inspirierten, freien, nicht zweckgebundenen Kunstwerken. Ihr Erscheinen signalisiert das Ende der orthodoxen lutherischen Haltung in den Künsten. Es ist bedenkenswert, dass es übereinkommt mit dem Ende des Manierismus und dem Beginn des Frühbarock.

Tugend und Laster. Bronzevollguss von Wolf Ernst Brohn, zweites Drittel des 17. Jahrhunderts. SKD, Grünes Gewölbe

Hegewalds Akte verbrannten 1945. Es gibt nichts, was diesen Verlust kompensieren könnte. Der Meister starb jung, schon 1639. In Dresden herrschten Hunger und Seuchen, denn es war Krieg. Hegewalds Schwiegervater, der bedeutende Dresdner Bildhauer Sebastian Walther, bevorzugter Mitarbeiter Nossenis, schrieb 1638 an seinen Kurfürsten, er habe nichts mehr zu verzehren »und habe mit meinem armen Weib und Kindern seidt Ostern her das liebe Wasser müssen trinken, welches ich nicht vermeinet hätte auff meine Alten Tage, das es mir bey meiner sawern Arbeydt so Elende gehen sollte«.

Sebastian Walthers letzte bekannte Arbeit ist ein Alabasterrelief mit der Verkündigung an die Hirten. In der detailreichen Feinheit dieses echten Kunstkammerstücks, in seiner Dramatik und Figurenfülle war es zugleich das letzte Werk jenes Manierismus lutherischer Prägung, mit dem Sachsens Kunst im protestantischen Deutschland führend gewesen war. Es ist eine der schönsten Verkündigungen an die Hirten in der deutschen Kunst. Aber es war auch ein stilistisch überständiges Spätwerk des vierundsechzigjährigen Bildhauers.

Schon in den zwanziger Jahren hatte Walther in kurfürstlichem Auftrag das Lusthaus auf der Bastion Venus um ein Stockwerk erhöht, jedoch nur, um den ursprünglich flach gedeckten Saal durch eine hohe Wölbung zu erweitern. Fast gleichzeitig war auch der für Staatsaktionen bestimmte Riesensaal des Schlosses durch ein Tonnengewölbe erhöht worden. Die Parallelität beider Änderungen deutet auf eine neue Repräsentationsgestik hin, die barockem Raumgefühl entsprach. Obwohl sich die Umgestaltung der Säle wegen des Krieges etwa 30 Jahre lang hinzog, waren sie doch gedacht für höfische Aufzüge und Festspiele schon im dritten Jahrzehnt

Verkündigung an die Hirten. Alabasterrelief von Sebastian Walther, 1640. SKD, Grünes Gewölbe

des Jahrhunderts, etwa mit Aufführungen neuer Kompositionen des Hofkapellmeisters Heinrich Schütz. Vielleicht wurde seine »Pastoral-Tragicomoedia von der Dafne«, die als Vorform der deutschen Oper gilt, 1627 nur deshalb im Torgauer Schloss gespielt, weil zur Hochzeit einer albertinischen Prinzessin in Dresden kein Festsaal zur Verfügung stand.

Schütz war seit 1615 Hofkapellmeister und blieb es – zumindest nominell – bis zu seinem Tode im Jahre 1672. Es gehört zu den wenigen wesentlichen Taten Kurfürst Johann Georgs I., diesen »seines Jahrhunderts hervorragendsten Musiker«, wie es auf seiner Grabplatte hieß, nach Dresden geholt zu haben. Mit ihm begann die eigenständige große deutsche Barockmusik. Er hatte bei Giovanni

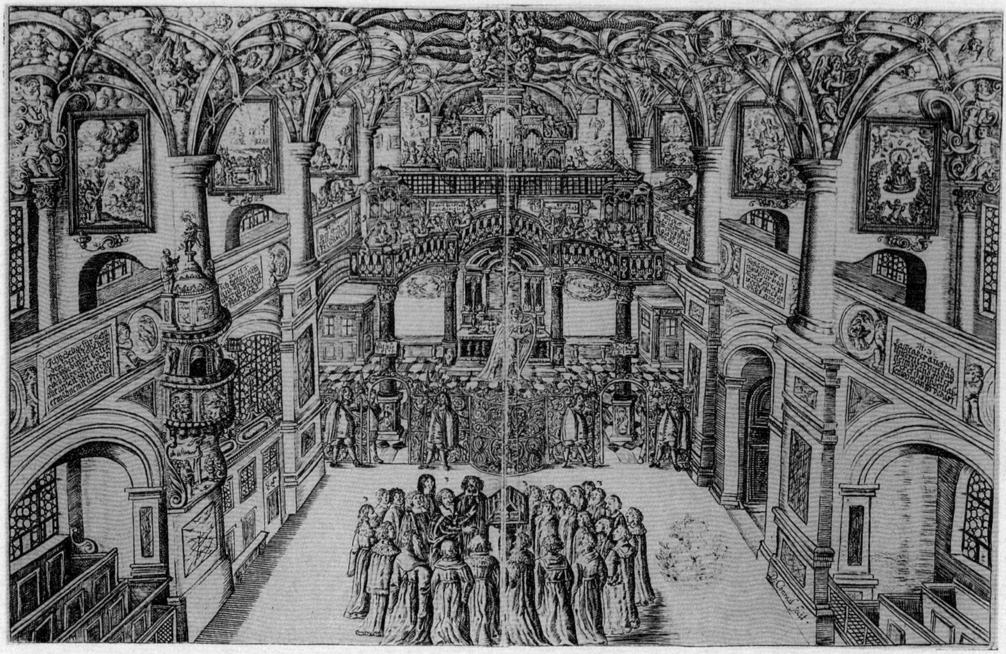

Die Dresdner Schlosskapelle mit Heinrich Schütz und seiner Kantorei. Stich von David Conrad, 1676. Dresden, Sächsische Landesbibliothek – Staats- und Universitätsbibliothek

Gabrieli in Venedig das doppelchörige Musizieren gelernt und bei Claudio Monteverdi den monodischen Ausdruck sprachlicher Inhalte – besonders fruchtbar bei dem auf das Bibelwort festgelegten Lutheraner. So vereinigte er die neuesten Praktiken der führenden Italiener mit der einheimischen evangelischen Musiktradition.

Nichts anderes hatten auf ihren Kunstgebieten Daniel Kellerthaler, Sebastian Walther, Zacharias Hegewald und Wolf Ernst Brohn getan, sei es, dass sie in Italien gelernt oder dass sie italienische Anregungen übernommen hatten. Damit zeigte sich zu Beginn des 17. Jahrhunderts eine höfische Personalpolitik in der sächsischen Kunst, die sich von der an anderen großen deutschen Höfen unterschied. Die Künste im kaiserlichen Prag und im kurfürstlichen München waren Domänen niederländischer und italienischer Meister. Deutsche besetzten im Wesentlichen die technisch-handwerklichen Fächer, etwa Uhrmacher, Schreiner, Waffenschmied oder Goldschmied. Schon im 16. Jahrhundert war es im evangelischen Sachsen anders gewesen. Die Italiener wurden zur Erledigung bestimmter, kunsttechnisch nur von ihnen zu lösender Aufgaben berufen und danach verließen sie das Land, weil sie katholisch waren. Allein Nosseni blieb, er heiratete und starb auch hier, denn er war zum lutherischen Bekenntnis übergetreten. Dieser Sachverhalt weist darauf hin, dass hier evangelische Künstler erwünscht waren. Deshalb holten sich um 1600 die tüchtigsten sächsischen Kunstschüler die neuesten Kenntnisse auf ihren Gesellenreisen direkt in Italien oder indirekt bei auswärtigen Meistern, die die modernen italienischen Gestaltungsmethoden beherrschten, und suchten nach ihrer Rückkehr eine Synthese aus dem fortgeschrittenen – katholischen – Repertoire und ihrer sächsisch-evangelischen Tradition und Gesinnung.

Deswegen war der um 1620 einsetzende Frühbarock in allen Künsten in Sachsen, im Unterschied zu Prag und München – den großen katholischen Kunstzentren des Reiches –, national geprägt. Architekten, Bildhauer, Maler, Goldschmiede und Musiker waren fast ausnahmslos Sachsen. Dies sollte sich als wesentliche Voraussetzung der künftigen Entwicklungen erweisen.

Die Kehrseite dieses Sachverhaltes war allerdings geistige Selbstisolation. Sie ging merkwürdig überein mit einer politischen. Als 1608 eine Union der protestantischen Reichsstände gegründet wurde, trat ihr Kurfürst Christian II. nicht bei wegen ihrer calvinistischen Fraktion. Ihr Führer wurde daher der reformierte Kurfürst von der Pfalz. Die Brandenburger Hollenzollern hingegen traten 1613 zum Calvinismus über, um die Unterstützung der protestantischen Union beim Streit mit Kursachsen um das Erbe der Herzogtümer Jülich, Cleve und Berg zu erlangen. Brandenburg war erfolgreich und fasste Fuß am Niederrhein, Sachsen erhielt vom Kaiser inhaltsleere Titel zugesprochen. Auch als sich 1609 die katholische Reichspartei unter bayerischer Führung zur Liga zusammenschloss, betrieb Christian II. weiterhin eine kaisertreue Neutralitätspolitik zwischen den Blöcken der einander bedrohenden Mächte. Nachdem er 1611 gestorben war, folgte ihm sein Bruder als Kurfürst Johann Georg I. Auch er blieb gleichsam spurtreu in dieser Richtung – wie traumatisiert durch die Hinrichtung Krells –, obgleich die konfessionellen Gegensätze bereits aufs Äußerste politisch geladen waren. Auf diese Gefahr reagierend, erließ der neue Kurfürst 1613 eine »Defensionsordnung«, die alle Stände zur Bereitstellung von Truppen verpflichtete, insgesamt über 12 000 Männer mit 17 Geschützen, aber dies war eine geradezu lächerliche Streitmacht angesichts der Konflikte, die sich in Mitteleuropa zusammenzogen. Schließlich verdeutlicht sein Konzept den anhaltenden Verzicht Sachsens auf eine eigene Außenpolitik, die Beschränkung auf den Ausbau der Binnenstrukturen des Landes innerhalb der Bahnen, die Kurfürst August vorgegeben hatte. Dessen Orthodoxie und die gewaltsame Zerschlagung aller Änderungsversuche Christians I. bis hin zur Ermordung Krells zeitigten verheerende Folgen.

Heinrich Schütz. Gemälde von Christoph Spetner, Mitte 17. Jahrhundert, Leipzig, Musikinstrumentenmuseum

Zu diesem Verhalten mögen auch krisenhafte Erscheinungen in der Wirtschaft beigetragen haben. Zwar vermochte der Ausbau der Gewerke in den Städten, der Textil-, Kobalt-, Zinn- und Eisenproduktion, die starke Rückläufigkeit des Silberbergbaus zu kompensieren, dennoch verstärkte sich eine inflationäre Entwertung des Geldes, weil die abnehmenden Fordermengen mit dem gleichzeitigen Werteverfall durch die spanischen Silberimporte aus Südamerika übereingingen. Dies traf ein Land mit stark ausgeprägter Wirtschaft, in dem bereits ein Drittel der Bevölkerung nicht mehr agrarisch tätig war, besonders empfindlich. Die kulturelle Folge war ein bemerkenswerter Rückgang aller repräsentativen Bauunternehmungen in Sachsen. Schlösser, Kirchen und Rathäuser wurden noch ausgebaut, neue aber kaum errichtet und mit ihnen entfielen auch die großen Bildprogramme. Den ökonomischen Zustand Sachsens erhellte der Erlass einer neuen Münzordnung von 1621. Nachdem Kurfürst August das Münzprivileg unter unmittelbarer Regierungskontrolle auf Dresden beschränkt hatte, zwecks staatlicher Garantie guten Geldes, wurden nun plötzlich neue Münzprägestätten selbst in kleinen und entfernten Orten errichtet: Annaberg, Bitterfeld, Chemnitz, Delitzsch, Düben, Eilenburg, Freiburg, Grünthal, Leipzig, Lichtenberg, Liebenwerda, Naumburg, Sangerhausen, Taucha, Wittenberg und Zwickau. Die Gelder flossen reichlich, waren aber von geringerem Silbergehalt. Das reiche Leipzig musste 1626 seinen Bankrott erklären und wurde unter kurfürstliche Finanzaufsicht gestellt.

Gerade zu dieser Zeit schien allerdings das taktische Konzept Johann Georgs I. aufzugehen, sich an das mächtige Haus Habsburg zu halten, dessen Länder Kursachsen von Osten und Süden gleichsam umklammerten. 1620 marschierte der lutherische

Kurfürst von Sachsen im Auftrag des katholischen Kaisers in die Lausitz ein, um dort den Aufstand der Protestanten niederzuschlagen. Anschließend führte er gewaltsam auch die schlesischen Lutheraner – bei Zusicherung der Glaubensfreiheit – wieder unter die Herrschaft des Kaisers zurück, der – wortbrüchig – sofort die Gegenreformation mit schärfster Brutalität einleitete. Die altlutherischen Lausitzer Städte waren dagegen allerdings geschützt, denn Habsburg verpfändete die Lausitzen bis zur Erstattung der Kriegskosten an Kursachsen. 1635 wurden sie endgültig an Sachsen abgetreten, das nur zur Wahrung der ständischen Rechte verpflichtet war. Dazu gehörte der Schutz der katholischen Untertanen, Kirchen und Klöster, die weiterhin dem böhmischen Bistum Osseg zugehörig blieben, und auch der Rechtsstatus einer Art von Leibeigenschaft der böhmischen Bevölkerung.

Für die überwiegend evangelischen Städte war es aber eine Rückkehr. Im hohen Mittelalter hatten sie, so wie das ganze Land, zum Bistum und zur Mark Meißen gehört. Die kirchliche Verbindung war erst durch den Pönfall abgebrochen worden, eine Strafmaßnahme des katholischen Böhmenkönigs gegen den evangelischen Sechsstädtebund wegen dessen Verzögerung der Teilnahme am Kampf gegen die lutherischen Fürsten in der Schlacht bei Mühlberg. Ihre politische und konfessionelle Rückkehr nach Sachsen musste ihnen als Glücksfall erschienen sein. Für den Kurstaat war es der letzte große Landzuwachs und grundlegende Voraussetzung für seine spätere Ostpolitik. Auch auf wirtschaftlichem Gebiet bedeutete dies einen enormen Gewinn, denn die großen Städte der Oberlausitz, Bautzen, Zittau und Görlitz, waren an Fernhandelsstraßen günstig gelegen, waren reich und mit Sachsens Wirtschaft traditionell verzahnt. Absolut unvergleichlich aber war die Zunahme an kulturellem und intellektuellem Potential. Kurz vor dem Einmarsch der Truppen Johann Georgs I. in Görlitz hatte dort der Schuhmacher Jakob Böhme seine erste theosophische Schrift veröffentlicht. Gerade aus diesem Land mit seinen zwei Konfessionen und zwei Nationen sind erstaunlich viele der besten Köpfe Sachsens hervorgegangen: die Philosophen Jakob Böhme (1575–1626) und Johann Gottlieb Fichte (1762–1814); die Dichter Christian Weise (1642 bis 1708), Gotthold Ephraim Lessing (1729–1781), Heinrich Anselm von Ziegler (1653–1697), Nicolaus Ludwig Graf von Zinzendorf (1700–1760) und Hermann Ludwig Heinrich Fürst von Pückler-Muskau (1785–1871); die Komponisten Johann Adam Hiller (1782–1804) und Heinrich Marschner (1795–1861); die Bildhauer Johann Joachim Kändler (1706–1775) und Ernst Rietschel (1804–1861); die Wissenschaftler Ehrenfried Walter von Tschirnhaus (1651–1708) und Abraham Gottlob Werner (1749–1817).

Jedoch entwickelte sich aus dieser Verbindung auch eine kulturelle Wechselwirkung. Die Lausitz ist reich an Schlössern, die kursächsische Baumeister entwarfen, und in den Kirchen befinden sich zahlreiche Werke von Dresdner Künstlern – ein nur ungenügend erforschter Bestand. Zahlreiche Familien des meißnischen Adels, zumal Funktionsträger des augusteischen Staates, erwarben Güter in dem neuen Landesteil. Ihre Grabmäler und Epitaphien bestellten sie oftmals bei Dresdner Bildhauern. Es war eine Sache ihrer Reputation, kur-

Kloster St. Marienstern in Panschwitz-Kuckau, Innenraum der Klosterkirche

Epitaph der Äbtissin Dorothea Schubert von Sebastian Walther, um 1640. Panschwitz-Kuckau, Kloster St. Marienstern

fürstliche und königliche Hofbildhauer zu beauftragen, wenn sie es sich leisten konnten. Einen Sonderfall von hervorragender Aussagekraft bildet dabei die Kirche des Klosters Marienstern, unweit von Kamenz gelegen. Dort gibt es eine Gruppe von Meisterwerken sächsischer Plastik, wie sie an anderen Orten nicht vorkommt. Dies beruht darauf, dass in der kursächsischen Lausitz von Anfang an Bekenner beider großer christlicher Konfessionen zusammenarbeiteten, während noch in fast ganz Europa Religionskriege und -verfolgungen tobten. Das Vorbild dafür bot der Dom St. Petri in Bautzen, der – als sogenannte Simultankirche – von Reformationszeiten an bis heute – von Gläubigen beider Bekenntnisse benutzt wird, ursprünglich noch durch eine Quermauer voneinander getrennt, aber eben doch unter einem Dach.

Im Jahre 1629, als die Lausitz schon unter kursächsischer Verwaltung stand, jedoch formal noch zum habsburgischen Böhmen gehörte, beauftragte die Äbtissin Dorothea Schubert den Dresdner Hofbildhauer Sebastian Walther mit einem Altarretabel und zwei Epitaphien für die Stifter des Klosters, zwei Herren aus der Familie von Kamenz, die im 13. Jahrhundert gelebt hatten. Sebastian Walther war der beste Bildhauer der Region, erster Meister des Frühbarock in der sächsischen Plastik.

Der Kurfürst des evangelischen Sachsen hatte die Lausitz im Auftrag des katholischen Kaisers besetzt und befriedet. Die Wahl des Klosters entsprach auch dieser politischen Lage. Sebastian Walther schuf die beiden Gedenkreliefs zusammen mit seinem Schwiegersohn, dem Bildhauer Zacharias Hegewald. Das mit dem Bischof Bernhard III. von Kamenz ist in Bronzeguss ausgeführt, wobei das Flachrelief auf eine Sandsteinplatte aufmontiert wurde. Es war das technisch schwierigste und daher auch teuerste Verfahren. Man vermutet, dass das Monument mit dem Ritter Heinrich von Kamenz infolge eines Fehlgusses nur in Sandstein ausgeführt wurde. Mittels Vergoldung sind beide Platten optisch gleichwertig gemacht worden. Selbstverständlich sind beide Köpfe Idealporträts in der Kleidung des 17. Jahrhunderts. Deshalb mangelt ihnen jene Beseelung des Individuellen, die eine wesentliche Fähigkeit des großen Bildhauers war. Ganz anders ist es bei der Gedenkplatte der Äbtissin Dorothea Schubert. Sie starb 1639 auf der Flucht vor den Schweden. Dass auch diese Platte von Sebastian Walther gemeißelt wurde, geht schon aus der vollständigen Gleichheit mit den beiden älteren hervor, einschließlich der ornamentalen Gestaltung des Plattengrundes mit frühbarockem Rankenwerk. Die Gestalt der Äbtissin jedoch, die Walther selbstverständlich gekannt hat, ist ein Meisterwerk des alten Bildhauers, vielleicht sein letztes, denn er starb 1645 mit 69 Jahren. Die Feinheit und Innerlichkeit dieses Porträts gehört zu den besten Leistungen der sächsischen Kunst in diesen Jahrzehnten. Für uns ist es umso wichtiger, da das meiste davon zerstört wurde.

Die Dörfer des sogenannten Klosterlandes erstreckten sich auch in Richtung der Stadt Kamenz. Evangelischen Bürgern war dort der Anblick katholischer Prozessionen, Wallfahrten, Ordenstrachten und Feste in der nächsten Umgebung alltäglich. Konfessioneller Fundamentalismus konnte sich damit in der Oberlausitz kaum entwickeln. Dieser

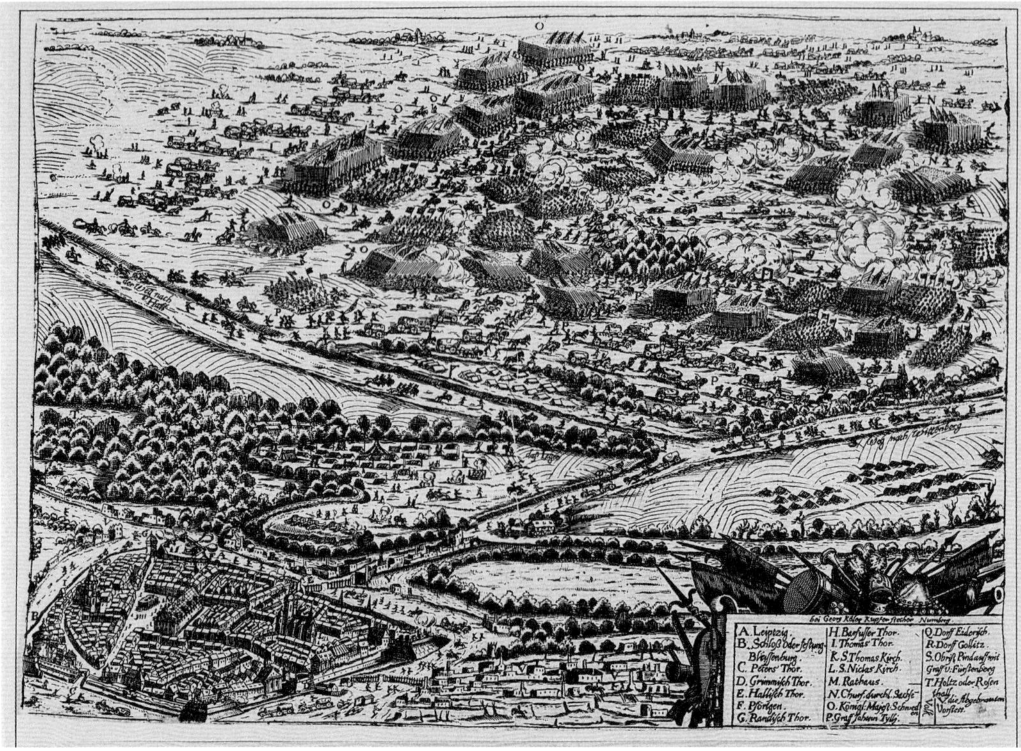

»Eigentlicher Abriss der belagerten Stadt Leipzigk und der grossen Feldschlacht, so Königl. Majestät in Schweden und Churf. Durchlaucht zu Sachsen wider die Papistische Liga dessen General Graff Tylli gewesen glücklich gehalten. 1631.«

Sachverhalt begünstigte nicht nur die Ausbreitung der Brüdergemeine des Grafen Zinzendorf zwischen Herrnhut und Nisky, er mag auch den lebenslangen Kampf des Genies der deutschen Aufklärung, Gotthold Ephraim Lessing, gegen die Orthodoxie geprägt haben. Er war als Sohn des evangelischen Pfarrers der Kamenzer Stadtkirche in den dreißiger Jahren des 18. Jahrhunderts aufgewachsen. Sein Drama »Nathan der Weise«, gleichsam die Deklaration religiöser Toleranz in der deutschen Literatur, wird nicht zufällig aus diesem Boden gewachsen sein.

Zehn Jahre lang konnte sich Kursachsen im Dreißigjährigen Krieg als Siegermacht an der Seite der katholischen Liga betrachten und bis zum Anfang der dreißiger Jahre ging daher der Ausbau der Residenz weiter voran, verlangsamt zwar, jedoch stetig. Aber 1631 griff der evangelische König Gustav Adolf von Schweden, finanziert vom katholischen Frankreich, auf Seiten der unterlegenen Protestanten in den Kampf gegen die kaiserliche Reichspartei ein. An deren Schwächung war Frankreich gelegen, Schweden an der Herrschaft über die südliche Ostseeküste. Die schwedische Invasion änderte schlagartig alle militärischen und politischen Verhältnisse im Reich. Johann Georg I. trat daher in ein Bündnis mit Gustav Adolf ein und nur einige Tage später schlugen die Schweden bei Breitenfeld in der Leipziger Tiefebene die Truppen der katholischen Liga vernichtend, ihr Oberbefehlshaber Tilly wurde auf dem Schlachtfeld erschlagen. Das evangelische Deutschland, noch im Schock nach der Katastrophe der Erstürmung, Plünderung und Brandschatzung Magdeburgs durch kaiserliche Truppen unter Marschall Tilly, sah den Schwedenkönig als Werkzeug Gottes. Doch schon ein Jahr später fiel er in der mörderischen Schlacht bei Lützen, wiederum in der sächsischen Ebene, die für das übersichtliche Agieren gewaltiger Armeen mit Artillerie und schwerer Reiterei hervorragend geeignet war. Andererseits waren die reichen Städte der Lausitz und des Erzgebirges ebenfalls verlockend für grenznahe Feldzüge katholischer Verbände. Der kaiserliche General Wallenstein ließ Görlitz erstürmen und nahm Bautzen, das bei der Rückeroberung durch die Sachsen abbrannte; etwa gleichzeitig brandschatzten Kaiserliche die dicht besiedelten Gebirgsstädte im Süden und Westen des Landes. Unter diesen Umständen wechselte Johann Georg I. wiederum die Seite.

Die endgültige Überlassung der Lausitz an Sachsen (1635) war nach der schweren Niederlage der Schweden bei Nördlingen kaiserlicher Lohn auch dafür, dass Sachsen sich wieder mit Habsburg verbündet hatte, worauf die neu erstarkten evangelischen Verbände der Schweden bei ihren Kriegszügen gegen Süden in Kursachsen wie in einem Feindesland hausten. Nach einem erneuten Friedensschluss mit Johann Georg I. im Jahre 1645 blieben sie aber noch fünf Jahre im Lande, trotz des Westfälischen Friedens, der den Krieg 1648 beendete.

Kein anderes deutsches Land hat zwischen 1631 und 1645 so gelitten wie Kursachsen. Die meisten Städte wurden mehrfach von fremden Truppen belagert, bombardiert und besetzt – allein Leipzig dreimal –, ganze Landschaften waren entvölkert worden durch Mord, Brand, Hunger und Seuchen. Fast alle Städte lagen teilweise in Trümmern, vollständig niedergebrannt waren Bautzen, Belgern, Colditz, Döbeln, Leisnig, Liebenwerda, Mügeln, Schilda, Schmiedeberg, Strehla und Wurzen. Die Bevölkerung war um etwa 30 Prozent dezimiert; Bergbau, Manufakturen und Handel ruiniert. Die meisten Künstler hatten Dresden verlassen und die, die geblieben waren, litten Not. Die Hofkapelle des Heinrich Schütz bestand kaum noch und die verbliebenen Musiker wurden nicht mehr bezahlt. Damals schrieb der große Dichter Paul Gerhardt aus Gräfenhainichen bei Wittenberg:

»Ihn drückt uns niemand besser,
In unsre Seel und Herz hinein
Als ihr zerstörten Schlösser
Und Städte voller Schutt und Stein,
Ihr vormals schönen Felder,
Mit frischer Saat bestreut,

Jetzt aber lauter Wälder
Und dürre, wüste Heid,
Ihre Gruben voller Leichen
Und blutgem Heldenschweiß
Der Helden, deren gleichen
Auf Erden niemand weiß.«

Und zum Neujahrstag 1633 dichtete Paul Fleming, Student in Leipzig, aus Hartenstein bei Zwickau:

»O du zweimal wüstes Land,
Von der Feinde bösen Hand,
Ach, du liebes Meißen, du
Wie bistu gerichtet zu!

Deine Felder liegen bloß,
Deine Flüsse werden groß,
Groß von Tränen die man geußt
Und als Ströme fließen heißt.

Deine Dörfer sind verbrannt,
Deine Mauern umgerannt,
Deine Bürger sind verzagt,
Deine Bauren ausgejagt.«

Der Krieg vertrieb ihn aus Deutschland, und 1636 schrieb er am Ufer des Kaspischen Meeres als Mitglied einer Holsteinischen Gesandtschaft auf der Reise nach Persien eine Elegie an sein Vaterland:

»Ach, daß ich mich einmal doch wieder sollt erfrischen
An deiner reichen Lust, Du edler Muldenfluß,
Da du so sanfte gehst in bergichten Gebüschen,
Da, da mein Hartenstein mir bot den ersten Kuß!
Wie jung, wie klein ich auch ward jener Zeit genommen
Aus deinem süßen Schoß, so fällt mir's doch noch ein,
Wie oft ich lustig hab in deiner Flut geschwommen.
Mir träumet ofte noch, als sollt ich um dich sein.«

Fleming starb, nur einunddreißigjährig, im Jahre 1640 in Hamburg, Gerhardt im hohen Alter von 69 Jahren 1676 als Pastor in Lübben. Mit diesen beiden Lyrikern steht die sächsische Dichtung neben der der großen Schlesier Opitz, Gryphius und Logau am Beginn der neueren deutschen Literatur. Landesspezifisch aber ist ihre Bindung an die evangelische Konfession. Fleming stammte aus dem Hartensteiner Pfarrhaus, war Thomaner in Leipzig und stand daher in früher Beziehung zu dem bedeutenden Thomaskantor und Komponisten Johann Hermann Schein, wie dieser ein Sohn des Erzgebirges, aus Grünhain. Flemings so sangbare Choraldichtung wuchs aus dieser Tradition: »In allen meinen Taten / Laß ich den Höchsten raten ...« Gerhardt hingegen

Paul Fleming. Kupferstich, 1640

kam über die Grimmaer Fürstenschule zum Studium der Theologie nach Wittenberg. Seine Strophen waren zur Vertonung und zum Gesang in der Gemeinde bestimmt: »Befiehl du deine Wege«; »Oh Haupt voll Blut und Wunden«; »Geh aus mein Herz, und suche Freud«; »Nun ruhen alle Wälder«, und sie werden noch heute, wie Flemings Lieder, in allen evangelischen Gemeinden gesungen. Sie sind ein hohes Gut der sächsischen Kultur.

Als Theologe sächsischer Schule war Paul Gerhardt allerdings eisern orthodox. Er war Diakon an der Berliner Nicolaikirche, verweigerte 1666 seine Unterschrift unter das Toleranzedikt des Großen Kurfürsten und wurde daher seines Amtes enthoben. Es war noch immer der alte Streit um den Ausgleich zwischen Reformierten und Lutheranern, den nunmehr der calvinistische Hohenzoller zum Wohle Brandenburgs beendete.

Diese starre Position der sächsischen Theologen macht das Betreiben Kurfürst Johann Georgs I. bei den westfälischen Friedensverhandlungen 1648 in Münster erklärlich, die Reformierten vom Religionsfrieden im Reich auszuschließen. Dennoch ist es schauerlich zu sehen, dass dieser Fürst als Politiker nichts hinzugelernt hatte. Kursachsen ging trotz der Erwerbung der Lausitz aus dem Dreißigjährigen Krieg als zweitrangige Macht hervor. Das Erbe des Kurfürsten Moritz schien endgültig verspielt und das tolerante Kurbrandenburg übernahm die Führung.

Johann Georgs Unfähigkeit, politisch weitsichtig zu denken, erwies sich zum letzten Mal, als er für seine drei nachgeborenen Söhne testamentarisch Herzogtümer vom Kurstaat abteilte gegen das Gesetz von 1499: Sachsen-Zeitz, Sachsen-Weißenfels und Sachsen-Merseburg gehörten seit seinem Tode im Jahre 1656 nur noch juristisch zu Kursachsen und es dauerte fast ein Jahrhundert, bis diese Nebenlinien erloschen und ihre Länder wieder unter die Dresdner Zentralverwaltung zurückkehrten. Selbstverständlich trachteten die jungen Herzöge danach, sich standesgemäße Residenzen zu errichten und behinderten so den neuen staatlichen Ausbau, sichtbar durch das Fehlen eines modernen Residenzschlosses in Dresden als einer Machtzentrale, die denen der anderen deutschen Großmächte hätte entsprechen müssen, wie in München und Hannover, in Potsdam und Berlin. Johann Georg II. trat ein schweres Erbe an.

NEUBEGINN IN ALTEN BAHNEN (Intermezzo 1656–1694)

Im dreißigjährigen Krieg war der letzte Versuch des habsburgischen Kaiserhauses gescheitert, ein konfessionell und politisch einheitliches Reich zu erstreiten. Die Folgen waren in jeder Hinsicht katastrophal. Ganz Vorpommern, Wismar, Bremen und Verden an der Aller kamen unter schwedische Verwaltung; das Elsaß, Metz, Toul und Verdun nahm Frankreich. Darüber hinaus erhielten die Reichsstände Bündnisfreiheit. Deutsche Souveräne durften also mit ausländischen Mächten gegeneinander paktieren. Deshalb konnte Goethe im »Faust« eineinhalb Jahrhunderte später die betrunkenen Studenten in Auerbachs Keller am Leipziger Markt singen und sagen lassen:

»Das liebe heilge römsche Reich
wie hälts nur noch zusammen ...
Pfuy ein garstig Lied! ein politisch Lied,
ein leidig Lied. Dankt Gott, daß euch
das heilige römische Reich nichts angeht.«

Deutschland existierte um die Mitte des 17. Jahrhunderts nur noch als juristisch zusammengehaltener Staatenbund in wirtschaftlicher und kultureller Zurückgebliebenheit. Aber gerade in der ersten Hälfte dieses Jahrhunderts begannen sich in Europa die großen zentral regierten Staaten zu festigen. Diese Seemächte hatten in Afrika, Asien und Amerika Kolonien erobert und durch deren Ausbeutung wirtschaftliche Potentiale von bis dahin ungekannten Ausmaßen aufgebaut. Ihre Macht- und Wirtschaftszentren hatten sich im Umfang zu Großstädten erweitert, darin waren Stadtschlösser, Adelspaläste, Kirchen und ganze Straßenzüge mit prachtvollen Patrizierhäusern entstanden. Alle Künste profitierten von dieser Entwicklung. In Italien hatte Monteverdi die Ära der großen Oper eingeleitet, Caravaggio, Bernini und Borromini die Grundlagen des Hochbarock für die Malerei, Plastik und Architektur formuliert; in Frankreich schrieben Molière und Corneille die klassischen höfischen Barockdramen, in Spanien Lope de Vega und Calderon Komödien; es malten dort Velázquez und Murillo, in Frankreich und Italien Poussin und Lorrain, in den spanischen Niederlanden Rubens und van Dyck, in Holland Frans Hals, Rembrandt und Vermeer van Delft – es war ein Geniezeitalter. Deutschlands kulturelle Entwicklung aber war im Frühbarock abgebrochen und setzte erst nach 1660 wieder ein unter den Bedingungen armer und relativ kleiner Fürstentümer.

Schlossanlagen von der Pracht und den Ausmaßen, wie sie die Siegerstaaten in Paris und Versailles, Stockholm und Drottningholm errichteten, gingen über ihre Kraft. Dennoch ist es erstaunlich, dass schon seit den fünfziger und sechziger Jahren des Jahrhunderts neue Schlösser – zum Teil anstelle von zerstörten alten – in Gotha und Weimar, Zeitz und Weißenfels und außerhalb der wettinischen Länder in Schleißheim bei München, Herrenhausen bei Hannover, in Berlin, Potsdam und Wien aufgebaut wurden. Dresden, in dem zunächst lediglich kurfürstliche Wohnräume im alten Schloss modernisiert worden sind, bildete unter den Residenzen der deutschen Großmächte eine Ausnahme. Dies war einerseits die Folge erhöhter Anfälligkeit der hochentwickelten sächsischen Wirtschaft und des Ausmaßes ihrer Zerstörung, andererseits des Fehlens aller Einnahmen aus dem Westen des Kurstaates wegen der Abtrennung der sogenannten Sekundogenituren für die drei jüngeren Brüder Johann Georgs II. Zwei dieser Herzöge holten den Hofarchitekten Johann Moritz Richter aus Weimar, wo dieser eben das herzogliche Schloss gebaut hatte, und beauftragten ihn mit der Errichtung ihrer neuen Residenzen in Zeitz und Weißenfels. Beide Bauten erscheinen schwer und monumental. Sie folgen zwar Anregungen des italienischen Manierismus, sind aber von einem durchaus nordischen, gravitätischen Hochbarock. Das Zeitzer Schloss, das Richter über dem alten zerstörten Bischofssitz errichtete, und seine barocken Stuckaturen in dem romanisch-gotischen Dom zeigen heute noch immer diesen eigentümlichen mitteldeutschen Barock in seiner reinsten Ausprägung.

Nichts von diesem Stil findet man in Kursachsen. In Dresden setzte eine neue architektonische Entwicklung erst zehn Jahre später ein unter dem kurfürstlichen Oberlandbaumeister Wolf Caspar von Klengel, einem Künstler, der England, die

Grünes Tor unter dem Hausmannsturm des Dresdner Schlosses von Wolf Caspar von Klengel, 1693

Niederlande, Frankreich und Italien bereist hatte. Zwar war auch sein künstlerischer Ausgangspunkt der italienische, vor allem der florentinische Manierismus, aber das ebenfalls wuchtig Massive seiner Bauten war strenger, klassischer und damit zugleich moderner als der westsächsisch-thüringische Baustil. Am deutlichsten ist dies noch zu sehen am Grünen Tor unter dem Turm des Dresdner Schlosses sowie an dessen kupferbeschlagener hoher Haube und an der klar gegliederten Moritzburger Schlosskapelle. Fast alle anderen Bauten von ihm verfielen lange vor unserem Jahrhundert der Spitzhacke. Aber von diesem bedeutenden Architekten ging die künftige Entwicklung der sächsischen Baukunst aus.

Eingangstor des Zeitzer Schlosses, datiert 1672, Gesamtanlage von Johann Moritz Richter d. Ä. und d. J.

Zunächst muss aber dargestellt werden, wie es zu einer neuen Blütezeit der sächsischen Kultur kam. Zu ihren beiden wichtigsten Bedingungen gehörten zum einen das noch immer enorme Potenzial an hochqualifizierten Fachleuten aller Gewerke, an Kaufleuten, Gelehrten und Künstlern im Lande, zum anderen aber der starke Zustrom von sogenannten Exulanten aus Böhmen, zumeist beruflich qualifizierten Lutheranern, die als Opfer der habsburgischen Gegenreformation über das Gebirge kamen. Viele von ihnen gründeten nördlich des Kamms nahe der Grenze neue Ansiedlungen wie Johanngeorgenstadt, genannt nach dem Kurfürsten, der ihnen eine neue Heimat bot, oder das Dorf Gottgetreu, dessen Name den Anlass seiner Gründung bewahrt. Angeblich sind damals etwa 150 000 böhmische Lutheraner eingewandert, unter ihnen auch Angehörige der »Böhmischen Brüder«, deren letzter Bischof der große Comenius gewesen war und deren aufrechte Gesinnung in der Brüdergemeine des Grafen Zinzendorf im oberlausitzischen Herrnhut weiterlebt. Es war eine gewaltige Fluchtwelle, vergleichbar jenen in unseren Tagen. Sie füllte Sachsens dezimierte Bevölkerung um etwa ein Zehntel ihres Ausgangsbestandes wieder auf und bedeutete – nach vorstellbaren Integrationsschwierigkeiten im zerstörten Land – ein großes Glück für den Kurstaat.

Im Gebirge waren viele Hütten und Hammerwerke abgebrannt oder verkommen, Gruben abgesoffen. Kurfürst Johann Georg II. setzte auf die Revitalisierung dieser Geldquellen. Dies war schwierig auch deswegen, weil eine Umstrukturierung anstand. Wohl waren bei dem neuen Johanngeorgenstadt 1662 Silbervorkommen entdeckt und sofort ein neues Bergamt gegründet worden, aber die Ausbeute war nicht vergleichbar mit der früherer Funde. Insgesamt ging die Ergiebigkeit der Silbergruben erheblich zurück und die Erträge des Bergbaus konnten nur noch gesteigert werden durch Eisen, Zinn, Kupfer, Blei, Kobalt und Wismut. 1659 sandte der Kurfürst seinen Oberlandbaumeister auf eine Rundreise durch das Gebirge zur Inspektion der Landedelstein- und Marmorvorkommen. Wolf Caspar von Klengel berichtete über verkommene Fundorte, Raubgrabungen und neue Fundstätten. Im gleichen Jahr, auch infolge eines Aufstandes der Freiberger Bergleute, erließ der Regent ein neues Bergdekret, das den Umgang mit den Bodenschätzen regelte.

Die Wiederaufnahme der Wirtschaftspolitik des Kurfürsten August durch Johann Georg II. zeitigte großartige Erfolge. Schon 1656 wurde der Frohnauer Eisenhammer in Betrieb genommen, 1658 der Schmiedeberger, und die im Schneeberger Revier arbeitenden Hämmer vereinigten sich 1668 zur »Erzgebirgischen Blechkompanie«. Die Kobaltwerke von Schlema, Jugel, Sehma, Albernau und Niederpfannenstiel bildeten seit 1659 eine Blaufarbenwerkskompanie mit Leipziger Vertriebszentrale. Gleichzeitig verstärkte sich die Textilproduktion. In Annaberg stellten 400 Einwohner Posamenten her, und die Klöppelei wurde bis ins Vogtland hinein betrieben. Chemnitz wurde zum Zentrum der Strumpfwirkerei. In Leipzig und Dresden wurden Wolltuch und Seide manufakturell erzeugt und in Großschönau begann 1666 die Damastweberei. Zahlreiche Umgebindehäuser mit reich geschmückten Portalen aus hartem Lausitzer Granit bezeugen noch heute, welchen hohen sozialen Standard die Weber damals erreichten. Im Gebiet von Seiffen und Olbernhau setzte die Produktion von Holzspielzeug ein und bei Klingenthal und Markneukirchen schlossen sich 1677 zwölf Geigenbauer zur Innung zusammen. Insgesamt wurden in der zweiten Jahrhunderthälfte etwa 20 Manufakturen neu gegründet. Viele von ihnen hingen vom Bergbau ab, er war nach wie vor das Rückgrat der sächsischen Wirtschaft. Seine wissenschaftlichen Grundlagen verbesserte der

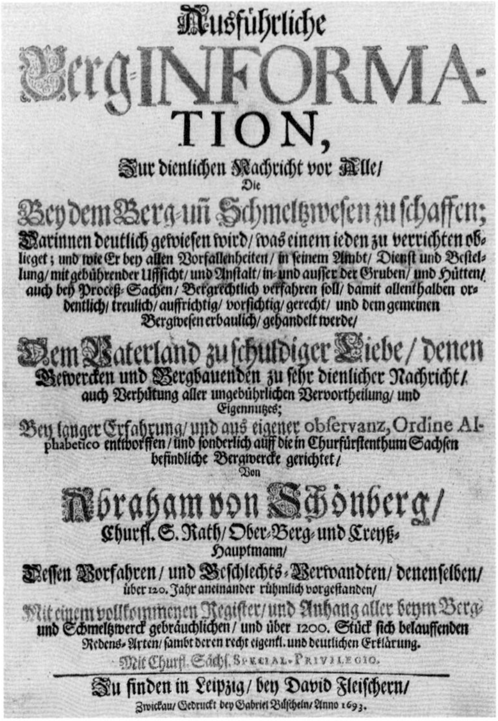

Ausführliche

Berg-INFORMATION,

Zur dienlichen Nachricht vor Alle/

Die

Bey dem Berg- und Schmeltzwesen zu schaffen;

Darinnen deutlich gewiesen wird/ was einem ieden zu verrichten oblieget; und wie Er bey allen Vorfallenheiten/ in seinem Ambt/ Dienst und Bestellung/ mit gebührender Uffsicht/ und Anstalt/ in- und ausser der Gruben/ und Hütten/ auch bey Proceß-Sachen/ Bergrechtlich verfahren soll/ damit allenthalben ordentlich/ treulich/ auffrichtig/ vorsichtig/ gerecht/ und dem gemeinen Bergwesen erbaulich/ gehandelt werde/

Dem Vaterland zu schuldiger Liebe/ denen Gewercken und Bergbauenden zu sehr dienlicher Nachricht/ auch Verhütung aller ungebührlichen Vervortheilung/ und Eigennutzes;

Bey langer Erfahrung/ und aus eigener observanz, Ordine Alphabetico entworffen/ und sonderlich auff die in Churfürstenthum Sachsen befindliche Bergwercke gerichtet/

Von

Abraham von Schönberg/

Churfl. S. Rath/ Ober-Berg- und Creyß-Hauptmann/

Dessen Vorfahren/ und Geschlechts-Verwandten/ denenselben/ über 120. Jahr aneinander rühmlich vorgestanden/

Mit einem vollkommenen Register/ und Anhang aller beym Berg- und Schmeltzwerck gebräuchlichen/ und über 1200. Stück sich belauffenden Redens-Arten/ sambt deren recht eigentl. und deutlichen Erklärung.

Mit Churfl. Sächs. SPECIAL-PRIVILEGIO.

Zu finden in Leipzig/ bey David Fleischern/

Zwickau/ Gedruckt bey Gabriel Büscheln/ Anno 1693.

»Ausführliche Berg-Information. Zur dienlichen Nachricht vor Alle. Bey dem Berg- und Schmeltzwesen zu schaffen«, 1 Band in Folio, von Abraham von Schönberg, Leipzig 1693. Freiberg, Georgius-Agricola-Bibliothek der Bergakademie

Abraham von Schönberg. Gemälde von Heinrich Christoph Fehling, vor 1711. Freiberg, Stadt- und Bergbaumuseum

Freiberger Bergbeamte Balthasar Rössler, Erfinder des Hängekompasses, mit seinem Buch »Hell polierter Berg-Bau-Spiegel«; seine organisatorischen Abraham von Schönberg, seit 1676 oberster Bergbeamter, der für die Verbesserung der Technologien und der Ausbildung von Berg- und Hüttenbeamten eintrat.

Der neue Aufstieg der Montanwirtschaft und die Geltung der Berg- und Hüttenleute im Bergstaat traten in vielen Kunstwerken in Erscheinung. Schon 1638, inmitten der Kriegswirren, hatte der Freiberger Bürgermeister Jonas Schönlebe die Bergmannskanzel für den Dom gestiftet. Sie besteht hauptsächlich aus Sandstein und bezeugt den eigenständigen Rang bürgerlicher Kunst in der Bergstadt. Gerade im Vergleich mit der international abgestimmten höfischen Plastik Carlo de Cesares und der Dresdner Bildhauer in der kurfürstlichen Begräbniskapelle erkennt man die Kraft einer bodenständigen plastischen Tradition, die seit der Spätgotik in den Werkstätten der Stadt weitervererbt wurde und sich offensichtlich bewusst behauptete. Damals war es Freibergs Ruhm und Stolz, in den Jahren 1639 und 1643 den Belagerungen der Schweden unter Torstenson widerstanden zu haben.

Der Freiberger Bergmannskanzel ist die hölzerne der Stadtkirche von Glashütte im Müglitztal anzuschließen, in der der tragende Bergmann auf einer aus Landedelsteinen zusammengesetzten Stufe steht, denn Bergkristall, Jaspis, Achat, Rosenquarz, Milchquarz und Amethyst waren dort tatsächlich vorhanden. Nach ihnen zu fahnden, war der Oberlandbaumeister von Klengel ausgesandt worden.

Quarze aus dem Müglitztal sind auch Bestandteile des prachtvollsten Werkes bergmännischer sächsischer Staatsrepräsentation dieser Zeit, der Bergmannsgarnitur Johann Georgs II. (siehe S. 148) Er bestellte sie 1675 bei dem Freiberger Goldschmied Samuel Klemm. Sie besteht aus Geräten, wie sie für die Arbeit des Bergmannes benutzt wurden, und Ausrüstungsstücken für die Paradetracht der kursächsischen Bergbeamten. Alle diese

Stücke sind jedoch dem Brauch und Gebrauch enthoben, denn sie bestehen laut Inschrift aus sächsischem Silber und sächsischen Edelsteinen: Jaspis, Amethyst, Bergkristall, Granat, Rauch- und Milchquarz. Geschmückt mit ihnen und gekleidet in die Paradetracht eines Bergbeamten ritt der Kurfürst 1678 an der Spitze des Festzuges zum Merkurfest der »Durchlauchtigsten Zusammenkunft« durch Dresden, als Oberster Bergherr, Leiter der Montanindustrie, Erster Bergmann seines Landes.

Ludwig XIV. von Frankreich hatte die Form der Juwelengarnitur entwickeln lassen, gleichsam als Symbol des Absolutismus nach dem Vorbild unbeschränkt herrschender orientalischer Potentaten. Dieses Programm fürstlicher Selbstdarstellung auf sächsische Verhältnisse umgedeutet zu haben, ist der künstlerisch-politischen Fantasie dieses Kurfürsten zu verdanken. Das Werk ist ohne Parallele, denn schließlich hatte sich der Souverän den Bräuchen seiner Untertanen angepasst und sich in einen sozialen Zusammenhang begeben. Damit entsprach er nicht den absolutistischen Bestrebungen der zeitgenössischen Politik, wohl aber wettinischer Tradition. Von Otto dem Reichen an hatte dieses Fürstenhaus eine Sonderbeziehung zum Bergbau unterhalten. Ihr sind so großartige Werke wie die Goldene Pforte, die Hauptaltäre der großen Bergkirchen und die Freiberger Fürstenkapelle zu verdanken. Den Rang, der dieser Beziehung erneut beigemessen wurde, verdeutlicht der politische Zweck der Bergmannsgarnitur. Johann Georg II. hatte seine drei Brüder aus Merseburg, Zeitz und Weißenfels zu einem Fest geladen, das ihnen Macht und Souveränität des Kurhauses über ihre Herzogtümer vor Augen führen sollte, die Einheit des Landes im Zeichen seiner neu errungenen Wirtschaftskraft. Dazu war ein Fest des Merkur mit der symbolischen Darstellung der Herrschaft über die Montanindustrie am besten geeignet.

Samuel Klemm hat die Garnitur mit Emailmedaillons ausgestattet, auf denen er alle wesentlichen Vorgänge der Silbergewinnung und -verar-

Tscherpertasche zur Aufbewahrung von Unschlitt und Geleucht aus der Bergmannsgarnitur des Kurfürsten Johann Georg II., Silber, teilweise vergoldet, Email, Jaspis, Bergkristall, Amethyst, Granat, Rauch- und Milchquarz, Leder, Eisen, von Samuel Klemm, Freiberg 1675 bis 1677. SKD, Grünes Gewölbe (siehe auch S. 148)

beitung darstellte, nebst erklärenden Texten, in denen das Sächsische durchschlägt, wie etwa: »Das Silber kompt Fein außn Brenhaus / in der Müntze macht man Geldt drauß«. Diese Bildchen sind von technisch und volkskundlich interessanter Richtigkeit, in künstlerischer Hinsicht aber halten sie einen bedenkenswerten Abstand ein zu den Farbwundern, die zu dieser Zeit in französischen Werkstätten hergestellt werden konnten. Der vorzügliche Freiberger Goldschmied erfüllt diese Aufgabe zwar liebenswürdig, aber zugleich provinziell, denn er beherrscht den internationalen Hofstil nicht, den die Bearbeitung der Garnitur eigentlich erfordert hätte. Es gab aber fast 30 Jahre nach dem großen Krieg noch immer keinen Goldschmied in Dresden, der Fertigkeiten bot, über die die Künstler der Residenz zu Beginn des Jahrhunderts verfügt hatten.

Dieser Sachverhalt ist jedoch nicht zu verallgemeinern. Er belegt lediglich eine lang anhaltende Ungleichmäßigkeit der Entwicklungen in dieser Übergangsperiode. Ihr entspricht auf wirtschaftlichem Gebiet der Umstand, dass in den siebziger Jahren noch immer ganze Stadtteile, Ortschaften und Landstriche wüst und in Trümmern lagen. Es gab andererseits auch Gebiete in Wirtschaft und Kultur, in denen eine neue Blüte und der westeuropäische Standard bald erreicht waren. In Leipzig betraf dies den Handel und die Wissenschaft, in Dresden Musik, Theater, Plastik und Architektur.

Leipzig profitierte von der ersten sächsischen Postordnung, mit der der Kurfürst 1661 die Beförderung von Briefen und Personen zur Landesangelegenheit erklärte. Schon seit 1660 erschien hier die »Leipziger Zeitung«, eine der ältesten im Reiche. Ihr folgten 1682 die »Acta Eruditorum«, die erste wissenschaftliche Zeitschrift und Grundfeste der Aufklärung in Deutschland. Ihr Herausgeber war der aus Lübeck stammende Professor Otto Mencke. Seiner Verbindung mit dem Leipziger Professorensohn Gottfried Wilhelm Leibniz war es zu verdanken, dass dieser größte unter den deutschen Aufklärungsphilosophen schon seit 1684 in den »Acta Eruditorum« publizierte. Als Student war Leibniz Schüler des Philosophen Jakob Thomasius gewesen. Dessen Sohn, Christian Thomasius, hielt als Rechtsgelehrter in Leipzig die ersten Vorlesungen in deutscher Sprache und gab die erste deutschsprachige Zeitschrift heraus. Wissenschaftlich bezog er sich auf Leibniz und auf Samuel Pufendorf, Pfarrerssohn

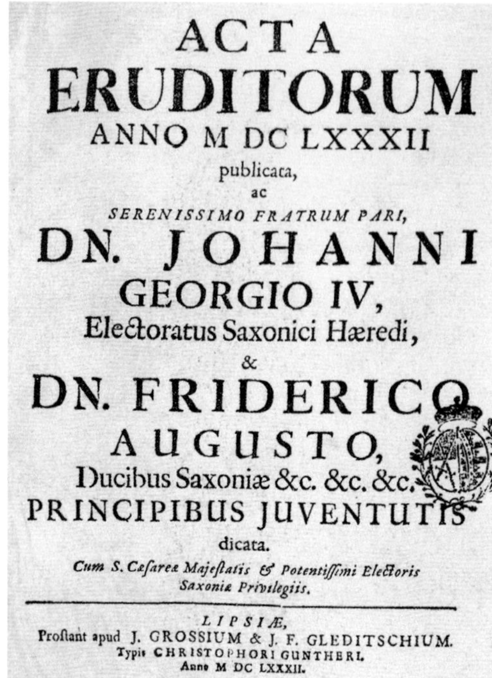

ACTA
ERUDITORUM
ANNO M DC LXXXII
publicata,
ac
SERENISSIMO FRATRUM PARI,
DN. JOHANNI
GEORGIO IV,
Electoratus Saxonici Hæredi,
&
DN. FRIDERICO
AUGUSTO,
Ducibus Saxoniæ &c. &c. &c.
PRINCIPIBUS JUVENTUTIS
dicata.
Cum S. Cæsareæ Majestatis & Potentissimi Electoris Saxoniæ Privilegiis.
LIPSIÆ,
Prostant apud J. GROSSIUM & J. F. GLEDITSCHIUM.
Typis CHRISTOPHORI GUNTHERI.
Anno M DC LXXXII.

Titelblatt der »Acta Eruditorum«, erste Ausgabe, Leipzig, 1682. Dresden, Sächsische Landesbibliothek – Staats- und Universitätsbibliothek

Gottfried Wilhelm Leibniz. Gemälde eines unbekannten Künstlers. Leipzig, Stadtgeschichtliches Museum

aus Dorf-Chemnitz, der über die Grimmaer Fürstenschule zum Studium nach Leipzig gekommen war, die erste Professur für Naturrecht in Heidelberg erhielt und Ruhm erlangte durch seine kritische Schrift über den Zustand des deutschen Reiches. Neben Leibniz studierte auch Christian Weise aus Zittau bei Jakob Thomasius Philosophie. Seit 1678 Rektor am Gymnasium seiner Heimatstadt, führte Weise eine auf Praxis orientierte Pädagogik ein und schrieb etwa 50 Stücke für das Schülertheater. Der Ruhm seiner Methodik verbreitete sich so weit, dass evangelische Schüler vom Baltikum bis Ungarn in Zittau zusammenströmten. Als Dramatiker, Pädagoge und Verfasser philosophischer Schriften über die Logik gehört er zu den Begründern der Aufklärung in Deutschland. Mit Pufendorf, Leibniz, Weise und Thomasius hatte Sachsen vier der bedeutendsten deutschen Gelehrten des 17. Jahrhunderts hervorgebracht, sämtlich Schüler der Leipziger Universität. Doch drei von ihnen vermochten nicht, sich in Sachsen zu halten und ihre wesentlichen Wirkungen zu Lebzeiten kamen Brandenburg-Preußen zugute: Leibniz war Gründer und erster Präsident der Preußischen Akademie der Wissenschaften zu Berlin; Pufendorf, der das Hoheitsrecht des Staates über die Kirche und die volle Gewissensfreiheit gefordert und begründet hatte, starb 1694 in Berlin als kurfürstlich-brandenburgischer Geheimrat und Historiograph und als königlich-schwedischer Freiherr; Thomasius hatte die von lutherischer Orthodoxie beherrschte Leipziger Hochschule verlassen müssen und wurde sogleich einer der Gründungsprofessoren der kurfürstlich-brandenburgischen Universität im benachbarten Halle. Noch in den achtziger Jahren

Erste, in deutscher Sprache erschienene Zeitschrift »Monatsgespräche«, die der Leipziger Frühaufklärer Christian Thomasius ab 1688 bei Moritz Georg Weidmann d. Ä. verlegte, erschien sechs Jahre nach der ersten lateinischen Gelehrtenzeitschrift

Freymüthige
Lustige und Ernsthaffte
jedoch Vernunfft- und Gesetz-Mässige
Gedancken
Oder
Monats-Gespräche/
über allerhand/ fürnehmlich aber
Neue Bücher
Durch alle zwölff Monate
des 1688. und 1689.
Jahrs
durchgeführet
Von
Christian Thomas.
HALLE/
Gedruckt und verlegt von Christoph Salfelden/ Chur-Fürstl. Brandenb. Hoff- und Regierungs-Buchdrucker.
1690.

verließ der bedeutende Hofprediger Philipp Jakob Spener Dresden wegen der Angriffe sächsischer Theologen auf seine pietistische Lehre und ging nach Berlin. Auch sein Schüler August Hermann Francke hatte als Leipziger Dozent theologische Schwierigkeiten und übernahm eine Professur in Halle, wo er die berühmten Franckeschen Stiftungen begründete.

Philosophische Denkgebäude evangelischer Theologen gab es in Sachsen seit der Reformation, denn die persönliche Auseinandersetzung mit Gott und der Welt ist ihnen wesensgemäß. Doch schon seit Melanchthon waren sie von den Vertretern der kursächsischen Staatskirche in Schwierigkeiten verstrickt, bestenfalls geduldet worden. Die mystische Naturphilosophie des Zschopauer Pfarrers Valentin Weigel, der 1588 starb, kam erst etwa 20 Jahre nach seinem Tode ans Licht und wurde von dem großen Jakob Böhme in Görlitz aufgenommen. In der offiziellen Gotteslehre war sie wirkungslos. Nun, in der zweiten Hälfte des 17. Jahrhunderts, verband sich evangelische Philosophie mit dem aufkommenden Rationalismus und trat in Gestalt eines aufklärerisch-pädagogischen Pietismus erneut hervor – wiederum beargwöhnt und behindert durch die Orthodoxie der Staatskirche. Spener und Francke fanden ihre Wirkungsstätten im Brandenburgischen, wo Toleranz notwendig zur Staatsräson gehörte, seit das Fürstenhaus calvinistisch war und über ein lutherisches Staatsvolk gebot. Es ist bezeichnend, dass sich erst der Schüler Franckes, Graf Zinzendorf, 1722 auf seinen Besitzungen im fernen Südostzipfel Kursachsens eine Wirkungsstätte »unter der Hut des Herrn« für seine pietistische Brüdergemeine erbauen konnte, nachdem hier durch den Religionswechsel Augusts des Starken ähnliche Machtverhältnisse eingetreten waren wie zuvor in Brandenburg-Preußen. Herrnhut, einheitlich in schlichtem Barock erbaut, ist das Denkmal jener eigentümlichen Verbindung eines noch auf Jakob Böhme zurückgehenden Mystizismus mit der Aufklärung und lutherischer sozialer Verbindlichkeit.

Im ausgehenden 17. Jahrhundert konnte jedoch in Kursachsen von konfessioneller Toleranz noch keine Rede sein. Erste Anzeichen einer Lockerung ehern-orthodoxer Anschauungen gab es lediglich in den höfischen Künsten. Noch immer war es die Regel in den wettinischen Ländern, dass einheimische Lutheraner mit italienischer oder niederländischer Schulung einen sächsisch-mitteldeutschen Barock ausprägten, wie es schon vor dem großen Krieg gehandhabt worden war. Eine erste Ausnahme gab es jedoch in der Musik – gerade jener Kunst, die durch Heinrich Schütz europäische Geltung erlangte. Als 1656 Johann Georg II. die Regierung übernahm, war Schütz bereits 71 Jahre alt. Ihm wurde nun der lange erbetene Ruhestand gewährt, doch sein Nachfolger als Hofkapellmeister war ein Italiener. Diese Wahl des Fürsten erscheint umso bemerkenswerter, weil die Hofkapelle auch den Gottesdienst begleitete und der italienische Stil in seiner barocken Melodik sich deutlich von der alten strengen deutschen Satztechnik unterschied und daher leicht als katholisch interpretierbar war. Es muss aber gerade dieser auffällige Unterschied gewesen sein, der den musischen Kurprinzen schon um 1650 zur Aufnahme italienischer Musiker in seine eigene Kapelle veranlasst hatte. Damals trat er auch als Regisseur von Singspielen und Balletts in Erscheinung – eine Begabung, die sich auf seinen Enkel August den Starken vererbte. Diese Neigung zu Musik und Theater mag erklären, dass bereits 1662 im Schloss die erste italienische Oper im nördlichen Deutschland aufgeführt wurde und englische Komödianten mit Stücken auftraten, deren Titel darauf schließen lassen, dass es Dramen von Shakespeare waren. 1668 führten Italiener die erste Commedia dell'Arte bei Hofe auf.

Johann Georg II. als energischer Förderer des Bergbaus stellte auch eine Bergmannskapelle bei Hofe auf, die bei Festen und Empfängen mit ihren traditionellen Volksmusikinstrumenten aufspielte.

Sachsens erster bedeutender Staatsbau nach dem Dreißigjährigen Krieg war ein Hoftheater. Nach den Bühnen von Wien und München war es das dritte im Reich und das größte. Nach zeitgenössischem Bericht – der Weck'schen Chronik – bot es Platz für 2 000 Besucher. Mit Gästen aus dem städtischen Bürgertum bei den Aufführungen von Opern und Schauspielen wurde demnach gerechnet. Als das Haus 1667 anlässlich der Hochzeit des Kurprinzen mit der königlichen Prinzessin Anna Sophia von Dänemark eingeweiht wurde, begann also mit der höfischen auch die bürgerliche Opern- und Theaterkultur in Sachsen, zumal 1693 die Dresdner Truppe nach Leipzig überführt wurde. Schon am Beginn des 19. Jahrhunderts gab es feste Spielstätten für Musik und Theater sogar in Kleinstädten.

Klengels Hoftheater, ein äußerlich schlichtes Gebäude, fiel schon im 19. Jahrhundert großstädtischer Verkehrsnotwendigkeit zum Opfer. Künstlerisch bedeutender und also wirksamer für Sachsens

Der Zuschauerraum des Opern- und Komödienhauses am Taschenberg. Kupferstich von Johann Oswald Harms, um 1700

Kultur ist ein Bau, den schon ein jüngerer Architekt leitete. Oberlandbaumeister Johann Georg Starcke errichtete – wohl in Zusammenarbeit mit Klengel – von 1678 bis 1683 vor den Toren Dresdens das Palais im Großen Garten, in einer französischen Parkanlage, die gleichzeitig gestaltet wurde. Das Lustschloss ist – charakteristisch sächsisch – nicht groß, es enthält eigentlich nur einen festlichen Saal auf hohem Sockelgeschoss, erreichbar über doppelläufige Freitreppen, und vier symmetrisch angeordnete Kabinette in den Seitenrisaliten. Aber es war das prächtigste Werk des deutschen Schlossbaus der Epoche. Reiche, stark plastische Gliederungen außen und innen schaffen abgeteilte Flächen und Nischen für Reliefs, Büsten und Statuen. Die teils vergoldeten Deckenstuckaturen des eineinhalbgeschossigen, lichterfüllten Saales rahmten Deckengemälde. Im Inneren ist nichts erhalten, denn auch dieses einzeln stehende Palais wurde 1945 bombardiert und brannte aus. Als es gebaut wurde, stand noch das Belvedere auf der Bastion Venus, seit kaum 50 Jahren fertiggestellt. Die Hauptsäle beider Lustschlösser waren einander ähnlich in der Konstruktion und im Aufwand an Plastik und Malerei. Der frühere war das Hauptwerk des sächsischen Manierismus, von Italien inspiriert, der spätere das Hauptwerk des sächsischen Hochbarock, von starker französischer Orientierung. Von ihm gibt glücklicherweise noch der Außenbau als Vorläufer des Zwingers einen Begriff von der Kontinuität eines sächsischen Stils der Architektur, in dem das Üppig-Reiche mit dem Feinen und Strengen inner-

Das Palais im Großen Garten Dresden (Stadtseite) und großer Mittelsaal im Obergeschoss, erbaut 1678 bis 1683 von Johann Georg Starcke

halb wechselnder Formenkonstellationen beständig bleibt als geistige Äußerung dieses frühindustriellen, lutherischen Landes.

Solche Beständigkeit rührt natürlich auch von dem Umstand her, dass die Künstler noch immer fast ausnahmslos Sachsen waren, Träger ererbter Werkstatt-Traditionen und konfessionell determinierter Vorstellungen. Dies wirkte wie ein Filter, der von dem auf Reisen Erworbenen nur das Akzeptable durchließ. Es war ein Sonderfall unter den deutschen höfischen Kulturen der Zeit, denn fast überall brachte der künstlerische Nachholbedarf italienische oder niederländische Architekten, Bildhauer und Maler in die Residenzen. Am Palais im Großen Garten waren aber nur die Stuckateure als Spezialisten aus Italien und Frankreich kurzzeitig angeworben worden. Doch der Architekt Johann Georg Starcke, die Maler Samuel Bottschild und sein Neffe Christoph Fehling, die Bildhauer Max und Jeremias Süßner, Abraham Conrad Buchau, Marcus Conrad Dietze, George Heermann und Johann Heinrich Böhme d. Ä. waren Sachsen, die sich die neuesten Praktiken ihrer Metiers im Ausland angeeignet hatten. Fast alle von ihnen waren in Italien gewesen, der ältere Böhme wohl nur in Flandern, Starcke gewiss auch in Frankreich.

Aus Frankreich stammten ersichtlich die Informationen über die Gepflogenheiten des hochbarocken Schlossbaus, Erinnerungen an Bauweisen des italienischen Manierismus sind unvergessen, aber der Formcharakter insgesamt ist höfisch-sächsisch. Am auffälligsten dabei ist, dass das Großartige, Wuchtige, Pompöse und Monumentale der zeitgenössischen Architektur hier durch den lebhaften Wechsel der plastischen Architekturglieder gemildert erscheint. Klassizistische Motive spielen dabei eine wesentliche Rolle. Diese Tatsache tritt besonders deutlich im skulpturalen Schmuck hervor, der außen wie innen zur Gliederung und Akzentuierung eingesetzt wurde. Alle am Bau tätigen Bildhauer befleißigten sich einer klassizistischen Haltung, indem sie ausfahrende Gesten und Drehungen der Figuren zurücknahmen und das Faltenwerk der Gewänder an die Figuren eng anschlossen, gerade so als hätten sie eine Weisung befolgt. Bei Aufträgen, die sie für Böhmen oder Brandenburg erledigten oder auch für Altäre und Epitaphe in sächsischen Kirchen, arbeiteten sie ausdrucksstärker in Gestik und Mimik. Solche Verhaltenheit des Ausdrucks kam von der Freiberger Begräbniskapelle her. In diesem Charakterzug bündelten sich anscheinend das Manieristische, das Höfische und das protestantisch Rationale. Dies könnte erklären, dass diese Eigenart ein Wesenszug der höfischen Plastik Sachsens blieb.

Um 1680 bildete diese Gruppe sächsischer Bildhauer schon eine große Schule, die ihresgleichen in der Region nicht hatte. Ihre Arbeiten waren auch in Prag und Berlin gefragt für die Ausstattung von Schlössern, Parks und Kirchen. Sie alle waren aber direkt oder indirekt Schüler und Abkömmlinge Johann Heinrich Böhmes d. Ä. aus Schneeberg. Vor seinem frühen Tode im Jahre 1680 beherrschte er mit seiner Werkstatt den sächsischen Raum und arbeitete für Kurfürst Johann Georg II. in Dresden wie auch für den Herzog von Weißenfels, für dessen Schlosskapelle er einen der großartigsten sächsischen Barockaltäre schuf. Altäre und Epitaphe von ihm findet man in vielen Kirchen vom Erzgebirge bis hinab ins Tiefland. Aus seiner Werkstatt stammt noch der Kanzelaltar der für Sachsen so bedeutenden Kirche von Carlsfeld unweit von Aue, den sein Sohn, Johann Heinrich d. J., 1688 aufstellte.

1678 hatte dort im oberen Gebirge Hans Veit Schnorr einen Eisenhammer erbaut. Diese Hammerherrenfamilie gehört zu den in Sachsen nicht seltenen Geschlechtern von Kaufleuten, Fabrikanten oder Wissenschaftlern, die wegen ihrer Verdienste um das Land geadelt wurden. Die Schnorrs waren späterhin durch Lieferung der sogenannten Schnorr'schen Erde an der Erfindung des Porzellans beteiligt. Im Adelstitel benannt nach dem von ihnen gegründeten Ort, Schnorr von Carolsfeld, brachten sie bedeutende Künstler, Rektoren der Kunstakademien von Leipzig und Dresden, einen Opernsänger und einen Direktor der königlichen Bibliothek hervor.

Zu ihren bedeutendsten Taten gehört die Stiftung der ersten Zentralbaukirche Sachsens im Jahre 1684, eben jener, für die der jüngere Böhme aus Schneeberg den Kanzelaltar geliefert hatte. Die Carlsfelder Kirche ist achteckig. Dass es zu diesem, aus der rechteckigen Saalkirche entwickelten Grundriss kam, geht wohl auf Pläne des Oberlandbaumeisters Wolf Caspar v. Klengel zurück. Schnorr stellte seinem einheimischen Baumeister Johann Georg Roth diese Aufgabe, nach Vorbildern, die es wohl bereits in Thüringen gab. Nicht bewiesen ist, ob der im osterzgebirgischen Fürstenwalde geborene George Bähr die Kirche von Carlsfeld gesehen hat. Sicher ist aber, dass er als Dresdner Ratsbaumeister die ungeheuerliche Idee fasste, die Frauenkirche als Zentralbau mit steinerner Kuppel zu er-

Dreifaltigkeitskirche in Carlsfeld, erbaut von Johann Georg Roth, 1684 bis 1688

Kanzelaltar der Carlsfelder Dreifaltigkeitskirche aus farbig gefasstem Holz von Johann Heinrich Böhme d. J., 1687/88

richten. Zuvor hatte er jedoch schon, wohl doch unter dem Eindruck von Carlsfeld, die Kirchen von Dresden-Loschwitz und Schmiedeberg im Osterzgebirge als Zentralbauten entworfen oder errichtet. Diesen folgte eine ganze sächsische Gruppe so konstruierter Stadt- und Dorfkirchen vom Erzgebirge bis zur Lausitz, vom Barock bis zum Klassizismus, so etwa in Seiffen und Forchheim und schließlich um 1840 in Lichtenberg bei Bischofswerda. Es ist aber die um den Kanzelaltar gleichsam herumgebaute Kirche ein Bautyp von grundsätzlich lutherischem Glaubensbegriff, da das Wort – vom Kanzelaltar – tatsächlich im Zentrum der amphitheatralisch angeordneten Gemeinde steht. Die Kirche von Carlsfeld ist der außerordentliche sächsisch-erzgebirgische Sonderfall einer Rückwirkung des Landes auf die Residenz, einer Dorfkirche auf ein Hauptwerk der europäischen Architekturgeschichte. Die Bergmannsgarnitur Johann Georgs II. war – unter kulturhistorischem Aspekt – der gleiche Sonderfall der Einwirkung einer sozial geringeren Schicht auf die sozial höchste. Das merkwürdigste an diesen sächsischen Sonderformen ist aber, dass sie der Regel der Epoche zuwiderlaufen.

Die Regel war nämlich, dass die Kultur des Hofes bei zunehmender Vervollkommnung absolutistischer Herrschaftsstrukturen vorbildhaft für das ganze Land wirkte. Dieser Regel entsprach es also, dass der adlige Erbauer des Schlosses Schönwölkau östlich von Leipzig am Ende des 17. Jahrhunderts für die Parkfassade Starckes große Bogenfenster am Palais im Großen Garten zum Muster nahm. Vielleicht entwarf sogar der Oberlandbaumeister selbst das Schloss. Starcke lieferte aber schon vor 1678 – parallel zum Dresdner Palais – dem Rat der Stadt Leipzig Pläne für den Bau der Börse am Naschmarkt. Die sächsische Handelsmetropole folgte der Entwicklung des internationalen Geldverkehrs und Wertpapierhandels durch die Eröffnung einer städtischen Börse etwa gleichzeitig mit Frankfurt am Main. Dies waren die ersten binnenländischen Börsen in Deutschland – Zeichen dafür, dass die Nachkriegsphase endete und der Welthandel auch für Sachsen maßgebend wurde. Mit den Entwürfen des Oberlandbaumeisters für das neue Börsengebäude akzeptierte die Stadt die kulturelle Leitfunktion der Residenz. Auch in der Verwendung von Plastik, Stuck und Deckenmalerei folgte sie dem

Dresdner Vorbild prinzipiell. Künftige Entwicklungen zeigen jedoch, dass der eingeschränkten Wirkungsweise des absolutistischen Zentralismus in Sachsen deutlich sichtbar ein eigenständiges kulturelles Selbstverständnis des Leipziger Bürgertums entsprach. Dies äußerte sich aber charakteristischer auf den Gebieten der Literatur und der Wissenschaften als auf dem der schönen Künste.

Auch nach der Vertreibung von Thomasius nach Halle las und publizierte Otto Mencke in Leipzig als Professor der Philosophie und Verfechter der Aufklärung. Vergeblich versuchte er, dem genialen Lyriker Christian Günther eine Stellung als Hofdichter in Dresden zu erwirken. Deshalb verließ Günther, der zum Studium der Medizin von Schlesien nach Leipzig gekommen war, Sachsen wieder. Deutlichere Prägungen hinterließ Christian Reuter, sächsischer Bauernsohn aus dem Dorf Kütten nördlich von Halle. 1688 kam er zum Studium der Theologie nach Leipzig. Dort schrieb er ein Lustspiel, in dem Personen und Zustände der Stadt satirisch überzeichnet und wiedererkennbar waren, sodass er inhaftiert und vom Studium relegiert wurde. Daraufhin ließ er dieser ersten deutschen Komödie den

Die Alte Börse in Leipzig, erbaut von 1678 bis 1687 von Christian Richter (Ratsbaumeister)

ersten deutschen Schelmenroman folgen »Schelmuffskys kuriose und sehr gefährliche Reisebeschreibung ... « (1696). Dies hatte zur Folge, dass der Kurfürst in Leipziger Universitätsangelegenheiten eingriff und die Aufhebung der Relegierung verfügte. Der junge, offenbar literaturkundige Mann, der inzwischen Sachsens Kurhut trug, war Friedrich August I., später genannt der Starke. Dass nur fünf Jahre später der große Hofjuwelier Dinglinger in Dresden begann, an seinem Kabinettstück »Der Hofstaat des Großmoguls« zu arbeiten, kann eine Folge des »Schelmuffsky« sein, denn dort taucht die Figur des berühmten orientalischen Herrschers zum ersten Mal in Sachsen auf. Reuter ging 1697 nach Dresden und von dort 1703 nach Berlin, wo sich seine Lebensspur verliert.

Dieser Weg des sächsischen Poeten und Kritikers kann aber als symptomatisch angesehen werden – welche persönlichen Beweggründe auch immer Anlässe dafür gewesen sein mögen. Denn während in Dresden Johann Georg II. im Zeichen seiner wettinischen Begabung für Wirtschaft und Kunst den Neuaufbau voranbrachte, dabei eine eigene Außenpolitik nur unentschlossen und glücklos wahrnahm und sein orthodoxes Oberkonsistorium walten ließ, hatte in Berlin der Große Kurfürst auf Landzuwachs in Ost und West gesetzt, sodass Brandenburg zur zweiten deutschen Großmacht nach den habsburgischen Ländern aufgewachsen war. Er hatte den Oder-Spree-Kanal bauen lassen und damit das östliche Flusssystem und Berlin mit dem internationalen Elbhandel verbunden, und er rief – aufgrund seines Toleranzedikts – die aus Frankreich vertriebenen Hugenotten ins Land. Dies alles, noch verstärkt durch seine Heirat mit einer oranischen Prinzessin, brachte eine in Brandenburg nie dagewesene Blüte von Wirtschaft und Kunst hervor. Sein Sohn Friedrich III. war es schließlich, der als König Friedrich I. von Preußen – durch Gründung der Universität im neu erworbenen Halle sowie der ersten deutschen Akademie der Wissenschaften durch Leibniz in Berlin, durch Gründung von Manufakturen, den Bau des Schlosses und den Guss des Reiterdenkmals für seinen Vater durch Schlüter – Berlin und Brandenburg zum Hort der Aufklärung und zum Zentrum der Künste aufsteigen ließ. Kursachsen war trotz des Gewinns der Lausitzen und trotz Bodenschätzen und entwickelten Manufakturwesens in jeder Hinsicht zurückgefallen. Es hatte die meisten seiner großen Männer an Brandenburg verloren, und wenn es auch einen so bedeutenden Bau wie das Palais im Großen Garten mit vorzüglicher Plastik hervorgebracht hatte, mit dem nur wenig späteren Schlüter'schen Schlossbau und den Skulpturen des großen Danziger Meisters in Berlin konnte es keinen Vergleich bestehen. Die Dresdner Künste der Epoche waren zwar von überregionalem deutschem, die Berliner durch Schlüter aber von europäischem Rang.

Johann Georg II. war 1680 gestorben. Sein Sohn Johann Georg III. nahm das Kurschwert energisch in die Hand und setzte 1682 die Aufstellung eines stehenden sächsischen Heeres von 10 000 Soldaten gegen den Widerstand der Stände durch. Diese wussten nämlich durchaus, dass sie die Truppe würden bezahlen müssen und dass die Armee gegebenenfalls zum Instrument des Souveräns taugen könnte, sie ihrer Privilegien zu berauben und den Absolutismus im Kurstaat zu vollenden. Johann Georg III. marschierte aber vorerst in die Gegenrichtung. 1683 zog er nach dem Hilferuf des Kaisers an der Spitze seiner Streitmacht nach Wien, um an der Seite König Jan Sobieskis von Polen den türkischen Belagerungsring zu brechen. Er genügte seiner Pflicht als Reichsfürst und führte seine Truppen der Reichsarmee zu, aber außer einem schönen Anteil an der sogenannten Türkenbeute aus dem erstürmten Lager der Osmanen, den man heute in der Dresdner Rüstkammer bestaunen kann, hat der Einsatz nichts erbracht, nicht einmal besondere Ehre. Der Große Kurfürst hatte sich herausgehalten. Nur fünf Jahre später, 1688, ging Johann Georg III. mit 14 000 Mann an den Rhein, um die Franzosen aus der Pfalz zu vertreiben. Er starb auf dem Feldzug 1691 als Oberbefehlshaber der Reichsarmee, ein tüchtiger Soldat, genannt der sächsische Mars. Seinen beiden Söhnen vererbte er eine Praxis, wie sie an lutherischen Höfen bis dahin unbekannt war, erklärbar vielleicht aus einer Lockerung der strengen Sitten durch aufklärerische Libertinage: Er hatte eine Mätresse. Sein ältester Sohn und Erbe des Kurhuts, Johann Georg IV., folgte ihm darin sofort nach, steckte sich bei seiner jugendlichen Geliebten mit den Blattern an und starb kinderlos nach nur dreijähriger Regierungszeit im Jahre 1694. Den Kurhut übernahm sein jüngerer Bruder als Kurfürst Friedrich August I.

Friedrich August I. ließ zu seinem Regierungsantritt eine Medaille prägen, die, wie üblich, sein Bildnis zeigt und auf der Rückseite ein erwähltes Sinnbild. Ein Mann von heldenhaftem Wuchs, bekleidet mit einem Löwenfell, bewaffnet mit einer Keule, lehnt sich auf ein Postament mit dem kursächsischen Wappen: der Hercules Saxonicus.

Die Wahl dieser Identifikationsfigur war nicht ungewöhnlich. Habsburgische Kaiser, toskanische Großherzöge und polnische Könige hatten wiederholt ihr Selbstverständnis in der Gestalt des antiken Helden ausgedrückt. Herkules hatte mit Mut und Kraft Landschaften von Ungeheuern befreit, Ordnung hergestellt, die Kultur geschützt, Städte gegründet, das Böse in jeglicher Gestalt bekämpft und besiegt, er war ein griechischer Fürst, der alle Herrschertugenden besaß. Wenn allerdings ein Albertiner sich dieser Gestalt bediente, nahm er eine spezielle Linie seiner Haustradition auf. Bereits die Kurfürsten Moritz und Christian I. hatten unter diesem Zeichen für die Größe ihres Hauses und Staates gekämpft, ungeachtet aller Widerstände, auch konfessioneller. Nunmehr, nach wiedererlangter wirtschaftlicher Stärke des Kurstaates, konnte es ein neuer Hercules Saxonicus wagen, aus der politischen Mittelmäßigkeit auszubrechen. Brandenburg war zur Großmacht erstarkt; Habsburg nach den Türkenkriegen mächtiger als je zuvor; Hannover war zum Kurfürstentum aufgestiegen und kam durch Verwandtschaft für Englands Krone in Betracht; Wittelsbach hatte die Statthalterschaft über die Niederlande erlangt und konnte Spaniens Thron erben. Dies waren die Folgen des Westfälischen Friedensschlusses von 1648. Die großen deutschen Fürstenhäuser suchten nach der Erfahrung ihrer Ohnmacht im Dreißigjährigen Krieg ihre Hausmacht zu stärken durch Erwerbung von Ländern und Rechtstiteln außerhalb des Reiches. Der junge Kurfürst von Sachsen zögerte deshalb nicht, als sich plötzlich die Möglichkeit eröffnete, Polens Krone zu gewinnen.

Das Königreich Polen war damals nach Russland Europas zweitgrößte Landmacht. Im Südosten erstreckte es sich weit in die Ukraine hinein, fast bis ans Schwarze Meer. Seine nordöstliche Grenze verlief nahe bei St. Petersburg. Militärische Stärke hatte es 1683 vor Wien bewiesen, seine Nahrungsmittel- und Rohstoffexporte spielten eine Rolle auf

Silbermedaille auf die Übernahme der Kurwürde durch Friedrich August von Sachsen von Philipp Heinrich Müller. SKD, Münzkabinett

allen nordeuropäischen Märkten, zahlreich waren die großen und wohlhabenden Städte zwischen Danzig und Lemberg. Aber seine Verfassung war noch weitaus katastrophaler als die deutsche. Die sogenannte Adelsrepublik gab jedem Edelmann im Sejm eine Stimme, es waren Tausende – und jedes Gesetz konnte mit auch nur einer Gegenstimme abgelehnt werden. Um diese Form von ausbalancierter Anarchie perfekt und dauerhaft zu machen, gab es das Wahlkönigtum, wobei Ausländer bevorzugt wurden, damit keine von den einheimischen Magnatenfamilien sich über die anderen emporschwingen oder gar das Erbkönigtum erlangen konnte. »Wäre dieser Kurfürst nicht tausendmal glücklicher gewesen, wenn er hübsch ohne sich zu plagen in Ruhe und Frieden Kurfürst von Sachsen geblieben wäre, als über eine so interessierte und unbeständige Nation König zu sein«, schrieb damals Liselotte von der Pfalz, die Schwägerin Louis XIV. Das war eine Fehleinschätzung. Was es einbringt, hübsch und ruhig als wohlhabender, schwacher Mittelstaat zwischen rivalisierenden Großmächten zu sitzen, hatte sich im 17. Jahrhundert erwiesen.

Von allen Möglichkeiten des Aufstiegs war die Erlangung der polnischen Königskrone die komplizierteste und die großartigste, vermutlich aber auch die einzige, wie ein Blick auf die damalige politische Karte lehrt. Der neue Hercules Saxonicus musste aber auch noch eine andere Hydra besiegen. Zum König von Polen wählbar war nur ein Katholik. Er aber war höchster Bischof seiner evangelischen Landeskirche und hatte, wie alle evangelischen Landesherren vor ihm, bei Regierungsantritt seinen Ständen geschworen, ihre Rechte und ihren Glauben zu schützen, sie aber, ihm gehorsam zu sein unter dieser Bedingung. Noch war Sachsen keine absolute Monarchie und der Ständestaat war ein Pakt auf Gegenseitigkeit hinsichtlich seiner juristischen Konstruktion. Es gab dennoch Fälle von Konversionen, die lutherische Landesherren zumeist aus politischen Erwägungen vollzogen hatten und die zu Modellen taugten. Die Hohenzollern regierten als Reformierte ein lutherisches Land; der katholisch gewordene Herzog Anton Ulrich das evangelische Braunschweig, sogar ein wettinischer Vetter Friedrich Augusts, gebürtiger Herzog von Weißenfels – allerdings kein regierender Herr –, war katholischer Bischof von Raab. Dieser war es auch, der in Baden bei Wien 1697 in aller Heimlichkeit den Kurfürsten von Sachsen in die katholische Kirche aufnahm.

Der Ort dieser Taufe weist auf habsburgische Mitwirkung hin. In der Tat wollte der Kaiser einen französischen Thronbewerber ausschließen, um Polen unter einem deutschen Fürsten gegenüber dem Reich ruhig zu stellen. Natürlich schien die Konversion auch die Möglichkeit zu eröffnen, die Gegenreformation in Luthers Land eindringen zu lassen und die politischen Gewichte zugunsten des Kaisers zu verändern. Selbst der Papst unterstützte deshalb die sächsische Bewerbung in Warschau. Fernerhin bedachten die Wiener Diplomaten die Nützlichkeit der alten sächsisch-brandenburgischen Rivalität für das Kaiserhaus. Sie würde wieder aufflammen, wenn die Wettiner gleichsam mit einem Satz über die Hohenzollern hinaussprängen und Brandenburg von zwei Seiten so umklammerten wie Habsburg die Grenzen Kursachsens. Andererseits hätte Wien mit dem habsburgischen Schlesien, das wie eine Mauer zwischen Sachsen und Polen stand, deren Tor man öffnen oder schließen konnte, einen Trumpf in der Hand. Eine sächsisch-polnische Union wäre von Habsburg abhängig. Man ersieht schon aus dieser Umrissskizze, dass die Konversion Friedrich Augusts mit ihren Folgen nicht zu vergleichen war mit inneren konfessionellen Problemen deutscher Fürstentümer wie Brandenburg oder Braunschweig, sondern hier handelte es sich um Europapolitik.

Der siebenundzwanzigjährige Kurfürst stürzte sich sehenden Auges in unermessliche Schwierigkeiten. Ganze Ländereien mussten verkauft werden zur Gewinnung oder Bestechung von Warschauer Parteigängern. Wichtiger noch war es für ihn, die sächsischen Stände zu zähmen, denn der Aufschrei der Empörung im Lande auf die Nachricht seiner Konversion war einhellig und brisant gemischt. Adel und Kirche fürchteten um ihre Standesrechte, die ein mächtiger katholischer König gewaltsam aufheben könnte. Die Städte mochten sich fragen, wer schließlich bezahlt, und alle fürchteten die Gegenreformation. Um den Aufruhr zu beruhigen, erließ Kurfürst Friedrich August ein Dekret, das an alle sächsischen Kirchentüren angeschlagen wurde, in dem er versicherte, er habe lediglich für seine Person den römisch-katholischen Glauben angenommen, aber er wolle »die Landstände und sämtliche Unterthanen bei dero augsburgischen Konfession, hergebrachten Gewissensfreiheit, Kirchen, Gottesdienst, Ceremonien, Universitäten, Schulen und anderen Gerechtigkeiten, wie dieselben solche anjetzo besitzen, kräftigst erhalten und handhaben,

August der Starke. Marmorbüste von Paul Heermann. Dresden, um 1725. SKD, Skulpturensammlung

auch niemanden zu der jetzt angenommenen katholischen Religion zwingen, sondern einem jeden sein Gewissen frei lassen«. Diese Deklaration sollte aber nicht nur das Land beruhigen, sondern dem angehenden König auch Freiräume schaffen für einen nunmehr notwendigen katholischen Hofstaat in Dresden mit Hofkapelle, Beichtvätern, polnischen Würdenträgern und Beratern. Dazu taugte die Kategorie des Gewissens. Sie bewirkte, dass die Konfession nicht mehr Sache der Staatsräson war, sondern eine persönliche Angelegenheit. Der große Pufendorf hatte aber genau dieses gefordert und Christian Thomasius hatte es staatsrechtlich und philosophisch fundiert. Man kann annehmen, dass einem sächsischen Prinzen die Lehren dieser beiden maßgebenden deutschen Staatsrechtler bekannt gemacht wurden, zumal sie Landeskinder waren. Seine so formulierte Bestätigung der evangelischen Rechte, gegeben aus politischem Kalkül, holte zugleich für Sachsen nach, was 31 Jahre zuvor der Große Kurfürst für Brandenburg mit dem Toleranzedikt bewirkt hatte. Die staatlich garantierte Macht der lutherischen Orthodoxie war gebrochen und die Aufklärung konnte sich nun unter dem Schild der Gewissensfreiheit ungehindert in Kursachsen ausbreiten.

Als Kurfürst Friedrich August in Krakau als König August II. von Polen gekrönt wurde, hatte er einen Pakt mit dem Sejm unterschrieben, der seine Rechte und Pflichten festlegte. Ein Artikel darin betraf Livland. Der König sollte es von den Schweden befreien und mit dem polnisch-litauischen Staatsverband wieder vereinigen. Ein Sieg über die schwedische Großmacht, die den gesamten Ostseeraum beherrschte, wäre für alle anderen Anliegerstaaten von Vorteil und der Sieger würde in Polen eine Machtposition erlangen, die die anarchische Adelsrepublik bis zur Handhabbarkeit bändigen könnte. August schmiedete also ein Bündnis mit Russland und seinem dänischen Vetter gegen seinen schwedischen Vetter und schlug im Jahre 1700 los. Der Nordische Krieg dauerte 21 Jahre. Es half dem Sejm nichts, den Krieg zur sächsischen Angelegenheit zu erklären, die Polen nichts anginge. Die Truppen König Karls XII., genannt der schwedische Mars, verheerten Polen grauenhaft. Erst 1706 wurden sie von den vereinigten sächsisch-russischen Truppen bei Kalisz vernichtend geschlagen, während Karl XII. gleichzeitig mit einer anderen Armee in Sachsen einfiel. Als August II. im Triumph in Warschau einzog, musste er erfahren, dass mittlerweile seine von ihm ermächtigten sächsischen Unterhändler in Altranstädt bei Lützen einen für ihn schmachvollen Frieden mit den Schweden abgeschlossen hatten, der seinen Verzicht auf den polnischen Thron einschloss. Er war nicht mehr König in Polen.

Der Frieden wurde für Sachsen teuer, zumal die schwedischen Kontributionsforderungen enorm waren. Dennoch werden ihn die Stände mit Genugtuung begrüßt haben, denn sie konnten hoffen, dass ihr junger Herr, von seinem polnisch-katholischen Abenteuer geheilt, wieder in die alte Abhängigkeit zurückkehren würde. Er hatte schon 1697 einen Revisionsrat eingesetzt, der das gesamte Steuer- und Finanzwesen des Kurstaates überprüfen sollte, ohne Mitwirkung der Stände und in vielen Fällen gegen sie. 1703 folgte eine »Generalakzise-Inspektion«. Das waren Instrumente zur Durchsetzung fürstlicher Unabhängigkeit im Sinne des Absolutismus. August wählte als Ratgeber und wichtigste Funktionsträger dabei wohlweislich nicht sächsische, sondern auswärtige Adlige oder geadelte Fachleute. Noch 1706 bildete er mit dem »Geheimen Kabinett« die erste staatliche Zentralbehörde dieser Art in Deutschland, die direkt dem Souverän unterstand und den Einfluss der im Geheimen Rat maßgeblichen Stände zurückdrängte. Parallelen zur Politik Christians I., die ein Jahrhundert zuvor tragisch gescheitert war, sind offensichtlich.

Im Jahre 1709 wurde die Armee Karls XII. bei Poltawa endgültig von den Russen geschlagen. Schweden verlor damit den Rang als Großmacht. Seinen Platz in der europäischen Politik nahm Russland unter dem großen Zaren Peter I. ein und die sächsisch-polnische Union stand fortan in dieser Abhängigkeit. August erklärte den Frieden von Altranstädt für erzwungen und hinfällig, rückte mit Heeresmacht in Polen ein und nahm den Thron erneut in Besitz. Polens Reichstag bestätigte den Tatbestand erst 1717. Formell wurde der Nordische Krieg 1721 beendet, aber in Sachsen begann schon seit dem Abzug der Schweden im Jahre 1707 eine fast 40 Jahre andauernde Periode friedlichen Ausbaus. Dies war die Grundlage des augusteischen Barock.

Die Albertiner gehörten nun zu den ranghöchsten Fürstenhäusern Europas, aber ihre Residenz war nach den Maßstäben der Epoche altertümlich und unbedeutend. 1701 war das Schloss in Dresden zur Hälfte abgebrannt und dominierte nun mit seinen Ruinenfassaden eine noch immer von der

Renaissance geprägte Stadt. Dringlich nötig waren eine moderne königliche Residenz und der Ausbau eines Hofstaates in Dresden und Warschau, der den Verwaltungs- und Repräsentationsaufgaben einer Großmacht gerecht wurde. Alles dies erforderte riesige Geldsummen, aber enorme Mittel hatte schon die Königswahl verschlungen, noch größere der Krieg. Es konnte nur noch die Mobilisierung des wirtschaftlichen und intellektuellen Potentials Kursachsen aus der Krise führen. Dieses traditionelle Mittel wettinischer Innenpolitik mit nie erlahmender Energie, mit Sachverstand und schöpferischer Fantasie benutzt und weiterentwickelt zu haben, gehört zu den großen Taten, die dieser Fürst für Sachsen vollbrachte.

Seine Prioritäten sind offenkundig: 1698 gründete er in Leipzig eine Staatsbank, die erste in Deutschland; 1703 und 1704 Kommerzienkollegium und Kommerziendeputation zur Förderung der Wirtschaft; 1700 die Dresdner Glashütte; 1703 die Gewehrfabrik in Olbernhau; 1706 die Steinschleifmühle in Dresden; 1702 die Stipendienkasse beim Freiberger Oberbergamt zur Ausbildung von Bergbeamten und zur montanwissenschaftlichen Forschung – die Vorform der Bergakademie; 1701 das sogenannte Contubernium in Dresden, ein metallurgisches Forschungsinstitut insbesondere zur Erzeugung von Gold, seit 1706 von Porzellan. Es ist bemerkenswert, dass fast alle diese Maßnahmen in der bedrohlichsten Phase des Nordischen Krieges eingeleitet wurden. Eine der wichtigsten Stützen des Königs bei diesen wirtschaftspolitischen Vorhaben war der Lausitzer Freiherr Ehrenfried Walther von Tschirnhaus. Er hatte in den Niederlanden studiert, seine philosophische Schrift »Medicina mentis et corporis« gehörte zur akademischen Standardliteratur und er war das erste deutsche Mitglied der französischen Akademie der Wissenschaften. Schon in den achtziger Jahren hatte er auf seinem Gut Kieslingswalde in der Lausitz an der Produktion von Glas sowie an den Problemen des Glasgusses und des Linsenschliffs gearbeitet. August hatte ihn unmittelbar nach seinem Regierungsantritt im Jahre 1694 zur Erkundung von Edelsteinlagerstätten ins Gebirge entsandt, sozusagen in den Fußstapfen Nossenis und Klengels. Tschirnhaus war es auch, auf den die Gründung der Dresdner Glashütte zurückging; er konstruierte und baute die Edelsteinschleifmühle bei Dresden und er war maßgebliches Mitglied jenes Contuberniums, das sich um die Person eines sehr jungen, ehrenvoll behandelten Staatsgefangenen scharte, um Johann Friedrich Böttger.

Bildnis Ehrenfried Walther von Tschirnhaus. Kupferstich von Martin Bernigeroth, um 1708. SKD, Kupferstich-Kabinett

Doppelbrennlinsenapparat von Ehrenfried Walther von Tschirnhaus, um 1690, umgebaut gegen 1740. SKD, Mathematisch-Physikalischer Salon

Dieser achtzehnjährige Apothekergehilfe hatte in Berlin sensationelles Aufsehen erregt, weil er vor Zeugen Gold hergestellt hatte. Daraufhin floh er nach Sachsen, um der Arretierung durch die Häscher König Friedrichs I. zu entgehen, aber die Nachricht von seinen Fähigkeiten war ihm vorausgeeilt, er wurde in Wittenberg gefangen und nach Dresden überstellt. Preußens Auslieferungsgesuch wurde selbstverständlich zurückgewiesen, denn die chemische Produktion von Gold hätte alle politischen Probleme der sächsisch-polnischen Union lösen können. Aber der Alchimist hatte Scharlatanerie wahrscheinlich nur aus jugendlicher Unbedachtsamkeit betrieben. In Dresden bezeugten alle Fachleute, die ihn prüften, Böttgers außerordentliche Begabung. Sogar Leibniz meinte, wenn Gold überhaupt künstlich hergestellt werden könne, dann gelänge es am ehesten diesem genialen Experimentator. Es ist dem aufgeklärten Denken Augusts des Starken zu verdanken, dass die zeitüblichen alchimistischen Mystifikationen moderner Wissenschaft weichen mussten. Mit dem Freiberger Bergbeamten Papst von Ohain, einem der besten Metallurgen und Mineralogen; mit Tschirnhaus und weiteren Wissenschaftlern sowie Hüttenfachleuten aus dem Freiberger Revier, die Hochtemperaturprozesse beherrschten, schuf er eine Arbeitsgruppe, die man als erstes Industrieforschungsteam bezeichnen kann. Es charakterisiert die Bedeutung dieses Unternehmens, dass der Statthalter des Königs, Egon Fürst von Fürstenberg, sich ebenfalls mit dem Contubernium befasste.

Böttger erfand das europäische Hartporzellan mithilfe des Freiherrn von Tschirnhaus. Der große Physiker hatte ihm wahrscheinlich zu keramischen Experimenten geraten. Er war auch Erfinder und Konstrukteur eines dazu unerlässlichen Instruments, des Doppellinsen-Brennspiegels. Er befindet sich – nicht mehr vollständig – im Dresdner Mathematisch-Physikalischen Salon. Seine Grundlage war der von Tschirnhaus erfundene Glasguss, der die Herstellung fehlerfreier Glasblöcke ermöglichte, aus denen starke Linsen von großem Umfang geschliffen werden konnten. Sonnenlicht, doppelt fokussiert, erbrachte durch diesen Apparat die Temperatur von 1400 Grad Celsius, mit der Steine und Erden geschmolzen werden können, in weniger als einer Minute. Ein Sonnentag ermöglichte Hunderte von Experimenten.

Dem ersten Porzellanrezept von 1708 folgte die Einrichtung einer Produktionsstätte in den Kasematten unter dem Lusthaus auf der Bastion Venus, dort, wo auf der Brühlschen Terrasse seit 1982 das Böttgerdenkmal steht. Der Ort war aber ungeeignet für die Einrichtung einer großen Staatsmanufaktur. Deshalb wählte August der Starke die Meißner Albrechtsburg dafür aus. 1710 begann dort die Produktion des »roten Porzellans«, später Böttgersteinzeug genannt, und des weißen Böttgerporzellans.

Johann Friedrich Böttger. Bildmedaillon aus Böttgersteinzeug. SKD, Museum Porzellan-Manufaktur Meissen

Die barocke Staatsmanufaktur ist der Produktionstypus an der Schwelle zum Industriezeitalter. Sie beschäftigte mehr Arbeitskräfte als alle Handwerksbetriebe zuvor, erforderte einen höheren Grad von Arbeitsteilung und völlig neue betriebswirtschaftliche Maßstäbe in Bezug auf Energie- und Materialversorgung, Verteilung der Produkte und deren Berechnung. Sie war aber auch eines der wesentlichen Instrumente der Fürsten zur Erlangung absolutistischer Regierungsgewalt, denn ihre Erträge konnten sie aus der finanziellen Abhängigkeit von den Ständen befreien und es ihnen ermöglichen, gestützt auf Truppen und Beamte, den Ständen zu diktieren, was zu tun und zu lassen sei.

Von allen barocken Staatsmanufakturen Europas ist die Meissener bis heute die größte und berühmteste. Ihr sogenanntes Weißes Gold vermochte zeitweise fast das wirkliche zu ersetzen. Dennoch wurde Kursachsen kein absolutistischer Staat. Adel und Bürgertum, mächtig durch die Montanwirtschaft und den Handel, waren zu stark.

Von der Lausitz über die Dübener Heide bis ins Erzgebirge bezeugen die Barockschlösser der sächsischen Aristokraten und von Zittau über Leipzig bis Schneeberg die prachtvollen Bürgerpaläste der Handelsherren an den Hauptstraßen und Marktplätzen, wie mächtig sie geworden waren. So hatte sich Leipzig nach dem Abzug der Schweden durch die Wirkung der sächsisch-polnischen Union zur Drehscheibe des Warenaustauschs im mittleren Kontinentaleuropa entwickelt.

Viele dieser Bauten wurden von Dresdner Architekten oder ihren Schülern entworfen. Einer der bedeutendsten ist das Stadtpalais des Bürgermeisters Romanus in Leipzig, errichtet von dem Dresdner Baumeister Johann Georg Fuchs von 1701 bis 1704. Es ist an Maß und Aufwand vergleichbar mit den Palästen der Dresdner Hofaristokratie, aber diese Selbstdarstellung patrizischer Großartigkeit war so teuer, dass ein Griff in die Stadtkasse unerlässlich schien – vielleicht wegen der unvorhersehbaren Kosten des Nordischen Krieges –, und dies brachte den Bauherrn vor Gericht und in Haft auf den Königstein. Andere Höfe und Durchgangshäuser Leipziger Handelsherren und Bankiers, die in der Folgezeit gebaut wurden, waren aber noch weitläufiger und nicht minder großartig. Man muss sie zusammen sehen mit den Gartenanlagen und Kunstsammlungen dieser Bürgeraristokraten, mit ihren Verlagen und Buchhandlungen, mit der Universität und ihrer berühmten Bibliothek, mit ihren Kaffeehäusern – dem »Coffebaum« mit dem Türken des Hofbildhauers Thomae über dem Portal – und dem Bachischen Collegium Musicum, um sich von der Weltläufigkeit, dem Glanz und der kulturellen Eigenständigkeit der Messestadt einen Begriff zu bilden. Am präzisesten charakterisieren diesen Sachverhalt zwei Gruppen von Statuen, die Leipziger Kaufleute für ihre Gärten bei Dresdner Hofbildhauern bestellten. Für Apels Garten arbeitete Balthasar Permoser

Romanushaus in der Katharinenstraße/Ecke Brühl in Leipzig. Kupferstich nach einer Zeichnung von Samuel Blättner, 1704

Ceres. Sandsteinplastik von Balthasar Permoser (Kopie) am Kronentor des Dresdner Zwingers, 1714/15

Juno. Sandsteinplastik von Balthasar Permoser, 1705. Leipzig, Museum der bildenden Künste

um 1705 zwei überlebensgroße Götterpaare: Jupiter und Juno, Mars und Venus. Nur die beiden Ersteren sind erhalten. Die vier Statuen flankierten den Eingang des Gartens. Auf ihren Sockeln ragten sie über 4 Meter empor und schon diese Höhe vermittelt eine Vorstellung von den Maßstäben der Anlage. Der junge Goethe verglich sie mit den elysischen Feldern.

Von dem Hofbildhauer Paul Heermann stammt die zweite Gruppe, 1712 für Richters Garten geschaffen. Es sind vier Puttenpaare. Sie verschwanden durch Verkauf zu Beginn des vorigen Jahrhunderts aus Leipzig. Nur ihre Gipsabgüsse im Museum der bildenden Künste übermittelten ihre Gestalt, bis zwei der Originale wieder auftauchten. Deren schönste befindet sich heute im County Museum von Los Angeles, Californien. Diese Putti bestehen aus weißem, grau geädertem sächsischem Marmor, ein teurer, auch für den König selten gebrauchter Stein, der wegen seiner Brüchigkeit schwierig zu bearbeiten ist. Für Richter, einen der Großen im Kobaltfarbenhandel, war der teuerste Mann und das teuerste Material gerade gut genug. Die Oberflächen sind von brillanter Glätte, die noch bei den Abgüssen fühlbar ist, und ihr künstlerischer Rang ist der Permoser'schen Plastik gleich. Beide Gruppen gehören zu den besten deutschen Skulpturen der Epoche. Vergleicht man sie aber mit den Werken, die beide Meister zu fast gleicher Zeit für den Dresdner Hof schufen, so zeigt sich ein deutlicher Unterschied: Sie sind dramatischer, expressiver und eher hochbarock gestimmt, während die Dresdner – etwa am Zwinger – gemessener, klassizistischer, auch eleganter erscheinen, gleichsam von höfischem

Betragen. Ersichtlich akzeptierten die Bürger den kulturellen Maßstab der Residenz und modifizierten ihn zugleich – wie schon im 17. Jahrhundert – in ihrem Sinne und nach ihrem Geschmack. Traditionelle geistesgeschichtliche Kriterien zur Bestimmung des Unterschieds zwischen Zentrum und Provinz sind angesichts des Ranges der Phänomene hier nicht anwendbar, zumal es die Künstler des augusteischen Hofes waren, die überall arbeiteten. Ihre Skulpturen wurden aufgestellt in Parks und Schlössern in der Lausitz wie in Joachimstein (heute in Polen), Neschwitz oder Königswartha, im Erzgebirge wie in Lichtenwalde oder im nördlichen Tiefland wie in Pretzsch, Wiederau, Hubertusburg oder Reinharz in der Dübener Heide. Ihre Altäre wurden bestellt für die Leipziger Thomaskirche wie für St. Peter in Görlitz, die Stadtkirchen von Lommatzsch oder von Bärenstein im Erzgebirge. Dies sind nur einige Beispiele. In der städtischen Architektur sieht man noch am deutlichsten eine nachhaltige Orientierung an den traditionellen nordisch-protestantischen Mustern, während man in Dresden auf die Höfe von Wien, Rom und Paris schaute, sogar auf die von Istanbul, Kyoto, Peking und Delhi, selbstverständlich auch auf das antike Rom der Kaiserzeit. Aber von Görlitz und Bautzen bis nach Leipzig und Schneeberg bewahrte man noch lange die althergebrachte Repräsentationsgestik der Fassadengliederung durch die Kolossalordnung, bei der Pilaster mit schweren Kapitellen über zwei oder drei Stockwerke gehen. Noch 1725 errichtete der Dresdner Architekt Johann Christoph Naumann das prächtige Bortenreutherhaus in Schneeberg nach diesem System, als man in Dresden bereits zu flächigeren oder gar horizontalen Fassadengliederungen überging.

Diese Freiheit, die Modalitäten von Ort und Zweck bei der Komposition von Kunstwerken zu berücksichtigen, war in Dresden ungewöhnlich ausgeprägt. Einen einheitlichen Stil, wie er etwa in Paris beispielhaft durchgesetzt worden war, gab es

Bortenreutherhaus in Schneeberg, erbaut von Johann Christoph Naumann, 1725

Flaschenvase und Leuchter in Böttgersteinzeug® sowie Deckelschale mit plastischen Belägen in Böttgerporzellan, Formen von Johann Jakob Irminger. Museum Porzellan-Manufaktur Meissen

hier nicht, wohl aber eine gemeinsame künstlerische Haltung. Sie ist beschreibbar als Ausgleichung unterschiedlicher Stile, moderner und historischer, europäischer und exotischer unter dem Leitbild der Zierlichkeit, Gemessenheit und Feinheit. Es ist eher eine Gesinnung als ein Stil. Heiterkeit und Eleganz haben darin einen höheren Wert als die monumentale Behauptung fürstlicher Souveränität. Durch diese war Versailles zum Modell für das gesamte feudale Europa geworden. Der augusteische Barock war die Ausnahme von dieser Regel, und im vorweggenommenen Rokoko seiner Struktur besteht auch sein Zauber. Dies ist aber nur die ideelle Seite. Zur Ganzheit gehört seine praktische und politische. Nichts repräsentiert diesen Sachverhalt genauer als das Meissener Porzellan.

Es war die Idee des genialen Böttger gewesen, aus diesem Stoff ein Kunstmaterial zu machen, weit entfernt und verschieden von den Formen der Töpfer. Nach seinem Vorschlag sandte der König den Hofsilberschmied Johann Jacob Irminger in die Manufaktur und er entwickelte Formen von metallischer Präzision und mit plastischen Elementen, die aus der alten Hochkultur der Goldschmiedekunst stammen. Böttger starb schon 1719, frei, geadelt und als Administrator der Manufaktur, aber mit 37 Jahren nahezu erblindet und physisch ruiniert, vermutlich durch Metallvergiftung, denn fast bis zuletzt experimentierte er, Gold herzustellen. Er hatte auch eine neue Steinschleifmühle konstruiert und das erste rote Überfangglas erfunden, jedoch leuchtende Porzellanfarben zu entwickeln wie die ostasiatischen, die im Brand nicht verkohlen, war ihm nicht gelungen. Aber im Jahre 1720 kam ein junger Thüringer Maler nach Dresden, Johann Gregorius Höroldt, der angab, Farben auf die Porzellanglasur brennen zu können. Er muss zugleich ein Chemiker mit hohen Fähigkeiten gewesen sein, denn tatsächlich erfand er innerhalb weniger Jahre etwa 15 Porzellanfarben und erst damit waren die Meissener

Vase mit Chinoiserien aus Meissener Porzellan® von Johann Gregorius Höroldt, signiert und datiert 1726. SKD, Porzellansammlung

Japanisches Palais in Dresden, von den Hofarchitekten Pöppelmann, Longuelune und de Bodt 1727 bis 1731 erbaut

der ostasiatischen Fünffarbenmalerei technisch überlegen. Dies allein hätte nicht viel bedeutet, wäre Höroldt nicht auch ein großer Gestalter gewesen. In kurzer Zeit entwickelte er in Meißen einen materialspezifischen Stil der Porzellandekoration mit Landschaften oder grotesken Chinoiserien in feinster Miniaturmalerei auf weißem Grund, zuweilen in farbigen Fonds, zumeist mit Goldbordüren, die die Struktur des Gefäßes klären. Dieses System wurde späterhin in allen Porzellanmanufakturen Europas nachgeahmt, aber die Meißner Arbeiten der Frühzeit atmen den Enthusiasmus des Beginns und haben die Attitüde eines königlichen Materials. Sie wurden von Anfang an bewundert, geliebt, gesammelt und mit Gold aufgewogen.

Natürlich genügte ein Maler nicht für die große Staatsmanufaktur. Höroldt erzog sich ein »Seminarium« von Gehilfen, die seinen Stil erlernten und in arbeitsteiligen Prozessen den notwendigen Ausstoß erstrangiger Produkte ermöglichten, nicht unähnlich den Methoden der Malerei-Manufaktur des älteren Cranach in Wittenberg. Und so wie bei den Gemälden der Cranach-Werkstatt ist es bei den Gefäßen mit sogenannter Höroldtmalerei diffizil, die Hand des Meisters zu erkennen.

Von der Erfindung an hatte August der Starke über zehn Jahre lang in dieses Unternehmen investiert, bis es mit dem aristokratischen Tafelsilber konkurrieren konnte und den Markt beherrschte, der sich um die neuen Heißgetränke Kaffee, Tee und Schokolade zu bilden begann. Bald sollte es, wie Böttger visionär voraussah, auch für den »mittleren Mann« erschwinglich werden und schließlich – zu Beginn des vorigen Jahrhunderts – selbst im sächsischen Arbeiterhaushalt als zerbrechliche Schönheit in Gestalt der Zwiebelmusterservice seine Bildungsfunktion erfüllen.

Für ihren königlichen Gründer aber war die Manufaktur ein Instrument seiner Wirtschafts- und Kulturpolitik. Ihre Produkte sandte er als Geschenke an Fürsten- und Königshäuser, damit waren sie Botschafter eines völlig neuen kulturellen Standards. Er entsprach den Salons, in denen aufgeklärte, elegante Damen und Herren aus zierlichen Gefäßen exotische Getränke zu sich nahmen, die den Geist wach hielten und nicht mehr jenen dröhnenden Gesellschaften des vergangenen Jahrhunderts, die sich um silberne Bierhumpen und Weinpokale scharten. Wie rasch dieser Standard den Mittelstand in Sachsen erreicht hatte, bezeugt Johann Sebastian Bachs Kaffeekantate von 1732. Das Leipziger Lieschen, dem der Kaffee süßer schmeckt als 1 000 Küsse, hat man sich neben einer Meissener Tasse vorzustellen. Man sollte dabei bedenken, welchen

Produktionsausstoß die Manufaktur damals erreicht haben musste.

Das europäische Prestige des neuen sächsischen Materials und das rasche Anwachsen der Produktion ermöglichten August dem Starken schon um die Mitte der zwanziger Jahre Idee und Plan zu einem Porzellanschloss, dem Japanischen Palais. Im Jahre 1727 begann der Bau des streng rechteckigen, vierflügeligen Gebäudes nach der Grunddisposition des französischen Hofarchitekten Zacharias Longuelune. Pöppelmann hatte daran mitgearbeitet; er konstruierte das konkave Dach nach Abbildungen ostasiatischer Bauten. Im Erdgeschoss sollte die Sammlung des Königs von chinesischem und japanischem Porzellan gezeigt werden, die an künstlerischer Qualität und Menge einzigartig war. Im Obergeschoss sollte das Meissener Porzellan diese Einzigartigkeit übertreffen. Selbst der Thron im Audienzsaal und die Heiligenfiguren der Schlosskapelle sollten aus sächsischem Porzellan bestehen.

Diese Aufgabe zu lösen, berief der König um 1730, als das Palais noch im Bau war, zwei junge Bildhauer von Dresden nach Meißen. Zuerst sollten sie möglichst lebensgroße Tiere liefern, so wie er sie in Bronze von der Hand Giovanni Bolognas in den Boboli-Gärten beim Palazzo Pitti in Florenz gesehen hatte. Sie sollten die lange Galerie im Obergeschoss schmücken. Der Auftrag schien nicht ausführbar. Selbst ein mittleres Format, passend etwa für Schafe oder Luchse, dem größere und kleinere Tiere kompositionell anzugleichen waren, überstieg noch die technischen Möglichkeiten der Realisierung in Porzellan. Die Masse war zu schwer und sank im Brand in sich zusammen. Um die Order des Königs zu erfüllen, mussten sie experimentieren und fanden schließlich eine Modifikation der Porzellanmasse, die im Brand zwar riss, aber die Form hielt. Heute gelten diese Brandrisse der Tierfiguren in den Museen von Paris, New York und Wien wie Adelsprädikate, denn durch sie unterscheiden sich Originale von moderneren Ausformungen oder Fälschungen. Sie bewahren die Mühen und Triumphe jener Männer, die um 1730 an den Öfen in der Meißner Albrechtsburg arbeiteten und dem Material Formen und Formate abzwangen, die von keiner anderen alten Manufaktur erreicht worden waren.

Noch heute sind die meisten dieser großen Tierfiguren in Dresden. Einige wurden modelliert von Johann Gottlieb Kirchner, die meisten und die prächtigsten von Johann Joachim Kändler, Pfarrerssohn aus Seligstadt bei Dresden und Schüler des Hofbildhauers Benjamin Thomae. Er blieb sein Leben lang an der Manufaktur als Modellmeister und Hofbildhauer und war der Schöpfer eines eigenständigen Stils der europäischen Porzellanplastik. Seine später geschaffenen kleinen Figurengruppen im Kostüm der Epoche dienten allen anderen Manufakturen des Kontinents als Modelle und wurden nachgeahmt bis zur Nippes-Massenware. Doch seine eigenhändigen Arbeiten sind Gegenstände der europäischen Kunstgeschichte.

Bei der Betrachtung der Frühzeit des sächsischen Porzellans sieht man die Grundstrukturen der Kulturpolitik Augusts des Starken wie unter der Lupe. Sie folgte der alten wettinischen Haustradition. Die Rohstoffe – Kaolin, Feldspat und Quarz – stellte der erzgebirgische Bergbau bereit. Die »Schnorrsche Erde«, mit der Böttger experimentierte, war Kaolin, das der bekannte Carlsfelder Unternehmer bei Aue ergraben ließ. Deshalb zählte die Meissener Manufaktur zu den »Bergfabriken«, nicht anders als Kobaltwerke, Silber-, Eisen- und Saigerhütten. Zur Umwandlung der Rohstoffe wurde das wissenschaftliche Potential des Landes eingesetzt, seine metallurgischen, mineralogischen und hüttentechnischen Erfahrungen. Auf ihnen basierte die Erfindung. Schließlich wurden zur Veredlung des neuen Materials die besten künstlerischen Kräfte eingesetzt. Deren vom König bestimmte Maßstäbe beruhten einerseits auf der alten handwerklich-technischen Kultur des Landes, andererseits auf einer für Sachsen neuen Kunstpolitik, denn Böttger, Irminger und Höroldt waren keine Landeskinder.

Noch verstrickt in den Nordischen Krieg, setzte August II. auf die traditionellen Stärken Sachsens, Montanwirtschaft, Wissenschaft und Kunst, zur Konsolidierung seiner Macht im Konkurrenzkampf der deutschen Fürstenhäuser. Seine Ausgangsposition war schlecht, doch Reichtum und Prestige sollten Misserfolge auf dem Schlachtfeld kompensieren und polnische Querelen beenden. Es galt zu springen, um den Rückstand aufzuholen. Von dieser Art war das Porzellan und sollte das Japanische Palais sein. Nichts auf der Welt wäre ihm gleichgekommen, so wie nichts dem Grünen Gewölbe gleichkam, das bereits fertiggestellt war. Beide Sammlungen sind von gleicher Struktur und sollten von gleicher Funktion sein, gestaltet als Raumkunstwerke, um Reichtum, Kultur und Wirtschaftskraft des Landes in überwältigender Großartigkeit vorzustellen. Im Japanischen Palais sollten

Pyramide mit großen Porzellantieren aus Meissener Porzellan® von Kirchner und Kändler, nach 1730. SKD, ehemals Böttgersaal der Porzellansammlung

Deckengemälde das Programm des Hauses verkünden: Japaner verpacken ihr Porzellan und bringen es auf ihre Schiffe zurück, weil sie das sächsische als das Bessere anerkennen müssen; man sollte die Segnungen des Friedens und die Allegorien sämtlicher sächsischer Manufakturen sehen.

Die Ausstattung des Porzellanschlosses sollte der Schatzkammer ähnlich sein, mit Spiegelwänden, Konsolen und Möbeln in vergoldeten und lackierten Fassungen. Doch 1733 starb August der Starke und sein Nachfolger stellte die Einrichtungsarbeiten fünf Jahre später ein. Seitdem war die Sammlung über 200 Jahre lang nur in Gestalt eines Depots vorhanden. Erst 1963 wurde ein Teil von ihr gemäß der augusteischen Idee vom Museum als Raumkunstwerk im Zwinger wieder aufgestellt. Dies war das Ergebnis der neueren Anerkennung des augusteischen Barock als einer der großen Perioden der europäischen Kultur und einer neuen Hochschätzung des Porzellans dieser Epoche, auch des ostasiatischen. Noch immer, trotz enormer Verluste im 19. Jahrhundert und im Zweiten Weltkrieg, ist diese Sammlung die feinste und, neben der des Serails von Istanbul, die größte der Welt, weit über das Raumangebot des Zwingers hinausgehend. Es ist verwunderlich, dass die Möglichkeit der Rekonstruktion dieses sächsischen Weltwunders in Dresden nicht ins Auge gefasst wird, trotz der Bemühungen von deutschen und japanischen Fachleuten um eine neue Vereinigung der Sammlung mit dem für sie gebauten Palais und trotz der damit verbundenen wirtschaftlichen Aussichten.

Die Präsentation eines ruhmreichen Landesprodukts mit den Mitteln aller Künste war ein merkantilistischer Gedanke, und ähnlich verhielt es sich mit dem Grünen Gewölbe. Dort dominierte nämlich anfänglich das Silber. Allerdings handelte es sich mehrheitlich um historische Kunstgegenstände des Hauses Wettin, deshalb konnte eine Variante auftreten, die an die Kunstpolitik Kurfürst Christians I. anknüpfte, die der dynastischen Repräsentation. So, wie in dessen Langem Gang der Stammbaum der Sachsenfürsten von grauer Vorzeit an vorgestellt war, so war im Pretiosensaal des Schatzkammermuseums die Ahnenreihe der albertinischen Kurfürsten gleichfalls in lebensgroßen Gemälden zu betrachten. In der Tat waren es deren Schätze, die ringsum auf vergoldeten Konsolen standen und sich in den Spiegelfeldern zu vervielfachen schienen. Im Blickpunkt standen die großen Kabinettstücke des königlichen Hofjuweliers Dinglinger, und war schon die museale Präsentation eines fürstlichen Geheimtresors beispiellos, so standen diese Juwelierwerke darüber hinaus jenseits aller Vergleichbarkeit. Doch das Außerordentliche dieser Grunddisposition des Grünen Gewölbes von 1723/24 erwies sich als steigerungsfähig. Seinen vier Räumen wurden von 1727 bis 1729 vier weitere angefügt, in denen gleichfalls das noch nie Dagewesene realisiert wurde: kostbare Kleinbronzen, bis dahin zur Zier von Kaminen, Tischen oder Galerien benutzt, füllten einen ganzen, eigens für sie gestalteten Raum. Das Elfenbeinzimmer war gänzlich in der neuen Lacktechnik marmoriert und stellte somit alle die lackierten einzelnen Möbelstücke in den Schatten, die die Schlösser der Epoche schmückten. Es bot Unter- und Hintergründe für Hunderte von Werken aus Elfenbein. In farbiger Hinterglasmalerei mit Goldradierungen hatte man in Frankreich und England Spiegelrahmen oder Zierleisten und Füllungen an Schränken gesehen. Im Grünen Gewölbe war das ganze Juwelenzimmer damit ausgestattet. Das Schatzkammermuseum war insgesamt eine Musterschau der sächsischen Kunstindustrien, so wie das Porzellanschloss. Außerdem aber gehört diese Umwandlung eines fürstlichen Geheimtresors in ein öffentliches Museum zu den großen Phänomenen der deutschen Frühaufklärung. Es war das erste Spezialmuseum für dekorative Künste überhaupt und in der Systematik der Gliederung seiner Bestände, der vom König selbst entworfenen Raumfolge als Rundgang, vor allem aber in seiner nur wenig eingeschränkten Zugänglichkeit steht es am Beginn der modernen Museologie.

Dies war eine Folge der traditionellen Bindungen zwischen Fürstenhaus, Adel und Bürgertum in Sachsen, die aus der wirtschaftlichen Kooperation der Stände hervorging. Hier wurden die Sammlungen von Anfang an als Mittel zur Verbesserung der Landeskultur begriffen. In der Tat hielten sich die Künstler der Meissener Manufaktur wiederholt zu Studienzwecken im Japanischen Palais auf. Andererseits erforderten diese Stätten kursächsischer Staatsrepräsentation größtmögliche Öffentlichkeit, um ihre Funktion zu erfüllen. Sie zeigten eben nicht nur Landesprodukte von noch nie gesehener Schönheit, sondern sie wirkten auch zurück auf den kulturellen und wirtschaftlichen Standard des Landes und vermittelten den Eindruck von unermesslichem Reichtum, wie er einer Großmacht anstand – ebenso großartig wie Versailles, aber anders, eben sächsisch.

Pokal der Saigerhütte Grünthal von David Winkler, vergoldetes Silber, Freiberg 1625. SKD, Grünes Gewölbe

Astronomische Uhr von Andreas Schellhorn, vergoldetes Messing, 1571. SKD, Grünes Gewölbe

Gießbecken mit Szenen einer Hirsch- und Bärenjagd von Elias Geyer, vergoldetes Silber, Leipzig 1611 bis 1613. SKD, Grünes Gewölbe

Bergmannsgarnitur des Kurfürsten Johann Georg II. von Samuel Klemm, Freiberg 1675 bis 1677. SKD, Grünes Gewölbe

Der Hofstaat zu Delhi am Geburtstag des Großmoguls Aureng-Zeb von Johann Melchior Dinglinger, Silber, Gold, Email, 5 000 Diamanten und andere Edelsteine, Dresden 1701 bis 1708. SKD, Grünes Gewölbe

König August II. in Polen, als Friedrich August I. Kurfürst von Sachsen (August der Starke). Gemälde von Louis de Silvestre, 1718. SKD, Gemäldegalerie Alte Meister

Kaffeekanne mit Rechaud auf Tablett von Johann Jacob Irminger, Figuren von Balthasar Permoser, vergoldetes Silber, 1722. SKD, Grünes Gewölbe

Wandschränkchen von Michael Kimmel, um 1750. SKD, Museum für Kunsthandwerk

Der Neumarkt in Dresden von der Moritzstraße aus. Gemälde von Bernardo Bellotto, genannt Canaletto, um 1750. SKD, Gemäldegalerie Alte Meister

Im Grünen Gewölbe kam diese Rolle vor allem den Werken Dinglingers zu. Am deutlichsten scheint dieser Sachverhalt bei der Betrachtung des Goldenen Kaffee- und Teeservices auf. Sofort nach seiner Fertigstellung im Dezember 1701 beorderte es König August II. nach Polen und Dinglinger fuhr mit dem Schlitten nach Warschau, um es im Schloss abzuliefern. Der Nordische Krieg verlief nicht erwartungsgemäß, die Verbündeten hatten den jugendlichen Schwedenkönig unterschätzt. Er hatte selbst das Kommando seiner Armee übernommen und nach den Dänen im November 1700 auch die Russen bei Narva geschlagen. Der Einfall in Polen und der Angriff auf Sachsen standen bevor.

Man kann sich das Erstaunen der polnischen Magnaten vorstellen. Deutschen Fürsten gleich herrschten sie über ihre Ländereien und waren also ihrem sächsischen König ebenbürtig, aber ein solches Wunderwerk lag in jeder Hinsicht außerhalb ihrer Möglichkeiten. Auf einem pyramidenförmigen Aufsatz aus vergoldetem Silber stehen Gefäße aus Gold. Tassen und Untertassen imitieren in noch nie gesehener pastelliger Feinheit Porzellan in Goldemail, der untere Rand Lapislazuli in Lack. Dreieinhalbtausend Diamanten und Hunderte andere Edelsteine sprühen Funken und farbige Reflexe über diesen neuartigen Tafelaufsatz. Unterschiedliche Gefäße von neuer Form und Funktion bilden das erste große europäische Service für die modernen Heißgetränke. Ebenso unglaublich muss den Bewunderern die Verarbeitung der unterschiedlichen Materialien erschienen sein: Gold, Silber, Email, Lack, Elfenbein, Edelsteine und Glas sind in makelloser Feinheit miteinander verbunden. Man sah, dass die vier Elfenbeinfiguren in Gestalt antiker Götter die vier Elemente verkörpern, die an der Erzeugung der Getränke beteiligt sind. Ihre Sinnbilder erscheinen in allen Teilen des Services. Die Kanne als Bekrönung der Pyramide weist am Henkel die Schlange auf – für Erde –, den mit Diamanten ausgefassten Salamander – für Feuer –, auf dem Deckel hält der Frosch – für Wasser – das Schild mit den Initialen AR, Augustus Rex (König August), der Ausguss aber zeigt den Herrscher der Luft, das diamantverzierte Haupt des polnischen weißen Adlers. Die Herren im Warschauer Schloss sahen, dass das Werk den König und das Königreich Polen repräsentierte und sie wussten, dass, wenn August II. vor ihnen im Schmuck seiner – von Dinglinger geschaffenen – Saphirgarnitur erschien, es zu dieser Inszenierung der polnischen Majestät in

Johann Melchior Dinglinger. Kupferstich von Johann Georg Wolfgang, 1722

Europa nur eine Parallele gab: Ludwig XIV. von Frankreich.

Das zweite große Werk Johann Melchior Dinglingers kann auch in Bezug auf den sächsischen Polenkönig gesehen werden, zumal es 1724 im Blickpunkt des Grünen Gewölbes aufgestellt war: Der Hofstaat zu Delhi am Geburtstag des Großmoguls Aureng-Zeb. Als es der Hofjuwelier 1708 August II. anbot, regierte der alte Mogulherrscher noch den indischen Subkontinent und galt in Europa als mächtigster und reichster aller Fürsten der Welt, geradezu als Inbegriff absolutistischer Machtvollkommenheit. Europäische Reisende hatten seinen Hof besucht und studiert. Ihre mit Stichen ausgestatteten Reiseberichte befanden sich in der königlichen Bibliothek und waren dem Juwelier also zugänglich. Nach ihnen komponierte Dinglinger das Kabinettstück, wobei er aus künstlerischen Gründen auch japanische und chinesische Motive einbezog. Dies legte er in seiner Beschreibung dar, die er mit dem Werk lieferte, ein Kommentar, der das europäische Wissen über Indien in enzyklopädischer Vollständigkeit enthält. Das von mehreren Autoren beschriebene Geburtstagsfest

Das Goldene Kaffeezeug in seinem ursprünglichen Zustand. Federzeichnung in Braun, nach 1701. Dresden, Sächsisches Hauptstaatsarchiv

des großen Moguls gab dem Künstler die Möglichkeit, den gesamten Hofstaat des Herrschers darzustellen, den Palast, die Großen des Reiches und Delegationen aus China und Afrika, die gekommen waren, um Geschenke darzubringen. Die Architektur besteht aus Silber, teils vergoldet, und alle Figuren und Geschenke sind aus emailliertem Gold, geschmückt mit etwa 5000 Diamanten und Hunderten von anderen Edelsteinen (siehe S. 149).

Das Werk ist in jeder Hinsicht unvergleichlich, an Umfang, Kostbarkeit, Technik und Gelehrsamkeit, ohne Vorgänger und ohne Nachfolger; es ist eine sächsische Sonderleistung. In neuer Spielart erscheint in ihm wieder die alte Neigung, technische Brillanz zum ästhetischen Eigenwert zu erheben. Es gab ältere Werke solcher Art in der kurfürstlichen Kunstkammer und man kann das Juwelierkunstwerk wegen der Gelehrsamkeit seines Inhaltes und der Komplexität und Feinheit seiner Technik in der Tat als ein letztes Kunstkammerstück ansehen. Andererseits ist es die erste große Chinoiserie der deutschen Kunst, Vorläufer der Chinoiseriearchitekturen des Pillnitzer Schlosses und des Japanischen Palais. Zugleich ist seine goldemaillierte Plastik eine Vorwegnahme der Ästhetik der Kändler'schen Porzellanfiguren. Überhaupt beginnt hier die Bewunderung überseeischer, heidnischer Zivilisationen und ihrer kulturellen Leistungen, die Dinglinger mit Leibniz teilte und die eine Errungenschaft der Aufklärung ist. In seiner gezielt angestrebten Einzigartigkeit aber zeigt sich die politische Mission des Werkes, der Sprung an die Spitze wie beim Porzellan und wie beim Zwinger.

Dieses Bauwerk hat neben seinen bekannten europäischen Bezügen auch einen weithin unbekannten, einen indischen, der übermittelt wurde durch Reiseberichte mit ihren Kupferstichen, wie sie auch Dinglinger benutzte, vielleicht auch der Leipziger Dichter Christian Reuter. Der überschäumende Reichtum an Plastik, aber auch die kuppelbekrönte offene Pfeilerarchitektur des Kronentores weisen deutlich auf das Studium dieser Vorlagen hin. Die Gründe für solche Zitate waren offensichtlich die Schätze, die die europäischen Schiffe von Indiens Häfen mitbrachten: sämtliche Diamanten, die kostbarsten Gewürze, Nashorn, Elfenbein, Schildkrot, Seeschneckengehäuse, große Achatschalen von feinstem Schliff und viele andere Waren, wie sie nur ein Wunderland von unermesslichem Reichtum bieten konnte. Aber auch andere überseeische Länder in Asien, Afrika und Amerika waren Quellen von wertvollsten Warenströmen. Der Welthandel, der den Entdeckern und Kolonisatoren nachfolgte, bewirkte eine Umwälzung der Verhältnisse in ganz Europa, denn die Mächte, die Flotten besaßen, wurden jetzt zu weltbeherrschenden Großmächten, und die Seestädte übertrafen an Größe und Pracht viele fürstliche Residenzen.

Für Sachsen ergaben sich daraus zunächst Schwierigkeiten, denn Binnenmärkte wurden zweitrangig, auch sank die Bedeutung der Silberminen infolge der spanischen Importe von Edelmetallen aus Südamerika. Andererseits wurde ein einheimisches Material, das bislang als weniger profitabel hinter dem Silber galt, zum erstrangigen. Kobalt aus dem Schneeberger Revier wurde in Chinas kaiserlichen Porzellanmanufakturen für die Blaumalerei verwendet. Dies dürfte die gigantischen Ankäufe des Königs für das Japanische Palais ermöglicht oder erleichtert haben.

Im frühindustrialisierten Sachsen, in dem bereits seit Jahrhunderten Kurfürsten, Adel und Bürgertum unternehmerisch und kaufmännisch tätig waren, bestand also offensichtlich auch ein frühentwickeltes Bewusstsein für die wirtschaftliche und kulturelle Bedeutung dieser Veränderungen. Die Erfindung und Vervollkommnung des Porzellans war eine Antwort auf die neuen Herausforderungen des Weltmarktes und im Japanischen Palais sollte das sächsische Porzellan bewusst vor aller Welt als überlegenes Konkurrenzmaterial inszeniert werden. Solche Strategien schöpferisch entwickelt zu haben und die Fähigkeit, politische, wirtschaftliche und künstlerische Maßnahmen so zu verschränken, dass sie sich gegenseitig steigerten, gehört zu den Merkmalen der Größe Augusts des Starken. Diese Bestrebungen erklären auch, dass Exotik in den Dresdner Hofkünsten einen eigenen Zweig bildete, und zwar früher und gewichtiger als in allen anderen zeitgenössischen Kulturen. In diesem Stil wurden gebaut: das Türkische Palais (im Siebenjährigen Krieg zerstört), das »Persianische Palais« (Schloss Übigau), die Chinoiserieschlösser von Pillnitz und das Japanische Palais. Es wurden auch zwei Hoflackierer berufen, Martin Schnell und Christian Reinow, die die hoch bezahlten japanischen Lackmöbel ergänzten oder einheimische Möbel im japanischen Stil dekorierten, ebenfalls in Konkurrenz zu ostasiatischen Erzeugnissen. Die Meister der Meissener Manufaktur kopierten fernöstliche Gefäße und fast sämtliche Hofbildhauer und Hofjuweliere schufen exotische Werke. Bekanntlich arbeiteten in allen diesen Bereichen Künstler, deren Namen man noch heute kennt und deren Schöpfungen in den Museen in aller Welt stehen.

Eine Gruppe von plastischen Werken dieser Art, die es fast nur in Dresden gibt, sind die sogenannten Mohrenfiguren des Grünen Gewölbes. Hofbildhauer, Hofjuweliere und Hoflackierer haben sie gemeinsam geschaffen. Mehrere von ihnen sind aber nicht Darstellungen von Afrikanern, sondern von Indianern. Damals verstand man darunter nicht die nordamerikanischen Steppenbewohner, sondern die Besitzer der ungeheuren Reichtümer Südamerikas. Wer gemeint war, erkannte man an den Schmuckteilen, mit denen die Hofjuweliere sie bekleideten, oder an den Tätowierungen, mit denen der Hoflackierer Schnell ihre Lackhaut punktierte. Wegen ihrer Körperfarbe wurden sie aber insgesamt Mohren genannt. Als Hauptwerk dieser Gruppe gilt der »Mohr mit der Smaragdstufe«, die Trägerfigur eines Stückes von Urgestein mit den darin gewachsenen großen Smaragden, ein kaiserliches Geschenk, das damals schon seit über 100 Jahren in der Kunstkammer bestaunt wurde. Um nun das kostbare Naturstück im neuen Grünen Gewölbe zeigen zu können, musste es in eine Kunstform integriert werden. Man wusste, dass es aus Kolumbien stammte, also brauchte man einen Indianer als Präsentationsfigur.

Mohr mit der Smaragdstufe. Skulptur aus lackiertem Birnbaumholz, Fassung silbervergoldet, Smaragde, Rubine, Saphire, Topase, Granate, Almandin, Schildpatt, wohl von Paul Heermann, Fassung: Dinglinger-Werkstatt, Schildpattarbeit: Wilhelm Krüger, Lackarbeit: wohl Martin Schnell, Dresden, 1724. SKD, Grünes Gewölbe

Der aus Birnbaumholz geschnitzte »Mohr« wird wegen seiner außerordentlichen Schönheit als Werk Permosers angesehen. Wahrscheinlich aber ist er wegen der annähernden Symmetrie seines Umrisses und seiner frontalen Haltung eine Arbeit des Hofbildhauers Paul Heermann. Martin Schnell lackierte ihn kenntnisreich mit den charakteristischen Tätowierungen; der Elfenbein- und Bernsteinarbeiter Krüger furnierte den Sockel, den stützenden Baumstumpf und die Schale für die Edelsteinstufe mit Schildpatt; in Dinglingers Werkstatt schließlich bekleidete und schmückte man ihn auf indianische Weise unter Verwendung vieler farbiger Edelsteine. Schon deshalb wird der Mohr kaum eine Arbeit des »Ersten Hofbildhauers« sein, weil er nur in der Werkstatt des »Ersten Hofjuweliers« vervollständigt wurde. Es entstand so ein einzigartiges Werk, das heute als Symbolfigur für das gesamte Grüne Gewölbe benutzt wird. In seiner klassizistischen Konstruktion ist es – so wie das gleichzeitig entworfene Japanische Palais – ein Spätwerk dieser exotischen Richtung, die mit dem Tode Augusts des Starken allmählich zu Ende ging.

Ein frühes Hauptwerk, in seinem barocken Überschwang den ersten großen Juwelierkunstwerken Dinglingers vergleichbar, ist der Zwinger. Seine Einzigartigkeit war den Zeitgenossen bewusst. Dieses Bauwerk, von Oberlandbaumeister Pöppelmann 1709 begonnen, sollte eine halbkreisförmige Orangerie werden, eingebaut in zwei spitzwinklig aufeinandertreffende Wälle der Festung nahe beim Schloss. Solche Plätze zwischen Wällen wurden Zwinger genannt und dieser, offen nach Südosten, sollte dazu benutzt werden, zur Sommerzeit die Orangenbäume des Königs in Kübeln alleenweise zu einem künstlichen exotischen Park zum Lustwandeln aufzustellen. Während der kalten Monate standen sie in den Bogengalerien der Orangerie. Nach Baubeginn schlug Pöppelmann vor, zwei Pavillons mit kleinen Festsälen anzufügen und schließlich wurde die Anlage noch einmal erweitert und zum Festspielplatz umfunktioniert, denn einer der größten außenpolitischen Erfolge Augusts des Starken zeichnete sich ab, auf den das ganze politische Europa blicken würde: die Vermählung seines Kronprinzen mit der ältesten Tochter Kaiser Josephs I. Dazu war ein Rahmen zu schaffen, der die noch immer altertümliche kurfürstliche Residenzstadt in königlichen Glanz zu tauchen vermochte und dem Rang des Ereignisses entsprach. Diese Verbindung mit dem Hause Habsburg eröffnete nämlich die Aussicht auf die Kaiserkrone, weil Joseph I. keinen Sohn hatte, oder im Falle einer Erbteilung die Möglichkeit einer Landbrücke nach Polen an der schlesisch-brandenburgischen Grenze.

Als die Hochzeit 1719 gefeiert wurde, stand der Bau noch unvollendet. An seiner Nordseite – die später Semper mit der Galerie abschloss – befand sich lediglich eine provisorische hölzerne Tribüne und die Skulpturen der Ostseite waren noch nicht ausgehauen. Dennoch konnte 1726 der Dresdner Schriftsteller ICCander in einer Beschreibung der Stadt zu Recht formulieren: »... der seinesgleichen in Europa nicht habende Zwingergarten«. Zwar waren seit der Renaissance festliche Staatsaktionen in eigens dafür errichteten Arenen veranstaltet worden, aber diese bestanden durchweg aus Holz, Stuck und Leinwand und wurden nach den Feiern wieder abgerissen. Noch nie war ein solcher Festbau mit Galerien und Terrassen für Gäste und Betrachter aus Stein aufgebaut worden. Auch gab es kein anderes Gebäude in Europa, das als ein Werk freier Fantasie so reich mit Skulpturen geschmückt war. 1719 war der Zwinger mit Kalk weiß gestrichen, die Kupferdächer leuchteten blau und die Kronen und Wappenkartuschen strahlten in Gold. Er erschien wie ein Palast aus Porzellan, so exotisch und so zierlich. Er hatte nichts von der modernen französischen »grandeur« und wurde deshalb bis in neuere Zeit als Bau des Rokoko bezeichnet, obgleich er diesem Stil um zwei Jahrzehnte voraus war. Auch mit ihm war der Sprung an die Spitze geglückt, so wie mit dem Porzellanschloss und dem Grünen Gewölbe, wie mit Dinglingers Juwelierkunstwerken, den farbigen Geschirren und den großen Tieren aus Meissener Porzellan, mit den königlichen Juwelengarnituren, dem Pillnitzer Chinoiserieschloss und der Kuppel der Frauenkirche.

Seit Michelangelo mit der Kuppel von St. Peter in Rom an die monumentalen Zentralbauten der römischen Kaiserzeit wieder angeknüpft hatte, galten große Kuppelkirchen in ganz Europa als Herrschaftszeichen und wurden deshalb in den Residenzen errichtet bis ins 19. Jahrhundert hinein. Selbstverständlich hatten die Lutheraner dieses Vorbild nicht angenommen. Als jedoch der erzgebirgische Hammerherr Hans Veit Schnorr 1684 die kleine achteckige Kirche von Carlsfeld hatte errichten lassen, entstand in Sachsen zugleich eine lutherische Interpretation dieses Bautyps. Sie beruhte darauf, dass es Prozessionen im evangelischen Gottesdienst nicht gibt, keinen Zug der Geistlichen zum Altar, und daher ein Langhaus vor der Kuppel nicht benötigt wird. Die lutherische Kuppelkirche ist deshalb ein echter Zentralbau, im Inneren mit amphitheatralisch angeordneten Sitzreihen um den Kanzelaltar herum: Im Zentrum steht das Wort.

Für den katholischen Herrscher Sachsens wird dieser Gesichtspunkt unmaßgeblich gewesen sein. Er wollte das Herrschaftszeichen. Die Chance dafür eröffnete der starke Zuzug in die Residenzstadt in Folge ihrer neu gewonnenen politischen und wirtschaftlichen Bedeutung. Die Einwohnerzahl, anfänglich etwa 25 000, stieg um 100 Prozent an und die alte, brüchige Frauenkirche aus gotischer Zeit fasste die Menge der Gemeindemitglieder bei weitem nicht mehr. Also wurde sie abgebrochen. Für den Neubau gibt es eine Ideenskizze von der Hand des Königs: ein Zentralbau. Glücklicherweise arbeitete in der Stadt ein Baumeister, der bereits Kirchen dieses Typs errichtet hatte – wenngleich es Dorfkirchen waren –, der Ratszimmermeister George Bähr. Zudem fiel dieser Bau in die Zuständigkeit der

Der Zwingerhof in Dresden. Gemälde von Bernardo Bellotto, genannt Canaletto, 1750. SKD, Gemäldegalerie Alte Meister

Stadt. Beide Kräfte, König und Bürgertum, hatten kontroverse Interessen. Der Herrscher wollte das Zeichen königlicher Macht, die Stadt eine Manifestation protestantischen Geistes wie Luthers »Feste Burg« gegenüber dem katholischen Hof. Merkwürdig und denkwürdig stimmten die Gegensätze überein in der Idee eines monumentalen, kuppelgekrönten Zentralbaus. Es war wie die »coincidentia oppositorum« der Alchimisten, die Vereinigung der Gegensätze, denn der Gedanke war sowohl katholisch wie evangelisch und zugleich absolutistisch und bürgerlich. Als die Kirche im Bau war, schlug Bähr plötzlich vor, die Außenkuppel in Stein auszuführen, der Bau solle aussehen »wie aus einem Stein« – ein ungeheuerlicher Vorschlag. Die letzten großen Steinkuppeln waren 1500 Jahre alt: das Pantheon in Rom und die Hagia Sophia im heutigen Istanbul. Spätere Kuppeln aus Stein waren kleiner und deswegen statisch kaum problematisch. Große Kuppeln bestanden aus einer flacheren steinernen Innenkuppel und die hoch aufragenden Außenkuppeln ruhten auf Holzkonstruktionen, die mit Kupfer oder Ziegeln gedeckt waren. Statische Berechnungsgrundlagen für die Zug- und Druckverhältnisse bei der Auftürmung und Wölbung so gewaltiger Massen, wie sie eine reine Steinkonstruktion erforderte, gab es noch nicht.

George Bähr setzte seine riesige Kuppel auf acht radial gegen die Außenmauern gerichtete Pfeiler. Er hoffte, einen Teil ihres Gewichts dadurch auf die mächtigen Wände abzuleiten, dass er die steile Kuppel glockenförmig zu den Fassaden ausschwingen ließ. Dieser Gedanke, wohl vom Zimmermannswerk hergeleitet, war falsch. Zeitgenössische Architekten bezweifelten die Standfestigkeit der Kuppel in mehreren Gutachten. Dennoch wurde sie bis 1738 vollendet. Preußische Kanoniere, die 1760 den Ostteil der Stadt mitsamt der alten gotischen Kreuzkirche in Trümmer schossen, versuchten vor allem, dieses königliche Herrschaftsmal zu zerstören. Nach dem Siebenjährigen Krieg begutachtete der Oberlandbaumeister Krubsacius den Zustand und stellte konstruktiv unerhebliche Risse fest, verursacht durch Setzungen der Pfeiler und »durch die etlichen hundert Bomben, so daraufgefallen ... Alle Pfeiler aber stehen noch genau im Lothe, und solange dies der Fall ist, ist auch keine große Gefahr zu befürchten«.*

Bährs Kuppel widerstand sogar dem Bombardement von 1945. Eine Fotografie zeigt sie wie schwebend über den schrägen Rauchwolken des Feuersturms in der brennenden Stadt. Erst am folgenden Tag brach sie in sich zusammen, als die Pfeiler in der Glut barsten. Ihr Wiederaufbau, anfangs umstritten, wurde mit archäologischer Genauigkeit, unterstützt durch Spenden aus aller Welt, in 13 Jahren vollbracht. Dieses Hauptwerk des evangelischen Kirchenbaus – gemeinsam mit der Katholischen Hofkirche Bekrönung der Stadt – hat sich als unverzichtbar erwiesen – und dies ist der einzige tragende Grund für solche Rekonstruktionen, von der Warschauer Altstadt bis zur Münchner Residenz und den Kirchen von Köln.

Bährs Fehleinschätzung, die die singuläre Glockenform der Kuppel über dem quadratischen Unterbau verursachte, geht seltsam überein mit den Prinzipien des augusteischen Barock. So haben auch die kuppelartigen Turmhauben des Jagdschlosses Moritzburg bei Dresden, die Pöppelmann etwa gleichzeitig konstruierte, die nach unten ausschwingende Form und zwei Fensterreihen, die ihre große Fläche teilen. Im Gegensatz zu den Raum umfassenden monumentalen Kuppeln in Form gestreckter Halbkugeln, wie sie die meisten Hauptstädte Europas bekrönen, ist die der Frauenkirche schlank, sogar zierlich, trotz ihrer Höhe von 95 Metern. Eigentlich ein Staatsbau wie der Zwinger, erscheint sie wie dieser durch zahlreiche Unterteilungen der Form kleiner, als die Maße angeben. Dabei ist sie der geometrisch reinste aller bis dahin errichteten Zentralbauten und eine der kühnsten Konstruktionen der Architekturgeschichte, darin vergleichbar dem Meißner Treppenturm Arnolds von Westfalen und gleich ihm eine sächsische Sonderform.

Die Innenkuppel wurde von dem venezianischen Hofmaler Johann Baptist Grone ausgemalt, also einem Katholiken. Dieser Vorgang wäre in der vorigen Generation noch unvorstellbar gewesen. Nunmehr aber, nach Verkündigung der Gewissensfreiheit in Sachsen, schrumpften konfessionelle Gegensätze und wurden zweitrangig. Jetzt war es sogar möglich, dass Johann Joachim Kändler, Sohn eines evangelischen Geistlichen, 1736 für August III. in der Meissener Manufaktur eine Madonna auf der Weltkugel mit gegenreformatorischer Thematik modellierte. Auch sein Lehrmeister, der Hofbildhauer Benjamin Thomae, gleichfalls sächsischer Pfarrerssohn, schnitzte 1728 die Engel für den Altar der katholischen Hofkapelle des Königs. Dessen

* Jördis Lademann, Die Baukunstabteilung der Dresdner Akademie ..., Phil. Diss., Leipzig 1990

Frauenkirche Dresden, erbaut 1726 bis 1736 von George Bähr. Vertikalschnitt durch die Kirche von Arno Kießling, 1944

Innenraum der Dresdner Frauenkirche mit dem Altar von Bähr und Feige d. Ä., 1732 bis 1738, und der Silbermann-Orgel von 1736 darüber. Foto um 1927

Der heilige Augustinus. Weiß gefasste Holzplastik von Balthasar Permoser, Dresden, um 1725. Katholische Hofkirche Dresden

Lehrer wiederum, der große Permoser, ein oberbayerischer Katholik, schuf für diesen Altar die beiden Kirchenväter Augustinus und Ambrosius, deren Ausdruck geistiger Größe einzigartig in der deutschen Plastik der Epoche steht. Nur vier Jahre zuvor meißelte er die liebliche Gestalt der Venus für den Park des Grafen Hennicke in Wiederau bei Borna, schnitzte er heitere Mohrenstatuetten, die der Hofjuwelier Dinglinger in Gold und Juwelen kleidete. Dessen Kollege wiederum, der evangelische Hofjuwelier Köhler, schuf den Hausaltar mit dem heiligen Joseph und einem gravierten heiligen Nepomuk auf der Rückseite – dieser Patrone wegen zweifellos für die katholische Kronprinzessin Maria Josepha. Zum großartigsten Ausdruck dieser aufklärerischen Toleranz wurde schließlich die Residenzstadt selbst, als nach 1738 die Katholische Hofkirche am Brückenkopf der Elbe gebaut wurde. Im damaligen Europa, in dem noch immer konfessionelle Auseinandersetzungen aufflammten, gab es keine andere Hauptstadt, in der zwei der repräsentativsten Kirchen der beiden großen Konfessionen auf engem altstädtischem Raum gemeinsam das Stadtbild bestimmten.

Es war auch eine Folge der Konversion Augusts des Starken, dass ein Zustrom von Künstlern aus katholischen Ländern stattfand. Im Unterschied zu den Italienern der Renaissance blieben sie aber im Lande und wurden nicht evangelisch, denn sie hatten ihren offiziellen Gottesdienst in der katholischen Hofkapelle, zusammen mit der königlichen Familie, den Jesuitenpatern und den deutschen und polnischen Katholiken des Hofadels. Sie konnten hier ohne Furcht um ihr Seelenheil sterben, denn 1721 wurde ein katholischer Friedhof eingerichtet, der noch heute besteht. Zuvor mussten in Dresden verstorbene Katholiken in die Lausitz überführt werden, denn evangelische Friedhöfe waren ihnen verschlossen. Also begaben sich Leichenzüge mit Geistlichen und Trauergeleit auf die Fahrt zum Kloster St. Marienstern, denn dies war der nächstgelegene repräsentative katholische Ort. Repräsentativ musste er sein, denn in der Regel handelte es sich um Angehörige einer neuen Gesellschaftsschicht aus der Umgebung des Königs: Hofbeamte von katholischem Adel, die frühere Positionen des nunmehr oppositionellen lutherischen sächsischen Adels einnahmen, Künstler und Geistliche aus katholischen Ländern.

Der wichtigste von ihnen war Egon Fürst von Fürstenberg. August der Starke hatte diesen Angehörigen eines souveränen südwestdeutschen Hauses für Zeiten, in denen er in Polen war, zu seinem Stellvertreter berufen. Doch der Fürst starb bereits 1716, erhielt sein Grab in St. Marienstern und dazu ein standesgemäßes Wandepitaph aus sächsischem Marmor in der Klosterkirche. Den Auftrag dafür hatte der »Hofmarmorarbeiter« Fossati erhalten. Im folgenden Jahrzehnt schuf er die reich profilierten Türgewände des Grünen Gewölbes aus sächsischem Marmor sowie die prachtvollen Marmoraltäre der Leipziger Thomaskirche (zerstört) und des katholischen Teils des Petridomes in Bautzen. Für beide meißelte der Hofbildhauer Benjamin Thomae die Marmorfiguren. Diese Zusammenarbeit ist ein besonders erhellendes Beispiel für die künstlerischen Konsequenzen der sächsischen Aufklärung. Denn Giovanni Maria Fossati, der vom Luganer See im katholischen Kanton Tessin der italienischen Schweiz kam und aus Venedig die brillante Technik der Bearbeitung und Zusammenfügung von Marmorarten unterschiedlicher Färbung nach Sachsen mitbrachte, musste mit dem Sohn des evangelischen Pfarrers

Kloster St. Marienstern in Panschwitz-Kuckau, Gesamtanlage

von Pesterwitz bei Dresden eine gemeinsame Kunstform finden. Dieser war ein barocker Klassizist, geschult von Permoser im Zwinger und an französischen Vorbildern. Solche Vereinigungen von Methoden und Traditionen, die sich gesondert voneinander entwickelt hatten, ist eine wesentliche Eigenschaft des Dresdner Barock. Ihn augusteisch zu nennen ist deshalb berechtigt, weil der König mit seinem Konfessionswechsel politisch-praktisch ermöglichte, was die Leipziger Aufklärer theoretisch vorgedacht hatten.

Fossatis Gedächtnismal des Fürsten von Fürstenberg besteht aus weißgebändertem schwarzem und rotem, grauem sowie graugrünem Marmor. Eine schwarze Inschrifttafel ist ornamental in hohem Relief gerahmt. Seine Technik ist staunenerregend, denn das Epitaph in seinen verschiedenen Steinfarben erscheint wie gewachsen. Nicht die geringste Fuge ist zu erkennen. Es ist bekrönt von dem vergoldeten Wappen des Fürsten, das von zwei Putti aus dem schwarzen, weißgebänderten Marmor gehalten wird, und zwar so stark bewegt, als hätten sie es eben in diese Position gebracht. Nur wer Arbeiten des großen päpstlichen Hofbildhauers Bernini studiert hatte, konnte so etwas machen. Deshalb ist bereits vermutet worden, dass sie »stilistisch auf einen Bildhauer aus dem Umkreis Balthasar Permosers« zurückgehen.* Dieser Meister hatte Berninis Werke in Rom studiert. Nur Permoser selbst hatte die Freiheit und die Kraft solche wie spielerisch bewegte Kinderkörper als Bekrönung über das Epitaph in hochbarockem Kontrast zu setzen, das Momentane gegen das Ewige. (Als Motiv gibt es Putti als Wappenhalter schon auf Grabdenkmälern der Renaissance.) Hier tritt exemplarisch ein soziales Moment in Erscheinung, charakteristisch für das Regelwerk des barocken Ständestaates und

* Heinrich Magirius in: Im Glanz der Ewigkeit, Kunstwerke im Kloster St. Marienstern, Halle a. d. Saale 1999, S. 22.

Epitaph des Fürsten Egon von Fürstenberg von Balthasar Permoser, nach 1716. Panschwitz-Kuckau, Kloster St. Marienstern

anwendbar auf die nähere Bestimmung vieler derartiger Denkmäler von hohem künstlerischem Rang, deren Meister keine Akte verzeichnet: Dem gesellschaftlichen Rang des Stifters oder Auftraggebers entspricht der des Künstlers. Selbstverständlich kamen für das Gedächtnis des ersten Beamten im Staate nur die teuersten Materialien und die ersten Künstler der Residenz infrage, der Hofmarmorarbeiter und der erste Hofbildhauer des Königs.

Eine gleiche Bestimmung gilt für ein anderes Epitaph in dieser Kirche, das der Gräfin Maria Franziska Sulkowski, gestorben 1741. Sie war die Ehefrau jenes polnischen Grafen, der als Berater König Augusts III. für polnische Angelegenheiten die parallele Position des für das Sächsische zuständigen Grafen Brühl innehatte. Diesen Herren kam in der folgenden Generation etwa die gleiche Aufgabe zu wie dem Fürsten von Fürstenberg unter August dem Starken. Dem entsprach es wiederum, dass auch die marmornen Putti dieses Denkmals von der Hand des damals amtierenden königlichen Hofbildhauers Gottfried Knöffler stammen. In der Klosterkirche St. Marienstern sind also Hauptwerke der sächsischen Plastik vom frühesten Anfang bis zum Ende des Barock versammelt und dies zeigt den besonderen Rang dieser katholischen Institution im evangelischen Sachsen an.

Seit etwa 1715 zog der König mit deutlicher Vorliebe französische Künstler nach Dresden. Es kamen der Maler Silvestre, die Bildhauer Vinache und Coudray, die Architekten de Bodt und Longuelune. Selbst Pöppelmann und Thomae wurden noch während des Zwingerbaus zu Studien nach Paris entsandt. Aus deren Zusammenarbeit, gelenkt von August II., entstand ein sächsischer Barockklassizismus, der, ohne individuelle Auffassungen einzuengen, allmählich im ganzen Land als Vorbild akzeptiert wurde. Es war – in neuer Spielart – eine Wiederaufnahme der alten Neigung sächsischer Kunst zu Klarheit oder Rationalität der Form. Man sieht es in der Geometrie der Meissener Gefäßformen, in der sanften Klassizität der Engel Thomaes und der regelmäßigen Pyramidenform der Kirchenväter Permosers, vor allem aber in der Fassadengliederung, die Longuelune einführte. Geputzte Lisenen teilen die Fensterachsen und bilden mit den Horizontalen des Sockels und des Daches ein architektonisches Gerüst von zarter und klarer Bestimmtheit. Dieses Prinzip taucht in ganz Sachsen auf, noch über Klassizismus und Biedermeier hinaus.

Am besten erkennt man die Kontinuität sächsischer Traditionen in der Kunst des augusteischen Zeitalters an der Plastik. Der von Carlo de Cesare herrührende Klassizismus taucht wieder auf am Palais im Großen Garten. George Heermann, dort tätig, vererbte ihn an seinen Neffen und Schüler Paul Heermann. Dieser, in Rom geschult, sollte die antiken Skulpturen restaurieren, die August der Starke erwarb. Seine Formsprache geht in den Skulpturen des Zwingers überein mit der seiner Kollegen Thomae und Kirchner. Die Dramatik Permosers übernahm dort nur Johann Joachim Kretzschmar, zu sehen an den Brunnen der Langgalerien. Aber diese Gestaltungsweise – bevorzugt von den Leipziger Patriziern wie dargelegt – blieb in der höfischen Kunst Dresdens eine Episode und sogar der späte Permoser ging von ihr ab. Der sächsische Klassizismus wurde schließlich von Thomae weitergereicht und lief – wie Longuelunes Gliederungen – bis in das 19. Jahrhundert hinein. Dieser Stil vermochte das ganze Kurfürstentum zu prägen. Der

Johann Sebastian Bach. Porträt, Gemälde von G. E. Haußmann, 1746. Leipzig, Stadtgeschichtliches Museum

Hof war nicht allein politischer, sondern auch kultureller Mittelpunkt. Er setzte die Maßstäbe von Bildung und Toleranz, Kunst und Mode. Selbst der größte aller lutherischen Kantoren, Johann Sebastian Bach in Leipzig, weitete seinen Einblick in die moderne musikalische Sprache Italiens und Frankreichs durch das Anhören der »Dresdner Liederchen« in der königlichen Oper und durch seine Verbindungen zu den berühmten Solisten der Hofkapelle. Auch die bürgerliche Architektur in den wohlhabenden Handelsstädten des Landes wurde von der Residenz inspiriert, sichtbar von Zittau bis Schneeberg. Die Dresdner Bauordnung, die der König 1720 erließ, bewirkte das Aufkommen einheitlicher künstlerischer Erscheinungsbilder der städtischen Räume, die beispielhaft waren weit über Sachsen hinaus.

Als August der Starke am 1. Februar 1733 in Warschau starb, zeigte sich, wie umstritten die wettinische Herrschaft über das polnisch-litauische Großreich noch immer war. Wie schon 1697, so auch jetzt, bildeten sich in Polen wieder eine französische und eine sächsische Partei, die mit den jeweils interessierten Großmächten verbunden waren. Im polnischen Erbfolgekrieg, der sofort ausbrach, kämpften Russland und Österreich für die sächsische Thronfolge; für den Schwiegervater Louis XV., Stanislaus Leszczynski, Frankreich, Spanien und Sardinien. Erst 1734 konnte der sächsische Kurfürst Friedrich August II. in Krakau als König August III. gekrönt werden. Kursachsen war von diesem Krieg nicht unmittelbar berührt worden. Es stand in voller Blüte.

August der Starke hatte die meisten seiner Ziele erreicht. In Polen war die sächsische Erbfolge durchgesetzt worden – ein verheißungsvoller Erfolg. Sachsen aber hatte alle Rückstände aufgeholt und stand in Wirtschaft, Kunst und Wissenschaft an der Spitze deutscher Entwicklungen. Zwar hatte sich ein Absolutismus französischer Prägung nicht durchsetzen lassen, jedoch mit den Einkünften aus der Montanwirtschaft und den Manufakturen, andererseits einem vorzüglich gerüsteten und wohlorganisierten Heer von 30 000 Soldaten waren alle Voraussetzungen unabhängiger Handlungsfähigkeit des Fürsten geschaffen.

Der König hatte mit dem »Codex Augusteus« ein in ganz Deutschland vorbildliches Gesetzeswerk für den Kurstaat zusammengestellt, 1713 und 1724 die Schulordnung des Kurfürsten August von 1580 modernisiert und Ansätze zur gesetzlichen Schulpflicht hergestellt. Er funktionierte 1728 den Zwinger zum Königlichen Palast der Wissenschaften um, dem ersten nach Sachgebieten geordneten Komplex wissenschaftlicher Sammlungen, die öffentlich zugänglich waren. Zu ihnen gehörten das Kupferstich-Kabinett als Bildarchiv und die alte kurfürstliche Bibliothek, der Mathematisch-Physikalische Salon, die Mineralien- und Anatomiesammlung sowie die noch immer riesigen Bestände der Kunstkammer. Fachleute waren angestellt, ihre Bestände und die der Kunstsammlungen zu ordnen und zu inventarisieren. Als erster der vom König geplanten Bildkataloge erschien der der Antikensammlung. So wie in keiner anderen Stadt Europas standen damit in Dresden Informationen über alle Wissens- und Kunstgebiete dem Gebildeten frei zur Verfügung. Im Schloss, das außen und innen weitgehend modernisiert worden war, konnte er außer dem Grünen Gewölbe auch die Gemäldesammlung sehen. Selbstverständlich waren ihm die Aufführungen in dem neuen Opernhaus am Zwinger zugänglich, wo neben berühmten Sängern auch Solisten zu hören waren, die zu den ersten ihres Faches gehörten und deren Kompositionen heute wieder aufgeführt werden: der Lautenist Weiß, der Geiger Buffardin, der Flötist Quantz, der Dirigent Heinichen. Auch traten seit 1730 die »Hof-Comödianten« der Caroline Neuber in Dresden auf. Sie führte die Reform des deutschen Theaters nach dem Vorbild der klassischen französischen Dramatik in die Bühnenpraxis ein, nach der Theorie des Leipziger Professors für Poesie, Logik und Metaphysik, Johann Christoph Gottsched.

Der Ostpreuße Gottsched übernahm in Leipzig gleichsam das Erbe Johann Burkhard Menckes, des Sohnes und Schülers von Otto Mencke, der seit 1715 die »Neuen Zeitungen von gelehrten Sachen« herausgab, 1725 die »Deutsch übende Gesellschaft« und der 1727 die »Deutsche Gesellschaft« gegründet hatte. Gottsched folgte ihm seit 1725 mit den kritisch-aufklärerischen Zeitschriften »Die vernünftigen Tadlerinnen« und »Der Biedermann«.

Johann Christoph Gottsched. Stich nach einem Gemälde von L. Schorer, 1744

Gotthold Ephraim Lessing, Gemälde von Georg Oswald May (zugeschrieben), 1767/68. Halberstadt, Gleimhaus

Durch seine sprach- und literaturtheoretischen Werke wie »Beiträge zur kritischen Historie der deutschen Sprache, Poesie und Beredsamkeit« (Leipzig, 1732) oder »Versuch einer kritischen Dichtkunst für die Deutschen« (Leipzig, 1730) wurde die Leipziger Universität zur Pflanzstätte der jungen deutschen Literatur. Es war gewiss seine mittelbare Wirkung, dass Klopstock und Lessing zum Studium nach Leipzig gingen – ohne die bereits veralteten Lehrsätze Gottscheds zu respektieren – und noch der Student Goethe hat dem alten Literaturprofessor seine Aufwartung gemacht.

Leipzig war für die jungen Genies natürlich auch wichtig als deutsches Zentrum des Buchdrucks und des Buchhandels. Der »Messekatalog« verzeichnete alle neuen Editionen. Seit der Konversion Augusts des Starken hatte die Stadt diese Position erklommen wegen der nunmehr staatlich verordneten Toleranz. Die Zensurbestimmungen in Kursachsen waren weitmaschiger und liberaler als in konfessionell monolithischen Staaten und dies waren noch immer die meisten. Aber die technisch-wissenschaftlichen Publikationen hatten, entsprechend der Struktur und Tradition des Landes,

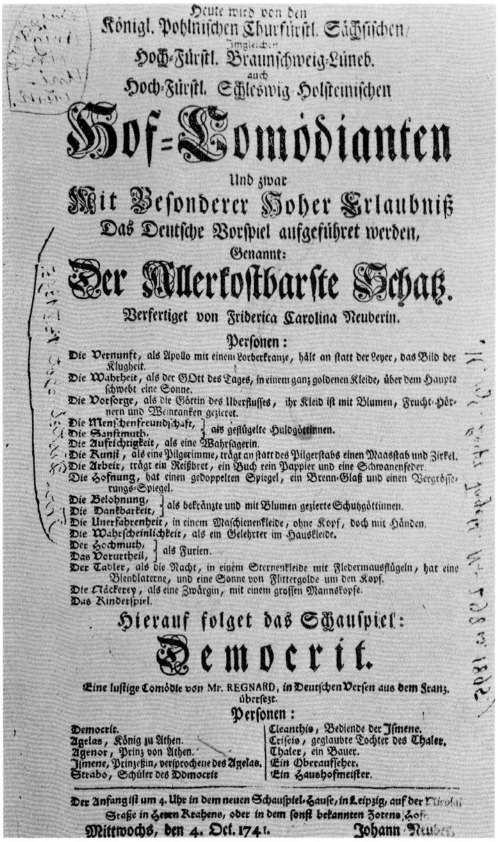

Heute wird von den
Königl. Pohlnischen Churfürstl. Sächsischen/
Imgleichen
Hoch-Fürstl. Braunschweig-Luneb.
auch
Hoch-Fürstl. Schleswig-Holsteinischen
Hof-Comödianten
Und zwar
Mit Besonderer Hoher Erlaubniß
Das Deutsche Vorspiel aufgeführet werden,
Genannt:
Der Allerkostbarste Schatz.
Verfertiget von Friderica Carolina Neuberin.
Personen:
Die Vernunft, als Apollo mit einem Lorberkranze, hält an statt der Leyer, das Bild der Klugheit.
Die Wahrheit, als der GOtt des Tages, in einem ganz goldenen Kleide, über dem Haupte schwebt eine Sonne.
Die Vorsorge, als die Göttin des Uberflusses, ihr Kleid ist mit Blumen, Frucht-Hörnern und Weinranken gezieret.
Die Menschenfreundschaft, Die Sanftmuth, } als geflügelte Huldgöttinnen.
Die Aufrichtigkeit, als eine Wahrsagerin.
Die Kunst, als eine Pilgerimme, trägt an statt des Pilgerstabs einen Maasstab und Zirkel.
Die Arbeit, trägt ein Reißbret, ein Buch rein Pappier und eine Schwanenfeder.
Die Hofnung, hat einen gedoppelten Spiegel, ein Brenn-Glaß und einen Vergrösserungs-Spiegel.
Die Belohnung, Die Dankbarkeit, } als bekränzte und mit Blumen gezierte Schutzgöttinnen.
Die Unerfahrenheit, in einem Maschienenkleide, ohne Kopf, doch mit Händen.
Die Wahrscheinlichkeit, als ein Gelehrter im Hauskleide.
Der Hochmuth, Das Vorurtheil, } als Furien.
Der Tadler, als die Nacht, in einem Sternenkleide mit Fledermausflügeln, hat eine Blendlaterne, und eine Sonne von Flittergolde um den Kopf.
Die Näckerey, als eine Zwärgin, mit einem grossen Mannskopfe.
Das Kinderspiel.
Hierauf folget das Schauspiel:
Democrit.
Eine lustige Comödie von Mr. REGNARD, in Deutschen Versen aus dem Franz. übersezt.
Personen:

Democrit.	Cleanthis, Bediende der Ismene.
Agelas, König zu Athen.	Criseis, geglaubte Tochter des Thaler.
Agenor, Prinz von Athen.	Thaler, ein Bauer.
Ismene, Prinzeßin, versprochene des Agelas.	Ein Oberaufseher.
Strabo, Schüler des Democrit	Ein Haushofmeister.

Der Anfang ist um 4. Uhr in dem neuen Schauspiel-Hause, in Leipzig, auf der Nicolai Straße in Hesen Reahens, oder in dem sonst bekannten Zotens Hof.
Mittwochs, den 4. Oct. 1741.   Johann Neuber.

Theaterzettel für den Auftritt der Truppe der Caroline Neuberin 1741 am Dresdner Hof

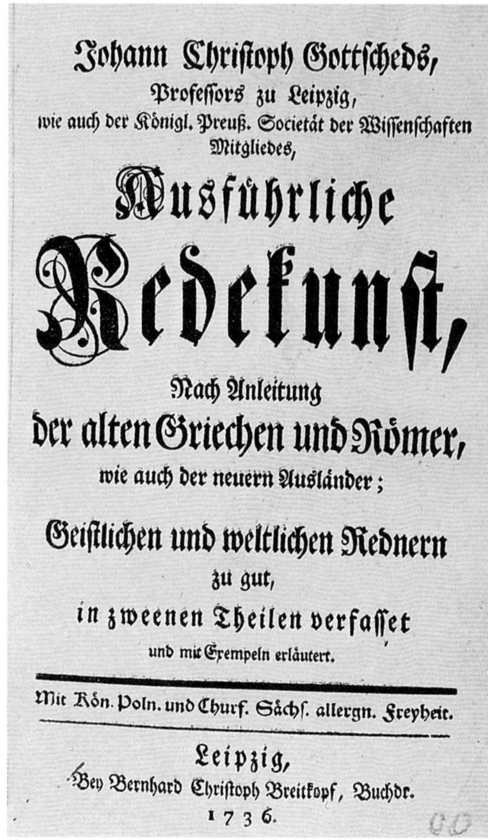

Johann Christoph Gottscheds,
Professors zu Leipzig,
wie auch der Königl. Preuß. Societät der Wissenschaften Mitgliedes,
Ausführliche
Redekunst,
Nach Anleitung
der alten Griechen und Römer,
wie auch der neuern Ausländer;
Geistlichen und weltlichen Rednern
zu gut,
in zweenen Theilen verfasset
und mit Exempeln erläutert.
Mit Kön. Poln. und Churf. Sächs. allergn. Freyheit.
Leipzig,
Bey Bernhard Christoph Breitkopf, Buchdr.
1736.

Die »Ausführliche Redekunst« von Johann Christoph Gottsched. Leipzig, 1736

den gleichen Rang. Jacob Leupold, der in seiner »Mechanischen Fabrique« in Leipzig Apparaturen zur Lehre und Forschung für die Universität herstellte, gab hier sein »Theatrum Machinarum« heraus, das in drei Bänden unvollendet blieb, weil er 1727 starb. Es war das Grundlagenwerk des 18. Jahrhunderts für alle mechanischen Probleme des Maschinen-, Instrumenten-, Wasser-, Brücken- und Festungsbaus. Der berühmte Dresdner Hofmechanicus Andreas Gärtner, Konstrukteur der ersten Weltzeituhr – im Mathematisch-Physikalischen Salon –, stand ihm nicht nach mit seiner Schrift über die Unmöglichkeit des »perpetuum mobile«, das man damals noch zu konstruieren versuchte. Mit dem Instrumentenbau befasste sich auch der Theologe und Geograf Adam Friedrich Zürner aus Marieney im Vogtland. Im Auftrag Augusts des Starken und als königlich-polnischer und kurfürstlich-sächsischer Land- und Grenzkommissar vermaß er seit 1711 das gesamte Kurfürstentum und entwickelte dazu neuartiges geodätisches Gerät, Wegemesser und Messwagen. Zürners Arbeit diente zur Lösung wirtschaftspolitischer und juristischer Fragen bis hin zur steuerlichen Veranlagung, war aber zugleich wissenschaftlich bahnbrechend. Seine Resultate zieren noch immer ganz Sachsen, es sind die Postmeilensäulen mit den in Stunden angegebenen Entfernungen, die eine Vorstellung von der Dichte des Kommunikationsnetzes im Kurstaat übermitteln. Ihrer Errichtung entsprachen Ausbau und Verbesserung des Straßennetzes, die der Landesherr energisch voranbrachte. Alleen führten zu neuen Schlössern, die den Raum um die Residenz gestalteten und belebten. Moritzburg und Pillnitz, Übigau und Großsedlitz vereinen Zierlichkeit mit Klassizität. Mit ihren kleinen Parks sind sie ohne

Dominanz in die Landschaft eingebettet. Von gleichem künstlerischem Rang sind die Parkskulpturen der Meister des Permoser-Kreises. Sie stehen in der deutschen Plastik dieser Zeit ohne Vergleich und ihre Wirkung reichte über Böhmen bis Wien, über Berlin bis Warschau und Kopenhagen.

Mit August dem Starken endete 1733 ein Geniezeitalter. Es fehlte nun der Inspirator, der Künste und Wissenschaften zu unvergleichlichen Leistungen anspornte. Dinglinger war bereits 1731 verstorben, Permoser 1732, Pöppelmann starb 1736, Bähr 1738. Doch Dresden und Leipzig waren zu Städten von europäischem Rang und Ruf aufgestiegen und Sachsen zum Zentrum der Aufklärung in Deutschland.

Es wäre jedoch falsch zu meinen, dass August III. Künste und Wissenschaften nicht inspiriert hätte. Er war ein gebildeter Regent, beherrschte das Polnische, Französische, Italienische und Lateinische und war ein ausgezeichneter Kenner der Musik und der Malerei. Aber er hatte nichts vom Genialischen seines Vaters, dessen politischer und kunstlerischer Fantasie, dessen Zukunftsvisionen. Er liebte das Vollendete. Jene Kunstindustrien, die August der Starke begründet oder befördert hatte – Silberschmiede-, Porzellan- und Steinschneidekunst, Glas-, Büchsen- und Instrumentenmacherei, Möbelbau und Druckerei –, gerieten unter dem Maßstab seines Geschmacks zu höchster Verfeinerung. In Frankreich verlief die Entwicklung ähnlich. Der Absolutismus verfiel der Kritik. Die höfische Kultur verlor den Führungsanspruch und die Nachfolger der barocken Gründerpersönlichkeiten waren eher Genussmenschen, die ihre Spezialisten regieren und Krieg führen ließen. August III. repräsentierte diesen Typus des Rokokofürsten, der das Privatleben den großen Staatsaktionen vorzog, leidenschaftlich jagte, Kunst sammelte, Musik und Theater liebte.

Friedrich II. von Preußen, Sachsens großer Gegner, verkörperte die Ausnahme von dieser Regel. Wie sein Vorbild, Karl XII. von Schweden, missachtete er die Brokatroben und den Staatsschmuck zeitgenössischer Herrscher und verbrachte sein Leben im Soldatenrock. Seine politische Biografie ist der Augusts des Starken merkwürdig ähnlich, obgleich ihm der Wettiner vier Jahrzehnte vorausging. Beide kamen jung an die Macht und trafen etwa im

»General-Bass in der Composition«. Anweisung von Johann David Heinichen, Hofkapellmeister in Dresden, um 1728

Der
GENERAL-BASS
in der
COMPOSITION,
Oder:
Neue und gründliche
Anweisung,
Wie
Ein Music-Liebender mit besonderm Vortheil, durch
die Principia der Composition, nicht allein den General-Baß
im Kirchen- Cammer- und Theatralischen Stylô vollkommen, & in altiori
gradu erlernen; sondern auch zu gleicher Zeit in der Composition selbst, wichtige
Profectus machen könne.
Nebst einer Einleitung
Oder
Musicalischen Raisonnement
von der Music überhaupt, und vielen besondern
Materien der heutigen Praxeos.
Herausgegeben
von
Johann David Heinichen,
Königl. Pohln. und Churfl. Sächs. Capellmeister.
In Dreßden bey dem Autore zu finden. 1728.

»Catalogvs Vniversalis, Oder Verzeichniß Derer Bücher ... zur Michael-Messe, 1759 ... «. Leipzig, Weidmannische Handlung

CATALOGVS VNIVERSALIS,
Oder
Verzeichniß
Derer Bücher,
welche
in der Frankfurter und Leipziger
Michael-Messe, 1759.
entweder ganz neu gedruckt, oder sonsten verbessert, wieder
aufgeleget worden sind, auch ins künftige noch herauskommen
sollen.
CVM GRATIA ET PRIVILEGIO SPECIALI SERENISSIMI ET POTENTISSIMI
REGIS POLONIARVM ET ELECTORIS SAXON.
Leipzig,
in der Weidmannischen Handlung.

Ritterakademie Dresden, erbaut 1724 bis 1730 von Johann Christoph Knöffel, abgebrannt 1945, Ruine abgebrochen

gleichen Alter – Ende zwanzig – eine riskante politische Entscheidung im Konkurrenzkampf der deutschen Mächte, die ihr Leben bestimmen sollte. Der Wettiner nahm Polens Krone, um eine Großmacht aufzubauen, der Hohenzoller führte die drei Schlesischen Kriege, um diese zu stürzen und Preußen an ihre Stelle zu setzen. Selbstverständlich nahm man es am Berliner Hof mit Besorgnis auf, dass den Wettinern 1734 die polnische Erbfolge gelungen war, und man musste sich der Möglichkeit versehen, dass sie, gestützt auf ihr wirtschaftliches Potential, die Position einer erblichen Dynastie erringen könnten. Preußen hätte den Jahrhunderte währenden Kampf um die Vormacht im deutschen Nordosten verloren und wäre zweitrangig geblieben.

Sachsen aber sonnte sich im Glück des Friedens, seines Reichtums und seiner Künste. Der Ausbau der Städte, vor allem Dresdens und Leipzigs, wurde so bruchlos fortgesetzt, dass heute nur Fachleute an Details stilistische Unterschiede bemerken. Denn schon in der Spätzeit Augusts des Starken hatte der Schüler Pöppelmanns und Longuelunes, Johann Christoph Knöffel, mit der Ritterakademie in Dresden (1724–1730) einen Bau von rigoroser Klarheit und Schmucklosigkeit der Fassadengestaltung errichtet, der wie eine Vorwegnahme aller Schritte zum Klassizismus in der sächsischen Architektur erscheint. (Noch in den sechziger Jahren fiel die als Brandruine weitgehend erhaltene Bausubstanz stalinistischem Vandalismus zum Opfer.) Knöffel, gebürtiger Dresdner, wurde schon 1728 zum Oberlandbaumeister ernannt. Unter August III. entwickelte er sich zum führenden sächsischen Architekten und damit zum Träger einer einheimischen Bautradition, die über Starckes Palais im Großen Garten bis zu den Bauten Wolf Caspar von Klengels zurückreichte. Solche Phänomene, heute unbekannt oder missachtet, waren Ursache großer einheitlicher Entwicklungslinien, die Lebensgefühl und Identitätsbewusstsein in Städten und Ländern prägten. Diese

Sachlage tritt in den Bauten Knöffels besonders glücklich zutage, weil er Gleichheit und Unterschiede der beiden Herrscher des augusteischen Zeitalters miteinander zu verbinden wusste: den französisch inspirierten Barockklassizismus Augusts des Starken mit dem italienisch geprägten seines Sohnes.

August III., von seiner frommen Mutter in Schloss Pretzsch an der Elbe streng lutherisch erzogen, war von seinem Vater mit 15 Jahren – wie üblich – auf die sogenannte Kavalierstour gesandt worden, um sich ausländischen Herrschern zu präsentieren und deren Regierungsweise, Politik, Wirtschaft, Kunst, Technik und Militärwesen zu studieren. In seinem Falle war damit noch eine weitere Zielstellung verbunden: Er sollte zum Katholiken gemacht werden, um dereinst wie sein Vater in Polen als König wählbar zu sein. Die Bedeutung dieser Mission im Getriebe der europäischen Politik belegt die Tatsache, dass Papst Clemens XI. seinen Neffen mit den Angelegenheiten des designierten Kronprinzen von Polen betraute. Dieser, der spätere Kardinal Annibale Albani, nur wenig älter als August und Spross einer der ersten Familien Roms, war Jesuit – eine symptomatische Wahl von enormer Tragweite für die sächsische Kultur.

König August III. als Kronprinz zu Pferde. Gemälde von Louis de Silvestre, um 1718. SKD, Gemäldegalerie Alte Meister

Der Jesuitenorden war im 16. Jahrhundert gegründet worden zum Zwecke der Gegenreformation. Er bildete insofern eine Ausnahme unter den katholischen Organisationen, als dass er dazu bestimmt war, in das Weltgeschehen, sogar in die Politik einzugreifen. Seine Funktion machte es notwendig, dass sich die Patres mit dem Gedankengut der Reformation auseinandersetzten, späterhin auch mit den Entwicklungen der Wissenschaften, Technik, Kunst und Philosophie. Ihre Schulen waren berühmt elitär. Im 18. Jahrhundert brachten sie in Italien eine Variante der Aufklärung hervor, die ihren religiösen Grundvorstellungen anverwandelt war. Theater, Musik und Literatur standen weitgehend unter ihrem Einfluss. Es ist daher kein Zufall, dass Kardinal Alessandro Albani, Annibales Bruder, eine der bedeutendsten Sammlungen antiker Kunst der Epoche zusammenbrachte und in seiner 1758 eigens dafür erbauten Villa in Rom aufstellte.

In dieser berühmten Villa Albani malte 1761 der königlich-polnische und kurfürstlich-sächsische Hofmaler Anton Raphael Mengs aus Dresden das Deckengemälde des Festsaales »Apoll und die neun Musen«, das in ganz Europa als erste Erscheinung des klassizistischen Stils in der Malerei gefeiert wurde. Zur gleichen Zeit bearbeitete der Sekretär des Kardinals die Antikensammlung der Villa, ein Freund von Mengs und wie er aus Dresden gekommen. Es war Johann Joachim Winckelmann. Vor seiner Abreise aus Dresden hatte er 1755 mit seinen »Gedanken über die Nachahmung der griechischen Werke in der Malerei und Bildhauerkunst« Begeisterung erregt und Aufsehen bei Hofe. Es war die Programmschrift des Klassizismus. Zehn Jahre später (1764) ließ er in Dresden sein Hauptwerk »Geschichte der Kunst des Altertums« drucken. Damit begannen die moderne Kunstwissenschaft und die Archäologie. Goethe erachtete diese Schriften als epochemachend und nannte daher sein Werk über den Autor »Winckelmann und sein Jahrhundert«. Die Re-publikaner der nächsten Generation sogen aus ihnen ihre Überzeugungen, denn Winckelmann hatte geschrieben, dass Größe und Schönheit der Griechen und ihrer Kunst auch auf der Freiheit ihrer Verfassung beruhe. Merkwürdigerweise war die aufgeklärte Modernität beider großen Männer, Mengs und Winckelmann, auf jesuitischem Boden gewachsen und beide konvertierten zum Katholizismus – ein Schritt, dessen Problematik in Sachsen

Johann Joachim Winckelmann. Gemälde von Christian Ferdinand Hartmann, 1794. Halberstadt, Gleimhaus

um einiges entschärft war. In Dresden geblieben waren zwei ihrer Freunde, beide Maler: Adam Friedrich Oeser aus Pressburg, der 1739 aus Wien zugereist war, und Christian Wilhelm Ernst Dietrich aus Weimar, der seine Neigung zu Italien bezeugte, indem er mit »Dietericy« signierte. Bei Oeser wohnte Winckelmann und nahm Unterricht im Zeichnen. Bei Dietrich, der damals Galerieinspektor war, klopfte er an, wenn er Gemälde studieren wollte, und von ihm erhielt er ein Empfehlungsschreiben an Mengs bei seiner Abreise nach Rom.

Dietrich hatte als erster das Prinzip der Nachahmung vorbildlicher Werke oder Motive in die Malerei eingeführt. Er war ein gebildeter und kenntnisreicher Künstler, in der Galerie und im Kupferstich-Kabinett zu Hause, wo er Vorlagen auswählte, aus denen er Gemälde und Radierungen komponierte, deren Modernität in der Betonung des Linearen und der Zurücknahme der Farbigkeit bestand. Dies war eine sächsisch-rationalistische Methode der Bilderfindung, mit der Dietrich Gedanken der Aufklärung, wie die dauerhafte Gültigkeit kunstgeschichtlicher Vorbilder, mit klassizistischen Kunstprinzipien vereinte und großen Ruhm erwarb. Winckelmann nannte ihn einen Raffael der Landschaftsmalerei und offensichtlich war er auf diesem Gebiet bedeutender als in Figurenbildern. Oeser hingegen, als habsburgischer Untertan katholisch, hatte in Wien bei seinem Lehrer Donner früheste klassizistische Lehren erhalten. Seine Bilder mit Idealfiguren in gemessenen Bewegungen und sanften Farben gehen denen von Mengs voraus, aber sein außerordentlicher Rang ist der eines Anregers. Er unterhielt Beziehungen zu den gebildeten Jesuitenpatern des Hofes, die Winckelmann zugute kamen. Er war als Gründungsdirektor der Leipziger Kunstakademie von dem Studenten Goethe zum Zeichenlehrer erwählt worden, war also Mentor zweier deutscher Genies. Merkwürdigerweise war Oeser von Wien nach Dresden gezogen, nur um Monate später als der italienische Bildhauer Lorenzo Mattielli, so als seien sie in Verbindung gewesen. Dieser, 1688 in Vicenza geboren, hatte in Wien in jenem spätbarocken Stil gearbeitet, in dem er aufgewachsen war. In Dresden aber traf er 1738 auf eine große plastische Schule, die den altprotestantischen Kunstgepflogenheiten folgte,

Johann Joachim Winckelmann, »Gedancken über die Nachahmung der Griechischen Wercke in der Mahlerey und Bildhauer-Kunst« mit drei Radierungen von Adam Friedrich Oeser. Dresden 1755. SKD, Kupferstich-Kabinett

Gedancken
über die
Nachahmung der Griechischen
Wercke
in der
Mahlerey und Bildhauer-Kunst.

Vos exemplaria Græca
Nocturna versate manu, versate diurna.
HORAT. ART. POET.

1755.

Dresden vom rechten Elbufer unterhalb der Augustusbrücke mit der Katholischen Hofkirche im Bau. Kupferstich nach Bernardo Bellotto, genannt Canaletto, 1748. SKD, Kupferstich-Kabinett

in denen Klarheit und Geschlossenheit der Form klassizistische Tendenzen über Generationen erzeugten. Benjamin Thomae war nach Permosers Tod ihr Haupt. Dessen Schüler und Schwiegersohn Gottfried Knöffler aus Zschölkau bei Leipzig arbeitete mit Mattielli zusammen und wurde 1751 sein Nachfolger als Hofbildhauer.

August III. hatte 1738 zwei italienische Meister nach Dresden berufen zur Ausführung einer rein katholischen Aufgabe. Der Architekt Gaetano Chiaveri sollte ihm – dem ersten streng katholischen Herrscher Sachsens seit der Reformation – eine Hofkirche errichten, die dem Rang seines polnischen Königtums angemessen war. Mattielli war die Bauplastik zugedacht. Der König ließ die alte evangelische Schlosskapelle abbrechen und seine Kirche demonstrativ vor der Elbfront des Schlosses errichten, sodass ihr Schiff sogar das Hauptportal unter dem Schlossturm verdeckt und als Manifestation katholischer Macht und Majestät den altstädtischen Brückenkopf und die gesamte Hauptansicht der Stadt beherrscht. Bernardo Bellotto, genannt Canaletto, königlicher Hofmaler aus Venedig, hat dieses neue Erscheinungsbild der Residenzstadt als erster erfasst und seitdem bestätigten zahllose Veduten, dass dieses gegenreformatorische Monument die Schauseite der Residenz dominiert und nicht Bährs evangelische Kuppel. Die Frauenkirche der Bürgerschaft erscheint in Bellottos Werken als Krone des innerstädtischen Raumes. Tatsächlich bestätigt das Programm der 78 Heiligenstatuen in doppelter Lebensgröße am Außenbau die gegenreformatorische Zweckbestimmung des Baues.

Jedoch Augusts des Starken Deklaration von 1697 über die Unantastbarkeit der evangelischen Rechte im Kurstaat, die sein Sohn bestätigen musste, hatte zur Folge, dass das inhaltliche Konzept der Hofkirche gesellschaftlich wirkungslos blieb. Der katholische Polenkönig musste als Schutzherr und »Summus Episcopus« der evangelischen Landeskirche respektieren, dass katholische Prozessionen seine Privatangelegenheit waren, im Sinne der Gewissensfreiheit, und im öffentlichen Raum einer lutherischen Gemeinde nicht stattfinden durften, nicht einmal Geläut. Deshalb musste Chiaveri zwischen Mittelschiff und Seitenschiffen einen Prozessionsumgang einfügen, der den Innenraum fünfschiffig erscheinen lässt, aber andererseits das ma-

Der Neptunbrunnen im Garten des Marcolinipalais (Palais Brühl) in der Friedrichstadt, der Mittelteil von Lorenzo Mattielli, 1746

jestätisch Breitgelagerte des Außenbildes bewirkt. Die Gegenreformation in Kursachsen hatte Wirkungen allein in der Kultur, da allerdings großartige.

Chiaveris römischer Prachtbau blieb in der Dresdner Bauschule folgenlos, Mattiellis italienischer Barockklassizismus hingegen nicht, obwohl der Meister bereits 1748, nach nur zehnjähriger Tätigkeit in Sachsen, gestorben war. Sechs Jahre nach seinem Tode rühmte ihn Winckelmann in seiner Erstlingsschrift als Nachfolger der großen griechischen Bildhauer des Altertums. Gründe dafür sind offensichtlich darin zu sehen, dass der Italiener direkte Anregungen aus der königlichen Antikensammlung aufnahm und eine völlig neue Methode der Oberflächenbehandlung in die sächsische Sandsteinskulptur einführte, die, hergeleitet von der subtilen Technik der italienischen Marmorbearbeitung, Wirkungen erzielte analog zu antiken Skulpturen. Dies bewirkte, dass die Hebungen und Senkungen des anatomischen Baues dem Auge als sanft erscheinen und beruhigt gegenüber dem dramatischeren Duktus der barocken Skulptur von Permosers Schule, die dagegen rauer, vitaler, wie ungeschliffen erscheint. An einigen Figuren des Neptunbrunnens, den Mattielli 1746 für den Grafen Brühl schuf, ist diese kunsttechnische Vollkommenheit der Oberflächen noch immer zu bewundern. (Die Brunnenanlage, die zu den prächtigsten Europas zählt, verlor im vorigen Jahrhundert Sichtbezug und Geltung, als das zugehörige Palais und sein Park zum Friedrichstädter Krankenhaus umfunktioniert wurden). Gottfried Knöffler übernahm von Mattielli Amt und Technik und sein Stil, anfänglich noch ein anmutiger Rokokoklassizismus, ging in den sechziger Jahren in reinen Frühklassizismus über. Es war, so wie in der Malerei bei Mengs, dessen Anfang in der deutschen Plastik.

Im Unterschied zu den Kulturen an den anderen großen deutschen Höfen in Potsdam, München und Wien hat es unter der Einwirkung Augusts III. in Dresden wie in Sachsen überhaupt im zweiten Drittel des 18. Jahrhunderts ein einheitliches, ausgeprägtes Rokoko nicht gegeben. Dies ist gewiss ein Resultat der italienischen Erziehung des Herrschers, der zwischen seinem 16. und 22. Lebensjahr in Oberitalien zum Katholiken gemacht wurde. Sie korrespondierte eigentümlich mit traditionell klassizistischen Haltungen der Dresdner Hofkunst, so wie der einheimische protestantische Rationalismus sonderbar übereinging mit dem der Jesuiten, deren Aufklärung mit der sächsischen. Solche Einheit der Gegensätze – die *coincidentia oppositorum* – vermag die Stärke des Phänomens zu erklären, das erneut eine sächsische Sonderform war.

In Rom gab es kein Rokoko. Die inhaltlichen Konsequenzen des Stils, das Verspielte, Intime, Anmutige, Private, waren mit den Grundwerten des Papsttums nicht vereinbar. Die Größe seines Anspruchs bedingte Monumentalität und ging damals in Rom von barocker Dramatik direkt ins Klassizistische über – daher die Erfolge von Mengs und Winckelmann in Rom und die von Chiaveri und Mattielli in Dresden. Dennoch gab es deutliche Unterschiede, die in Sachsen am reinsten und schönsten in Schloss Hubertusburg zutage treten. Dort in der sächsischen Tiefebene, wo er seine Jugend verbracht hatte, schien der König zu Hause zu sein, näher an Leipzig als an Dresden. Sein Vater hatte ihm bereits beim alten Renaissance-Jagdschloss von Wermsdorf ein modernes mitten im Forst bauen lassen. Doch bereits 1734 wurde Knöffel von August III. mit einer Erweiterung beauftragt, die seit 1743 auf einen vollständigen Neubau hinauslief, so umfangreich, dass der Bau erst 1751 abgeschlossen war – ein sächsisches Versailles.

Die Anlage ist vom Maß eines Residenzschlosses. Ein oval vortretender Mittelbau mit der Eingangshalle trägt einen turmartig aufragenden Dachreiter – vergleichbar dem turmbewehrten Eingangstor des Dresdner Schlosses. Beiderseits erstrecken sich je zehn Fensterachsen in drei Stockwerken. An beiden Enden dieses Hauptflügels sind je fünf Achsen leicht vorgesetzt, sodass sich eine völlig gleichmäßige Gliederung von fünf mal fünf Achsen ergibt, denn der Mittelbau ist ebenfalls fünffenstrig. Die Hauptfassade ist 80 Meter breit, aber die Tiefe der Vierflügelanlage beträgt 97 Meter. Es ist in Maß und Wirkung ein majestätischer Bau, aber ohne Monumentalität wegen seiner subtil schlichten Gliederung. Vergleicht man ihn mit anderen deutschen Schlossbauten der Epoche, so könnte man ihn im Sinne der Leipziger Aufklärung vernünftig nennen. Seine Proportionen sind wohllautend, ohne karg zu sein, aber die fein gestimmte Erscheinung enthält den Anspruch einer Großmacht. Dieser Eindruck wird verstärkt durch den riesigen Ehrenhof, der halbkreisförmig anschließt, wie die Kolonnaden vor St. Peter in Rom, und sich beiderseits zu tiefen Höfen erweitert.

Betritt man ihn, nachdem man eine Straße aus Remisen und Ställen passiert hat, so gewinnt man eine Vorstellung vom Umfang dieses sächsisch-pol-

Schloss Hubertusburg, erbaut 1743 bis 1751 von Johann Christoph Knöffel

nischen Hofstaates mit Mengen von Würdenträgern aus beiden Nationen und auswärtigen Gesandten, mit Damen, Bediensteten, Equipagen und Pferden, den Hundemeuten für die Parforcejagd und Falken für die Reiherbeize, mit katholischen Geistlichen, Mitgliedern der Hofkapelle, Sängern der Oper, Tänzern des Balletts und Schauspielern der Commedia dell'Arte, aber auch der Truppe der Neuberin. Sie kamen alljährlich zusammen, um am 3. November das Hubertusfest zu feiern.

Von hier aus reiste August III. mit großem Gefolge zu den Leipziger Messen oder, wie 1743, zur Universität, »wo einige der vornehmsten Professoren in dero höchsten Gegenwart, auch Anwesenheit vieler polnischer Magnaten und Sächsischer Minister, Cavaliers, auch anderen, in Teutscher und Lateinischer Sprache verschiedene Reden hielten und damit einen künftig fortzusetzenden Exercitio Academico begannen«.* Die Vorlesungen behandelten historische, geografische und naturwissenschaftliche Themen. Deutsch sprach allein Johann Christoph Gottsched über Kopernikus. Mit seinen Prinzen besuchte der König die berühmten Gärten der Leipziger Großkaufleute, ließ ihnen in der Breitkopf'schen Druckerei den neu erfundenen Notendruck zeigen oder die Kunstkammer des Apothekers Linke, seltene Schriften in der Universitätsbibliothek und physikalische Experimente im Münzkabinett.

Dass diese Beziehungen wechselseitig waren, zeigt das Schloss, das Caspar Richter – aus der Familie der Kobaltexporteure – 1755/56 in Gohlis bei Leipzig errichten ließ. Mit seinem fünfachsigen, gerundet hervortretenden Mittelrisalit unter dem Dachreiter mit Turmuhr bezieht es sich deutlich auf das Hubertusburger Königsschloss. Das Deckengemälde im Festsaal stammt von Oeser, der zuvor auch in Dresden tätig gewesen war. In Kursachsen war es seit der Renaissance üblich, dass Bürger Schlösser errichteten, die sich nicht von denen der Aristokratie unterschieden – sieht man davon ab, dass Wappen fehlten oder dass ihre Bildwerke eine eigene Ikonografie aufwiesen. Allerdings zeigte das Werk des Akademiedirektors Oeser im »Gohliser Schlösschen« nicht den Handelsgott Mercur, sondern, den Geist des Ortes bezeichnend, den »Lebensweg der Psyche«.

Leipzig war nämlich durch Bach und Gottsched im zweiten Viertel des Jahrhunderts zum prägenden

* Heinrich Magirius in: Im Glanz der Ewigkeit, Kunstwerke im Kloster St. Marienstern, Halle a. d. Saale 1999, S. 22.

Gohliser Schlösschen, 1756 für den Leipziger Handelsherrn Caspar Richter erbaut

Neue Lieder in Melodien, gesetzt von Bernhard Theodor Breitkopf, 1770. Textautor dieser vom Sohn Johann Gottlob Immanuel Breitkopfs komponierten und im großväterlichen Betrieb verlegten Lieder war der zwanzigjährige Goethe. Der erste selbstständige Buchdruck Goethe'scher Gedichte ging aus der Freundschaft mit Bernhard Theodor Breitkopf während seiner Leipziger Studienjahre 1765 bis 1768 hervor.

Zentrum bürgerlichen Geisteslebens in Deutschland geworden. Während aber Bachs Größe und Ruhm bis zu seinem Tode unter Fachleuten unangefochten blieb, verblasste der Einfluss Gottscheds in den ausbrechenden literarischen Fehden, in denen vor allem Christian Fürchtegott Gellert hervortrat, Sohn des Pfarrers von Hainichen und Schüler der Meißner Fürstenschule St. Afra. Dort befreundete er sich mit Gottlieb Wilhelm Rabener, der aus dem Dorfe Wachau bei Leipzig stammte. Beide studierten in Leipzig und Gellert lehrte hier seit 1751 als Professor für Poesie, Beredsamkeit und Ethik. Er stieg zu einem der prominentesten Universitätslehrer und damit zum Konkurrenten des alten Gottsched auf. Rabener hingegen nahm den Weg einer bürgerlichen Karriere, der ihn schließlich nach Dresden führte. Seine Satiren und Gellerts Fabeln zählten zu den meistgelesenen Schriften in Deutschland, bevor die deutsche Dichtung mit den Autoren der nächsten Generation – Lessing, Klopstock und Wieland – klassischen Rang erreichte. Als Absolventen sächsischer Fürstenschulen und als Leipziger Studenten standen Lessing und Klopstock unter Gellerts Einwirkung, aber die Höhe ihrer Kunst erreichten sie erst außerhalb Sachsens – nach dem Siebenjährigen Krieg.

In Leipzig blieb unter diesen Umständen ein mittleres Talent aus ihrer Generation, der Annaberger Christian Felix Weiße, als Dramatiker ein Nachfolger Gellerts, dessen Singspieltexte am Beginn dieser Gattung in Deutschland stehen. Sie wurden komponiert von Johann Adam Hiller, einem Musiker aus der Lausitz. Seit 1758 in Leipzig, erneuerte er 1763 die Abonnementskonzerte, eine

Christian Fürchtegott Gellert. Gemälde von Anton Graff, nach 1769. SKD, Gemäldegalerie Alte Meister

Johann Adam Hiller. Gemälde von Anton Graff, 1774. Kunstbesitz der Universität Leipzig

Johann Sebastian Bach, »Kurtzer, jedoch höchstnöthiger Entwurff einer wohlbestallten Kirchen Music«, 1730. Leipzig, Bach-Archiv

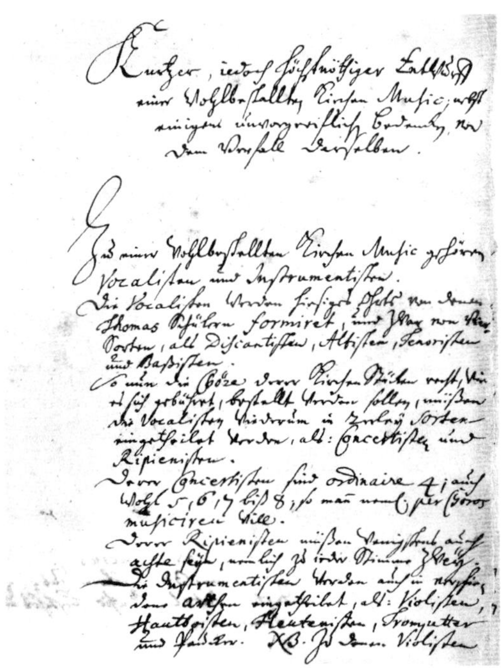

Kurtzer, iedoch höchstnöthiger Entwurff
einer wohlbestallten Kirchen Music; nebst
einigen unvorgreiflichen Bedencken von
dem Verfall derselben.

Zu einer wohlbestallten Kirchen Music gehören
Vocalisten und Instrumentisten.
Die Vocalisten werden hiesiges Ohrts von denen
Thomas Schülern formiret, und zwar von vier
Sorten, als Discantisten, Altisten, Tenoristen
und Baßisten.
So nun die Chöre derer Kirchen Stücke recht, wie
es sich gebühret, bestallt werden sollen, müßen
die Vocalisten wiederum in 2erley Sorten
eingetheilet werden, als: Concertisten und
Ripienisten.
Derer Concertisten sind ordinaire 4; auch
wohl 5, 6, 7 biß 8; so man nemlich per choros
musiciren will.
Derer Ripienisten müßen wenigstens auch
achte seyn, nemlich zu ieder Stimme zwey.
Die Instrumentisten werden auch in verschiedene
arthen eingetheilet, als: Violisten,
Hautboisten, Fleutenisten, Trompetter
und Paucker. NB. Zu denen Violisten

Fortsetzung des Musikalischen Kollegs, mit denen das bürgerliche Musikleben außerhalb der Kirchen begonnen hatte. 1781 folgte die Gründung der Konzertgesellschaft, aus der die Gewandhauskonzerte hervorgingen. Hiller war ihr erster Dirigent.

Leipzigs Kultur entwickelte sich während des 18. Jahrhunderts in gleichsam organischer Einheitlichkeit. Ihre wesentlichen Phänomene waren wichtig oder gar bestimmend für Deutschlands bürgerlichen Geist, aber in einer Epoche, in der die künstlerischen Impulse von den großen Höfen ausgingen, kam ihnen vor allem eine vorbereitende Funktion zu – ein Parnass mit breitem Gipfel. Allein Johann Sebastian Bachs Gestalt ragt darüber in einsamer Größe empor.

Die Entwicklung der Dresdner Kultur ergibt ein anderes Bild. Sie stieg, getragen von der sächsisch-polnischen Union, zu olympischen Höhen und fiel nach deren Ende in eine mittlere Position zurück. Ihr Aufstieg, das war das Geniezeitalter unter August dem Starken, charakterisiert durch überragende Einzelleistungen. Ihm folgte unter August III. eine Periode des Ausbaus, die etwa 25 Jahre anhielt. Zu dieser speziell sächsischen und durch die Eigenschaften der beiden Regenten verursachten Struktur kommt eine übergeordnete euro-

Musizierendes Paar. Meissener Porzellangruppe von Johann Joachim Kändler, 1737. SKD, Porzellansammlung

päische hinzu. Der Barock und mit ihm die hohe Zeit des Absolutismus ging zu Ende. Das Rokoko begann und zugleich die Kritik der Enzyklopädisten an fürstlicher und aristokratischer Machtvollkommenheit, die in Deutschland den aufgeklärten Absolutismus hervorbrachte. In Sachsen mit seiner althergebrachten Wirtschaftskooperation und angenäherten Lebensformen der Stände führte dies zu ausgepägten kulturellen Ähnlichkeiten zwischen dem höfischen Dresden und dem bürgerlichen Leipzig. Der evangelische Kantor Johann Sebastian Bach war auch Hofkompositeur seines katholischen Königs und seine h-Moll-Messe – ein Grundpfeiler europäischer Musik – ist auch ein Denkmal des Endes der Konfessionskämpfe im aufgeklärten Sachsen. Der Leipziger Satiriker Rabener erhielt ein hohes Steueramt in Dresden, Gottsched ging zu Hofe und die Truppe der Caroline Neuber trat in beiden Städten und in Hubertusburg mit den gleichen Stücken auf. Es hat den Anschein, als ob jene Unterschiede, die in den Werken der Hofbildhauer Augusts des Starken bei höfischen und bürgerlichen Aufträgen hervortraten, nun nicht mehr vorhanden waren. Oesers Arbeiten für Hof und Bürger belegen dies, aber auch das Dresdner Engagement des Leipziger Schriftstellers Johann Christoph Rost. 1717 geboren – in der Generation Winckelmanns, Oesers, Gellerts und Rabeners –, studierte er in seiner Heimatstadt bei Gottsched, war wie Gellert erst Bewunderer, dann Kritiker des großen Sprachlehrers, schrieb satirische Stücke, war Redakteur und – seit 1744 – Bibliothekar und Sekretär des Grafen Brühl in Dresden. Rost schrieb Schäfererzählungen und Schäferstücke für die Bühne, berüchtigt für erotische Passagen, und auch Gedichte. Schäferpoesie, die antike Vorbilder in die Gegenwart transportierte und auch die große höfische Oper beeinflusste, traf das Empfinden des sächsischen Rokoko-Publikums so erfolgreich, dass Johann Joachim Kändler in Meißen darauf mit einer Reihe von Schäfergruppen in der von ihm erfundenen farbigen Porzellanplastik reagierte. Fast alle mittlerweile gegründeten Porzellanmanufakturen Europas ahmten diese neue sächsische Kleinplastik nach.

Die Nähe von Aristokratie und Bürgertum, von Dresdner und Leipziger Kultur wird auch aus der Geschichte der Freimaurer in Sachsen belegt. General Graf Rutowski, einer der vier unehelichen Söhne Augusts des Starken, gründete 1738 eine Loge in Dresden, die zweite nach der Hamburger in Deutschland. Die Leipziger Loge folgte 1741 als dritte deutsche. Doch im Jahr 1739 verbot der Papst diese Brutstätten freigeistiger Liberalität in allen katholischen Ländern. August III. als treuer Katholik verkündete das Verbot in seinen Staaten. Dessen ungeachtet modellierte Kändler Freimaurergruppen in Meißen und die »Curiosa Saxonica«, Dresdens bedeutendste Zeitung, brachte einen Bericht mit ausführlicher Information darüber, was Freimaurer sind und was sie bezwecken. Denn für sächsische Lutheraner waren päpstliche Verbote selbstverständlich unmaßgeblich, doch ein Verbot ihres Landesherrn war es andererseits nicht. Das Problem wurde für Dresden und Leipzig durch die Gründung eines »Mopsordens« gelöst. Mitglieder waren die Freimaurer. Kändler modellierte in der königlichen Manufaktur Freimaurergruppen mit Möpsen und Gruppen ohne Freimaurersymbolik mit Möpsen, die im Verständnis der Zeitgenossen Freimaurer waren, auch elegante Schnupftabakdosen in der dreieckigen Form der Maurerkelle für Freimaurer. Wie weit Dresden und Leipzig – beide gleichauf – vorangingen, ist aus der Tatsache zu schließen, dass die nachfolgenden kursächsischen Logen in Plauen, Freiberg und Chemnitz erst zwischen 1789 und 1799 entstanden.

Beide sächsischen Metropolen wetteiferten in Weltläufigkeit und Eleganz. Der Student Lessing aus Kamenz in den vierziger Jahren, aber auch der Student Goethe aus dem reichen Frankfurt in den Sechzigern berichteten in Briefen, sie sähen sich genötigt, neue Kleidung zu kaufen wegen auffälliger Provinzialität ihrer Erscheinung. Goethe schrieb sogar, dass sich die Leipziger Mädchen deswegen über ihn lustig machen.

Es gab dennoch einen signifikanten kulturellen Unterschied zwischen den Städten mit langer Tradition beiderseits. Die Bürgerkultur war deutsch, die höfische international. Unter August III. blieben die Franzosen, die August der Starke nach Dresden berufen hatte und die für die Dresdner Künste wichtig geworden waren, in ihren Hofämtern: der Maler Silvestre, der Geiger Buffardin, der Bildhauer Coudrey und der Architekt Longuelune. Sie gehörten mittlerweile der älteren Generation an. Neu berufen wurden nun vorzugsweise Italiener wie der Architekt Chiaveri, der Bildhauer Mattielli und die Maler Bellotto und Torelli. Selbstverständlich waren die Schauspieler der Commedia dell'Arte prinzipiell Italiener (unter ihnen die hochgeschätzte Giovanna Casanova, Mutter des berühmten Abenteuerers und Schriftstellers Giacomo sowie des Malers Giovanni Battista, Direktor der Dresdner Kunstakademie seit 1776), außerdem die meisten Opernsänger. Zumindest italienische Schulung wurde bei den Kapellmitgliedern vorausgesetzt, unter denen berühmte Solisten und Komponisten waren wie die Dirigenten Heinichen und Hasse, die Geiger Buffardin und Pisendel, der Flötist Quantz, der Lautenist Weiß, der Kontrabassist und »Kirchenkomponist« Zelenka und der Pantaleonist Hebenstreit. Viele ihrer Werke werden heute wieder aufgeführt. Gemeinsam schufen sie einen spezifischen Dresdner Stil, den man den vermischten nannte, weil er deutsche, französische und italienische Traditionen vereinigte. Mit ihm und mit einer unvergleichlichen Qualität der Aufführungspraxis, die ihren Klang bis heute prägt, stand die Hofkapelle, die über fast 50 Musiker verfügte, an der Spitze der orchestralen Entwicklungen. Jean-Jacques Rousseau bezeichnete sie als die beste in Europa.

Dieser Rang war vor allem dem Wirken Johann Adolf Hasses zu verdanken. 1734 berief August III. ihn und seine Frau Faustina von Venedig nach Dresden. Hasse als Opernkomponist und Dirigent, seine Frau als Mezzosopranistin hatten bereits auf allen großen Opernbühnen Europas höchsten Ruhm erworben. Sie blieben bis 1764. Hasse komponierte hier neben Messen und Oratorien vorwiegend Opern, deren Hauptpartien Faustina und ebenso berühmte Kastraten sangen. Selbst in Italien konnte man italienische Musik nicht auf dem Niveau erleben wie in der Hofkirche und der Oper in Dresden. Ein Kupferstich in den »Curiosa Saxonica« von 1756 zeigt ein Getümmel vor dem Eingang zum Opernhaus im Zwinger – wo sich gegenwärtig die Porzellansammlung befindet – und einige Dresdnerinnen, die keine Eintrittskarte bekamen, versuchen über eine Leiter einzudringen. Es ist daraus zu ersehen, dass die musikalische Kultur in Dresden durch Oper und Hofkirche ebenso auf breite bürgerliche Schichten einwirkte wie die Leipziger durch die Kirchenmusik und das Bach'sche Collegium Musicum.

Johann Adolf Hasse. Kupferstich von Lorenzo Zucchi nach Pietro Rotari, um 1750. SKD, Kupferstich-Kabinett

Selbstverständlich war eine solche Ansammlung erlesener Spezialisten in Dresden – damals wie heute – nur zusammenzubringen und zu halten unter der Bedingung enormer Gehälter. August III. zahlte sie. Er bezahlte auch eine Reihe bekannter Fachleute für Malerei, die auf Europas großen Bildermärkten nach Meisterwerken Ausschau hielten und Sammlungen ausspähten, die zum Verkauf kommen sollten. Die Konkurrenz war groß, denn fürstliche Sammler agierten überall, weil es zur Sache der Staatsrepräsentation geworden war, vor den fürstlichen Suiten in den Schlössern Gemäldegalerien einzurichten. Aber August III. kaufte Bilder als wahrer Liebhaber und Kenner und zahlte fürstlich für fürstliche Malerei. Die Galerie ist im Wesentlichen sein Werk. Unter den großen der Welt ist sie heute eher eine kleine, aber ihr Rang ist außerordentlich wegen ihres Gehaltes an vergleichslosen Meisterwerken.

Von ebenso hoher Bedeutung ist sie als öffentliches Museum. Darin folgte August III. einer sächsischen Tradition, die von der Kunstkammer im 16. Jahrhundert bis zur Öffnung des Grünen Gewölbes gewahrt wurde. Seit 1746 befand sich die Galerie nicht mehr in der erschwert zugänglichen Empfangsstrecke des Schlosses, sondern im Obergeschoss des Stallhofes – gegenwärtig Verkehrsmuseum –, und eine damals eigens vor die Fassade gebaute doppelläufige Treppe bezeugt ihre Funktion im aufgeklärten Sachsen. In seiner ersten Kupferstichpublikation von 1759 schreibt Carl Heinrich von Heinecken, Verwalter der königlichen Sammlungen, Museumstheoretiker und Kunstgelehrter, solche Gemäldegalerien dienten nicht nur dem Vergnügen der Fürsten, sondern sie seien öffentliche Schulen. Die Wirkung dieser ersten öffentlichen Galerie im nördlichen Europa auf die Bildung der Nation ist kaum abschätzbar. Der noch unbekannte Bibliothekar Winckelmann sah hier Raffaels Sixtinische Madonna kurz nach ihrer Ankunft im Jahre 1754 und beschrieb sie sofort in seiner ersten Schrift als Offenbarung antiken Geistes und Kronzeugin für seine Forderung, der Kunst der Griechen nachzufolgen. Noch ein halbes Jahrhundert später stand sie im Zentrum literarischer Kunstdiskussionen unter den deutschen Frühromantikern. Goethe besuchte die Galerie wiederholt, schrieb Essays über ihre Bilder und bekannte, dass er ein Leben lang von den Erkenntnissen gezehrt habe, die sie ihm vermittelte.

Natürlich beeinflusste dieser Schatz von Vorbildern vor allem die Malerei. Mengs wuchs unter ihren Maßstäben zu einem der großen Porträtisten der Epoche auf (siehe S. 195). Schon mit 18 Jahren wurde er zum Hofmaler berufen, und die Pastellbildnisse des königlichen Paares, die er als Siebzehnjähriger schuf, haben schon jenen Charakter unbestechlicher Wirklichkeitstreue, der später Goya beeinflusste, als Mengs spanischer Hofmaler in Madrid war. Die Dresdner Landschaftsmalerei begann unter dem Eindruck niederländischer und französischer Werke der Galerie mit der Serie sächsischer Ansichten des Hofmalers Johann Alexander Thiele. Er erfasste als erster das romantische Moment in den dunstigen Fernen des Elbtals und manche seiner Arbeiten wirken wie Vorwegnahmen der Werke Caspar David Friedrichs, der später in der Galerie seine Wahlverwandten unter den holländischen Meistern suchte.

Galerie, Oper und Hofkapelle Augusts III. bezeugen aber nicht nur hohes Kunstverständnis, sondern auch einen bestimmten Geschmack, der eine sächsische Besonderheit war, althergekommen als Erbschaft des Landes in seiner Herrscherfamilie. Es ist die ausgeprägte Neigung zur technischen Brillanz. Sie erklärt sowohl den berühmten Bestand fein ausgeführter Malereien der holländischen Kleinmeister in der Galerie als auch die Menge exzellenter Kupferstiche im Dresdner Kabinett, die dieser König erworben hatte. Ihr ist aber auch die Gewehrgalerie zu verdanken, die August III. im Langen Gang einrichten ließ, gleichsam in den Fußstapfen des Kurfürsten August, dessen Rüstkammer sie später zugeordnet wurde. Sie ist unbestritten die größte und feinste Jagdwaffensammlung überhaupt und besonders ihre sächsischen Arbeiten sind legendär: Garnituren aus Büchse, Flinte und zwei Pistolen, mit Einlagen von Gold, Silber und Elfenbein; oder etwa Hirschfänger mit Griffen aus geschliffenem Jaspis in Goldfassung.

Dieser Kategorie von Kunstwerken gehört aber auch die Serie von Ansichten der sächsisch-polnischen Residenzstadt Dresden an, die der venezianische Hofmaler Bellotto um die Jahrhundertmitte malte und die ihresgleichen in der Kunstgeschichte nicht hat. Der Meister entwarf die Gemälde mittels der »camera obscura«, einer tragbaren Dunkelkammer. Hinter ihre Frontscheibe wurde ein Bogen Transparentpapier gespannt, auf dem der Künstler die Wirklichkeit abpauste. Die Zeichnung übertrug er mithilfe eines Quadratsystems auf die große Leinwand. Allerdings erscheinen seine Bildräume oftmals tiefer und weiter als sie heute die Fotografie dokumentiert. Offensichtlich hat der Maler die Quadrate seiner gepausten Zeichnungen bei der Übertragung ins Rechteckige gedehnt, um einem Mangel der Wirklichkeit abzuhelfen, dass nämlich Dresden mit seinen etwa 60 000 Einwohnern kleiner war und seine Bauten zierlicher als die Residenzstädte der anderen europäischen Großmächte mit ihren Repräsentationsgebäuden. Es war aber dennoch der Geist der Aufklärung, der mit dieser wissenschaftlichen Methode in der Malerei in Erscheinung trat. Zugleich belegt die ins Graue abgestimmte Palette des Meisters seine Korrespondenz mit der klassizistischen Kunstatmosphäre der Residenz, mit Mengs und Oeser, Knöffel und Knöffler, Mattielli und Winckelmann – schließlich auch mit Raffaels Madonna, einem Werk, das sich eigentlich außerhalb des Zeitgeschmacks befand und dessen Erwerbung der König selbst, sogar unter Einsatz diplomatischer Mittel, betrieben hatte. Den

Die Zeche Kurprinz Friedrich bei Freiberg. Gemälde von Johann Alexander Thiele, 1749. SKD, Gemäldegalerie Alte Meister

höchsten und modernsten kulturellen Standard im damaligen Deutschland für Dresden und Leipzig erreicht zu haben ist das Verdienst Augusts III. Es wurde überdeckt und fast zunichte gemacht durch politisches Versagen.

Dieser Monarch wurde von seinem Premierminister Graf Heinrich von Brühl in einem »Wolkenkuckucksheim« gehalten. Die Zeit stand im Zeichen sprunghaft ansteigender Produktionen. Dies hatten die merkantilistische Wirtschaftsförderung der absolutistischen Herrscher, die Resultate der Aufklärung in Wissenschaft und Technik und der kolonialistische Welthandel erbracht. Trotz der zahlreichen verheerenden Kriege dieser Epoche ist heute der weltweite Antiquitätenmarkt mit Produkten der Kunstindustrien des 18. Jahrhunderts besonders stark besetzt. Er zeigt mit prachtvollen Möbeln, aristokratischem Silber und Porzellan, bürgerlichem Zinn- und Fayencegerät, Bauernschränken und Irdenwaren an, dass sich damals Wohlstand verbreitete und selbst soziale Schichten aufstiegen, die bis dahin in bildloser Armut gelebt hatten. Dennoch gab es wirtschaftswissenschaftliche Erkenntnisse erst in Ansätzen, und es hat den Anschein, als ob die Herren in den Zentralen des Absolutismus wie Zauberlehrlinge den Geist nicht mehr beherrschten, den sie gerufen hatten. Gerade in einem so wirtschaftsstarken Land wie Kursachsen müssen die sozialen Verhältnisse in ihrer Komplexität die Möglichkeiten des absolutistischen Zentralismus überstiegen haben. Enorme Zunahme der Verwaltung und ihrer Kosten, Missbrauch und Korruption waren die Folgen. Aufklärerische Kritik setzte ein und eben jener von August III. geförderte Klassizismus mit seinen ästhetischen Gegenbildern zu den bestehenden Verhältnissen gehörte dazu. Es begann die erste große Blütezeit der Geheimpolizeien in Europa. Brühls sächsisch-polnische Spitzelorganisation zählte zu den funktionstüchtigsten. Auf der anderen Seite stand ein König, der im Glauben gehalten wurde, die wirtschaftlichen Wachstumsraten stiegen endlos und die finanziellen Mittel seien unerschöpflich. Es ist nicht unwahrscheinlich, dass dies Brühl selbst voraussetzte.

Dabei war schon 1742 im Geschick der sächsisch-polnischen Union eine unvorhergesehene Wende eingetreten. Der junge Preußenkönig Friedrich II. hatte, eben zur Regierung gelangt, unter einem Vorwand in blitzschnellem Zugriff Schlesien den Habsburgern entrissen. Sachsen suchte seinen Vorteil in diesem ersten Schlesischen Krieg an preußischer Seite in der Hoffnung auf eine Landbrücke nach Polen. Es stellte sich rasch heraus, dass von dem Hohenzoller ebensowenig zu erwarten war wie von den Habsburger Verwandten zuvor. Keiner von ihnen wollte eine wettinische Großmacht. Preußen hingegen hatte mit dem Herzogtum Schlesien eine reiche Provinz etwa von der Größe des Kurfürstentums Sachsen hinzugewonnen, es hatte Habsburg geschwächt und beherrschte nun als zweite deutsche Großmacht die Länder von der hinterpommerschen Ostseeküste entlang der kursächsischen und böhmischen Ostflanke bis zur damaligen ungarischen Grenze unweit von Wien. Mit einem Schlage war Sachsens politischer Vorsprung zunichtegemacht und die sächsisch-polnische Klammer um Kurbrandenburg gelöst. Das Schicksal der Union stand in Preußens Ermessen.

Nunmehr schwenkte Sachsen an Österreichs Seite zurück, wohl in der Erwartung, in einem zweiten Waffengang zu erhalten, was der erste nicht erbracht hatte. Allerdings vertrauten Brühl und August III. auf die Stärke ihrer Verbündeten und dachten nicht an Aufrüstung und Modernisierung der eigenen Truppen. In der Schlacht bei Kesselsdorf südwestlich von Dresden wurde 1745 die sächsische Armee vernichtend geschlagen. Im Friedensvertrag, der den zweiten Schlesischen Krieg (1744–1746) beendete, diktierte das triumphierende Preußen dem besiegten Sachsen eine millionenschwere Kriegsschuld. Das Kurfürstentum zahlte daran jahrelang und griff zu einem dazu tauglichen Mittel, das zugleich seine Friedlichkeit erweisen sollte: Es demobilisierte einen Teil seiner Armee. Der Sejm in Warschau betrachtete die Veränderung an der Westgrenze traditionsgemäß als Angelegenheit seines ausländischen Königs, die Polen nicht betraf. Sachsen und Polen, getrennt agierend, wurden so erneut zu Objekten in den Kalkulationen der benachbarten Großmächte.

Jetzt aber gelang dem großen Diplomaten Brühl sein Meisterstück, mit dem er den persönlichen Hass des Preußenkönigs auf sich zog. Er brachte ihn in eine Lage, die den Höhenflug seines schwarzen Adlers abbrechen und den des weißen polnischen über dem sächsischen Rautenschild erneut beginnen lassen konnte. Brühl vermochte es, die Erbfeindschaft zwischen Österreich und Frankreich zu beenden und ein Bündnis gegen Friedrich II. zu schmieden, das St. Petersburg, Stockholm, Wien, Dresden und Paris zusammenschloss. Der Preußenkönig, durch Spionage unterrichtet, antwortete darauf 1756 mit einem handstreichartigen Überfall ohne Kriegserklärung – unrühmlich imitiert unter dem Begriff »Blitzkrieg«, der als deutsche Spezialität in den internationalen Sprachgebrauch einging. Der dritte Krieg um Schlesien wuchs sich zum Siebenjährigen aus. Am 29. August 1756 rückte Friedrich II. mit 60 000 Mann in Sachsen ein. Nur wenige Wochen später sahen August III. und Brühl von der Festung Königstein aus, wie auf der anderen Elbseite auf der Hochebene unterhalb des Liliensteins Sachsens gesamte Armee kapitulierte. Ihre Truppenstärke lag bei 17 000. Die Armee Augusts des Starken verfügte 25 Jahre zuvor noch über 30 000 Soldaten. Die Preußen gewährten dem König von Polen und seinem Premierminister freien Abzug nach Warschau. Bereits am 9. September waren sie in Dresden einmarschiert.

Damit begann in der Stadt ein vier Jahre währendes Leiden. Sie war im Wechsel von Preußen und Österreichern besetzt und die Bürger hatten die ungebetenen Gäste zu versorgen. Die Preußen brannten die Vorstadte im Osten und Westen nieder, um freies Schussfeld zu gewinnen, und belegten die Stadt mit so hohen Kontributionen, dass sie Darlehen aufnehmen musste. Lessing schilderte in »Minna von Barnhelm« diese Methode der preußischen Kriegführung in Sachsen. Inflation zerrüttete die Wirtschaft, denn die Preußen zahlten mit minderwertigem sächsischem Geld, das sie in der Dresdner Münze prägen ließen und mit dem sie das Vertrauen in die sächsische Währung erschütterten. Hungersnöte und Seuchen brachen aus. Wer es vermochte, verließ die Stadt. Vor dem Krieg hatte sie etwa 63 000 Einwohner, 1772 noch 42 000. Die Katastrophe erreichte ihren Höhepunkt, als die Preußen am 13. Juli 1760 begannen, die von 14 000 Österreichern gehaltene Stadt zu bombardieren. Die modernen, weittragenden Kanonen der preußischen berittenen Artillerie, die Friedrich II. eingeführt hatte, waren von Dresden aus nicht zu bekämpfen, denn Sachsen hatte es in den Jahren des Glanzes versäumt, mit modernen Waffen bestückte, tief gestaffelte Fortifikationssysteme anzulegen, wie sie der große französische Festungsbauingenieur Vauban den Entwicklungen der Artillerietechnik entgegengesetzt hatte. So konnten die Preußen ungehindert etwa die Hälfte der Stadt zusammenschießen, wobei sie Gebäude von besonderer politischer, gesellschaftlicher oder künstlerischer Bedeutung gezielt zu zerstören trachteten: die königlichen Suiten im Georgentor des Schlosses, Brühls neu erbautes Belvedere auf der Nordostecke der Festung – dort, wo heute das Moritzmonument angebracht ist –, das die leichtsinnige Friedfertigkeit des Erbauers charakterisierte, das große Adelspalais und die Kreuzkirche. Die Preußen griffen hauptsächlich von Osten an, deshalb war die östliche Hälfte der Stadt am ärgsten betroffen. Bellottos Gemälde der zerstörten Kreuzkirche von 1765 zeigt Paläste, deren Erhaltung offensichtlich der Treffsicherheit der Kanoniere zu verdanken war, die vor allem den hoch aufragenden gotischen Bau neben ihnen zum Einsturz bringen wollten. Nur die Frauenkirche widerstand ihren Künsten. Acht Jahre danach erstieg der junge Goethe die Kuppel und beschrieb später im Alter das Bild des Schreckens: »Diese köstlichen Geist und Sinn zur wahren Kunst vorbereitenden Erfahrungen wurden jedoch durch einen der traurigsten Anblicke unterbrochen und gedämpft, durch den zerstörten und verödeten Zustand so mancher Straße Dresdens, durch die ich meinen Weg nahm. Die Mohrenstraße im Schutt sowie die Kreuzkirche mit ihrem geborstenen Thurm drückten sich mir tief ein und stehen noch wie ein dunkler Fleck in meiner Einbildungskraft. Von der Kuppel der Frauenkirche sah ich diese leidigen Trümmer zwischen die schöne städtische Ordnung hineingesäet; da rühmte mir der Küster die Kunst des Baumeisters, welcher Kirche und Kuppel auf einen so unerwünschten Fall schon eingerichtet und bombenfest erbaut hatte. Der gute Sacristan deutete mir als dann auf Ruinen nach allen Seiten und sagte bedenklich lakonisch: ›Das hat der Feind gethan!‹« (»Aus meinem Leben«). Zweifellos hatte Goethe die Hunderte von Granateinschlägen auf der Kuppel wahrgenommen, über die Oberlandbaumeister Krubsacius berichtete.

Es war Friedrich II. offensichtlich daran gelegen, den alten Konkurrenten im deutschen Machtkampf sowohl in seiner wirtschaftlichen als auch in seiner kulturellen Überlegenheit herabzudrücken und Preußen an seine Stelle zu setzen. Er ließ sogar die Marmorskulpturen im Großen Garten bei Dresden zerschießen und zerschlagen. Brühls Schlösser wurden gebrandschatzt und geplündert. In Schloss Nischwitz bei Wurzen sind die Zerstörungen noch sichtbar. Die neu entwickelten Spezialwebstühle der Leipziger Seidenmanufaktur Raabe wurden nach Preußen abtransportiert. Bauernsöhne und sächsische Kriegsgefangene wurden in die preußische Armee gepresst, elbnahe Wälder abgehauen und das Holz außer Landes veräußert, die Meissener Manufaktur von Friedrich II. in Besitz genommen und ihr Lager ebenso wie das Inventar des Schlosses Hubertusburg beschlagnahmt und verkauft. Dieser König war der Erfinder der Methode, einen Krieg aus den Mitteln überfallener Länder zu finanzieren. Wie präzise er kalkulierte, belegen die Künste der Generation nach ihm in Preußen. Den Werken der großen Frühklassizisten Langhans und Schadow in Berlin hatte Sachsen nichts an die Seite zu stellen. Hier gab es keine großen Repräsentationskünste, als jene das Brandenburger Tor mit der Quadriga schufen, denn ganz Kursachsen war ruiniert. Mehrere der großen Schlachten dieses Krieges hatten hier stattgefunden – bei Rossbach nahe Weißenfels, bei Hochkirch in der Lausitz, bei Torgau und bei Freiberg –, aber es waren nicht Sachsen, die dabei gegen die Preußen kämpften, sondern Österreicher, Franzosen und Truppen der Reichsarmee. Sie beschossen auch preußische Stellungen in Sachsen, so 1760 die Festung Wittenberg, wobei die Schlosskirche mit der originalen »Thesentür« und der Ausstattung der Luther-Zeit zertrümmert wurden. Gefechte und Raubzüge waren zahllos, und es gab kaum Städte, die nicht von den Preußen durch schwerste Drohungen zu Kontributionszahlungen erpresst und in den finanziellen Ruin getrieben wurden. Diese barbarische Kriegführung erregte nicht nur Proteste im ganzen zivilisierten Europa, sondern sogar moralische Konflikte im preußischen Offizierskorps, wie es die Figur des Majors von Tellheim in »Minna von Barnhelm« bezeugt.

Allerdings gestaltete sich im Verlauf des Krieges Preußens Lage kaum weniger verzweifelt als die sächsische. Im Herbst 1761 standen der dezimierten und erschöpften Armee Friedrichs II. weit überlegene Truppen der Alliierten gegenüber. Die Österreicher siegten in Schlesien und die Russen marschierten durch Hinterpommern auf Berlin. Da starb im Januar 1762 Zarin Elisabeth und ihr Sohn, Zar Peter III., befahl den Rückzug. England, die einzige Großmacht auf preußischer Seite, schloss einen Separatfrieden mit Frankreich und Preußen war gerettet.

Der Friede, der 1763 in Hubertusburg geschlossen wurde, stellte zwischen Preußen und Österreich den Vorkriegsstatus wieder her. Doch im sicheren Besitz Schlesiens stand Preußen nun als zweite deutsche Großmacht neben Österreich, und dies war die Grundlage der künftigen Entwicklung. (Ein Jahrhundert später warfen die Hohenzollern ihre habsburgischen Rivalen aus dem Reichsverband und Bismarck etablierte 1871 das preußische Deutschland.) Am 15. Februar 1763 musste der Friedensvertrag in einem kleinen Verwaltungsraum am Ehrenhof des Schlosses Hubertusburg unterzeichnet werden, denn die Staatsgemächer im Hauptflügel konnten nicht mehr geheizt werden, weil sogar ihre Marmorkamine von den Preußen ausgebaut und zum Verkauf abtransportiert worden waren. Die jetzt im Hauptsaal vorhandenen wurden später geschaffen.

Nur die katholische Schlosskapelle wurde durch Intervention des Kaplans bewahrt und schließlich, wenn auch beschädigt, über die Zeiten gebracht, in denen dieses prachtvollste aller sächsischen Schlösser als Gefängnis, Krankenhaus und Militärlazarett diente, die Schlosskapelle nach 1945 sogar als sowjetisches Offizierskasino. Im Inneren ist die Höhe des Stils noch immer erlebbar: polierter, leicht marmorierter Stuck in zartem Rosa und Grün mit weißen Flachreliefs von Mattiellis Hand, als sei der hohe Raum mit seinen Emporen aus Porzellan. Aus poliertem weißem Stuck besteht auch die Figurengruppe des Hochaltars, und das Deckenbild mit dem heiligen Hubertus von dem venezianischen Hofmaler Grone schlägt den gleichen Ton an: ins Kühle oder Graue variierte Farben und Figuren in gemessenen Bewegungen. Nichts von den hell strahlenden Tönen der Italiener, nichts vom zarten Kolorismus der Franzosen, nichts von der majestätischen Pracht vergoldeter Rocaillen in Berlin, München und Wien. Hier ist nur an Taufstein und Kanzel der ornamentalen Eigenbewegung der Rocaillen etwas Platz gegeben. Vorherrschend ist jene rationale Klarheit zarter Formen und Farben, die dieses Rokoko ausmachen, das eigentlich ein verfrühter Klassizismus genannt werden kann und das es nur in Sachsen und Polen gab, sowohl protestantisch als auch katholisch, kurfürstlich-sächsisch und königlich-polnisch.

Der Stil unter August III. war jedoch ebensowenig einheitlich wie der unter August dem Starken. Auch hier fehlte offensichtlich eine Reglementierung der Künste und auch hier überwog die Freude an technischer Brillanz, in welcher Form auch immer sie erscheinen mochte, und erzeugte liberale Freizügigkeit. Jener Frühklassizismus war vorherrschend vor allem in der Architektur und den bildenden Künsten. Er bestimmte auch die Formenklarheit der königlichen Speiseservice aus Meissener Porzellan, im Gegensatz zur prunkvollen Formenfülle des Schwanenservices, das Graf Brühl

Schlosskapelle von Hubertusburg, um 1750

bei Kändler in Auftrag gab. Gleichzeitig wurden jedoch im Bereich der dekorativen Künste auch Arbeiten direkt für den König gefertigt, die an Aufwand und majestätischer Prachtentfaltung alle Möglichkeiten des Rokoko aufweisen, sodass man Sächsisches allenfalls in der Einhaltung geometrisch bestimmbarer oder gerader Außenformen sehen kann. Die einheitlichen Goldrahmen der Gemäldegalerie sind dafür repräsentativ, aber auch viele Schmuckstücke der königlichen Juwelengarnituren des Grünen Gewölbes, die ohne Parallele sind, wie etwa das mit dem grünen Diamanten, der größte Teil der Brillant-, Smaragd- und Rubingarnitur. Private Neigungen und öffentliches Amt vereinten sich offenkundig in aller Widersprüchlichkeit und vollem Engagement in der Person dieses Königs – ein Problem auch Friedrichs II. von Preußen.

Im Londoner Victoria and Albert Museum befindet sich ein Schreibschrank, der durch seinen Stil und mehrfaches Erscheinen der Initialen AR als für August III. in Dresden, wohl von dem Kabinetttischler Kimmel um 1750 bis 1755 gefertigt, kenntlich ist. Er zählt zu den prachtvollsten Möbeln des europäischen Rokoko: ein Eichenkorpus in Königsholz furniert, mit vergoldeten Bronzebeschlägen und mit Einlagen aus Messing, Elfenbein und Perlmutter. Seine zahlreichen Türen, Schubläden, Geheimfächer und Schlösser gleiten und funktionieren wie am ersten Tag. Zieht man Schubladen heraus, so kann man tief im Inneren – wohin man eigentlich nicht schaut – profilierte Leisten erblicken. Deshalb wurde das Möbel von einzelnen Fachleuten für eine Fälschung gehalten, weil solche Teile erst dann gehobelt und profiliert wurden, als die Tischler Maschinen benutzten. Dieses Kunstwerk ist aber gerade deswegen eine originale sächsische Arbeit aus dem 18. Jahrhundert, weil es nicht nur ein künstlerisches, sondern auch ein technisches Wunderwerk ist.

Dieser Schrank könnte zum Hubertusburger Plünderungsgut gehört haben. Man kann sich aber solche Prunkstücke nur schwer in den sparsam dekorierten Räumen dieses Stils vorstellen. Der Grund dafür ist, dass es solche Räume nicht mehr gibt. Was die Preußen nicht raubten, verfiel im 19. Jahrhundert in Sachsen der Nichtachtung und wurde zerstört. Die Zeit Augusts III. und Brühls galt als schmachvolle Periode der sächsischen Geschichte. Bei allen späteren Umgestaltungen im Gebäudekomplex der Dresdner Residenz wurden die Wohn- und Empfangsräume Augusts des Starken achtungsvoll bewahrt und das Rokoko seines Sohnes bis auf geringe Reste ausgetilgt. Die Zerstörungen durch den Zweiten Weltkrieg haben kaum noch etwas davon betroffen. Die Ausräumung der wenigen bis dahin vollständig erhaltenen sächsischen Rokokoschlösser nach der Enteignung von 1945 und ihr dann beginnender Verfall vollendeten die Vernichtung, die bereits 1756 mit dem Siebenjährigen Krieg begonnen hatte.

In Dresden sieht man nur mehr neben der Katholischen Hofkirche aus dieser Zeit den Westflügel des jüngst aus Ruinen wiedererbauten Taschenbergpalais von Oberlandbaumeister Schwarze mit den beiden stark restaurierten Brunnen des Hofbildhauers Knöffler im Ehrenhof: ein schmuckarmer Bau von klarer, betont horizontaler Struktur und feiner Proportion unter dem Wappen mit dem sächsischen Rautenschild, den polnischen Adlern, den litauischen Reitern und der Krone Polens, nach 1756 begonnen. Doch es gibt im ganzen Land keinen Innenraum mehr mit seiner Ornamentik und Farbigkeit, mit seinen Möbeln, Gemälden, Skulpturen, Leuchtern, Gläsern und Porzellanen. Wir haben nur noch Einzelteile.

Nach der Unterzeichnung des Hubertusburger Friedens vom 15. Februar 1763 kehrten August III. und Brühl aus Warschau in ihre zerstörte Residenz zurück. Beide starben noch im selben Jahr. Mit dem Tod des Königs endete auch die sächsisch-polnische Union.

ZWISCHEN ZWEI KATASTROPHEN (1763–1815)

Als König August III. am 5. Oktober 1763 gestorben war, zerfiel die Union. In Polen wurde Stanisław Poniatowski, ein Günstling der Zarin Katharina II., durch russischen Druck zum König gewählt. In Sachsen folgte Kurprinz Friedrich Christian seinem Vater als Kurfürst. Er hatte schon seit Langem kritische Männer um sich versammelt, die das Brühl'sche Regiment missbilligten, und deshalb existierte bereits ein politisches Konzept, dessen Verwirklichung mit dem Regierungsantritt sofort begann. Es hieß »Rétablissement«, auf Deutsch Wiederherstellung, bezog sich aber durchaus nicht auf die Rückkehr zu alten Zuständen, sondern es war ein Wirtschaftsprogramm, das ausdrücklich die Wiedererlangung des Wohlstandes zum Zweck des Staatssystems erhob. Dadurch erhielt Leipzig ein hohes Gewicht als ökonomisches Zentrum des Kurstaates. Zugleich wurde in Dresden bei Hofe strengste Sparsamkeit eingeführt, die Oper aufgelöst und der Hofkapellmeister Hasse entlassen. Er ging mit seiner Frau Faustina über Wien nach Venedig zurück, und noch dort widmete er die drei großen Messen seines Spätwerkes (1779–1783) der Dresdner Hofkapelle. Trotz reduzierter Gehälter blieben die meisten Kapellmitglieder und so erhielt sich der hohe Standard des Orchesters, durch den es rasch wieder Geltung erlangte, wenngleich sich der Schwerpunkt musikalischer Entwicklungen im Reich von Dresden nach Wien verlagerte.

Die Erhaltung und Regeneration der Hofkapelle war vor allem Johann Gottlieb Naumann zu verdanken. In Blasewitz geboren – damals noch außerhalb Dresdens – und in Italien geschult, wurde er 1764 zum »Kirchenkompositeur« berufen, 1776 zum Hofkapellmeister. In Deutschland steht er im Schatten der Wiener Klassiker, aber in Kopenhagen und Stockholm ist sein Ruhm bis heute lebendig, weil er dort mehrere seiner Opern aufführte und überhaupt zur Entwicklung der musikalischen Kultur in Skandinavien Wesentliches leistete. In Dresden aber war er im Amt und im Stil Vorgänger und Wegbereiter Carl Maria von Webers. Natürlich setzte er auch die Kirchenkonzerte fort, die durch Zelenka und Hasse zur Institution des mitteleuropäischen Musiklebens geworden waren. Dieser Ruf gründete auch auf der Orgel, der größten und letzten, die der Orgelbaumeister Silbermann geschaffen hatte.

Jene große Epoche sächsischer Musik war auch eine des Instrumentenbaus. Silberne Trompeten und Kesselpauken produzierten die Werkstätten der Dresdner Hofsilberschmiede, Streichinstrumente die vogtländischen Geigenbauer, die bis heute berühmten Orgeln aber Gottfried Silbermann, geboren 1683 in Kleinbobritzsch bei Frauenstein im Osterzgebirge. Im nahen Freiberg hatte er seine Werkstatt, doch er baute seine großen Instrumente mit Pfeifen aus erzgebirgischem Zinn nicht nur für die Hauptkirchen in Freiberg und Dresden, sondern auch für kleine Dorfkirchen des Gebirges. Insbesondere auf ihren Bänken kann man Orgelmusik erleben, als befände man sich im Inneren eines Instruments, dessen Resonanzboden der Bau selbst ist, denn alles Holz schwingt unter der Gewalt der Klänge. Gerade in diesen schlichten Räumen erfährt man so die alte lutherische Frömmigkeit, die Sachsen prägte. Dome und große Stadtkirchen erfüllten die Silbermann'schen Orgelklänge wohl ebenfalls, ließen sie aber nicht mitschwingen. Zumal in der Katholischen Hofkirche war das Instrument in seinem prachtvoll-eleganten Rokokoprospekt vor allem für die Begleitung italienischer Kirchenmusik bestimmt.

Silbermann starb 1753, noch vor dem Siebenjährigen Krieg, aber sein Werk steht beispielhaft für den technisch-kulturellen Standard des Landes, der sich trotz aller Bemühungen Friedrichs II. und seiner Generäle als unzerstörbar erwies, denn er war nicht beschränkt auf die beiden großen Städte. Manufakturen wurden betrieben von Plauen bis Görlitz, von Pirna bis Torgau und selbst in Dörfern wurde mit modernsten Einrichtungen gearbeitet, die Disziplin und Bildung erforderten. Dies erklärt, weshalb man – vereinzelt zwar – lateinische Inschriften sogar an sächsischen Bauernhäusern findet. Gerade der Geräte- und Instrumentenbau hat im ganzen Lande eine nichtakademische Bildung befördert. Die öffentlich zugänglichen wissenschaftlichen Sammlungen im Zwinger boten dafür alle Grundlagen.

Silbermannorgel in der Katholischen Hofkirche Dresden

Der Garnbleicher und Zwirnhändler Christian Gärtner aus dem Dorf Tolkewitz bei Dresden hat sich unter diesen Vorgaben zum Laienastronomen emporgearbeitet. Die Linsen seiner Fernrohre schliff er selbst. 1748 beobachtete er zusammen mit einem jungen Bauern aus dem benachbarten Dorf Prohlis eine Sonnenfinsternis vom Zwingerhof aus. Beide waren aufgrund ihrer Interessen mit Georg Haubold bekannt geworden, dem Inspektor des Mathematisch-Physikalischen Salons. Dieser wiederum kannte einen Pfarrerssohn, bei dem der junge Bauer Lateinunterricht nahm. Auf seinen späteren Publikationen bezeichnet er sich als »Johann Georg Palitzsch, in Prohlis, des Landbaues, Physik und Astronomie Beflissener«. Er hätte den Begriff Zoologie hinzufügen können, denn 1758 wies er in Teichen des Großen Gartens bei Dresden den Süßwasserpolypen nach. Im gleichen Jahr grub er sein großes astronomisches Fernrohr wieder aus, das er aus Angst vor preußischer Plünderung versteckt hatte, denn der englische Hofastronom Halley hatte für 1758 das Wiedererscheinen eines Kometen vorausbestimmt, den er 1682 entdeckt hatte. Träfe Halleys Ankündigung zu, wäre sowohl die von ihm berechnete elliptische Umlaufbahn als auch die Gravitationshypothese seines Lehrers Newton bewiesen – eine Grundlage unseres astronomischen Weltbildes.

Der Bauer Johann Georg Palitzsch entdeckte am 25. Dezember 1758 mit seinem Teleskop von 8 Fuß Länge als erster den Halleyschen Kometen wieder. Dafür ernannte ihn die St. Petersburger Akademie der Wissenschaften zu ihrem Mitglied. Trotz schwerer Einbußen im Siebenjährigen Krieg – seine nach Dresden ausgelagerte Bibliothek verbrannte 1760 während des preußischen Bombardements – befleißigte er sich weiterhin so erfolgreich der Wissenschaften, dass seine astronomischen Beobachtungen in ganz Europa publiziert wurden und ihn auch die Akademien von London und Paris zum Mitglied beriefen. Als erster in Sachsen sicherte er seinen Hof durch Blitzableiter nach Benjamin Franklins Erfindung, danach 1775 den Dresdner Schlossturm. Sein Mustergut mit botanischem Garten wurde von Fürsten besucht. Er führte den Kartoffelanbau im Elbtal ein und wurde deshalb 1770 zum Mitglied der Leipziger Ökonomischen Sozietät ernannt. Solcherart waren die Männer des Rétablissements.

Dieser Bildungs- und Wirtschaftsstandard war aber schon seit der Reformation entstanden, blieb

Der »Bauernastronom« Johann Georg Palizsch (Palitzsch). Kupferstich von C. G. Schulze nach Anton Graff, 1782. Leipzig, Stadtgeschichtliches Museum

lebendig als kollektives Selbstverständnis über alle materiellen Zerstörungen hinaus und war das Fundament des neuen Aufschwungs. Kursachsen hatte keine Chance mehr als Großmacht, wohl aber als Wirtschafts- und Kulturzentrum der nordostdeutschen Region. Dafür schuf Kurfürst Friedrich Christian die politischen Voraussetzungen. Zwar starb dieser hochbegabte Wettiner nach kaum dreimonatiger Regierungszeit im Dezember 1763 und es folgte ihm sein Bruder Xaver als Administrator für seinen noch minderjährigen Sohn, der erst 1768 als Friedrich August III. die Regierung übernehmen konnte. Das Konzept des Rétablissements aber war stabil, wurde von erstrangigen Fachleuten vertreten und strikt eingehalten.

Schon 1764 berief die Regierung eine Landesökonomie-, Manufaktur- und Kommerziendeputation zur Ankurbelung der Wirtschaft ein. In Leipzig wurde die erwähnte Ökonomische Sozietät gegründet, die Produktionsverbesserungen durch technische Neuerungen anstrebte. Sie stand Fachleuten ohne Standesrücksichten offen, selbst Bauern, die wie Palitzsch neue agrarwirtschaftliche Methoden einführten. Die Universität errichtete einen Lehrstuhl für Ökonomie und in Leipzig wie in Dresden wurden Kunstakademien gegründet, deren erklärtes Ziel die Produktverbesserung durch Gestaltung war. Ihre Einrichtung wurde angeregt durch den aus Hamburg stammenden Beamten, Sammler und berühmten Kunsttheoretiker Hagedorn (siehe S. 193). Er wurde geadelt und zum Generaldirektor der beiden Akademien und der Dresdner Sammlungen berufen.

Die Nobilitierung von bürgerlichen Verwaltungsfachleuten, um sie dem alten Beamtenadel gleichzustellen, war seit der Reformation ein geläufiger Vorgang, zumal er eine Egalisierung juristisch bestätigte, die sozial längst bestand. Während des Rétablissements stiegen so vor allem Leipziger Kaufmannssöhne empor wie Peter Freiherr von Hohenthal – vormals Homann –, maßgeblich beteiligt an der Gründung der Ökonomischen Sozietät, oder Thomas Freiherr von Fritsch aus einer bekannten Buchhändlerfamilie, der bereits seit 1762 die »Restaurationskommission« zur Wiederbelebung der sächsischen Wirtschaft leitete.

Sozialgeschichtliche Pendants dazu bildeten sächsische Adelsfamilien, die Manufakturen gründeten nach dem Vorbild des ersten großen Manufakturisten, Kurfürst August. Im 16. Jahrhundert waren die Herren von Bünau große Unternehmer in der osterzgebirgischen Montanwirtschaft gewesen, wie am Beispiel Lauensteins dargestellt. Nach dem Dreißigjährigen Krieg verbreitete sich das frühindustrielle Engagement im sächsischen Adel und Vorbild war nun die Meissener Staatsmanufaktur Augusts des Starken. Graf Brühl gründete nahe bei seinem Schloss Pförten – heute in Polen gelegen – in Forst in der Lausitz eine Tuchmanufaktur. Nach 1740, zur gleichen Zeit wie der Zwirnhändler Christian Gärtner in Tolkewitz bei Dresden, betrieb der Reichsgraf Hans von Löser in seinem Schloss Reinharz in der Dübener Heide nahe bei Schmiedeberg eine »Mechanisch-Physikalische Werkstatt«, aus der bewunderungswürdige wissenschaftliche Geräte in den Mathematisch-Physikalischen Salon des Königs gelangten. Das Schloss, eines der repräsentativsten des sächsischen Adels, mit Park und einer großen Venus des Hofbildhauers Heermann im Treppenhaus, lässt es als plausibel erscheinen, dass Augusts des Starken Große Revisionskommission den Vater des Reichsgrafen, der die Anlage errichtete, der Veruntreuung von 418 000 Talern beschuldigte – eine Parallele zum Fall des Leipziger Bürgermeisters Romanus, jedoch ohne die katastrophale Konsequenz, die den Bürgerlichen traf.

Spiegelteleskop aus Meissener Porzellan und vergoldetem Messing von Johann Gottlob Rudolph, um 1750. SKD, Mathematisch-Physikalischer Salon

1718 errichtete der Kammerherr von Blumenthal bei Dresden eine Wachsbleiche, die 1724 der königliche Kabinettsminister Graf Flemming übernahm. Während des Rétablissements (1776) gründete der Kurfürst in dem geplünderten und leer stehenden Schloss Hubertusburg eine Steingutmanufaktur, die nach Vorbildern der modischen englischen Steingutware von Josiah Wedgwood arbeitete und an deren wirtschaftlichem Erfolg er zu partizipieren suchte. Das großartigste dieser Adelsunternehmen des Rétablissements war jedoch die Eisenkunstgießerei des Grafen Detlev Carl von Einsiedel in Lauchhammer, damals noch kursächsisch.

Ein Angehöriger dieser Familie des sächsischen Uradels, Johann Georg von Einsiedel, Mitglied der Herrnhuter Brüdergemeine und mit den Leipziger Reformern verbunden, trat 1772 mit der Idee hervor, die kursächsischen Landstände in ein Parlament nach englischem Vorbild umzuwandeln, und galt daher als gefährlicher Republikaner. Detlev Carls Ideen waren von vergleichbar revolutionärem Innovationsdrang, jedoch praktischer. Er hatte in Leipzig, Wittenberg und Straßburg studiert, die Niederlande und Frankreich bereist und war kurfürstlich-sächsischer Obersteuerdirektor und Konferenzminister, zugleich seit 1777 Vorsitzender der Leipziger Ökonomischen Sozietät. Verbürgt ist seine Freundschaft mit dem Freiherrn Friedrich Anton von Heinitz, einem der führenden Montanwissenschaftler seines Jahrhunderts. Dieser hatte als kurfürstlicher Generalbergkommissar 1765 die Gründung der Bergakademie in Freiberg vorgeschlagen, der ersten Technischen Hochschule der Welt. 1777 berief ihn Friedrich II. zum Chef des königlich-preußischen Bergwerks- und Hüttendepartements, und dort nutzte er seine Verbindung mit dem Grafen Einsiedel zum Aufbau der schlesischen Eisengießereien. Dieser große sächsische Staatsmann und Wissenschaftler war es auch, der als preußischer Minister 1787 den jungen Johann Gottfried Schadow von Rom als Hofbildhauer nach Berlin berief und damit die Berliner Bildhauerschule begründete, Grundlage der neueren deutschen Plastik, auch der sächsischen.

Graf Einsiedel erbte 1776 die Eisengießerei und das Hammerwerk in dem nach diesem Werk benannten Ort Lauchhammer. Diese Adelsmanufaktur hatte die sächsische Baronin von Löwendahl 1725 gegründet zur Verhüttung des dort anstehenden Raseneisensteins und Herstellung von eisernem Gerät. Graf Einsiedel berief 1781 einen jungen Bildhauer von Prag, Thaddeus Wiskotschill, und beauftragte ihn, eine Sammlung von Gipsabgüssen nach berühmten antiken Skulpturen anzulegen. Wiskotschill arbeitete selbstverständlich hauptsächlich in der Dresdner Antikensammlung und später in der Sammlung von Abgüssen, die Kurfürst Friedrich August III. 1784 aus dem Nachlass von Anton Raffael Mengs erworben hatte, der besten Sammlung jener Vorbilder, die damals in ganz Europa verehrt und diskutiert wurden. Gleichzeitig erbaute der Graf in Lauchhammer ein Labor, in dem er mit modernsten englischen Gussverfahren experimentierte. Seine Idee war es, gusseiserne Großplastiken herzustellen. Dazu war ein Bildhauer erforderlich, der Erfahrungen im Metallguss besaß. Er fand und verpflichtete dafür Josef Mattersberger aus Tirol. 1784 gelangen die ersten fehlerlosen Güsse, eine kunsttechnische Pionierleistung, die jahrzehntelang unerreicht blieb.

Dreißig Jahre nach Winckelmanns Forderung, die Griechen nachzuahmen, war es möglich, authentische antike Plastik wie im alten Griechenland unter freiem Himmel aufzustellen und sich der Wirkung ihrer Größe auszusetzen. Dass sie schwarz und eisern war anstatt klassisch weiß, bedeutete wenig in der klassizistischen Ästhetik, die schwarze Farblosigkeit auch an Möbeln, Kleinbronzen und Geschirren bevorzugte. Goethe kaufte aus Lauchhammer die sogenannte Ildefonso-Gruppe, Schlaf und Tod, deren Abguss Mengs aus Madrid nach Rom gebracht hatte – sonst nur durch den Stich bekannt – zweimal für Weimar. Als Brunnen steht sie vor dem Schloss, als Ofenaufsatz im damals neu erbauten Festsaal des Residenzschlosses.

Fährt man heute nach Wolkenburg bei Chemnitz, dem alten gräflich-einsiedelschen Hauptsitz, so sieht man schon im Dorf an der Muldenaue den Einschenkenden Satyr nach Praxiteles (von 1787) und oben beim Schloss inmitten einer Wiese das von Winckelmann gerühmte Leitbild der Epoche, den Apoll vom Belvedere, in den gewaltigen Maßen des antiken Originals, schwarz vor den Baumkronen, größer erscheinend als im Gipsabguss, von wunderbarer Feinheit der Oberflächen – wie gestern gemacht. Mengs hatte den Abguss vom Vatikan

Apoll vom Belvedere. Eisenkunstguss von Lauchhammer, Ende 18. Jahrhundert. Wolkenburg bei Chemnitz, Schlosspark

besorgt, wohl als Winckelmann dort Chef der Sammlung war. Der Eisenguss stammt von 1798. Im folgenden Jahr errichtete Graf Detlev Carl von Einsiedel in seinem Dorf Wolkenburg an der Mulde eine Schafwollmaschinenspinnerei mit Wasserkraftantrieb. 1802 wurde dafür in Lauchhammer ein 387 Zentner schweres Schaufelrad von 9 Meter Durchmesser gegossen. Schon 1797 hatte der Graf im oberschlesischen Malapane eine Dampfmaschine nach englischem Vorbild konstruieren lassen, um von ihr das Wasser für seine Eisenhämmer aus den Teichen bei Lauchhammer pumpen zu lassen. Sie leistete 15 PS, war bis 1812 in Betrieb und galt als erste Dampfmaschine auf dem Kontinent. Weil ihre Leistung nicht ausreichte, ließ er im gleichen Jahr eine zweite von dem sächsischen Oberbergrat Bückling entwerfen. Er setzte sie ab 1805 zum Betreiben von Pumpen und Hochofengebläsen ein.

Der Graf war der führende Eisenhüttenfachmann Deutschlands. Wir verdanken Detlev Carl von Einsiedel die Ablösung der menschlichen Arbeitskraft durch die Maschine in Sachsen, den Beginn der industriellen Revolution. Wenn man vor der eisernen Porträtbüste steht, die nach seinem Tode (1810) aufgestellt wurde, vermeint man eher, einen Gelehrten als einen feudalen Unternehmer zu erblicken. Sie steht vor der Kirche, die er von dem Dresdner Krubsacius-Schüler Johann August Giesel unterhalb des Schlosses von Wolkenburg errichten ließ, in anmutig-feingliedrigem sächsischem Klassizismus. Ihre Giebelfelder zeigen die Auferstehung und die Erhöhung der ehernen Schlange in schwarzen eisernen Hochreliefs von enormen Maßen, vorzügliche Plastik, ohne Parallele im Technischen, vom alten Oeser und dem in Berlin aufsteigenden Bildhauertalent Christian Daniel Rauch entworfen.

Die Männer des Rétablissements fanden aber noch eine andere Möglichkeit, die Dresdner Antiken und die Mengs'sche Abgusssammlung zum Wohle des Landes kommerziell zu nutzen.* Ein Dienstreisender der Meissener Manufaktur, 1764 ausgesandt, die neuesten Erzeugnisse der königlichen Porzellanmanufaktur in Sèvres bei Paris zu studieren, sah dort Statuetten nach berühmten Skulpturen moderner französischer Bildhauer in einer eigens dafür entwickelten unglasierten und deshalb marmorähnlichen Porzellanmasse, Biskuit genannt, und er empfahl, nach einem gleichen oder besseren Material dieser Art in Meißen zu forschen. In Sèvres wurden seit 1766 solche Statuen nach der Antike produziert, in Meißen seit 1772. Allerdings lief die Produktion von Figuren aus Biskuitporzellan nach antiken Statuen in Meißen erst dann erfolgreich, als die Mengs'schen Gipse 1784 in Dresden eingetroffen waren und im gleichen Jahr auch die großen Eisengussstatuen von Lauchhammer auf den Markt kamen. In Meißen war für diese klassizistische Werkgruppe hauptsächlich der Modelleur Christian Gottfried Jüchtzer zuständig, ein Schüler und Gehilfe des alten Kändler, der 1775 gestorben war. Seine Aufgabe war es aber nicht allein, verkleinerte Antikenkopien herzustellen, sondern auch eigene Modelle zu liefern. Dabei verfuhr er nach den Regeln von Bewegungsabläufen wie nach Proportionen und Faltenwurf antiker Plastik, sodass er gleichzeitig auch als schöpferischer Bildhauer in einem frühen, rein klassizistischen Stil auftrat.

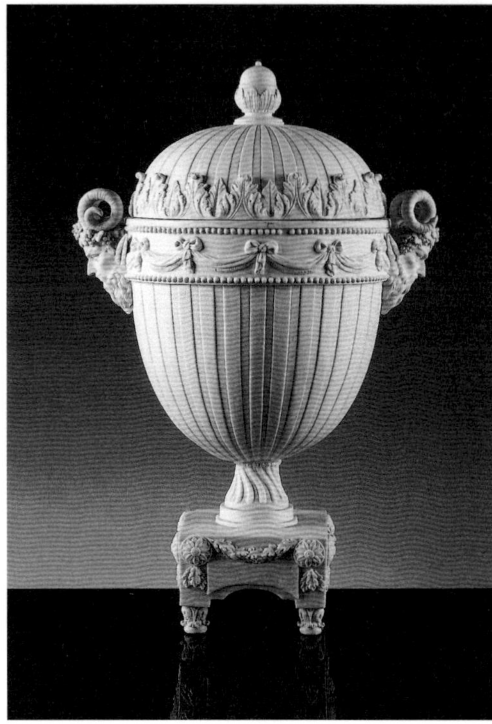

Deckelgefäß nach antikem Vorbild aus weißem Meissener Biskuitporzellan, Form von Johann Gottlieb Matthäi, 1775. Museum Porzellan-Manufaktur Meissen

* Wegen des Bildungsanspruchs verbietet sich der Begriff Vermarktung.

Das Kunstgespräch. Gemälde von Schenau, eigentlich Johann Eleazar Zeissig, 1772. Generaldirektor Christian Ludwig von Hagedorn im Gespräch mit dem sächsischen Konferenzminister Thomas Freiherr von Fritsch, dahinter von links nach rechts: Adrian Zingg, Schenau und Anton Graff. SKD, Galerie Neue Meister

Das Wasserpalais in Pillnitz von Pöppelmann und Longuelune, um 1720; ergänzt durch angepasste Flügelbauten 1788 bis 1791 nach Entwürfen von Christian Traugott Weinling

Anton Raphael Mengs. Selbstbildnis in rotem Mantel. Pastell auf Papier, 1744. SKD, Gemäldegalerie Alte Meister

Anton Graff. Selbstbildnis in hohem Alter, 1805/06. SKD, Gemäldegalerie Alte Meister

Hühnengrab im Schnee. Gemälde von Caspar David Friedrich, um 1807. SKD, Galerie Neue Meister

Sonnenuntergang bei Dresden. Gemälde von Johan Christian Clausen Dahl, 1829. SKD, Galerie Neue Meister

Überfahrt über die Elbe am Schreckenstein bei Aussig. Gemälde von Adrian Ludwig Richter, 1837. SKD, Galerie Neue Meister

Blick von der Brühlschen Terrasse nach Neustadt. Gemälde von Franz Wilhelm Leuteritz, 1865. Dresden, Stadtmuseum

Bildnis des königlichen Kammerherrn Graf Zech-Burkersroda. Gemälde von Ferdinand von Rayski, 1841. SKD, Galerie Neue Meister

Im Jahre 1794 wurden die Mengs'schen Gipsabgüsse in Dresden öffentlich aufgestellt. Ihr Ruhm überflügelte den der antiken Originale und eine Besichtigung der Sammlung im warmen, belebenden Schein von Fackeln – wie es Goethe zehn Jahre zuvor im Vatikan erlebte – gehörte zu den unverzichtbaren Forderungen, die jeder Dresdner Kunstpilger an sich selbst stellte: Denn nirgendwo sonst in Europa konnte man die berühmten Meisterwerke antiker Plastik, die als Offenbarungen wahrer Kunst und Gesittung galten, auf einmal sehen und miteinander vergleichen. Im gleichen Jahr erklärte Goethe in der Einleitung zu den Propyläen Sinn und Zweck solcher Verkleinerungen, Nach- und Abgüsse, die von Sachsen aus vertrieben wurden: »... daß noch in der Verkleinerung oder in einem noch so unvollkommenen Abguss das antike Original eine große Wirkung tuen« und »eine lebhafte Neigung zur Kunst entzündet wird«.

Christian Fürchtegott Gellert-Denkmal aus Meissener Porzellan. Modell von Michael Acier, 1777. Museum Porzellan-Manufaktur Meissen. (Verkleinerte Wiedergabe des Leipziger Gellert-Denkmals von Adam Friedrich Oeser.)

Wiskotschill, 1753 geboren, und Jüchtzer, 1752 geboren, schufen in den achtziger Jahren Deutschlands modernste klassizistische Plastik. Sie gehörten aber schon der dritten Generation von Dresdner Bildhauern an, die diesem Ideal verschworen waren. Vor ihnen arbeiteten die Künstler der Winckelmann-Generation – geboren im zweiten Jahrzehnt des Jahrhunderts –, die aus den Werkstätten der augusteischen Hofbildhauer Thomae und Mattielli hervorgegangen waren. Dies waren die Hofbildhauer Knöffler und Pierre Coudray, in Dresden aufgewachsener Sohn eines aus Paris berufenen Bildhauers Augusts des Starken. Beide schufen in den sechziger Jahren die frühklassizistische Plastik am Dresdner Taschenbergpalais sowie im Palais Brühl und waren Gründungsprofessoren der Akademie. Ihr Leipziger Pendant war der etwa gleichaltrige Oeser, der als dortiger Akademiedirektor die Denkmäler für Gellert und für Kurfürst Friedrich August III. – Ersteres heute als Kopie in den Ringanlagen, Letzteres als stark verwittertes Original beim Gohliser Schlösschen – im gleichen Geiste entwarf. Jedoch, Knöffler und Oeser hatten Winckelmann gekannt und gelesen, waren aber nie in Rom gewesen: Der Gedanke hatte sie inspiriert und nicht die Anschauung; sie schufen zwar die damals modernste Plastik in Deutschland, aber sie war bereits akademisch. Genauso stand es um ihre Nachfolger am Ende des Jahrhunderts in Lauchhammer, Dresden und Meißen. So fortgeschritten ihre Arbeiten auch waren, die Lebendigkeit und Kraft der Werke des jungen Schadow – zu sehen in der Berliner Nationalgalerie –, die aus dem Erlebnis Roms und der Kenntnis Canovas entsprang, haben sie nie erreicht.

In Sachsen lief der künstlerische Neubeginn nach dem Siebenjährigen Krieg in bezeichnend anderen Bahnen. Preußen als Großmacht entwickelte jene Staatskünste zu großartigem Rang, die das gedemütigte Sachsen voranzubringen nicht mehr die Kraft besaß: Architektur und Plastik. Hier aber gelangten die Künste der Innerlichkeit und der Bürgerlichkeit in die führende Position: Malerei, Zeichenkunst, Poesie, Theater, Musik und Gartenarchitektur. Wieder war es Oeser mit seinem Gespür für Zukünftiges, der dieser geistigen Wende ein Bild fand. Der alte Goethe beschreibt ironisch rückblickend in »Dichtung und Wahrheit« den Vorhang, den sein Zeichenlehrer für das eben erbaute Leipziger Theater malte: »Einen Tempel zum Vorhof des Ruhms schmückten die Statuen des Sophokles und

Bühnenvorhang des Alten Theaters. Kopie des 1766 von Adam Friedrich Oeser geschaffenen Originals. Aquarell von Christian Friedrich Wiegand, 1819. Leipzig

Aristophanes, um welche sich alle neueren Schauspieldichter versammelten. Hier nun waren die Göttinnen der Künste gleichfalls gegenwärtig und alles würdig und schön. Nun aber kommt das Wunderliche! Durch die freie Mitte sah man das Portal des fernstehenden Tempels, und ein Mann in leichter Jacke ging zwischen beiden obgedachten Gruppen, ohne sich um sie zu bekümmern, hindurch, gerade auf den Tempel los; man sah ihn daher im Rücken, er war nicht besonders ausgezeichnet. Dieser nun sollte Shakespearen bedeuten, der ohne Vorgänger und Nachfolger, ohne sich um die Muster zu bekümmern, auf seine eigene Hand der Unsterblichkeit entgegengehe.« Es war der Abgott des aufgehenden Sturm und Drang in der deutschen Literatur, das Gestirn des Geniekults der jungen romantischen Schule, den Oeser da schon 1766 ahnungsvoll beschwor, zeitgleich mit den Übersetzungen von Christoph Martin Wieland.

Die großartigste Hinterlassenschaft des ersten Leipziger Akademiedirektors ist aber der Innenraum der Nikolaikirche, die Umwandlung der spätgotischen Halle zum klassizistischen Raumkunstwerk. Schon in den sechziger Jahren, berichtet Goethe in seinen Erinnerungen, habe Oeser die Stadt Leipzig in Architekturfragen beraten. Nun, seit 1784, wurden unter der Bauleitung des jungen Architekten Dauthe die gotischen Pfeiler zu klassisch kannelierten Säulen umgeformt, aus deren ägyptisierenden Blattkapitellen Palmwedel wachsen, gewiss eine mehr malerische als architektonische Idee. Sie tragen eine rosettengeschmückte Kassettendecke, die ihre Herkunft von einem gotischen Netzgewölbe fast vollständig verbirgt. Der tonnenförmig gewölbte Chor, die Emporen, Taufstein, Kanzel, Altar und Gemälde, selbst Fenster sind stilistisch bruchlos aufeinander abgestimmt. Auch die Farben der Oeser'schen Bilder gehen mit dem noblen, gleichwohl

Innenraum der Nikolaikirche in Leipzig

festlichen Grau der Halle überein. Welch ein Glück, dass dieses großartige Werk den Bomben des Zweiten Weltkrieges und dem Vandalismus der Nachkriegszeit entging.

Oeser war selbstverständlich auch Mitglied in der Ökonomischen Sozietät, zumal die Kunstakademie sich deren Zielen verpflichtet fühlte. Immer an der künstlerischen Lösung praktischer Probleme interessiert, schuf er Entwürfe für vielerlei Produktionen, so etwa für die in provinzielle Rückständigkeit geratenen Serpentindreher von Zöblitz und ihre seit etwa 1750 arbeitenden Berufsgenossen in Limbach. Deren klassizistische Gefäße gehen auf seine Anregungen zurück. Aber auch das Musterbuch des bekannten Leipziger Möbelherstellers Friedrich Gottlob Hoffmann von 1789 enthält Stücke von jener hochmodernen Stilstufe, die er eingeführt hatte.

Dieser gedruckte und durchweg mit Kupferstichen ausgestattete Angebotskatalog in Heftform erweist sowohl, dass hier bereits der Weg von der Tischlerei zur Möbelmanufaktur gegangen worden war, als auch, dass in breiteren Schichten der Bedarf an repräsentativem modernem Mobiliar vorhanden gewesen sein muss. Leipzig und Dresden waren ein Vierteljahrhundert nach dem Hubertusburger Frieden gleich im wiedererlangten Wohlstand. Das Rétablissement war erfolgreich abgeschlossen. Johann Kaspar Riesbeck schrieb 1789 in den »Briefen eines reisenden Franzosen«: »Leipzig ist eine kleine, aber ungemein schöne und zum Teil prächtige Stadt … Die Lebensart ist von jenen in den anderen sächsischen Städten, die ich gesehen, sehr verschieden. Es herrscht hier mehr Verschwendung und Luxus als in Dresden.« Über Dresden: »… ich habe noch keine Stadt in Deutschland gesehen, wo durchaus so viel Wohlstand herrschte wie hier. Man sieht ebensowenig Armut als übermäßigen Reichtum.« Auf seiner Reise durch Sachsen lernte er auch die Gebirgsstädte Freiberg, Marienberg, Annaberg und Zwickau kennen und berichtet über sie: »Das ganze Gebirge wimmelt von beschäftigten Menschen … Sie verarbeiten nicht nur die Steine und Mineralien auf die mannigfaltigste Art, sondern alle Städte haben auch noch Leinwand, Spitzen, Band, Barchent, Tuch, Flanellen oder irgend sonst eine Art Manufakturen … Auf der anderen Seite der Elbe, durch die Lausitz, wohin ich von Dresden einen Ausfall tat, herrscht die nämliche Betriebsamkeit und der nämliche Wohlstand unter den Einwohnern. Bautzen, Görlitz und Zittau sind ansehnliche Städte, voll Gewerbe und Nahrung.« Tatsächlich waren die Jahrzehnte nach dem Siebenjährigen Krieg Sachsens letztes großes Manufakturzeitalter. Drei Viertel aller im Kurstaat vorhandenen Manufakturen wurden in diesem letzten Jahrhundertdrittel gegründet. Danach kamen die Fabriken auf.

Diese wirtschaftliche Entwicklung bezog alle Landesteile ein und erzeugte eine neue soziale Schicht mit spezifischen Bedürfnissen an neuen Produkten, obwohl noch bis zur Mitte der siebziger Jahre blanke Armut vorgeherrscht hatte; denn der Not und den Verlusten an Menschen durch den Siebenjährigen Krieg war durch die Missernten 1771/72 eine Hungersnot gefolgt, während der Tausende starben. Den enormen Erfolg des Rétablissements verdeutlicht aber die Tatsache, dass die Bevölkerung des Kurstaates im letzten Viertel des Jahrhunderts um 20 Prozent anwuchs – auf annähernd 2 Millionen –, ohne dass Dresden und Leipzig von dem Zuwachs nennenswert profitierten. Für diese neue, breite Schicht, die Sachsens Sozialstruktur prägen sollte, arbeiteten in den zahlreichen Landstädten Hunderte von Handwerksbetrieben, die Stoffe für reich geschmückte Trachten, bemalte Möbel aus Weichholz und Gefäße aus Steinzeug, Irdenware, Fayence, Zinn, Serpentin und Messing herstellten. Ihre Kunden waren wohlhabende Bauern, Handwerker, Händler und Gewerbetreibende. Die meisten sächsischen Heimatmuseen übermitteln heute einen Begriff vom Selbstverständnis und den kulturellen Ansprüchen dieser Schicht, am schönsten und vollständigsten das Museum für Sächsische Volkskunst in Dresden. Bestimmte Werkgruppen jedoch, wie Geräte aus Messing und Eisen sowie ungefasste Weichholzmöbel oder besonders prächtig ausgestattete für kleinstädtische Oberschichten, wurden nicht systematisch gesammelt und die Einsicht in diese Besonderheiten sächsischer Kultur sind uns Kunstgeschichte und Volkskunde bisher schuldig geblieben.

Natürlich ist dieses soziale Phänomen der späten Manufaktur- und frühen Industrialisierungsphase nicht auf Sachsen beschränkt gewesen, es tritt aber hier in besonderer Breite und künstlerischer Qualität hervor. Dies darf jedoch den Blick nicht darauf verstellen, dass sich unter diesen sozial aufgestiegenen Gruppen eine plebejische Schicht ausbreitete, die nach wie vor in bildloser Dunkelheit lebte. Es waren die Besitzlosen in Städten und Dörfern. Von ihrem Elend wissen wir etwas durch

Bergmannszimmer mit Hausrat, 19. Jahrhundert. Freital, Städtische Kunstsammlung

die Lebenserinnerungen weniger Zeugen, wie etwa des Bildhauers Ernst Rietschel, des Malers Ludwig Richter oder des Schriftstellers Gustav Nieritz.

Das künstlerisch gestaltete Gebrauchs- und Repräsentationsgerät der unteren Mittelschicht wird seit seiner Entdeckung als eigenständige Gattung am Ende des 19. Jahrhunderts Volkskunst genannt – in irrtümlicher Analogie zu Volksdichtung und Volksmusik, die wesentlich älter und aus anderen Quellen gespeist sind. In Sachsen ist die kräftige Entwicklung dieser Kunstzweige verbunden mit der letzten großen Manufakturperiode und der Teilnahme sozial emporgestiegener Bevölkerungsgruppen am geistigen Leben. Die sächsischen sogenannten Bauernastronomen bilden dabei nur die sprichwörtliche Spitze des Eisberges, und das arme Schulmeisterlein Wutz des fränkischen Dichters Jean Paul, das sich mangels Geld dringend erwünschte Bücher nach den Titeln im Leipziger Messekatalog selbst verfasste, ist ihr poetisches Pendant, welches das Ausmaß des Phänomens deutlich macht. Im Kurstaat artikulierte es sich sogar politisch als direkte Folge der Französischen Revolution im Bauernaufstand von 1790.

Er brach Anfang August aus. Doch es ging ihm ein ebenso merkwürdiger wie charakteristischer Revolutionsaufruf um vier Wochen voraus, der mit ihm nicht unmittelbar zusammenhing, aber eine verbreitete politische Gestimmtheit bekundete. Sein Verfasser war der Seiler Benjamin Geißler aus dem winzigen Städtchen Liebstadt im Osterzgebirge, also durchaus kein Angehöriger eines bildungsintensiven Handwerks. In einem handschriftlichen »Promemoria«, in dem er sich als belesener und politisch informierter Mann erweist und das er in den umliegenden Dörfern verbreitete – ohne jegliche Folge –, rief er zu einer Revolution auf, die sich auf den Kurfürsten stützen und gegen Steuern und kirchlichen Missbrauch, gegen Beamte, Juristen und Rittergutsbesitzer gerichtet sein sollte. Man nahm Geißler fest und hielt ihn langjährig als geisteskrank gefangen. Dies ist der vom europäischen Zeitgeist getriebene Einzelkämpfer und Überzeugungstäter mit Sicherheit nicht gewesen, wie es der Ausbruch des Volkszorns in allen Teilen Sachsens wenige Wochen später belegte.

Der Aufstand begann dort, wo von alters her infolge reicher Böden bäuerlicher Wohlstand herrschte, in der Lommatzscher Pflege, linkselbisch zwischen Meißen und Riesa. Dort verweigerten die Bauern Frondienste und herrschaftlichen Zins, sie versammelten sich und zwangen die Gutsbesitzer mit Waffengewalt zu schriftlichem Verzicht auf diese Dienste. Sie kamen zu Tausenden zusammen, befreiten Verhaftete und entwaffneten Truppen, die zur Niederschlagung des Aufstandes ausgesandt worden waren. Die Erhebung erfasste innerhalb weniger Tage alle Landesteile, ohne organisatorische Lenkung und ohne Unterstützung durch die Städte. Jedoch nahmen jene Dörfer an ihr nicht teil, die dem Land oder dem Kurfürsten unterstanden oder vernünftigen Grundherren, weil bei ihnen die Ausbeutung nicht bis zur Entwürdigung gesteigert worden war. Jedoch beruhte das jahrhundertealte System des Feudalismus auf solchen kostenlosen Diensten und Abgaben und jene Bauern, die sie verweigerten, griffen die Grundfesten der staatlichen Ordnung an, nicht anders als ihre französischen Vorbilder. Deshalb sandte Kurfürst Friedrich August III. am 30. August stärkere Truppenverbände in das Zentrum des Aufstandes nach Lommatzsch, die die Erhebung niederschlugen – mit Vorsicht und Schonung, wie ihnen befohlen war. Die Verhafteten wurden bis zum folgenden Jahr wieder entlassen, geändert wurde nichts, aber der Reformdruck war erhöht worden.

Im Kreis Großenhain gibt es ein einzigartiges Zeugnis sächsischer Zivilisation und Gesittung, das aus diesen Unruhen hervorging. Der Herr auf Schloss Hirschstein – urspünglich eine Elbfestung aus den Gründungstagen der Mark Meißen – stiftete den Bauern eines Dorfes seiner Grundherrschaft einen Silberbecher zum Dank dafür, dass sie nicht gegen ihn aufgestanden waren. Seine Inschrift lautet: »Zum Andenken der bey den Unruhen Ao 1790 von der Gemeinde zu Nasseböhla gegen ihre Gerichts Herrschaft bewiesenen Treue.«

Das feine Werk mit seinem schönen Lederetui stammt aus der renommierten Dresdner Silberschmiedewerkstatt des Johann Gottlieb Schäffermeyer und seine Form beweist, dass der Auftraggeber von moderner Gesinnung war – vielleicht einer jener zahlreichen Gebildeten im sächsischen Adel, die die Reform des überständigen absolutistischen Ständestaates erstrebten und mit der Französischen Revolution sympathisierten, bevor sie in ihre blutige Phase eintrat.

Gerade die stürmische Entwicklung der sächsischen Wirtschaft infolge des Rétablissements mit seiner landestypischen Vereinigung von Wirtschaft, Wissenschaft, Technik und Kunst hatte neue Interessengruppierungen geschaffen, deren zunächst wichtigste die von Manufakturbürgertum und -adel und zugleich adligem und bürgerlichem Gutsbesitz war. Dem entsprachen in der Residenzstadt intellektuelle Zirkel, Salons genannt, wie der des Leipziger Privatdozenten Christian Gottfried Körner, der 1783 an das Dresdner Oberkonsistorium berufen worden war, und der des Freiherrn Joseph Friedrich von Racknitz – um nur die wichtigsten zu nennen. Dort galt der Geist und nicht der Stand, wie in den Berliner Salons der Rahel Varnhagen und der Henriette Herz. Sie folgten Vorbildern aus dem vorrevolutionären Paris. Hier wie dort vereinigten sie vor allem unabhängig Denkende, Gelehrte, Publizisten und Künstler. In Körners Haus – 1945 zerstört – und in seinem glücklicherweise erhaltenen Loschwitzer Weingut waren Mozart und Schiller zu

Friedrich Schiller. Gemälde von Anton Graff. 1786/91. Dresden, Stadtmuseum

Gast. Der Dichter lebte nach seinem Leipziger Aufenthalt von 1785 bis 1787 fast zwei Jahre lang bei seinem Freund Körner und arbeitete am »Don Carlos«. Es mag kein Zufall gewesen sein, dass die Forderung »Geben Sie Gedankenfreiheit, Sir« in jenen Jahren in Dresden formuliert wurde, als die Torwache dem Reisenden Jean Paul empfahl, in der Stadt als Fremder in politischen Angelegenheiten besser das Maul zu halten. In der Zeit malte Anton Graff das berühmte Bildnis des jungen Schiller.

Es gab nur wenige bedeutende deutsche Schriftsteller und Gelehrte, die damals nicht das Körner'sche Haus aufsuchten. Denn Dresden war zu einem geistigen Zentrum aufgestiegen, dessen Besuch unerlässlich war, seit 1764 die 42 000 Bände der Bibliothek des Historikers Heinrich von Bünau – des Arbeitgebers Winckelmanns – und 1768 die Brühl'sche Bibliothek mit 62 000 Bänden für die kurfürstliche Bibliothek erworben worden waren und Friedrich August III. den nunmehr riesigen Bestand im Obergeschoss des Japanischen Palais seit 1788 als öffentliche Bibliothek hatte aufstellen lassen. Zum Direktor (Oberbibliothekar) wurde der Redakteur der »Leipziger Zeitung« Johann Christoph Adelung bestellt, einer der großen deutschen Sprachwissenschaftler und Historiker. Im Erdgeschoss des Palais sind zur gleichen Zeit die Antikensammlung und das Münzkabinett eingerichtet worden. Die einzigartige Porzellansammlung Augusts des Starken, nach klassizistischem Verständnis altmodisch, wurde im Souterrain zusammengepfercht. Nachdem im Stallgebäude – dem heutigen Johanneum – 1794 die Mengs'sche Gipssammlung in der Osthalle unter der Gemäldegalerie als Museum eröffnet wurde, bot die Residenzstadt erneut eine Konzentration von Informationsmöglichkeiten über alle aktuellen Wissensgebiete, die in Mitteleuropa ohne Vergleich war. Dies zusammen mit den Aufführungen der Hofkapelle unter Naumann und der Pracht der wiedererbauten Stadt mit ihren weinbewachsenen Elbhängen unter dem von Heinrich von Kleist gepriesenen »italischen Himmel« erklärt die Tatsache, dass in jenen Jahren Schiller, Goethe, Herder, Kleist, Seume, Tieck, Novalis, Wackenroder, Schelling, Fichte, Schleiermacher, die Humboldts und die Schlegels, E. T. A. Hoffmann, Jean Paul, Rebmann, Adelung und die Maler Graff, Kügelgen, Mengel, Zingg, Runge und Caspar David Friedrich oftmals gleichzeitig in der Stadt arbeiteten oder zu Gast waren.

Versuch
eines vollständigen
grammatisch-kritischen
Wörterbuches
Der
Hochdeutschen Mundart,
mit beständiger Vergleichung der übrigen Mundarten,
besonders aber der oberdeutschen.
Erster Theil, von A – E.
Dem noch beygefüget ist
des Herrn M. Fulda Preisschrift
über die beyden deutschen Haupt-Dialecte.
Leipzig,
verlegts Bernhard Christoph Breitkopf und Sohn,
1774.

Das erste Wörterbuch der »Hochdeutschen Mundart«, an dem Johann Christoph Adelung als freier Autor 1774 mitgearbeitet hatte

Die meisten der Schriftsteller und Philosophen blieben allerdings nur für kurze Zeit und ihre Berichte über die gesellschaftliche Situation lauteten übereinstimmend negativ. Schiller nannte die Dresdner »vollends ein rechtes, zusammengeschrumpftes, unleidliches Volk«, und der Sachse Seume, vom Hause seines Verlegers Göschen aus Grimma 1801 durchpassierend auf seinem vielgelesenen und gerühmten »Spaziergang nach Syracus«, beklagt ihre »trübseligen, unglücklichen, entmenschten Gesichter«. Der Jakobiner Rebmann schrieb 1793 in der letzten Ausgabe der »Neuen Dresdnerischen Merckwürdigkeiten«: »Die unerträglichen Zensurgesetze lassen keine freimütige Besprechung der politischen Fragen zu.«

Im Dezember 1792 hatte der Kurfürst ein Mandat »Wider Verbreitung aller zu Empörung und Aufruhr anstehender Schriften« erlassen. Sachsens bedeutendste Köpfe standen in Opposition. Hans Georg von Carlowitz schrieb 1799 an seinen Freund Georg Philipp Friedrich Freiherr von Hardenberg, berühmt unter dem Namen Novalis als Dichter der Frühromantik, er traue ihm zu, »daß er eine ganze

Friedrich von Hardenberg, genannt Novalis. Gemälde von Franz Gareis. Museum Schloss Oberwiederstedt

Generation erheben und die verhaßte Stimme des Egoismus, der Dummheit und der Brutalität unterdrücken könnte«. Novalis hatte sich zuvor bei ihm über »Unterdrückungspläne der öffentlichen Meinung« beklagt. Dies war bezogen auf Verbote von Schriften des Philosophen und Professors an der Universität Jena, Johann Gottlieb Fichte. Dessen frühe politische Aufsätze – »Zurückforderung der Denkfreiheit von den Fürsten Europens, die sie bisher unterdrückten« und »Beiträge zur Berichtigung der Urteile des Publikums über die Französische Revolution« – waren in Kursachsen ohnehin verboten. Jetzt aber forderte Friedrich August III. aufgrund einer Intervention des Oberkonsistoriums von seinem ernestinischen Verwandten Carl August von Sachsen-Weimar die Abberufung des Philosophen von dessen Landesuniversität wegen eines angeblich atheistischen Aufsatzes. Zugleich verbot er das Jenenser »Philosophische Journal«, in dem die Schrift erschienen war. Tatsächlich verlor Fichte 1799 daraufhin sein Lehramt.

Immerhin war er ein Untertan des Kurfürsten von Sachsen. 1762 in Rammenau unweit von Bischofswerda in der Oberlausitz als Sohn eines armen Bandwebers geboren, fiel er durch Intelligenz auf, wurde gefördert durch Haubold von Miltitz und gelangte über die Fürstenschule von Schulpforta zum Studium der Theologie. Wie die meisten großen sächsischen Philosophen vor ihm, galt auch er nichts in seinem Vaterlande, geriet auch er in Konflikte mit der lutherischen Orthodoxie und ging auch er nach Preußen. Seine berühmten »Reden an die deutsche Nation« hielt er 1807 im französisch besetzten Berlin. Dort bekam er 1809 die Professur für Philosophie und wurde 1811 der erste gewählte Rektor der Berliner Universität.

Der sächsische Historiker, Publizist, Offizier und Diplomat Karl Wilhelm Ferdinand von Funck gibt in seinen Lebenserinnerungen, die unter den Titeln »Im Banne Napoleons« und »In Rußland und in Sachsen« erschienen, ein Bild des ehrenhaften, aber eng konservativ denkenden Kurfürsten und seines intriganten Hofbeamtentums unter dem aus beschränkten italienischen Verhältnissen zum Grafen und allmächtigen Minister emporgestiegenen Camillo Marcolini. Dass diese Berichte erst 100 Jahre nach dem Tode des Verfassers (Dresden 1928 und 1930) veröffentlicht werden konnten, ist offenbar eine Folge ihres schonungslos kritischen Inhalts. Von Funck gehörte zu den reformerischen Kreisen im sächsischen Adel, zu denen auch die von

Karl Wilhelm Ferdinand von Funck. Gemälde von Anton Graff, 1804. SKD, Gemäldegalerie Alte Meister

Einsiedel, Carlowitz und Miltitz zählten. Sie unterhielten sowohl Verbindungen zur Montan- und Manufakturwirtschaft, wie etwa die Grafen von Einsiedel, als auch zu den Intellektuellen der Salons von Körner und des Freiherrn von Racknitz sowie zu den Denkern und Dichtern der Frühromantik, repräsentiert durch den Absolventen der Freiberger Bergakademie, kursächsischen Salinenassessor und Dichter Novalis. 1798 traf Novalis in Dresden mit dem jungen Naturphilosophen Schelling und den Brüdern Friedrich und August Wilhelm Schlegel zusammen. Sie alle hatten in Jena unter Fichtes Einfluss gearbeitet. Diese Begegnung formte den Geist der deutschen Romantik. Im gleichen Jahr traf der aus Greifswald stammende und in der Kopenhagener Akademie geschulte Maler Caspar David Friedrich in der Stadt ein, »um hier in der Nähe der trefflichsten Kunstschätze und umgeben von einer schönen Natur« zu arbeiten, wie er später bekundete. Es ist unwahrscheinlich, dass der größte Landschaftsmaler der deutschen Romantik, der oftmals Gast bei Körner war, von den Wellen nicht bewegt gewesen sein sollte, die von den Treffen dieser großen Naturdenker und Naturdichter der deutschen Romantik ausgegangen sind.

Es scheint unverständlich, dass Kursachsen als Träger modernster wirtschaftlicher Entwicklungen mit seiner Hauptstadt als Zentrum neuer geistiger Strömungen, mit berühmten Konzerten und Sammlungen von Büchern, Antiken und Gemälden dennoch ein Hort verzweifelter Opposition und Resignation war. Auch gingen von Leipzig keine nennenswerten Impulse aus, obwohl die Stadt im Reichtum schwelgte, der von den neuen Manufakturen, Verlagen und Handelshäusern erbracht wurde. Noch im zweiten Drittel des 18. Jahrhunderts waren Deutschlands junge Genies in seiner Universität zusammengeströmt. Jetzt aber bewirkte der Geist der Weimarer Klassik, dass sie nach Jena gingen und kurz darauf – nach 1800 – an die neu gegründete Berliner Universität, wo Fichte, Schleiermacher und Hegel lehrten. Von Leipzig war im geistigen Deutschland keine Rede mehr und in Dresden musste man gewesen sein wie in einem Museum. Die dort blieben, im Bann der Galerie und der Schönheit des oberen Elbtals, waren allein die Maler.

Diese ungewöhnliche, widersprüchliche Situation ist erklärbar aus dem Charakter des Souveräns und aus der Wirkung der Französischen Revolution. In den ersten zwei Jahrzehnten seiner Regierungszeit (seit 1768) folgte Friedrich August III. der wettinischen Tradition, Wissenschaft, Technik, Kunst und Handel voranzubringen. Das Rétablissement seines Vaters war Grundlage seiner Politik und die Erholung Kursachsens nach dem Siebenjährigen Krieg galt unter Regenten und Ökonomen Europas als Musterfall. Die beiden Kunstakademien in Dresden und Leipzig sowie die Bergakademie in Freiberg waren 1764 und 1765 noch während der Administration seines Onkels Xaver gegründet worden. Friedrich Augusts eigene Bestrebungen aber werden deutlich, wenn man seine Gründungen und wichtigen Erlasse aufreiht: 1770 verbot er die Folter; 1772 regelte er die Versorgung der Armen durch die Gemeinden; 1773 erließ er eine Schulordnung, die vor allem eine Erweiterung des Unterrichts in den Volksschulen vorschrieb; 1775 ließ er eine Bergschule in Freiberg zur Ausbildung von Steigern und Werkmeistern einrichten; 1778 gründete er das erste deutsche Lehrerseminar für Volksschullehrer in Dresden und die erste Schule für Taubstumme in Leipzig; 1785 wurde in Dresden eine Realschule eröffnet; schließlich wurde 1805 die allgemeine Schulpflicht in Kursachsen eingeführt. Diese Aufzählung lässt einen menschenfreundlichen Regenten erkennen, der ersichtlich inspiriert war von den klassischen Idealen der Humanität, wie sie sein Zeitgenosse Herder in Weimar formulierte, der aber zugleich den Bedarf der Wirtschaft an qualifizierten Arbeitskräften im Auge hatte. Sie macht auch plausibel, weshalb dieser eigentlich schwache Herrscher einen der ehrenvollsten Zunamen erhielt, den Sachsen je einem Wettiner gab: Friedrich August der Gerechte. Seine Übereinstimmung mit den geistigen Tendenzen der Zeit, mit der Demokratisierung von Bildung und Kultur in der ersten Phase seiner fast sechs Jahrzehnte währenden Regierung beweisen der Ankauf und die öffentliche Aufstellung der Mengs'schen Gipssammlung sowie die Eröffnung des Antikenmuseums und der kurfürstlichen Bibliothek im Japanischen Palais. Damals wurde unter dessen Giebel in vergoldeten Lettern die großartige Inschrift angebracht: MUSEUM USUI PUBLICO PATENS – Museum der öffentlichen Nutzung offenstehend. Dies entsprach der augusteischen Tradition und war noch immer eine Pioniertat in einer Zeit, in der fürstliche Sammlungen und Bibliotheken generell nicht öffentlich zugänglich waren.

Der vom Hofe geförderten Verbreitung von Bildung und Wissenschaft entsprachen Gründungen wissenschaftlicher Gesellschaften im Lande. Allein

Kurfürst Friedrich August III. Gemälde von Anton Graff, 1795. SKD, Gemäldegalerie Alte Meister

in Leipzig wurden zwischen 1774 und 1787 drei von ihnen errichtet: die des polnischen Magnaten Jablonowski, eine philologische und eine naturforschende Gesellschaft. Die bedeutendste war die – jetzt wiederhergestellte – Oberlausitzische Gesellschaft der Wissenschaften in Görlitz von 1779 mit großartiger Bibliothek.

Wie nach allen schwierigen Phasen in der sächsischen Geschichte wurden auch jetzt vor allem die Montanindustrien gefördert. Dazu war die Bergakademie gegründet worden und von ihr gingen sogleich für das Land wichtige wissenschaftliche und technische Impulse aus. Deren Träger war Abraham Gottlob Werner, 1750 in Wehrau in der Oberlausitz geboren. Schon fünfundzwanzigjährig wurde er in Freiberg Inspektor und Lehrer für Mineralogie und Bergbaukunde. Beide Wissenschaften behandelte er zuerst als selbstständige und trennte noch die Geognosie, die er entwickelte, von der Mineralogie ab. Auch die Eisenhüttenkunde erhob er zum eigenständigen Fach. Bis heute gelten seine Erkenntnisse als grundlegend. Praktische Ergebnisse zeitigte die Lehre des Dresdners Johann Friedrich Wilhelm Toussaint von Charpentier, der als Mathematiker und Geognost in Freiberg wesentlich an der Erfindung der Silberproduktion durch kalte Amalgamierung der Erze beteiligt war. Das Halsbrücker Amalgamierwerk, 1791 in Betrieb genommen, galt als Wunderwerk der Metallurgie. Gleichzeitig wurde in Freiberg das Erz in den neuen, 1780 erfundenen Langstoßherden aufbereitet. Der bedeutende Techniker und Freiberger »Kunstmeister« Johann Friedrich Mende baute 1768 die erste sächsische Wassersäulenmaschine nach englischem Vorbild, die mit der Schwerkraft des Wassers nach dem Prinzip der Dampfmaschine arbeitete. Er war es auch, der 1789 das erste Schiffshebewerk bei Rothenburg errichtete.

Zur gleichen Zeit aber kündigte sich in Produktion und Produktionsweise eine Umorientierung im Kurstaat an, die volkswirtschaftlich ähnlich einschneidend war und auf diesem Gebiet die gleichen Resultate zeitigte wie auf politischem die Revolution in Frankreich: Die Erträge des Silberbergbaus gingen erheblich zurück wegen Erschöpfung der Lagerstätten, und an ihre Stelle trat – als Rückgrat der sächsischen Wirtschaft – die Textilproduktion, und zwar als Massenfabrikation. Voraussetzungen dafür waren die amerikanische Baumwolle, die über Hamburg die Elbe heraufkam,

Aufnahme von Carl Gustav Carus 1795 in die Oberlausitzische Gesellschaft der Wissenschaften zu Görlitz. Urkunde von 1802

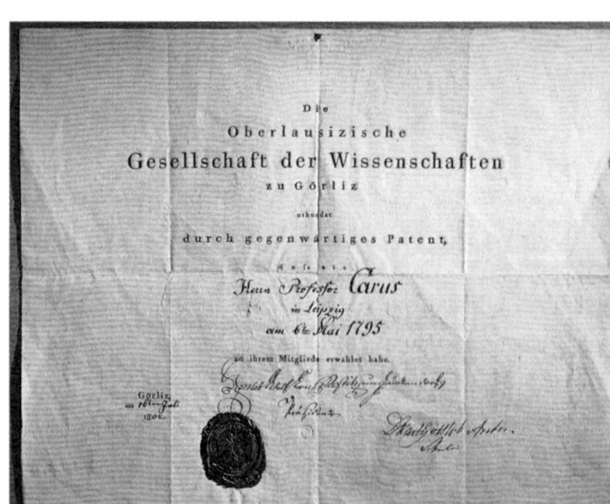

Die
Oberlausizische
Gesellschaft der Wissenschaften
zu Görliz
durch gegenwärtiges Patent,
Herrn Professor Carus
in Leipzig
am 6. Mai 1795
zu ihrem Mitgliede erwählet habe.

und eine gesteigerte Erzeugung von Wolle nach englischem Vorbild aufgrund des Imports spanischer Merinoschafe. Dass die Gutsbesitzer die Herden ihrer neu gegründeten Schäfereien über die Bauernfelder treiben ließen, war 1790 einer der Gründe für den Bauernaufstand gewesen. Die alten und ruhmreichen Manufakturen, in denen Spindeln und Webstühle durch Pferdegöpel oder Handarbeit angetrieben worden waren, wichen den Fabriken, die mit Werkzeugmaschinen und Wasserkraft produzierten. England bot die Vorbilder und einheimische Unternehmer importierten von dort die neuesten Jenny- und Mulemaschinen, die enorme Produktionssteigerungen ermöglichten. 1799 wurde in Chemnitz die erste Spinnerei errichtet, in der zehn englische »Waterspinnmaschinen« (Mules) arbeiteten. Dazu kam die Wollspinnerei des Grafen Einsiedel in Wolkenburg und um 1800 baute ein in Manchester geschulter Kaufmann im benachbarten Harthau mithilfe des englischen Spinn- und Maschinenbaumeisters Evan Evans eine achtstöckige Maschinenspinnerei, in der schließlich fast 15 000 Spindeln Twist produzierten. Die Fabrik galt als technisches Wunder. Eineinhalb Jahrzehnte später liefen in Kursachsen 225 000 Spindeln. Den englischen Maschinen wurden aber sogleich sächsische Konstruktionen an die Seite gestellt, den Spinnereien folgten die Maschinenbaubetriebe, die selbstverständlich erzgebirgisches Eisen verwendeten, das mit Zwickauer Kohle geschmolzen wurde. Dies waren die Bedingungen für den Aufstieg von Chemnitz zum »deutschen Manchester«.

Auf erstaunliche und glückliche Weise lösten sich somit zunächst die sozialen Probleme des auslaufenden Silberbergbaus im Erzgebirge, denn hier boten Natur und Geschichte die zwei wesentlichen Voraussetzungen für die industrielle Revolution: eine seit Jahrhunderten disziplinierte und auf die Beherrschung komplizierter technischer Prozesse trainierte Arbeiterschaft und Wasser zur Energieversorgung der Fabriken. Wer heute durch Sachsens obere Flusstäler fährt, von der Zwickauer Mulde bis hinüber zu den schmaleren Wasserläufen der Oberlausitz, sieht noch immer die alten Fabriken mit den prächtigen Fabrikantenvillen daneben wie auf eine Schnur gefädelt. Fast alle von ihnen ersetzten frühere Anlagen, denn sie waren längst auf den Betrieb von Dampfmaschinen und zuletzt von Elektromotoren umgestellt worden. Jetzt siechen die meisten dieser oftmals architektonisch und technisch bedeutenden Denkmale leer und still vor sich hin. Eine nächste, ökologisch handelnde Generation könnte sie vielleicht vom Frosch in den Prinzen zurückverwandeln, der sie einmal waren.

Die bis dahin noch nie produzierten Warenmengen sind von Anfang an weder im Inland noch in den benachbarten Staaten absetzbar gewesen. Den Schiffsladungen von Baumwolle, die nach Sachsen geliefert wurden, entsprachen Schiffsladungen von sächsischem Kattun, die die Ozeane überquerten. Diese ganze Entwicklung bedurfte des Welthandels und dessen sächsische Hauptstraße war noch immer die Elbe. Leipzigs Bankhäuser und Hamburgs Reeder hielten diese Maschine in Betrieb. (Die großartigen klassizistischen Kaufmannspaläste beider Städte wurden von Stadtbränden und Bomben des Zweiten Weltkrieges fast völlig ausgetilgt.)

Sachsen hatte sich vom zerstörten, verschuldeten und politisch deklassierten Kurfürstentum zum Pionierland der industriellen Revolution in Deutschland emporgearbeitet, aber bei der zugehörigen geistigen Entfaltung hielt es nicht Schritt. Mit der Französischen Revolution begann hier eine noch nie dagewesene und für das Land unglückliche und folgenschwere Situation. Zum ersten Mal führte ein Wettiner die geistige und kulturelle Entwicklung nicht mehr an, sondern er behinderte sie oder ließ sie am Hofe vorübergehen. Kurfürst Friedrich August III., der bei der Ausarbeitung von Gesetzen, Maßnahmen zur Volksbildung und zur Entwicklung der Kultur in den siebziger und achtziger Jahren als lenkender und innovativer Herrscher wirkte, verstummte gleichsam in den neunzigern. Hintergrund bildete dabei, dass König Louis XVI. von Frankreich und Königin Marie Antoinette, die 1793 in Paris öffentlich hingerichtet wurden, sein Cousin und seine Cousine waren. Welche traumatische Wirkung diese Tat gegen die Idee des Gottesgnadentums insbesondere auf Familienangehörige hatte, erkennt man an der Blutorgie, in der Marie Antoinettes Schwester, Königin beider Sizilien, 1799 die Revolution in Neapel ertränkte. Der wettinische Vetter reagierte mit ehernem Misstrauen gegen neue Gedanken. (Man wagt nicht, sich vorzustellen, was in Sachsen hätte geschehen können, wenn der Bauernaufstand nach der Guillotinierung der Bourbonen losgebrochen wäre.) Der Dresdner Hof wandte sich nicht nur gegen den großen sächsischen Philosophen Fichte in Jena, er nahm auch die großen sächsischen Dichter Novalis und Seume nicht zur Kenntnis; nicht Schiller, der 1782 sein Jugendwerk »Die Räuber« mit der Negativwidmung »in tyrannos« (gegen die

Tyrannen) versah. Er ignorierte die großen Frühromantiker in Dresden wie Schelling, die Brüder Schlegel und Wackenroder sowie das Genie der deutschen romantischen Malerei Caspar David Friedrich, der 42 Jahre lang in Dresden wohnte, ohne dass zu seinen Lebzeiten auch nur eine Arbeit in wettinischen Besitz gelangte.

Jene besondere Bedeutung Dresdens für die Entwicklung des bürgerlichen Geisteslebens in Deutschland, die dieser Kurfürst anfänglich erst hergestellt hatte, wurde schließlich nicht zur sächsischen Sache, sondern zur Privatangelegenheit der Denker, Maler und Dichter. Selbst die in ganz Deutschland berühmten Leseabende, die Ludwig Tieck in seiner Wohnung am Dresdner Altmarkt veranstaltete, blieben ohne Widerhall bei Hofe. Dafür schimmerte eine gänzlich andere Strömung durch das Gewebe der Dresdner Kultur dieser Zeit: Franz Pettrich, seit 1795 Hofbildhauer, 1810 zum Mitglied der Akademie berufen und 1815 zum Professor, war katholisch, ebenso Gerhard von Kügelgen, der im Jahr nach Graffs Tod 1814 die Professur für Porträtmalerei erhielt. Nach dessen tragischer Ermordung 1822 folgte ihm der eben zum Katholizismus konvertierte Carl Christian Vogel (seit 1831 von Vogelstein) im Amte nach. Der Dresdner Grafiker Carl August Richter, Vater des berühmten Ludwig Richter, wurde ebenfalls Katholik, um zum Lehrer an die Akademie berufen zu werden. Katholisch waren auch Carl Maria von Weber, seit 1817 Musikdirektor der deutschen Oper und Kapellmeister, sowie dessen Kontrahent Francesco Morlacchi, Kapellmeister und Leiter der italienischen Oper seit 1811. Alle diese Männer waren hervorragende Meister ihres Fachs, wenn nicht die besten überhaupt. Aber anscheinend galten sie ihrer Konfession wegen dem katholischen Hof in einem lutherischen Land als besonders sichere Leute.

Es muss allerdings eingeräumt werden, dass dieser ehrenwerte und gebildete Kurfürst, selbst befähigter Musiker, Bibliophiler und eifriger Leser klassischer Autoren, in schwierigste Zeiten hineingeriet, deren Problemen er nicht gewachsen war. Unsicherheit kennzeichnete seinen Charakter. Seit den neunziger Jahren geriet sie zum Politikum.

Im Rückblick erscheint die Welt nach dem Siebenjährigen Krieg aus sächsischer Perspektive noch immer heil, trotz aller Schwierigkeiten. Die meisten Männer der Aufklärung, die schon zuvor die Kultur des Landes bestimmt hatten, waren weiterhin tätig und maßgebend: Hagedorn, Dietrich, Oeser, Knöffler, Schwarze, Krubsacius, Rabener. Sogar der alte Gottsched lebte noch in Leipzig und Gellert lehrte an der Universität auf der Höhe seines Ruhms. Neue Ansätze und Neuberufungen fanden auf dieser Basis statt. In Leipzig wurde der vielseitige Oeser Gründervater einer vorzüglichen Schule, zu der auch der junge Meister der bürgerlich-klassizistischen Architektur Johann Friedrich Carl Dauthe gehörte und schließlich als Oesers Nachfolger seit 1800 der aus Dessau berufene Johann Friedrich August Tischbein, einer der besten deutschen Porträtisten der Epoche. In Dresden führte Naumann Hasses große Orchestertradition weiter und der Kunsttheoretiker Hagedorn bestimmte die Richtung der Akademie. Seine überragende Leistung, für die ihm die Dankbarkeit des Landes gebührt, bestand in der Berufung der jungen Schweizer Künstler Anton Graff und Adrian Zingg. Zwei Jahrhunderte lang stand große Bildnis- und Landschaftsmalerei in Dresden in deren Tradition.

Den dreißigjährigen Porträtspezialisten aus Augsburg und den zweiunddreißigjährigen Landschaftszeichner und Stecher aus Paris nach Dresden zu bestellen, war eine bemerkenswerte Tat – beide waren unbekannt. Im Hintergrund stand der Aufbruch der Schweizer Poesie und Literaturtheorie zu

Kügelgen am Schreibtisch. Gemälde von Georg Friedrich Kersting, 1811. Klassik Stiftung Weimar

neuartigem Naturgefühl und individuellem Ausdruck durch Haller, Bodmer und Breitinger, schließlich Geßner, die das kritische und moderne Deutschland faszinierten. Die beiden Schweizer Lehrer an der neu gegründeten Akademie erfüllten, was Hagedorn erwartete: aufgeklärte Wirklichkeitsempfindung in die Kunst einzuführen. Beide wurden zu Wegbereitern des bürgerlichen Realismus in der deutschen Malerei und Zeichenkunst. Graff bezog sich auf die Lehren der großen Niederländer in der Galerie und selbstverständlich auch auf den Maßstab, den Silvestre gesetzt hatte. Für den Kenner und Liebhaber ist es bewegend, dass sein großer Erbe, Ferdinand von Rayski, schon sieben Jahre alt war und ihn noch gesehen haben könnte, als Graff 1813 starb. Er hinterließ eine Galerie von Bildnissen jener Männer, die Sachsens Aufklärung und Deutschlands Klassik geprägt haben, auch von Leipzigs Großkaufleuten und den illustren Professoren seiner Universität, gemalt in jener feinen Tonigkeit, die das Licht des Elbtals hervorbringt und die in der Dresdner Malerei fast zwei Jahrhunderte nicht mehr verloren ging (siehe S. 195).

Auch Zingg übernahm die einheimische Tradition und stellte sich auf die Schultern von Johann Alexander Thiele, der die Landschaften des Elbsandsteingebirges als erster gemalt hatte, und seines berühmten Schülers Dietrich. Angeblich prägte Zingg den Begriff »Sächsische Schweiz«. Ohne seine frührealistischen-frühromantischen Erkundungen sächsischer Landschaften hätten weder Friedrich noch Richter auf so hohem Niveau der Darstellung landschaftlicher Strukturen ihre Laufbahn beginnen können. Mit diesen beiden Künstlern ging die Dresdner Akademie allen anderen deutschen Malerschulen voran.

Schlecht hingegen stand es um Plastik und Architektur. Diesen Staatskünsten des Barock fehlte ohnehin der Ansporn durch große Aufgaben im Kurstaat. Unglück kam hinzu: 1779 starb Knöffler. Ihm folgte der Franke Dorsch als Hofbildhauer, der aber, ohne wesentliche Wirkung zu erlangen, bereits 1789 mit 45 Jahren begraben wurde. Sein Mitarbeiter Wiskotschill, der sich eng und mit bemerkenswerter Begabung an Knöfflers Klassizismus hielt, hatte das Amt nur kurze Zeit inne und starb

Blick auf Dresden. Sepiazeichnung von Adrian Zingg, 1815. SKD, Kupferstich-Kabinett

ebenfalls jung im Jahre 1795. Franz Pettrich, nicht mehr als ein tüchtiger Bildhauer, konnte die Höhe des Stils nicht halten.

Merkwürdigerweise traf Dresdens große architektonische Tradition, die das Bild der wichtigeren Städte des Landes bis zum Siebenjährigen Krieg geformt hatte, zur gleichen Zeit das gleiche Schicksal. Krubsacius, erster Professor für Architektur an der Akademie und Oberlandbaumeister, war schon 1789 gestorben. Er hatte noch bei Longuelune gelernt. Sein gleichaltriger Kollege Exner – ebenfalls Oberlandbaumeister und Akademieprofessor – war Knöffels Mitarbeiter gewesen. Als er 1798 starb, folgte ihm sein Schwiegersohn Weinlig, der aus Schwarzes Atelier hervorgegangen war. Er starb bereits im folgenden Jahr. Auf diese Weise war also zwischen 1795 und 1799 die große Tradition abgebrochen, die, von Permoser und Pöppelmann ausgehend, die sächsische Hofkunst des Jahrhunderts bestimmt hatte.

Aber so wie die Plastik war auch die Architektur bereits akademisch geworden und beiden mangelte es an politischen und gesellschaftlichen Zielvorstellungen. Dass dies nicht zeitbedingt war, erweist sich am Beispiel von Schloss und Park Wörlitz, die nur wenige Kilometer nördlich der kursächsischen Grenze seit den sechziger Jahren von dem großen sächsischen Architekten Friedrich Wilhelm von Erdmannsdorff für den Fürsten Franz von Anhalt-Dessau errichtet wurden. Von Erdmannsdorff, Spross einer alten erzgebirgischen Adelsfamilie, in Dresden als Sohn eines Hofbeamten und Zögling der Ritterakademie gleichsam in Winckelmanns Aura aufgewachsen, schuf gemeinsam mit dem genialischen Anhaltiner Fürsten die erste rein klassizistische Anlage des Kontinents nach englischem Vorbild. Napoleon befahl seiner Armee 1806 auf dem Marsch nach Preußen, das Ländchen respektvoll zu umgehen wegen der dort vollbrachten Vereinigung von Erziehung, Humanität, Kunst, Sozial- und Wirtschaftspolitik, die das gesamte zivilisierte Europa bewunderte. Winckelmanns Vision schien in Dessau verwirklicht zu sein.

In Sachsen gab es trotz der ungleich größeren finanziellen Möglichkeiten des aufsteigenden Manufakturstaates nichts dergleichen. Die höfischen Künste reflektierten dessen konzeptionslose Unentschiedenheit. Sachsens bedeutendstes Gebäude der Epoche war das Landhaus in Dresden (nach der Zerstörung von 1945 als Stadtmuseum wieder aufgebaut). Der klassizistische Theoretiker und Architekturprofessor Krubsacius errichtete es 1770 bis 1776 als Sitzungs- und Tagungsgebäude für die Landstände. Seine alte Eingangsseite ist in der Tat nach rein klassizistischen Regeln konstruiert: Dorische Säulen tragen einen Balkon, darüber erhebt sich ein Dreiecksgiebel. Der heutige Eingang befindet sich an der ursprünglichen Gartenseite. Dort wölbt sich der Mittelrisalit mächtig vor, denn er hat eines der letzten großen barocken Treppenhäuser der deutschen Architektur zu umschließen – eine prächtige und schöne Anlage – nur eben ein Ausklang und kein Neubeginn.

Dies ist auch das Merkmal der Bauten des Landesherrn in dieser Zeit. Sein Moritzburger Fasanerieschlösschen ist eine der anmutigsten Schöpfungen des späten sächsischen Rokoko. Der Sockel aus künstlichen Felsen mit Tieren gehört noch dem Permoser-Umkreis an und schmückte einen hölzernen Pavillon Augusts des Starken. Knöffel errichtete dann für August III. ein festes Gebäude auf dieser Grundlage. Dessen Umbau durch Friedrich August III., 1769 begonnen, ist eine Modifikation

Monumentale, geschwungene Treppe im Landhaus Dresden, 1770 bis 1776 von Friedrich August Krubsacius erbaut

Fasanerieschlösschen in Moritzburg, 1769 bis 1782 von Johann Daniel Schade und Johann Gottlieb Hauptmann erbaut

der barocken Vorgaben ohne neue eigene Grundsätze. Vergleicht man ihn mit den Gebäuden von Wörlitz oder dem Petit Trianon seines Vetters im Park von Versailles, die etwa gleichzeitig errichtet wurden, so erkennt man, dass die sächsische Architektur nicht mehr führte, sondern um eine ganze Generation zurücklag. Im Inneren des Gebäudes wechselt die Ornamentik des alten und des neuen Stils von Raum zu Raum bestürzend unentschieden, nicht anders als die Fassaden des Landhauses – nur dass in allem noch der Glanz der großen augusteischen Epoche leuchtet.

Exakt gleiches Verhalten formte noch zwei Jahrzehnte später die Flügelbauten des Schlosses Pillnitz (1788–1791). Der hervorragende klassizistische Baumeister Weinlig hielt sich an einen Erweiterungsplan Longuelunes aus den zwanziger Jahren, er respektierte Pöppelmanns konkav geschwungene Dächer im Chinoiseriestil und setzte an der Außenfront des Wasserpalais dessen Balkon auf barocken Konsolen fort. Nur auf den Hofseiten tritt sein eigener Zeitstil in Erscheinung durch vorgesetzte Säulenreihen – insgesamt eine Arbeit von feiner Proportion, erfüllt von Geist und Gesetz augusteischer Zierlichkeit –, ein meisterliches Werk, nur eben nicht modern (siehe S. 194). Modern hingegen war der englische Park beim Schloss Pillnitz mit dem englischen Pavillon, den Friedrich August III. damals der französischen Anlage seines Urgroßvaters anfügen ließ. Aber auch in der Park- und Gartenkunst ging der Kurfürst nicht voran, denn in den achtziger Jahren schufen sächsische Aristokraten vielerorts Parks bei ihren Schlössern nach dem Wörlitzer Modell. Das Naturgefühl des empfindsamen Zeitalters, dem Hagedorn schon mit der Berufung der beiden Schweizer an die Akademie vorgearbeitet hatte, prägte Sachsens Parks etwas verspätet, aber glanzvoll: Das Seifersdorfer Tal bei Dresden, das von der Gräfin Christiane von Brühl bereits seit 1781 zum Landschaftspark ausgestaltet wurde, erregte Goethes Entzücken und der Park des Grafen Lindenau in Machern unweit von Leipzig, 1782 begonnen, war überhaupt Sachsens größte romantisch-sentimentale Gartenanlage. Beide waren berühmter und bedeutender als der Pillnitzer Landschaftsgarten ihres Landesherrn samt dessen Erweiterung in den angrenzenden Friedrichsgrund mit künstlicher gotischer Ruine.

Die Bestrebungen und die Grenzen sächsischer Kunst und ihre Besonderheit in dieser Periode vor der Französischen Revolution zeigt wie kein anderes Werk ein Tafelaufsatz des berühmten Hofjuweliers Johann Christian Neuber und des französischen Modellmeisters der Meissener Manufaktur, Michel Victor Acier. Er wurde 1775 bestellt von dem Kammerherrn Graf Marcolini, dem Jugendfreund des Kurfürsten und heimlichen Dirigenten seines Hofstaates, damals bereits Chef der Porzellan-Manufaktur. Das vielteilige Prachtwerk von etwa 7 Meter Länge sollte die Segnungen der Regierung des Souveräns und seine Herrschertugenden darstellen. Im folgenden Jahr wurde es ihm zum 26. Geburtstag überreicht. Es repräsentierte also sein Selbstverständnis und sein Regierungsprogramm. Deswegen wurden jene Materialien verarbeitet, auf denen die Reputation des Landes beruhte, Porzellan und edle Steine, die zugleich den Bergbau vertraten.

Der in Versailles geborene Acier war 1764 als Modellmeister nach Meißen berufen worden, um die fortgeschrittene französische Porzellankunst nach Sachsen zu bringen. Neuber hingegen stammte aus Neuwernsdorf bei Olbernhau im mittleren Erzgebirge. Schon 1767, mit 31 Jahren, wurde er zum Hofjuwelier ernannt. Seine Spezialität bestand in der Verarbeitung sächsischer Landedelsteine. Er fasste sie in Stegen aus Gold zu vielfarbigen Mosaiken, die als Ornamente, Bouquets, figürliche Szenen oder Landschaften die Flächen seiner Tabatieren, Tischplatten, Knöpfe und Stockgriffe bedeckten. Sie waren nicht mehr rokokomäßig geschwungen, sondern bildeten klare geometrische Formen nach modernem Geschmack. Dabei waren sie zierlich, elegant und von unübertrefflicher Feinheit der Verarbeitung. Neubers Tabatieren geben noch heute einen fauchenden Ton von sich, wenn man sie ans Ohr hält und rasch öffnet. Rund, oval oder viereckig, sind sie annähernd luftdicht gearbeitet und sächsischer Tradition gemäß sowohl künstlerische wie auch technische Wunderwerke. Sie gehören heute auf den internationalen Kunstmärkten zu den teuersten Werken ihrer Art. Am gesuchtesten sind Neubers sogenannte Steinkabinette. Die Oberflächen dieser Schnupftabakdosen bestehen aus vielfarbigen Steinornamenten, wobei in den Goldsteg bei jedem Stein eine winzige Nummer eingraviert ist. In den Deckel eingeschraubt, gehört dazu ein in Französisch geschriebener Katalog »der Edelsteine, wie sie im Kurfürstentum Sachsen gefunden werden«, in dem unter jeder Nummer der Fundort des Steins verzeichnet ist – eine wissenschaftliche Mineraliensammlung, wie sie dem Land der ersten Bergbauakademie ansteht, in der Kunstform eines eleganten Gebrauchsstückes. Neuber hat, wie der Hofjuwelier Dinglinger vor ihm, die Ergebnisse aktueller Wissenschaften in seine Werke einbezogen und war dessen legitimer Nachfolger, auch in seinem europäischen Ruhm.

Beim Tafelaufsatz für den Kurfürsten fiel ihm allerdings nur die Aufgabe zu, die Postamente zu Aciers Gruppen herzustellen. Er verwendete dazu erzgebirgische Amethyste und Achate in Fassungen aus vergoldetem Silber und vergoldeter Bronze. (Diese stabilen Sockel haben 1945 den Transport des Grünen Gewölbes nach Moskau und 1958 die Rückführung nach Dresden ziemlich wohlbehalten überstanden, während Aciers vielgestaltige Biskuitgruppen nur lückenhaft und beschädigt zurückgelangten.)

Gezeigt werden die Allegorien von Bergbau, Gewerbe und Handel gemäß der Wirtschaftspolitik des Rétablissements. Im Zentrum aber steht nach altabsolutistischer Weise der Fürst im römischen Imperatorengewand mit dem Lorbeerkranz des Siegers geschmückt, so wie sein Urgroßvater August der Starke auf dem Sockel seines Reiterdenkmals paradiert. Saxonia kniet vor ihm und Vorsicht, Gnade und Weisheit bekleiden und schützen ihn. Unter ihm sitzen die Gestalten der Haupttugenden einer weisen Regierung: Sanftmut, Gerechtigkeit, Gnade und Friede. Auf der untersten Stufe befinden sich die neun Musen, denen der Herrscher die Erziehung und Bildung seiner Landeskinder anvertraut. Es ist das Regierungsprogramm eines menschenfreundlichen Souveräns. Aber als es aufgestellt wurde, liefen in England die ersten von Eseln angetriebenen Jenny-Spinnmaschinen und kurz darauf die ersten wassergetriebenen, die Massenfabrikate für den Welthandel produzierten. Porzellane und Galanteriewaren aus Landedelsteinen waren bereits aristokratische Luxusproduktionen

Tafelaufsatz für Kurfürst Friedrich August III. (Mittelteil) aus Meissener Biskuitporzellan, Sockel aus vergoldeter Bronze mit eingelegten sächsischen Amethysten und Achaten von Johann Christian Neuber, Dresden 1775/75. SKD, Grünes Gewölbe

von gestern und eigentlich wurden aufgeklärte Herrscher wie etwa Friedrich II. von Preußen oder Franz von Anhalt-Dessau so nicht mehr dargestellt. Aber dieser Wettiner gehörte eben nicht in die Reihe moderner Souveräne; er blieb katholisch ohne politischen Grund und vertiefte noch die konfessionelle Spaltung zwischen dem Fürstenhaus und dem Adel, dem Bürgertum und der sächsischen Bevölkerung überhaupt.

In Kursachsen begannen die Entwicklungen von Wirtschaft, Gesellschaft, Kunst und Geist auseinanderzudriften. Die Wirtschaft war die modernste im Reich, aber sie produzierte auch neue soziale Konflikte; die alte Ständeordnung drückte das Selbstbewusstsein der Bürger wie der Bauern; moderne geistige und künstlerische Kräfte waren auf private Zirkel beschränkt und wirkten nicht auf die Leipziger Universität und den Dresdner Hof ein, die konservativ erstarrten.

Allerdings ist so das Verhalten der meisten spätabsolutistischen deutschen Staaten zu beschreiben nach dem Schock, in den der kontinentale Feudalismus durch die Pariser Jakobiner versetzt wurde. In Kursachsen war jedoch vorsichtiges Taktieren schon vorher zur Regel geworden infolge des gebrochenen wettinischen Machtbewusstseins nach dem Verlust der polnischen Krone. Immerhin war Friedrich August III. noch in der späten Glanzzeit der Union als ältester Enkel des Königs von Polen aufgewachsen und das deutsche Kaiserhaus wie die Königshäuser von Frankreich und Spanien gehörten zur engsten Verwandtschaft. Nunmehr aber ließ sich diese Heiratspolitik nicht fortsetzen, denn die Albertiner zählten nicht mehr zu den ersten Familien Europas. Eingekeilt zwischen die Großmächte Österreich und Preußen, blieb ihnen als Regenten eines mittelgroßen Landes kaum noch außenpolitischer Spielraum. Es ist daher verständlich, dass sich das geschwächte Sachsen an jene Macht anschloss, die sich als die stärkste der Region erwiesen hatte, an Preußen. Dies hatte sich im Bayerischen Erbfolgekrieg (1778–1779) als richtig erwiesen. Das sächsisch-preußische Bündnis zwang Österreich zum Verzicht auf Bayern. Kursachsen musste zwar ebenfalls auf seinen Erbanspruch verzichten, erhielt aber eine hohe finanzielle Entschädigung und die volle Lehnshoheit über die Schönburgischen Länder um Glauchau und Meerane, die bisher noch bei den Habsburgern gelegen hatte. Waren jedoch preußische Interessen im Spiel, musste der sächsische Partner zurücktreten. Polen wurde so ein zweites Mal verloren. Bereits 1772 hatten sich Russland, Österreich und Preußen polnische Querelen zunutze gemacht und sich beträchtliche Teile seiner Landmasse einverleibt. Zwanzig Jahre später beschloss endlich der Sejm unter dem Druck der politischen Ohnmacht des Landes Reformen und trug gleichzeitig dem Hause Wettin das erbliche Königtum an. Worum August der Starke und sein Sohn jahrzehntelang vergeblich gerungen hatten, sollte nun Friedrich August III. in den Schoß fallen. Jedoch besaß Kursachsen nicht mehr die Kraft, die Gunst der historischen Situation zu nutzen, denn für die drei Großmächte waren Landgewinne durch die Zerstückelung Polens verlockend, ein polnisches Erbkönigtum hingegen bedrohlich. Kurfürst Friedrich August III. konnte das polnische Angebot nicht annehmen und das Land wurde 1793 geteilt. Wohl bereitete der große polnische Heerführer Kosciuszko den nationalen Aufstand in Dresden vor, aber sein Scheitern führte 1795 zur dritten Teilung, nach der das polnische Reich nicht mehr existierte. Viele Gräber auf dem alten Katholischen Friedhof in Dresden bezeugen, dass polnische Offiziere und Intellektuelle nach Niederwerfung ihrer Aufstände bis tief in das 19. Jahrhundert hinein in Sachsen ihre Zuflucht fanden.

So wie Polen war aber auch der Kurstaat zum Objekt der Europapolitik anderer Mächte geworden. Dies zeigt das Pillnitzer Treffen von 1791. Kaiser Leopold II. und König Friedrich Wilhelm II. von Preußen hatten sich selbst das Schloss im Elbtal zum Treffpunkt erwählt, um ihre Maßnahmen gegenüber dem revolutionären Frankreich miteinander abzustimmen. Kurfürst Friedrich August III. war lediglich Gastgeber und nahm an den Konferenzen nicht teil. Am Reichskrieg gegen Frankreich von 1793 bis 1797, der in Pillnitz vorbereitet worden war, beteiligte sich Sachsen ohne eigenes Interesse pflichtgemäß als Reichsstand. Die schmähliche Niederlage traf es zwar nicht unmittelbar, doch der Verlust der linksrheinischen Reichsgebiete zugunsten Frankreichs leitete den Zerfall des alten deutschen Kaiserreiches ein. Bei der Neuordnung Europas durch Napoleon, die darauf folgte, erhielt auch Kursachsen eine neue Rolle – als Figur im Machtpoker des französischen Kaisers.

Zunächst, beflissen an der Seite Preußens, gelang es Sachsen, sich aus dem zweiten Koalitionskrieg gegen Frankreich herauszuhalten (1798 bis 1801). Aber als sich Napoleon nach Gründung des Rheinbundes im Juli 1806 anschickte, die östlichen Trümmerstücke des Reiches zu bezwingen, stand ihm eine sächsisch-preußische Allianz entgegen. Er schlug sie im Oktober bei Saalfeld und Tage später vernichtend bei Jena und Auerstedt. 6 000 der 22 000 Soldaten des sächsischen Armeekorps ergaben sich in französische Gefangenschaft. Die »Große Armee« besetzte den Kurstaat als Feindesland und forderte 25 Millionen Francs als Kontribution.

Unter der Hand hatte aber Napoleon schon ein anderes Spiel begonnen und dies zog die alten sächsisch-polnischen/brandenburgisch-preußischen Rivalitäten ins Kalkül. Er sandte den kursächsischen Major Karl Wilhelm Ferdinand von Funck, der bei Jena verwundet in Gefangenschaft geraten war, mit einer Botschaft an den Kurfürsten nach Dresden, die Friedrich August bewog, nicht zu fliehen, sondern zu verhandeln. Napoleons Angebot musste als Ausweg aus der Katastrophe erscheinen. Kursachsen trat dem Rheinbund bei und wurde zum Königreich erhoben; es hatte keine Kontributionen zu zahlen, aber es musste als Verbündeter Truppen für Napoleons Feldzüge zur Verfügung stellen; es musste thüringische Gebiete zwischen Erfurt und dem Eichsfeld an das neu gegründete Königreich Westfalen abgeben, sollte aber zum Ausgleich den preußischen Cottbuser Kreis erhalten. Kaum acht Wochen nach der Niederlage bei Jena und Auerstedt wurde dieser Vertrag am 11. Dezember 1806 in

Dem Herzogtum Warschau wird durch Napoleon die Verfassung verliehen. Gemälde von Marcello Bacciarelli, 1811. Warschau, Muzeum Narodowe

Posen unterschrieben. Das eben niedergeworfene Sachsen schien glücklich gerettet und sogar erhoben an der Seite des unüberwindlichen Siegers zu stehen. Seine Industrie profitierte großartig von Napoleons Kontinentalsperre, die die englische Konkurrenz abblockte. Kurfürst Friedrich August III. aber wurde zum König Friedrich August I. Im Unterschied zu anderen deutschen Königen von Napoleons Gnaden ließ er sich keine Kroninsignien anfertigen – daher wurden Sachsens Könige nie gekrönt –, aber aus dem albertinischen Wappen verschwanden die gekreuzten Kurschwerter und dafür erschien über dem wettinischen Rautenschild die Krone des Königreiches. Im Jahr darauf musste das besiegte Preußen seine polnischen Gebiete abtreten und aus den meisten von ihnen wurde das Herzogtum Warschau gebildet, das König Friedrich August I. von Sachsen als Erbland übergeben wurde. Wenig später um polnische Gebiete des gleichfalls bezwungenen Österreich vergrößert, wurde es zum Großherzogtum umgewandelt und war damit das Kerngebiet eines neu entstehenden freien polnischen Staates. Polens und Sachsens Patrioten wurden zu glühenden Anhängern Napoleons.

In Sachsen kam noch hinzu, dass die Reformer von der Bindung an Frankreich die lange angestrebten Modernisierungen des Landes erhofften. Zum anderen hatte Napoleon im Tilsiter Frieden von 1807 den alten preußischen Widersacher buchstäblich zerschlagen. Preußen verlor über die Hälfte seines Staatsgebietes, die gefürchtete Armee Friedrichs II. schien vernichtet und auch die aufstrebende Wirtschaft der Großmacht war gebrochen. Sachsen konnte aufatmen.

Jedoch der Enthusiasmus schlug rasch um in bittere Enttäuschung, das Glück entpuppte sich als verkapptes Unglück, der preußische Erbfeind als bewunderungswürdig und vorbildlich. Friedrich August I. bestand fest auf der alten ständischen Staatsordnung im neuen Königreich. Nur in einem Punkt ging sein Interesse mit den modernen Ideen des nachrevolutionären Frankreichs überein. Der Posener Friedensvertrag enthielt die Klausel, dass Katholiken und Protestanten in Sachsen gleichzustellen sind. Jetzt durften katholische Gotteshäuser im Lande auch außerhalb der alten katholischen Gebiete der Lausitz um Bautzen und Kamenz errichtet werden und die Dresdner Katholische Hofkirche durfte mit ihrem ersten Geläut die Stimme im öffentlichen Raum der lutherischen Kapitale erheben. 1811 folgte die Gleichstellung der Reformierten. Alles andere im Staat musste bleiben wie es war. Den franzosenfreundlichen Reformern hatte das Bündnis mit Napoleon nichts gebracht.

Gänzlich anders verfuhr Preußen. Auch dessen König Friedrich Wilhelm III. war schwach und verunsichert, aber der Zusammenbruch der friderizianischen Monarchie war auch der ihres konservativen Beamtenapparates. Dies war die Stunde der Reformer. Stein und Hardenberg setzten gegen den Widerstand der Gutsherren die Befreiung der Bauern durch, führten Gewerbefreiheit und städtische Selbstverwaltung ein; Scharnhorst schuf aus den Söldnertruppen Friedrichs II., die entgegen den Erkenntnissen der Aufklärung nur durch Zwang und Drill funktioniert hatten, eine preußische Nationalarmee.

Unterdessen zogen die sächsischen Regimenter an der Seite der Franzosen 1809 gegen Österreich, worauf dessen Truppen das westliche Sachsen einschließlich Dresdens besetzten und als Feindesland behandelten, bis auch Wien kapitulierte. Doch schon im März 1812 brach die sächsische Armee mit 21000 Mann, 7000 Pferden und 48 Geschützen unter dem Kommando des französischen Generals Reynier erneut auf, um gegen Russland zu marschieren. Ferdinand von Rayskis großartige Schlachtengemälde mit heroischen, von Pulverdampf umwehten sächsischen Kavallerieoffizieren zeigen deren Heldentaten an der Seite Napoleons. Nur wenige Tausend ihrer Soldaten kehrten zurück. Unterdessen wurde Sachsen von Truppen in allen Himmelsrichtungen durchzogen, napoleonischen und antifranzösischen. Gegen Letztere musste gekämpft werden, so gegen das preußische Corps des bei Dresden geborenen Majors Ferdinand von Schill und gegen die Schwarze Schar des Herzogs von Braunschweig-Oels. Gleichwohl begannen zur selben Zeit große Leipziger Verlagshäuser wie Teubner und Brockhaus ihren lang andauernden Aufstieg und im Erzgebirge und im Vogtland wurden Maschinenfabriken und Walzwerke gegründet, liefen Abertausende von Spindeln und immer mehr Wasserspinnmaschinen. Noch immer stand Sachsen auf der Seite des Siegers und war von großen Schlachten und schweren Zerstörungen verschont.

Dennoch baute sich im Königreich eine antifranzösische Stimmung auf, und sie war anscheinend, wie alle Stimmungen, diffus. Goethe im benachbarten Weimar hatte an ihr keinen Anteil. Unter der Wirkung der französischen Enzyklopädisten und der französischen Rokokokultur aufgewachsen, schätzte er den Geist der »großen Nation« und war ein Bewunderer Napoleons, so wie dieser ihn bewunderte. Er erkannte, wie viele andere deutsche Intellektuelle, die enorme Bedeutung der in den Rheinbundstaaten eingeführten Gesetze des »Code Napoléon«, der die Grundlage der deutschen Rechtsprechung bis heute bildet, und dessen Auswirkung auf Gesittung und Toleranz der Nation, die durch die Gleichstellung der Religionen, auch der jüdischen, eintrat – eigentlich die Einführung dessen, was wir heute Menschenrechte nennen.

Der um 25 Jahre jüngere Maler Caspar David Friedrich in Dresden ging aber mit den meisten seiner Generation nicht mehr von den französischen Aufklärungsphilosophen aus, sondern vom jakobinischen Desaster ihrer Nachfolger, von dem nationalen Defizit in den feudalen Kleinstaaten des Reiches, vom frühromantischen Kult des Gefühls der Natur und der Frömmigkeit. Die erfundenen urtümlichen Gesänge des altschottischen Barden Ossian bannten die schöpferischen Geister dieser Generation, und nicht mehr der Scharfsinn Voltaires. Sie sah den Geist einer erwünschten germanischen Nation, verwirklicht im mittelalterlichen Kaiserreich, durch Fremdherrschaft beleidigt und an seiner Wiederkunft behindert. Deshalb malte Friedrich 1807 das »Hünengrab im Schnee« als eine nationale Allegorie – das als germanisch angesehene Grab im eisigen Winter sollte das erstarrte und besiegte Reich bedeuten und die vom Sturm geköpften Eichen seine Heldenkraft, die dereinst in einem Frühling wiedererwachen würde (siehe S. 196).

Im gleichen Jahr traf Heinrich von Kleist in Dresden ein. Hier gab er die Kunstzeitschrift »Phöbus« heraus, eine der wichtigsten der Epoche, und schrieb das Drama »Die Hermannsschlacht«, ebenfalls ein Stück, das auf einen nationalen Befreiungskampf zielte – sehr in der Zeit befangen und kein Meisterwerk. Es wurde in Abschriften verbreitet, da desgleichen der königlich-sächsischen Zensur verfiel. Gewiss unter seiner Wirkung malte Friedrich 1812 »Das Grab des Arminius«. Der geborstene Sarkophag des Siegers der Schlacht im Teutoburger Wald steht im Vordergrund, auf ihm ringelt sich eine Schlange in den Farben der Trikolore und im Hintergrund öffnet sich der Schlund einer Felsenhöhle, der die kleinen Gestalten zweier französischer Chasseurs zu verschlingen droht.

Friedrich malte in diesen Jahren noch einige solcher Bilder und stellte sie in einer Ausstellung patriotischer Gemälde aus, die der russische Gouverneur von Dresden nach dem Sieg über Frankreich 1814 in der Stadt veranstalten ließ. Aus sächsischem Blickwinkel gesehen waren dies aber Bekundungen eigentümlich ambivalenter politischer Verhältnisse, denn die verhassten Unterdrücker waren zugleich Verbündete und die Blüte des sächsischen Adels zog mit ihnen zu Felde. Noch in der nächsten Generation war dieser Sachverhalt lebendig, als Rayski »Die französischen Grenadiere im Schnee« malte – eine höhnische Darstellung, in der noch immer Friedrichs Allegorik aufscheint – und gleichzeitig die Heldentaten sächsischer Offiziere in Russland an der Seite Napoleons. Am deutlichsten erkennt man diese Stimmungslage in Wilhelm von Kügelgens »Lebenserinnerungen eines alten Mannes«, einer der schönsten Autobiografien der deutschen Literatur. Die Familie des Akademieprofessors und Hofmalers war dem sächsischen König loyal verbunden, doch zugleich entschieden national gesinnt und propreußisch, so wie der größte Teil der Bevölkerung. Dies bestätigte auch aus seinem profranzösischen Blickwinkel mit Erbitterung der Freiherr von Funck. Im Frühjahr 1813 wurden Russen und Preußen in Dresden als Befreier empfangen und gefeiert. Man schwärmte für die jungen Männer, die im preußischen Freicorps der Lützower Jäger »nicht für die Sonderinteressen irgendeines deutschen Stammes, sondern für die allgemeine deutsche Sache streiten wollten«, wie Kügelgen schreibt. Allein in Dresden strömten 500 Freiwillige zusammen, unter ihnen der ausgezeichnete Maler Georg Friedrich Kersting und Theodor Körner, der Sohn des bekannten Appellationsgerichtsrats. Der Zweiundzwanzigjährige hatte seine Stellung als Theaterdichter in Wien verlassen, denn er sah »die Flammenzeichen rauchen«, womit er sich, ähnlich wie Kleist zuvor, auf Signale bezog, die in grauer Vorzeit zum Kampf gegen die Römer hätten benutzt werden können. »Hell aus dem Norden« – nämlich aus Preußen – »bricht der Freiheit Licht«,

Theodor Körner. Gemälde von Georg Friedrich Kersting, 1829. Staatliche Museen zu Berlin / PK, Alte Nationalgalerie

dichtete der begeisterte Jüngling aus Dresden und rief sein Volk auf: »Ihr sollt den Stahl in Feindesherzen tauchen, die Zeit ist reif, ihr Schnitter zaudert nicht.« Noch im gleichen Jahr fiel er in einem Gefecht bei Gadebusch. Sein Mitstreiter Kersting malte ihm Erinnerungsbilder und sein Vater gab 1814 die nachgelassenen Gedichte unter dem Titel »Leier und Schwert« heraus. Sie sind epigonal, erschienen aber dennoch in vielen Nachauflagen vor allem dann, wenn in Deutschland Nationalismus erwünscht war. Zur Legende vom französischen Erbfeind haben sie wesentlich beigetragen. Auch Denkmäler wurden diesem Helden in solchen historischen Situationen errichtet, das erste 1871 in Dresden von dem Akademieprofessor Ernst Julius Hähnel, zeitgleich mit Bismarcks Reichsgründung.

Im Februar 1813 war König Friedrich August I. nach Plauen geflohen und führte von hier aus Geheimverhandlungen mit Österreich. Doch Napoleon hatte seine Armee neu formiert und rückte wiederum gegen die verbündeten Russen und Preußen in Sachsen vor. Dies bewog den Wettiner wider das Drängen hoher Offiziere zur Abkehr Sachsens von Napoleon zum Abbruch der Kontakte. Dies erschien zunächst als richtig, denn der Kaiser schlug die Verbündeten Anfang Mai in Großgörschen bei Lützen und kaum drei Wochen später bei Bautzen und nötigte sie zum Rückzug nach Schlesien. Er verlangte von Friedrich August I. die erneute Erklärung sächsischer Bündnistreue und verlegte sein Hauptquartier nach Dresden. Hier wurde am 10. August Napoleons 44. Geburtstag – etwas vorfristig – in größter Pracht mit Opern- und Konzertaufführungen und einem kunstvollen Feuerwerk begangen und hier schlug er nur Tage später die erneut herangerückten Russen und Preußen und die wieder in den Krieg eingetretenen Österreicher in einer mörderischen Schlacht am 26. und 27. August. Mit Recht sieht man den Namen der Stadt unter den Orten der Siege des kaiserlichen Feldherrn am Arc de Triomphe in Paris. In Dresden führte er seine Truppen zu ihrem letzten großen Sieg in Deutschland. Für die Stadt war er allerdings verheerend. Viele Dörfer im Umkreis, die Vorstädte und zahlreiche Stadthäuser waren zusammengeschossen und verbrannt, Zehntausende von Toten und Verwundeten bedeckten Felder und Straßen, lagen in allen Kirchen und Spitälern und Tausende starben in den folgenden Tagen und Wochen, Seuchen brachen aus und Hungersnot. Ein Zehntel der Stadtbevölkerung überlebte diesen Sieg nicht.

Kaum acht Wochen später traf Leipzig das gleiche Schicksal. Hier vereinigten sich die Heere der Verbündeten, vermehrt um Truppen aus Schweden, das ebenfalls in den Krieg eingetreten war, und hier zog Napoleon seine Armeen zur Entscheidungsschlacht zusammen. Der König von Sachsen fuhr mit den französischen Kolonnen nach Leipzig, mehr ein Pfand in deren Hand als ein Souverän. 10 000 sächsischen Soldaten war ebenfalls der Marsch nach Leipzig befohlen worden. Sie waren die letzten deutschen Verbündeten des Kaisers. Einzelne Truppenteile waren allerdings bereits auf die Seite der Verbündeten übergegangen. Die gesamte sächsische Armee wechselte erst während der Schlacht die Seite – zu spät. Sie begann am 16. Oktober auf den weiten Ebenen rings um die Stadt und dauerte bis zum 19. Oktober. In die Kriegsgeschichte ging sie unter dem Namen Völkerschlacht ein, denn Soldaten aus den meisten europäischen Nationen waren an ihr beteiligt und es war die größte und mörderischste Schlacht, die bis dahin je stattgefunden hatte. Eine halbe Million Soldaten kämpfte in diesen Tagen bei Leipzig und über 126 000 von ihnen fanden dort den Tod. Die »Große Armee« wurde zerschmettert, Napoleon gelang die Flucht. In den Triumph der Sieger mischte sich das Entsetzen über ein bis dahin unbekanntes Ausmaß des Mordens und des Leidens.

Friedrich August, erster König von Sachsen und letzter Verbündeter Frankreichs, wurde in Leipzig gefangengenommen, nach Berlin verbracht und sein Königreich zum Generalgouvernement der verbündeten Mächte unter dem russischen General Fürst Repnin-Wolkonski erklärt. Dieser unterstand jedoch dem Freiherrn vom Stein, dem in Sachsen viel gepriesenen preußischen Erneuerer. Nun vermeinten die sächsischen Reformer, endlich frei zu sein vom Gegendruck des konservativen Regenten und das erschöpfte Land in einer modernen staatlichen Ordnung wieder aufrichten zu können. Tatsächlich fanden sie bei dem russischen Fürsten jegliche Unterstützung. Dietrich von Miltitz gehörte zu ihnen. Er hatte einen Kreis oppositioneller Adliger um sich versammelt, ebenso Hans Georg von Carlowitz. Beide waren mit Novalis befreundet gewesen, also schon seit den neunziger Jahren miteinander verbunden. Jetzt leiteten sie Sektionen im Gouvernementsrat des Fürsten Repnin.

Es ist erstaunlich, welche bedeutenden Neuerungen unter dem Generalgouverneur Fürst Repnin-Wolkonski in nur elf Monaten seiner Tätigkeit in

Dresden vollbracht wurden (Dez. 1813–Nov. 1814). Es wurde eine Medizinisch-Chirurgische Lehranstalt gegründet und der fünfundzwanzigjährige Leipziger Arzt Carl Gustav Carus als Professor für Geburtshilfe berufen. Die Dresdner Kunstakademie wurde reformiert und eine Industrieschule mit angegliederter Sonntagsschule für Handwerker eröffnet. Der Fürst veränderte das Dresdner Stadtbild durch seine Anordnung, die elbseitige Befestigung durch den Bau einer Freitreppe für die Bevölkerung zu öffnen (siehe S. 199). Ursprünglich militärisches Sperrgebiet, war die Bastion vom Grafen Brühl zur privaten Garten- und Parkanlage umfunktioniert worden. Nach dem Siebenjährigen Krieg war der Brühl'sche Garten zugänglich, denn Kleist beschrieb von dort aus den Himmel über Dresden als »italisch« und E. T. A. Hoffmann eilte im August 1813 »auf die Terrasse des Brühlschen Gartens an der großen Brücke«, um Napoleon zu sehen. Aber erst die Freitreppe des russischen Fürsten verwandelte die Festung in eine Promenade, den Schlossplatz in eine südlich-heitere offene Anlage. Anscheinend hatte Repnin-Wolkonski – wie manche sowjetischen Kulturoffiziere nach 1945 – mit der Macht des Siegers im Lande der Besiegten Fortschritte ermöglichen können, die im eigenen, despotisch regierten Vaterland nicht durchsetzbar waren. Als der Fürst abberufen wurde, galten die sächsischen Staatspapiere auf den Märkten des Kontinents bereits wieder mehr als die der meisten freien europäischen Staaten. Der Grund dafür lag nicht allein darin, dass sich die Reformer erneut auf das Leipziger Großbürgertum stützten. Ebenso wichtig war, dass Bergbau und Textilfabrikation, noch gebunden an die Wasserkraft, im Erzgebirge und in der Lausitz nur von durchmarschierenden Armeen betroffen, aber nicht zerstört waren. Die wirtschaftliche Entwicklung ging trotz enormer Kriegs- und Militärkosten eigentlich ungebrochen voran, die gesellschaftliche jedoch nicht.

Schon 1814 unter dem russischen Generalgouverneur trafen die sächsischen Reformer auf Widerstände, die umso unerwarteter waren, weil sie von einem ihrer großen Vorbilder ausgingen. Der Freiherr vom Stein machte ihnen deutlich, dass

Eichen am Meer. Gemälde von Carl Gustav Carus, Dresden 1835. SKD, Galerie Neue Meister

Reformen in Sachsen preußisch zu sein hatten und behinderte deren Fortgang. Jetzt, nur ein halbes Jahr nach dem Sieg der vermeintlichen deutschen Freiheitskämpfer, zeigte sich schon ihr Irrtum.

Theodor Körner, der im Jahre zuvor noch fürstliche Partikularinteressen in der nationalen Erhebung untergehen lassen wollte mit der Verszeile: »Es ist kein Krieg, von dem die Kronen wissen«, wäre vielleicht durch die Enttäuschung zu kritischer Distanz gereift, denn eine Krone wusste, dass es ihr Krieg und ihre Chance war: die preußische. Der kluge Ferdinand von Funck hatte vergeblich gewarnt, dass Preußen Sachsen annektieren wollte. (Schon in seinem politischen Testament hatte Friedrich II. dieses Ziel anvisiert.) Von Funck wusste, dass Preußen schon 1806 bereit gewesen war, mit Napoleon gegen Sachsen zu paktieren um den Preis des halben Kurstaates. 1814 war es soweit, diesmal mit Russland, zumal das wettinische Großherzogtum Warschau aus dem preußischen Anteil Polens gebildet worden war – jetzt war es russisch – und außerdem das Königreich Sachsen den preußischen Cottbuser Kreis erhalten hatte. Preußen machte Entschädigungsansprüche geltend und sein Hauptargument war, dass Sachsen auf der Seite der Franzosen gestanden hatte. Dass sächsische Truppen vor und während der Völkerschlacht zu den Verbündeten übergegangen waren und dass ein noch im Oktober 1813 aufgestelltes Corps unter dem Namen »Banner der freiwilligen Sachsen« sowie eine neue sächsische Armee und ein Landsturm mit ihnen gegen Frankreich zogen, galt nichts. Schon im Juli 1814 schrieb der Kommandeur der neuen sächsischen Armee, General Johann Adolf von Thielmann, Freund und Mitarbeiter der Reformer unter Repnin: »Über unser Schicksal ist kein Zweifel, Sachsen wird ungeteilt preußisch, mit Beibehaltung der Verfassung. Ich sehe die Veränderung der Dynastie nicht als Unglück an, jede Teilung aber als schändliche Schmach.« Eben diese trat ein.

Es verwundert, dass dieses katholische Fürstenhaus dem politisch bewussten und patriotisch gesinnten sächsischen Adel nichts mehr galt nach fünfundvierzigjähriger Regierungszeit Friedrich Augusts des Gerechten. In Anbetracht dieser Tatsache erscheint Ferdinand von Funcks Darstellung eines korrupten, provinziellen, unfähigen und reaktionären Dresdner Hofstaates glaubwürdig.

Auf dem Wiener Kongress, während dem alle am Krieg beteiligten Mächte – außer den zu Opferlämmern ausersehenen Königreichen Sachsen und Polen – Europa neu unter sich aufteilten, forderte Preußen das ganze Sachsen als Entschädigung für verlorene Gebiete. Diesen Zuwachs preußischer Macht fürchteten aber sogar seine Verbündeten. Sachsen verlor schließlich fast 60 Prozent seines

Einzug der alliierten Fürsten auf dem Leipziger Markt nach dem Sieg in der Völkerschlacht am 19. Oktober 1813. Kolorierter Stich nach der Zeichnung eines Augenzeugen

Karte des Königreichs Sachsen nach den Gebietsverlusten von 1815

Staatsgebietes: den Wittenberger Kurkreis, den Thüringischen Kreis, die Niederlausitz und die östliche Oberlausitz an Preußen und an Sachsen-Weimar den Neustädter Kreis; damit auch 42 Prozent seines Staatsvolkes. Der Rest blieb Königreich. Er umfasste etwa ein Viertel jener Landmasse, die das Kurfürstentum Sachsen während seiner Zeit des Glanzes vor der Leipziger Teilung von 1485 ausmachte. Jetzt hatte Brandenburg-Preußen den jahrhundertelangen Kampf um die Macht im Deutschen Reich östlich von Saale und Elbe gewonnen. Sachsen war kein Faktor mehr in der europäischen Politik. König Friedrich August I. unterschrieb das Teilungsdiktat noch als Kriegsgefangener am 18. Mai 1815 und verzichtete am 22. Mai formell auf das Großherzogtum Warschau. Dieses fiel an Russland, Sachsens Norden, Westen und Osten als Provinz Sachsen an Preußen. Dort wurde sofort eine Kulturpolitik eingeleitet, die die sächsischen Wurzeln austilgen sollte. Die augusteischen Postmeilensäulen wurden vielerorts zerschlagen und an wichtigeren Orten neue Stadtkirchen und Rathäuser im Stil Schinkels errichtet. Die alte sächsische Staatsuniversität von Wittenberg wurde der preußischen von Halle einverleibt. Das Denkmal Luthers, dessen Finanzierung und Errichtung in Wittenberg patriotische sächsische Bürger zum 300. Reformationsjubiläum 1817 geplant hatten, finanzierte und errichtete nunmehr der preußische König und vergab den Auftrag an den alten Hofbildhauer Schadow. Es wurde zum Leitbild der deutschen Denkmalskunst des 19. Jahrhunderts und man muss einräumen, dass Sachsen nichts Gleichwertiges hätte leisten können.

(Nach der Auflösung Preußens durch Beschluss der Siegermächte von 1945 wurde aus der Provinz Sachsen, den anhaltinischen Ländern und angrenzenden älteren preußischen Erwerbungen das Land Sachsen-Anhalt gebildet. Infolge der Teilung der Länder in Bezirke durch die Regierung der DDR im Jahre 1952 gelangten aber einige altsächsische Territorien wieder zu den Bezirken Leipzig – Delitzsch,

Zwei Männer in Betrachtung des Mondes. Gemälde von Caspar David Friedrich, 1819. SKD, Galerie Neue Meister

Eilenburg, Düben und Torgau – und Dresden – Görlitz und Niesky. Bei Gründung des Freistaates Sachsen am 3. Oktober 1990 kamen im Nordosten noch die Gebiete um Hoyerswerda und Weißwasser hinzu. Der Rumpfstaat des Königreiches Sachsen von 1815 war also etwas kleiner als der heutige Freistaat.)

Die sächsischen Reformer und Patrioten der Befreiungskriege waren der Schmach, der Demütigung und der Enttäuschung aller Hoffnungen verfallen. Sie hielten ihr Land für nicht mehr lebensfähig. 1822 malte Caspar David Friedrich das Wrack eines im Eismeer gescheiterten Seglers. Auf dem zersplitterten Rumpf steht der Schiffsname »Hoffnung«. Schon drei Jahre zuvor hatte er das kleine Gemälde »Zwei Männer in Betrachtung des Mondes« geschaffen und dem Maler Cornelius ironisch erklärt: »Die machen demagogische Umtriebe.« Der österreichische Fürst Metternich hatte 1819 in Karlsbad die Beschlüsse zur Verfolgung der als Demagogen denunzierten oppositionellen Demokraten durchgesetzt, die für den Deutschen Bund verbindlich waren. Sachsen gehörte ihm seit dem 8. Juni 1815 an.

Am Tage zuvor war König Friedrich August I. nach Dresden zurückgekehrt. Nunmehr Leitbild einer neuen Identität des zerbrochenen Landes, wurde er mit Jubel von der Bevölkerung begrüßt, zum ersten Mal mit weiß-grünen Fahnen, denn im Mai hatte er weiß-grüne Kokarden zum Erkennungszeichen sächsischer Armeeangehöriger bestimmt. Konsequent übertrug er fortan die Außenpolitik an den Deutschen Bund. 1813 war Marcolini gestorben. Sein Nachfolger als Kabinettsminister wurde Graf Detlev von Einsiedel, Sohn des großen Manufakturisten und Eisenguss-Pioniers. Zusammen mit dem König arbeitete er in steinerner Beharrlichkeit dafür, dass im Königreich alles so blieb, wie es einmal war.

Es war ein sächsisches Verhaltensmuster, dass immer nach politischen Katastrophen die Kräfte des Landes auf die Intensivierung des Bergbaus gerichtet wurden. Nach 1815 stand aber nicht mehr der Gewinn von Silber oder Zinn, Kobalt, Eisen, Blei und Kupfer allein im Zentrum des Interesses, sondern zunehmend der von Steinkohle, eines Massengutes, das keine Weiterverarbeitung durch Fachkräfte erforderte. Die metallurgisch hoch spezialisierten sächsischen Knappen erhielten neue Kollegen, die Bergarbeiter. Und so wie im 14. Jahrhundert die Wettiner den Tiefen Alten Fürstenstollen finanzierten, um die Freiberger Silbergruben zu entwässern, so bezahlte 1817 ihr königlicher Nachkomme den »Tiefen Elbstolln«, der das Wasser von seinem Freitaler Kohlerevier über 6 Kilometer unterirdisch zur Elbe abfließen ließ. Der rapid ansteigende Bedarf an Kohle hatte den kostspieligen Bau erzwungen.

Der »Tiefe Elbstolln« war aber bereits der Nachfolger eines kleineren, der schon 1811 Wasser aus den Kohleschächten in die nahe Weißeritz ableitete. Noch bevor der weitaus tiefer gelegene und somit effektivere »Elbstolln« benutzt werden konnte, arbeitete hier die zweite in Sachsen konstruierte Dampfmaschine als Antrieb einer Wasserpumpe. Christian Friedrich Brendel in Freiberg hatte sie entworfen und gebaut, etwa gleichzeitig mit einer weiteren für die Saline von Dürrenberg. Sie blieben aber zunächst Einzelleistungen und Sachsen wurde nicht zum Pionierland der Schwerindustrie, denn die gesamte südliche Hälfte des Königreichs ist gebirgig oder zumindest bergig genug, um seinen Wasserläufen ein ideales Gefälle für Mühlenbetriebe zu geben. Dort entwickelten sich die für Sachsen charakteristischen Mittel- und Kleinbetriebe, die ohne größeren Kapitaleinsatz effizient arbeiten konnten. Ihre Textilproduktionen waren nach wie vor führend im deutschen Raum und bildeten den Kern der sächsischen Wirtschaft. Dem begrenzten Energiebedarf dieser Betriebe entsprach ein begrenzter Bedarf an Arbeitskräften und beides war der vorhandenen geologischen, kleinstädtischen und dörflichen Struktur des Erzgebirgsvorlandes so vollkommen angepasst, dass bis zur Jahrhundertmitte keine wesentlichen Veränderungen notwendig wurden. Die spätbarocke letzte große Manufakturphase ging trotz der weltgeschichtlichen Ereignisse zwischen 1806 und 1815 auf diese Weise gleitend in die biedermeierliche über, wie es auch die Werke der Volkskunst zeigen.

Das mittelständische Wesen der sächsischen Industrie in der ersten Hälfte des 19. Jahrhunderts wird sichtbar in der Tatsache, dass der erste Unternehmerverband, genannt »Industrieverein für das Königreich Sachsen«, 1829 in Chemnitz gegründet wurde, der Stadt bei den Flüssen Zschopau, Flöha und Chemnitz, wo die Mühlenwerke der Textilfabriken liefen. Der Antrieb zur Entwicklung der Großindustrie kam aus Sachsens Tiefland, wo mangels Gefälle die Energieversorgung durch Wasser ungenügend war. Hier wurden Dampfmaschinen benötigt und erst sie ermöglichten es, die Fabriken dort zu bauen, wo ihre Produkte gebraucht wurden, wo ihrem Wachstum unbegrenzte Mengen von Arbeitskräften zur Verfügung standen und wohin die Kohle kam, mit Dampfschiff oder Eisenbahn.

Dieser Zusammenhang wird beispielhaft erkennbar an der Industrialisierung des Plauenschen Grundes bei Dresden in der ersten Jahrhunderthälfte. Hier gab es noch Energie von dem Fluss Weißeritz und schon von der Steinkohle, die in Zauckerode gefördert wurde – heute ein Ortsteil der Stadt Freital –, wo der »Tiefe Elbstolln« begann und die Dampfmaschine das Wasser aus den Gruben hob. Arbeiter gab es ausreichend in Dresden und seinem Einzugsgebiet. Hier entstanden zwischen 1818 und 1854 eine Glashütte und Fabriken für Medikamente, Papier, Tonwaren, Manchesterstoff, Eisenguss, Gussstahl und Maschinenbau.

Einer der wichtigsten Pioniere dieser Entwicklung in Sachsen war der erzkonservative Kabinettsminister des Königs, Graf Detlev von Einsiedel. Bereits 1817 hatte er es verstanden, das Geheime Konsilium als oberste Regierungsinstanz zu entmachten und er regierte seitdem, vergleichbar dem Grafen Brühl, mit fast absoluter Machtvollkommenheit – ein Anachronismus. Aber als Unternehmer war er einer der fähigsten und innovationsfreudigsten Männer des Königreiches. Er war 1773 in Wolkenburg geboren worden und sah als junger Mann die technischen Wunderwerke seines Vaters entstehen, die Eisenkunstgussstatuen und die Wollmaschinenspinnerei. Er erbte 1810 diese Fabrik, außerdem die Gießerei und Maschinenfabrik in Lauchhammer und das von seinem Vater bereits 1789 gegründete Eisenwerk in Gröditz. Er kaufte 1849 noch die Eisenhütte im benachbarten Riesa hinzu. In Lauchhammer entwickelte er aus der Betriebsschlosserei jene Maschinenbaufabrik, die Brendels Dampfmaschinen für Freital/Zauckerode und die Dürrenberger Saline produzierte. Sie waren schon Maschinen der zweiten Generation nach der von Oberbergrat Bückling konstruierten, und sie gehörten 1809 bis 1811 noch immer zu den ersten in Deutschland. In diesen Jahren führte Einsiedel Kräne und andere Hebezeuge ein. Als Lauchhammer 1815 preußisch wurde, baute er das Gröditzer Werk stark aus. Wohl hier ließ er 1827 in »stehendem Guss« nahtlose Gasrohre herstellen. Sie wurden für Deutschlands erstes Gaswerk gebraucht, das Rudolf Sigismund Blochmann aus Reichstädt bei Dippoldiswalde, Oberinspektor des Mathematisch-Physikalischen Salons und Lehrer an der neu gegründeten »Technischen Lehranstalt«, 1828 hinter dem Dresdner Zwinger errichtete zur Beleuchtung des Theaterplatzes – dort stand damals noch das »Kleine Hoftheater« – mit 36 Kandelabern.

Detlev von Einsiedel führte in den dreißiger Jahren auch den Bronzeguss in Lauchhammer ein. Die Bildhauerschulen von Berlin und Dresden erhielten von dort ihre makellos gegossenen Monumentalwerke. In seinen Fabriken gelang 1838 der Bau des ersten Gasgenerators. Als er 1842 die ersten Dampfhämmer konstruieren und arbeiten ließ, leitete er die zweite Phase der industriellen Revolution ein, in der die Dampfmaschine direkt in die Produktion eingeschaltet wurde. Erst dann ging die Bedeutung der erzgebirgischen Mühlenwerke für Sachsens wirtschaftliche Entwicklung zurück. Aber nach 1815 waren sie die Basis für eine erneute Konjunktur und den raschen Aufstieg des nunmehr politisch drittrangigen Landes zur erstrangigen deutschen Wirtschaftsmacht.

Natürlich waren die kleineren deutschen Staaten insgesamt dem Wirtschaftspotential der Großmächte England und Frankreich und deren Entwicklungsmöglichkeiten nicht ebenbürtig. Vor allem England überschwemmte geradezu die deutschen Märkte nach dem Ende der napoleonischen Kontinentalsperre mit seinen Produkten. Dies war ein Problem für Sachsen, das auf Lösung drängte. Aber alle größeren deutschen Staaten versuchten damals, ihren Rückstand in der Industrialisierung aufzuholen. Sachsen spielte keineswegs eine führende Rolle, nur war seine erzgebirgische Wirtschaftsbasis mit ihrer Fülle an qualifizierten Arbeitskräften noch immer von durchschlagender Kraft.

Es ist bemerkenswert, dass diese Besonderheit, die einen ungewöhnlich starken Mittelstand erzeugte, zunächst keine Veränderung des altabsolutistischen feudalen Ständestaates bewirkte. Die Widersprüchlichkeit dieser innenpolitischen Verhältnisse wurde geradezu personifiziert durch den Kabinettsminister von Einsiedel. Als Grundherr war er natürlich nicht interessiert, die tragende Säule des Ständestaates zu stürzen, die die großen Güter wirtschaft-

Mit dem »Privilegium exclusivum«, durch Kurfürst Friedrich August III. 1798 den Kaufleuten »Bernhardten und Consorten« erteilt, hatte in Sachsen die industrielle Garnproduktion begonnen. Dresden, Sächsisches Hauptstaatsarchiv

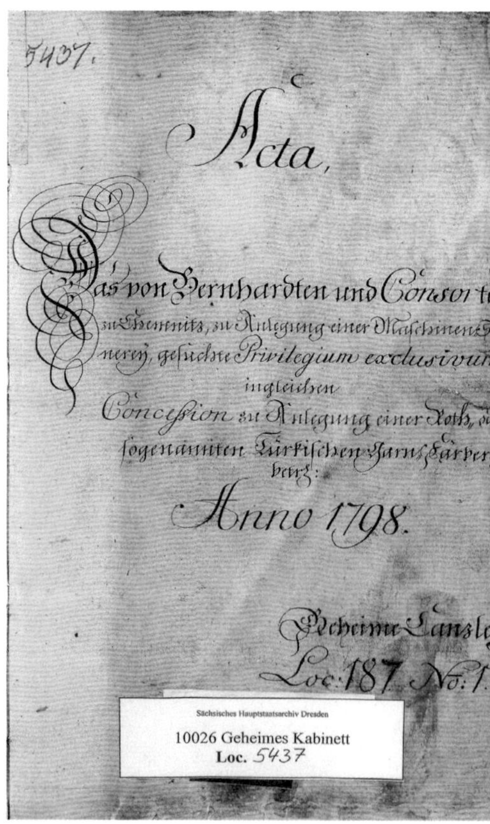
5437.
Acta,
Das von Bernhardten und Consorten zu Chemnitz, zu Anlegung einer Maschinenspinnerey, gesuchte Privilegium exclusivum ingleichen Concession zu Anlegung einer Roth, der sogenannten Türkischen Garns Färberey betr.
Anno 1798.
Geheime Canzley
Loc. 187 No. 1.
Sächsisches Hauptstaatsarchiv Dresden
10026 Geheimes Kabinett
Loc. 5437

lich stabil hielt: die Fron- und Zinsherrschaft über die Bauern. Als Fabrikherr öffnete er zugleich alle Wege für den industriellen Fortschritt. Man muss dabei bedenken, dass damals bereits etwa ein Drittel aller ursprünglichen Adelsgüter und Schlösser Sachsens in bürgerlichem Besitz waren, wie andererseits der Adel Fabriken betrieb, und dass der soziale Differenzierungsprozess in den Dörfern eine wohlhabende Schicht von Mittelbauern erzeugt hatte und eine zweite von armen Häuslern, die sowohl den Bauern wie der Industrie als Arbeitskräfte zur Verfügung standen. Das widersprüchliche System funktionierte also und der alte König und sein Minister standen nicht allein im Bestreben, keine Veränderungen zuzulassen.

Politik und Wirtschaft gingen getrennte Wege und einen dritten nahm die Kunst. Es scheint, als ob sie miteinander nichts zu tun gehabt hätten. So wie die älteren Salons von Körner oder des Hofmarschalls Freiherr von Racknitz hatten auch die neueren um die Dichter Tieck, Tiedge und Elisa von der Recke, die 1819 nach Dresden gezogen waren, weder Bezug zum Hofe noch zur Wirtschaft.

Carl Maria von Weber. Gemälde von Ferdinand Schimon, 1816

Über ein Jahrhundert zurückblickend, gewahrt man, gleichsam in scharfem Kontrast, die integrierende Kraft Augusts des Starken, mit der er Wirtschaft, Wissenschaft, Kunst und Politik formte und zu singulären Leistungen zusammenfasste. Solche Vision eines modernen Staatswesens fehlte seit dem Ende des 18. Jahrhunderts, und die Vereinzelung aller Teilbereiche schien nach 1815 noch zuzunehmen. In Christian Gottfried Körners Salon waren noch Dichter, Wissenschaftler, Maler, Musiker, Philosophen und vielerlei intellektuelle Freigeister zum Disput zusammengekommen. Infolge dieser geistigen und politischen Disposition hatte Körner als Gouvernementsrat unter dem Fürsten Repnin-Wolkonski gearbeitet. Es versteht sich von selbst, dass er damit für das Regiment des Grafen Einsiedel disqualifiziert war. Er nahm daher die Berufung zum preußischen Staatsrat an und ging umgehend, schon 1815, nach Berlin. Zur gleichen Zeit fand sich aber eine neue, für die Zukunft wichtige Gruppe von Künstlern und Wissenschaftlern in Dresden zusammen: 1814 kamen Carus und der Philosoph Schleiermacher, 1815 der Philosoph Krause, 1817 Carl Maria von Weber, 1818 der norwegische Maler Dahl, 1819 die Dichter Tieck, Tiedge und Elisa von der Recke. Die beiden Philosophen wohnten bis 1818 im gleichen Haus und werden miteinander umgegangen sein. Dahl wiederum zog nach 1820 in das Haus »An der Elbe« Nr. 33, wo auch sein Freund und Lehrer Friedrich wohnte. Carus als Wissenschaftler, Schriftsteller und Maler ging sowohl bei Friedrich wie bei Tieck ein und aus, aber er scheint eine Ausnahme gewesen zu sein. Die neuen Zirkel und Salons wirken in der Rückschau eher spezialisiert, das mag die berüchtigte und wirklich gefährliche Demagogenverfolgung seit 1819 bewirkt haben. Man war vorsichtig. Nur der »Dresdner Liederkreis« um den Unterhaltungsschriftsteller Friedrich Kind aus Leipzig, Librettist des »Freischütz«, der mit dem Dramaturgen Theodor Winkler, genannt Hell, die Dresdner Abendzeitung herausgab, vereinte eine Mischung aus biedermeierlich poesiebeflissenen und wohlgesinnten Damen und Herren der guten Gesellschaft bis hin zum Mitglied der königlichen Regierung. Dieser Verein besaß Ansehen in der literarischen Szene der deutschen Spätromantik – immerhin gehörte ihm auch der Hofkapellmeister von Weber an –, aber für Männer vom strengen Range Tiecks und Friedrichs war er anscheinend undiskutabel.

Friedrich stand nach den Befreiungskriegen auf der Höhe seines Ansehens. In Dresden trug man dieser Tatsache 1816 Rechnung durch seine Ernennung zum Akademiemitglied – wohlweislich ohne Lehrbefugnis – und ohne Lehramt erhielt er auch als Fünfzigjähriger im Jahre 1824 eine außerordentliche Professur, mit 200 Talern Jahresgehalt, wovon allein er nicht leben konnte. Obwohl ohne Amt, lehrte er dennoch, denn kein Landschafter in Dresden konnte sich seiner Wirkung entziehen. Aber seine beiden großen Schüler und Freunde, die um eineinhalb Jahrzehnte jüngeren Carus und Dahl, begannen dennoch eine andere Welt zu malen als jene, die ihr bewunderter Lehrer sah. Friedrich hatte noch im Alter seinen Grundsatz formuliert: »Der Maler soll nicht bloß malen, was er vor sich sieht, sondern auch, was er in sich sieht. Sieht er also nichts in sich, so unterlasse er auch zu malen, was er vor sich sieht.« Diese beiden Sätze stehen klar wie das Licht in seinen Bildern in der Geschichte der deutschen Kunst und umreißen, was einer ihrer Großen wollte: für das Innere ein äußeres Bild. (Mit Recht schrieb sie der Dresdner Bildhauer Wolf Eike Kuntsche auf sein in Verehrung geschaffenes Denkmal des Meisters, das die Stadt Dresden 1990 auf der Brühlschen Terrasse errichten ließ.)

Carus folgte in den ersten seiner berühmten »Neun Briefe über Landschaftsmalerei« (Leipzig, 1831) Friedrichs Ansichten, doch in den letzten erstrebte er eine gegenseitige Durchdringung von Kunst und Wissenschaft. Das äußere Bild sollte schließlich das innere bestimmen. Auch der Norweger Dahl, der 1820 sozusagen auf Anhieb zum Mitglied der Akademie und bereits 1824 zum Professor berufen wurde, veränderte Friedrichs thematische Vorgaben von der inneren Gestimmtheit hin zur äußeren Wirklichkeit. Die Hünengräber von ihm und von Carus sind Hünengräber und nicht Repräsentanten der Vergangenheit oder der Vergänglichkeit. Dahls kleinformatige Ölskizzen vor allem, gemalt nicht im Atelier, sondern unter freiem Himmel, haben keine anderen Voraussetzungen als die Regeln der Komposition und die Wirklichkeit in noch nie dagewesener Konventionslosigkeit des Blickes. Damit steht er in der Entwicklung der Malerei gleichauf mit den großen Landschaftern Frankreichs und Englands (siehe S. 197). In Dresden aber hatte er in Respekt vor dem Bestand des Sichtbaren sogar einen Vorläufer gehabt, Anton Graff. Beider Arbeiten weisen daher die feine, tonige Abgestimmtheit der Farben auf und beider Wirkungen fließen zusammen im Werk Ferdinand von Rayskis, der unter Dahls Einfluss stand, ebenso wie die beiden großen Landschafter Carl Blechen und Christian Friedrich Gille. Friedrichs Kunst, geprägt von Idealen, war längst unmodern geworden, als er 1840 starb. Im Werk seiner Schüler war das wissenschaftliche Zeitalter angebrochen. Der Wechsel der Werte fand zwischen 1820 und 1830 statt.

Dies bestätigt das Werk eines anderen großen Frühromantikers in Dresden, Ludwig Tieck, der, 1773 geboren, ein Jahr älter war als Friedrich. Als er 1819 in Dresden eintraf, war er wie Friedrich auf der Höhe seiner Geltung, aber er hielt sie noch für Jahrzehnte, weil er seine Methode zu wechseln verstand. Er hatte das Gespür für die Zeitenwende und ging mit ihr. In seiner Dresdner Spätzeit verfasste er frührealistische Novellen, zuvor hatte er romantische Dramen und Kunstmärchen geschrieben. Hervorgegangen aus dem Jenenser Fichtekreis mit Novalis, Wackenroder, Schelling und den Brüdern Schlegel, gehörte er zum Kern der deutschen frühromantischen Schule. In Dresden war er seit 1825 Dramaturg, auch Königlicher Hofrat, und sein Ruhm überstrahlte zeitweilig den Goethes. Ein französischer Verehrer des deutschen Geistes, der Bildhauer David d'Angers, eilte aus Paris herbei, um Tiecks Kopf in monumentaler Größe aus Marmor zu hauen. Der Akademieprofessor Vogel von Vogelstein stellte in einem Gemälde beide großen Männer während der Sitzung dar.

Dresdens Ruf als Zentrum deutschen Geisteslebens war wiederhergestellt. Aus Berlin bestellte man eine Oper bei dem Hofkapellmeister und Leiter der deutschen Oper Carl Maria von Weber. Sein romantisches Märchenspiel vom »Freischütz«, mit dem Schinkels Schauspielhaus 1821 eröffnet wurde, geriet zum einzigartigen Erfolg und erlangte die Geltung einer deutschen Nationaloper – wenn es denn so etwas gibt. In London dirigierte er 1826 die Uraufführung seines »Oberon«, wenige Wochen bevor er starb. Der bedeutende Opernkomponist Heinrich Marschner aus Zittau, seit 1824 Musikdirektor in Dresden, bewarb sich 1826 vergeblich um Webers Nachfolge und nahm deshalb 1827 eine Berufung an das Leipziger Stadttheater an. Vier Jahre später folgte er einem Ruf nach Hannover, aber schon 1833 trat Albert Lortzing, gebürtiger Berliner, als Opernkomponist an seine Stelle in Leipzig. Dazu kam, dass Francesco Morlacchi, seit 1811 Musikdirektor der italienischen Oper in Dresden, ein in ganz Europa bekannter Komponist und

»D'Angers portraitiert Ludwig Tieck in Vogelsteins Atelier«. Gemälde von Carl Christian Vogel von Vogelstein, Dresden 1834. Leipzig, Museum der bildenden Künste

Dirigent war und dass seit 1813 auch E. T. A. Hoffmann als Kapellmeister der Secondaschen Theatertruppe für längere Zeit in der Residenzstadt lebte – er vollendete hier seine Oper »Undine«. Es gab also zur Zeit der Wiener Spätklassik in Dresden und Leipzig ein vergleichsloses Potential an bereits romantischer Musik, die vor allem der Hofkapellmeister Weber durch Aufführungen deutscher Opern voranbrachte. Er engagierte später berühmte deutsche Sänger wie Wilhelmine Schröder-Devrient und regte den fest angestellten Opernchor an. Die Aufführungen fanden nicht mehr im Pöppelmann'schen Opernhaus am Zwinger statt, sondern im »Kleinen Hoftheater« (Morettisches Theater) am heutigen Theaterplatz, wo auch der Dramaturg Tieck arbeitete, und im Sommertheater »Linkesches Bad« am rechten Elbufer, wo E. T. A. Hoffmann mit seiner Truppe gastierte. Die alte lutherische Musiktradition und die Weimarer Klassik hatten Aufführungs- und Theatersäle in dieser Zeit des Aufschwungs und der bürgerlichen Bildungsideale selbst in sächsischen Kleinstädten – wie etwa Annaberg oder Bautzen – hervorgebracht. Auf diesem Boden wuchsen die großen sächsischen romantischen Musiker heran, Robert Schumann und Richard Wagner, und auch das allgemeine hohe Musikverständnis,

Felix Mendelssohn Bartholdy. Gemälde von Theodor Hildebrandt, 1835. Leipzig

das in Leipzig zur Berufung Felix Mendelssohn Bartholdys zum Gewandhauskapellmeister führte.

Der großartigen musikalischen und malerischen Kultur in Sachsen war allenfalls die literarische ebenbürtig durch den zugezogenen Berliner Ludwig Tieck, aber große Architektur und große Plastik fehlten vollständig. Nach 1790 war ihre Entwicklung abgebrochen. Neue Ansätze blieben aus. Das sächsische Königreich stellte sich nur in seinem neuen Wappen dar, doch neue Staatskünste gab es nicht, während sich die anderen deutschen Königreiche durch ihre großen Künstler repräsentieren ließen: Schinkel und Rauch in Berlin, Klenze und Schwanthaler in München, sogar das arme Württemberg brachte mit Dannecker einen exzellenten Staatsbildhauer hervor.

Friedrich August von Sachsen, ehrbar, introvertiert und alt, sah offensichtlich zu Bekundungen staatlicher Größe keinen Grund. Stattdessen blühte eine Bürgerkultur auf, in der sich die Traditionen des Landes – protestantische Gemessenheit, technische Feinheit und die überall verbreitete Formkultur als Element seines sozialen Standards – noch einmal zu einem neuen Stil zusammenschlossen: dem sächsischen Biedermeier.

Es ist noch unbekannter als das sächsische Rokoko. In der Fachliteratur existiert es nicht. In seltsamer Blindheit haben sächsische Kunsthistoriker in den siebziger und achtziger Jahren des 20. Jahrhunderts nicht reagiert, als andere Länder des deutschsprachigen Raumes ihre Biedermeierkulturen erforschten und in großen Ausstellungen präsentierten. Daher kennen wir nur Teilbereiche. Gewiss ist, dass der Hof keine Maßstäbe mehr setzte und dass sich neben Dresden und Leipzig kulturelle Zentren in den Städten der Lausitz und des Erzgebirges bildeten. Die tragende Säule des Stils, das Möbel, beredter Zeuge der neuen bürgerlichen Wohnkultur, wurde bisher weder im Zusammenhang beschrieben und analysiert noch systematisch gesammelt. Gleichwohl kennt man es. Die meisten Heimat- und Stadtmuseen von Herrnhut bis Plauen zeigen Biedermeierzimmer und traditionsbewusste sächsische Familien wohnen noch immer in ihnen. Der Stil variiert von schmuckloser Strenge bis zu geschwungenen Formen mit Intarsien. Gewiss folgten sie aufeinander. In Rayskis Porträts tauchen seit der Mitte der dreißiger Jahre barocke oder sogar neubarocke Interieurteile auf und damit wird wohl das Ende der strengen Stilphase markiert sein. Aber von landschaftlichen Eigenheiten wissen wir noch nichts. Frühformen des Stils findet man in den fürstlichen Privaträumen der Schlösser von Wörlitz und Tiefurt, die auf seine Herkunft aus Spätaufklärung und Klassik hinweisen und im altsächsisch-mitteldeutschen Raum zur Blüte gelangten.

Wir kennen aus diesen Jahren vorzügliche kleinmeisterliche Gemälde, etwa von Gustav Adolf Hennig in Leipzig oder den Zeitgenossen und Nachfolgern des genialischen früh verstorbenen Görlitzer Landschafters Heinrich Theodor Wehle, wie Nathe, Gareis, Zimmermann und Rössler, die allerdings nicht in der Lausitz blieben, vielleicht weil sie 1815 zum größeren Teil eine preußische Randprovinz geworden war.

In Dresden gibt es dekorative Plastik aus der Spätzeit von Franz Pettrich, die dem Stil zuzuordnen ist; in Meißen die feinen weißgoldenen Geschirre mit Schwanenhalshenkeln, mit denen sich die Manufaktur aus der Krise der Kriegszeit herausgearbeitet hatte; in Leipzig Bücher- und Notendrucke, Pianos für die Hausmusik und die berühmten, transparent bemalten Gläser aus der Werkstatt des Samuel Mohn aus Merseburg und seines Sohnes Gottlob Samuel, die außerdem eine »kleine Fabrik« in Dresden unterhielten.

Dieses sächsische Biedermeier ist ein Stil von deutlicher Eigenart unter den frühen Bürgerkulturen des deutschen Raumes. Es ist betont schlicht, bricht aber klassizistische Stilisierung ins Behagliche bei Wahrung nobler Proportion. Es hat Meisterwerke in allen Gattungen hervorgebracht – auch den musikalischen –, und es ist auf seine Weise eine Kultur der Innerlichkeit, wie sie, gewandelt in die einsame Größe des Genies, auch in den Bildern Friedrichs zutage tritt.

Solche Kultur des Innenraumes ging aber mit dem Verzicht auf Bewältigung des Äußeren einher. Alle gesellschaftlichen Bereiche waren durch den Beginn der industriellen Revolution in heftige Bewegung geraten und gerade das wirtschaftsstarke Sachsen war davon betroffen. Dass die Städte in jeder Hinsicht von der absolutistischen Administration in Dresden abhängig waren und nichts selbst entscheiden konnten, dass die wirtschaftliche Bindung der breiten Landbevölkerung an die Gutsherrschaft ihre Entwicklung und Mobilität behinderte und dass das Gewerbe allerorts von den alten Zunftordnungen gefesselt war, rief Widerstand hervor, insbesondere in jenen Kreisen, die Sachsens Entwicklungen seit Jahrhunderten getragen hatten: Adel und Bürgertum. Sie waren nunmehr stärker als jemals zuvor verschwägert und verbunden durch

Serviceteile mit Dekor »Voller grüner Weinkranz« von Johann Samuel Arnhold, 1817, und Schwanenhals-Henkel, Form Johann Daniel Schöne, 1815. Museum Porzellan-Manufaktur Meissen

Glasbecher mit dem Plauenschen Grund bei Dresden von Samuel Mohn, um 1830. SKD, Kunstgewerbemuseum

Güter und Fabriken in der um 1800 geborenen Generation. Zum erstenmal in der Geschichte wurden sie nicht mehr von ihrem wettinischen Landesherrn geführt, sondern sie artikulierten ihre Interessen gegen den König als die des Staates.

1827 starb Friedrich August I. mit 77 Jahren. Ihm folgte, da der Regent keinen Sohn hatte, sein zweiundsiebzigjähriger Bruder Anton. Konservativ gesinnt wie sein Vorgänger und mit den Regierungsgeschäften nicht vertraut, ließ er alles beim alten, und diese Reformunfähigkeit war die Voraussetzung dafür, dass ein fernes Beben genügte, um den sächsischen Absolutismus zusammenstürzen zu lassen. Es war die französische Julirevolution des Jahres 1830. Merkwürdige Parallelen scheinen auf. In Paris und in Dresden regierten über siebzigjährige Enkel Augusts III. von Sachsen und Polen. Beide wurden plötzlich zum ersten Mal konfrontiert mit der Arbeiterschaft als neuem politischem Machtfaktor; beide dachten noch in den Kategorien des feudalen Ständestaates, den sie gegen die Neuerungen der Revolution zu restaurieren oder zu erhalten trachteten. Doch weder die Republik noch der Absolutismus vermochten zu siegen, denn die stärkste Kraft in beiden Ländern war jetzt das Bürgertum und seine Staatsform war die konstitutionelle Monarchie nach dem englischen Modell.

Gleich zu Beginn des industriellen Zeitalters trat Leipzig als Ort revolutionärer Unruhen hervor. Am 2. September 1830 randalierten Schmiedegesellen anlässlich eines Polterabends, Polizei erschien und schlug die Lärmenden zusammen. Natürlich stand im Hintergrund die Tatsache, dass vier Wochen zuvor Frankreichs König Louis XVIII. durch eine Volkserhebung gestürzt und zum Rücktritt gezwungen worden war und dass seit einer Woche die Belgier gegen das oranische Königshaus revoltierten. Offensichtlich war die Staatsmacht in Leipzig nervös und ihr Eingriff unverhältnismäßig. Das war die Provokation, die Unzufriedene unterschiedlichster Schichten und Interessen herbeizog, und plötzlich entwickelte sich aus der Prügelei ein Volksaufstand. Handwerksgesellen, Lehrlinge, Arbeiter und Studenten gingen gegen die Stadtpolizei vor, stürmten Schänken und Wachhäuser und erzwangen bis zum 4. September den Rücktritt des Polizeipräsidenten, die Auflösung der Polizeikompanie und die Entlassung verhasster Beamter. Aber die Bewegung spaltete sich so rasch, wie sie sich zusammengeballt hatte, als die Menge vor die Brockhaus'sche Druckerei und die Kammgarnspinnerei im Vorort Pfaffendorf zog, um die Buchdruckschnellpresse und eine im Bau befindliche Dampfmaschine zu zerstören. Dies waren die modernsten Maschinen im Königreich und von ihnen sollte der Aufstieg Leipzigs zum Zentrum der polygrafischen und der Textilindustrie ausgehen, doch die Arbeiter fürchteten, durch sie brotlos zu werden. Jetzt verließen Eigentümer und solche, die es werden wollten, die Minorität der Habenichtse und riefen nach Ruhe und Ordnung. Als am 7. September Truppen aus der Zwickauer Garnison in Leipzig einrückten, war die Stadt bereits befriedet durch eine Kommunalgarde, die nach dem Muster der bürgerlichen Nationalgarden von 1809 flugs gebildet worden war. Waffen hatten die Freiwilligen vom Magistrat und aus dem Arsenal eines Waffenhändlers erhalten. Kommandeure waren Großkaufleute, Chef der Truppe der Bankier und Gutsbesitzer Frege; Stadtleutnant der Fabrikant Hartmann, Besitzer der bedrohten Kammgarnspinnerei. Studenten, die eben noch revoltiert hatten, trugen jetzt die weiße Armbinde der Kommunalgardisten. Ihre Wendung war aber begründet, denn die Kommunalgarde war eine durchaus andere Macht als jene, die noch drei Tage zuvor geherrscht hatte, wenngleich eine obrigkeitlich gewünschte. Der Chef des sächsischen Generalstabes hatte bereits am 5. September an den Kabinettsminister geschrieben: »Die neuesten Ereignisse beweisen, dass bei ausbrechenden Volksunruhen das Herbeiziehen des Militärs nicht selten Erbitterung bewirkt.« Er empfahl, »es erst mit Kommunalgarden zu versuchen«. Immerhin sprangen Adel und Staatsbürokratie über den Schatten ihrer Tradition, als sie der Bewaffnung der Aufrührer zustimmten in der Hoffnung auf weitgehende Übereinstimmung der Grundinteressen. Dafür fanden sich in Sachsen allerdings beste Voraussetzungen, wenngleich zum Preis der lange geforderten und nie gewährten Reformen, den die Obrigkeit jetzt zahlen musste. Auf der Straße ergab sich daraus ein Bild, das Caspar David Friedrich am 11. September in Dresden in den Satz fasste: »... die Unruhestifter und die, so jetzt die Ruhe wiederherstellen, halten viele für ein und dieselben Personen.«

Leipzig war fest in der Hand einer großbürgerlich-adligen Koalition, die über etwa 2000 bewaffnete Freiwillige verfügte, als der Sturm am 9. September in Dresden losbrach. Hier, in der Residenzstadt des konservativen Feudalstaates, hatten sich allerdings wesentlich heftigere Konflikte aufgebaut als in der ohnehin bürgerlich dominierten Universitäts- und Handelsmetropole. Mehrere Tausend Aufständische stürmten das Rathaus und brannten die Polizeizentrale nieder. Mitglieder der seit 1809 bestehenden Nationalgarde, die eigentlich bei Abwesenheit des Militärs für Ruhe in der Residenz verantwortlich waren, gehörten zu den »Anführern des Pöbels«. Die in der Stadt stationierten Truppen mussten in die Kasernen zurückweichen und noch in der Nacht war Dresden in der Hand der Aufständischen. Eine sofort berufene königliche Regierungskommission, gewitzt durch das Leipziger Beispiel, befahl den Rückzug des Militärs aus der Stadt und rief auf zur Bildung einer Kommunalgarde zum »Schutz des bedrohten öffentlichen und Privateigentums«. Im Königlichen Zeughaus, dem heutigen Albertinum, erhielt jeder Freiwillige Säbel und Gewehr und sogleich wurden 19 Kompanien aus etwa 3000 Gardisten gebildet. Der kommandierende General der königlichen Kavallerie erhielt den Oberbefehl und die Kompaniechefs waren sieben Adlige und drei bürgerliche

Leipzigs stürmische Tage im September 1830. Kolorierter Stich von Georg Emanuel Opiz, 1830. Leipzig, Stadtgeschichtliches Museum

Offiziere sowie Akademiker und Unternehmer. Nach dem gleichen Muster und ähnlicher Befehlsstruktur bildeten sich nun Kommunalgarden im ganzen Königreich von Annaberg bis Zittau in insgesamt 34 Städten bei Beteiligung von durchschnittlich etwa 8 Prozent ihrer Einwohner. Fast 21 000 freiwillige Gardisten wurden gezählt.

Ein politisches Konzept gab es dabei nicht, wohl aber eine allgemeine Ablehnung des gegenwärtigen Regiments. Nur aus den Kommunalgarden von Dresden kamen revolutionäre Forderungen: Abdankung des Königs Anton und Einsetzung seines als liberal bekannten Neffen, des Prinzen Friedrich August, als König; Pressefreiheit; Einschränkung und Offenlegung des Staatshaushaltes und Einberufung des Landtages. Unter diesem Druck gewann endlich die liberale Adelsfraktion bei Hofe die Kraft, sich durchzusetzen. Ihr Wortführer war Bernhard August von Lindenau aus Altenburg, ein Mann von klassischer Bildung, ein bedeutender Kunstsammler und Astronom von wissenschaftlicher Reputation, seit 1826 im sächsischen Staatsdienst. Seinem staatsmännischen Geschick verdankt das Land einen Kompromiss, der – trotz tragischer Opfer – die Interessen der wesentlichen gesellschaftlichen Gruppierungen mittelfristig mit großem Erfolg ausglich. Er löste schon am 13. September 1830 den Kabinettsminister von Einsiedel ab und erreichte es, dass Prinz Friedrich August zum Mitregenten an der Seite des alten Königs ernannt wurde, womit sich einerseits die Aufständischen begnügten und andererseits das feudale Legitimitätsprinzip gewahrt wurde.

Das Hauptwerk des Ministers von Lindenau ist aber die Verfassung vom 4. September 1831, durch die das Königreich Sachsen als konstitutionelle Monarchie – gleichzeitig mit Belgien – für zwei Jahrzehnte zum modernsten und erfolgreichsten deutschen Staat wurde. Sie beendete die Herrschaft des Geheimen Kabinetts und ersetzte sie durch sechs Fachministerien, die den beiden Kammern des Landtages Rechenschaft schuldeten. Zwar waren durch ein Wahlsystem, das den größten Teil der Bevölkerung vom politischen Mitgestaltungsrecht ausschloss, die feudal-agrarischen Kräfte noch immer im Vorteil, jedoch die Verfassung legte den Grundstein für eine ganze Gruppe von Reformen, die den Staat insgesamt modernisierten. Deren wichtigste waren: die Selbstverwaltung der Städte, Gewerbefreiheit, Freiheit der Person, des Eigentums, der Religion, der Presse sowie der Bauern von den meisten Feudaldiensten. Reorganisiert wurden das Heer, das Steuerwesen, das erstmalig den Adel mit einschloss, und das Bildungswesen. Die Leipziger Professoren wurden Staatsbeamte und eine achtjährige Elementarschulpflicht wurde verfügt.

Jedoch galten die meisten dieser Gesetze und Verordnungen nur bedingt und eingeschränkt: Religionsfreiheit nur für die anerkannten Bekenntnisse und Pressefreiheit nur bis zu festgelegten politischen Grenzen. Die allgemeine Schulpflicht scheiterte vorerst am Widerstand der Textilfabrikanten. In deren Betrieben waren etwa ein Drittel aller Arbeitskräfte Kinder und diese durften nur während der Arbeitspausen in sogenannten Fabrikschulen lernen. Die Reform des Bildungswesens garantierte aber auch erstmalig der sorbischen Bevölkerung den Religions- und Leseunterricht in ihrer Sprache. Dies war eine wesentliche Voraussetzung für das Aufblühen der sorbischen Literatur und des nationalen Selbstverständnisses in den damals noch großflächigen sorbischen Gebieten der sächsischen Lausitz.

Auch die Bauernbefreiung galt nur partiell, wenngleich für die meisten Abgaben und für alle Frondienste. Dafür mussten Ablösesummen an die Grundherren gezahlt werden – keine Landabgaben, wie es in Preußen geschah, wo die Bauern in Freiheit verarmten und die vergrößerten Rittergüter die Agrarstruktur bestimmten. In Sachsen gründete die Regierung von Lindenau eine Landrentenbank, die den Bauern Hypotheken mit fünfundfünzigjähriger Tilgung gewährte und die Grundherren mit sogenannten Landrentenbriefen bezahlte. So überstanden Bauern- und Rittergüter die Schwierigkeiten des Übergangs.

Fast alle diese Reformen waren Kompromisse, mit denen der liberale Adel – der über fünf der sechs Ministerien verfügte – seine Herrschaft und die des Königshauses über die Revolutionen in Wissenschaft, Industrie und Gesellschaft hinwegzuretten trachtete. Dass dies nötigenfalls mit Brutalität geschah, zeigen die Opfer. Es hatte sich nämlich in Dresden eine bürgerliche Opposition konstituiert, der Bürgerverein, der im Frühjahr 1831 angeblich bereits 2 000 Mitglieder gehabt haben soll. Seine Führer waren der Jurist Bernhard Moßdorf und der Unternehmer Heinrich Ludwig Anton Bartholdy. Der Bürgerverein forderte das Mitspracherecht in allen innenpolitischen Bereichen und veröffentlichte eine von Moßdorf verfasste »Constitution, wie sie

Verfassung des Königreichs Sachsen vom 4. September 1831. Dresden, Sächsisches Hauptstaatsarchiv

das sächsische Volk wünscht«. Sachsen sollte eine konstitutionelle Monarchie sein, in der die Krone dem Parlament untergeordnet ist; der Adel samt seinen Privilegien aufgehoben; Freiheit der Person, der Presse, Rede und Versammlung garantiert; das stehende Heer durch eine Bürgergarde ersetzt. Das Königreich selbst sollte in einem zukünftigen vereinten deutschen Nationalstaat aufgehen.

Im April 1831 wurde der Bürgerverein verboten und seine Vorsteher verhaftet. Eine Befreiungsaktion erstickte die Regierung mit Einsatz von Schusswaffen. Moßdorf und Bartholdy wurden zu 15 Jahren Festungshaft verurteilt, die diese jungen Männer auf dem Königstein nicht überlebten. Bernhard Moßdorf starb dort bereits am 14. November 1833 mit einunddreißig Jahren. Keine Tafel erinnert an diese beiden sächsischen Vorkämpfer der deutschen Demokratie und nennt das, was ihnen geschah, ein Verbrechen. Ihre Einsichten jedoch ließen sich nicht ermorden. Sie wurden – weitaus radikalisiert – kaum zwei Jahrzehnte später auf den Barrikaden der Revolution verfochten.

Der sächsische Kompromiss des Ministers von Lindenau blieb hinter den englischen, französischen und belgischen Verfassungsmodellen zurück, repräsentierte aber unter den Verhältnissen der deutschen Feudalstaaten einen vergleichslosen Fortschritt. Das heutige Erscheinungsbild der sächsischen Dörfer mit ihren Reihen stattlicher Dreiseithöfe und den biedermeierlichen Schulgebäuden geht auf ihn ebenso zurück wie die spätklassizistischen Straßenzüge und Bahnhöfe jenseits der Grüngürtel, die sich anstelle der alten, am Beginn des Jahrhunderts niedergelegten Befestigungen um die Innenstädte legen.

Geradezu Symbol dieses Aufschwungs in eine neue Epoche ist die Eisenbahn. Ihr Initiator war einer der großen deutschen Nationalökonomen, Friedrich List, geboren 1789 in Reutlingen, Professor für Staatskunde in Tübingen seit 1818, wegen demokratischer Umtriebe und Staatskritik 1822 zu Festungshaft verurteilt und seit 1825 als Emigrant in Amerika. 1830 entdeckte er ein Kohlelager in Pennsylvania und gründete für dessen Ausbeutung eine Gesellschaft zum Bau einer Eisenbahnlinie. 1833 kam er als amerikanischer Konsul nach Leipzig und veröffentlichte hier noch im gleichen Jahr die Schrift »Über ein sächsisches Eisenbahnsystem als Grundlage eines allgemeinen deutschen Eisenbahnsystems«, wobei er von der Strecke Leipzig–Dresden ausging, aber auch Verbindungen nach Zwickau, Chemnitz und Freiberg sowie nach Halle, Magdeburg und Berlin vorschlug. Leipzig war für ihn der geeignete Knotenpunkt »als Herzkammer des deutschen Binnenverkehrs, des Buchhandels und der deutschen Fabrik-Industrie«.

In England war die erste Eisenbahnlinie seit 1825 in Betrieb und Frankreich hatte 1832 seine erste Strecke eröffnet. Deutschlands erste Bahnlinie Nürnberg – Fürth hatte mit 6 Kilometer Länge den Charakter eines Versuchs. Sie wurde im Dezember 1835 eröffnet. Zu dieser Zeit arbeitete bereits das Leipziger Eisenbahnkomitee an der Konzeption der 135 Kilometer langen Strecke mit Brücken und Tunneln nach Dresden – einer ersten großen Linie. Noch im November 1833 baten 316 Vertreter der wichtigsten Leipziger Handelshäuser die Regierung, den Bau der Eisenbahnlinie zu genehmigen. Sie wollten ihn finanzieren. Leipzig war nämlich nach der Teilung Sachsens von 1815 – auf drei Seiten von preußischen Territorien umgeben – in eine Randlage versetzt und nahm die Hallesche Konkurrenz mit Sorge wahr. Die Bahnlinie verhieß aber

Friedrich List. Steindruck von Kriehuber, 1845. Leipzig, Stadtgeschichtliches Museum

nicht nur, dass die Stadt zu einem Knotenpunkt des künftigen Fernverkehrs werden könnte, sondern auch eine sofortige Verbindung mit Sachsens wichtigstem Verkehrsweg, der Elbe. Die großen Leipziger Häuser waren längst mit den hamburgischen eng verbunden, denn der ständig fortschreitende Ausbau des Hamburger Hafens zum größten des Kontinents ging von seiner Verbindung mit Sachsen, Böhmen, Brandenburg und Schlesien über die Fluss- und Kanalsysteme der Elbe aus. Über den jetzt geplanten Kreuzungspunkt Riesa konnten Wolle, Baumwolle und die billige englische Kohle von Hamburg, Kohle vom heutigen Freital und Eisen von Riesa und Gröditz rasch nach Leipzig gelangen und umgekehrt Fertigfabrikate in alle Welt. Welche Bedeutung dem Gütertransport von Anfang an zukam, erhellt die Tatsache, dass sich die Zahl der Personenwagen bis zur Jahrhundertmitte von 106 auf 129 vergrößerte, die der auf 5 Tonnen Tragkraft ausgelegten Güterwagen aber von 129 auf 252.

Als die Leipzig–Dresdner Eisenbahn am 8. April 1839 in Betrieb genommen wurde, setzte in beiden Städten wie auch in Hamburg und an zahlreichen Plätzen dazwischen ein Entwicklungsschub von gewaltiger Kraft ein. Leipzigs Einwohnerzahl verdoppelte sich innerhalb von drei Jahrzehnten auf rund 100 000. Die Residenzstadt erreichte dieses Maß bereits um die Jahrhundertmitte. Chemnitz folgte als dritte sächsische Großstadt nach dem Bau der »Erzgebirgischen Eisenbahn« Zwickau–Chemnitz–Riesa. Die Sächsisch-Schlesische Eisenbahn über Dresden und Görlitz folgte 1847. Aber bereits 1840 und 1841 schlossen sich die ersten preußischen Bahnen an Leipzig an mit der Linie über Halle nach Magdeburg, die über den Knotenpunkt Köthen mit der Strecke über Dessau nach Berlin verbunden wurde.

In weniger als zehn Jahren war Leipzig tatsächlich zur »Herzkammer des deutschen Binnen-Verkehrs« aufgestiegen, wie es der große Initiator und Wirtschaftswissenschaftler Friedrich List vorausgesagt hatte. Trotz dieses einzigartigen Verdienstes gelang es ihm nicht, eine Anstellung bei der Verwirklichung seines Projektes zu erhalten. Dass den Leipziger Kaufleuten etwas an dem Mann nicht geheuer gewesen sein könnte – mit Staatskritik und Festungshaft in der Vergangenheit und dem visionären Blick für Zukünftiges –, vermag man zu ahnen. Schon 1837 ging er nach Paris, dann nach Hildburghausen, wo er sein großes Werk »Das nationale System der politischen Ökonomie« schrieb (Stuttgart, 1840), schließlich über Augsburg und Wien nach London. Überall publizierte er und überall war er unzeitgemäß. 1846 hat er sich auf einer Alpenreise erschossen.

An jenem denkwürdigen 8. April 1839 war die erste deutsche Ferneisenbahn zwischen Dresden und Leipzig auf englischen Gleisen gefahren, mit englischer Lokomotive und englischen Waggons. Die Leipziger Unternehmer setzten auf gesicherte technische Erfahrungen. Aber dem Zug folgte eine einzelne Lokomotive. Auf ihrem Führerstand kontrollierte die Fahrt ihr sächsischer Erbauer Johann Andreas Schubert, geboren 1808 im vogtländischen Wernesgrün. Gebildet im »Freimaurerinstitut« von Dresden-Friedrichstadt, in der Architekturabteilung der Kunstakademie und in der Mechanischen Werkstatt des Oberinspektors beim Mathematisch-Physikalischen Salon Rudolf Sigismund Blochmann – dem Erbauer der Dresdner Leuchtgasanstalt –, wurde er wie dieser 1828 Lehrer an der neu gegründeten Technischen Lehranstalt. Vierundzwanzigjährig, im Jahre 1832, war er einer der ersten Professoren der Hochschule. Als 1836 der »Dresdner-Actien-Maschinenbau-Verein« im leer stehenden

Dresdner und Magdeburger Bahnhof in Leipzig. Lithografie von A. Werl, nach 1840

Schloss Übigau bei Dresden gegründet wurde, war Schubert dabei und entwickelte sowohl das erste sächsische Elbdampfschiff, die »Königin Maria« (1837), als auch jene erste deutsche Lokomotive namens »Saxonia«. Von hier ging der Chemnitzer Schwermaschinenbau aus, denn die Lokomotivproduktion wurde in dieses aufsteigende Industriezentrum verlegt – nahe bei den Lagerstätten von Kohle und Eisen. Der Lokomotivbau in Chemnitz, der von Waggons in Leipzig und von Dampfschiffen in Dresden war führend bei der Entwicklung der sächsischen Stahl- und Schwerindustrie, die vor allem vom rapiden Ausbau des Eisenbahnnetzes profitierte.

Schubert schuf noch ein weiteres Hauptwerk dieser frühen sächsischen Industrialisierungsperiode – eigentlich ein Wunderwerk. Als in den vierziger Jahren die Zugverbindung zwischen Sachsen und Bayern durch die Strecke Leipzig–Plauen–Hof hergestellt wurde, musste das tiefe Tal des Gebirgsflüsschens Göltzsch zwischen Reichenbach und Plauen überbrückt werden. Schubert entwarf den Viadukt von fast 600 Meter Länge und 80 Meter Höhe. Er wurde von 1849 bis 1851 errichtet in vieretagigen Wölbungen, die die beiden Gleise so sicher tragen, dass sie noch nach 150 Jahren von den heutigen, weitaus schwereren und schnelleren Zügen dieser Hauptstrecke überfahren werden können. Schuberts Göltzschtalbrücke ist aber nicht allein eine Pionierleistung des Industriebaus, sondern sie ist auch schön – weder stört noch zerstört sie die Natur, sondern sie bereichert sie durch Kunst.

Die explosionsartige Entwicklung von Industrie und Wirtschaft war die Folge sowohl der Gewerbefreiheit und der weitgehend kommunalen Selbstverwaltung als auch des Beitritts Sachsens zum Deutschen Zollverein im Jahre 1833, der unter Preußens Führung den größeren Teil des nördlichen Deutschland zu einem einheitlichen Wirtschaftsgebiet zusammenschloss. Die politisch problemlos geschaffenen neuen Verkehrsadern, die das Königreich mit Bayern, Schlesien, Böhmen und den brandenburgisch-preußischen Gebieten verbanden, entstanden vor allem unter dieser Voraussetzung und deren wirtschaftliche Auswirkungen bis in die Dörfer hinein sind noch heute sichtbar. Wer durch

Fest zur Feier der Fertigstellung der 100. Lokomotive in Chemnitz. Kolorierte Lithografie, 1858

Göltzschtalbrücke bei Netzschkau im Vogtland. Lithografie, 1850

die Oberlausitz fährt, erkennt an zahlreichen Jahreszahlen aus den dreißiger und vierziger Jahren des 19. Jahrhunderts auf den Türstürzen der Umgebindehäuser, dass damals die Hausweberei von Leinen aufgeblüht sein muss und dass sich die Dörfer erneuern oder vergrößern konnten. Man gewahrt an den Maßen und dem Schmuck der Bauten einen bescheidenen Wohlstand in diesen bis dahin abgelegenen und ärmlichen Landgebieten.

Die sächsischen Dörfer gewannen in den Jahrzehnten des Friedens und des Aufschwungs nach den Befreiungskriegen überhaupt eine neue Gestalt, die ihrer heutigen nahekommt. Das Wachstum der Städte entleerte sie nämlich nicht, sondern sie wuchsen gleichfalls, stimuliert durch die wirtschaftliche Unabhängigkeit der Bauern von den Grundherren und durch den steigenden Bedarf an Nahrungsmitteln. Eine Professur für Landwirtschaftswissenschaften, 1829 an der Tharandter Forstakademie eingerichtet, und Justus Liebigs Forschungen über die Chemie des Feldbaus und der Tierernährung, erstmals 1840 in Braunschweig publiziert, trugen zu höheren Erträgen bei. Viele gemauerte Höfe, die heute das Erscheinungsbild der Dörfer bestimmen, wurden in den Jahrzehnten um die Jahrhundertmitte errichtet. Sie ersetzten die strohgedeckten Bauernhäuser aus Holz, Fachwerk und Lehm. Längs der Elbe in erstaunlich weitem Umkreis, von den Höhen des Osterzgebirges bis hinab zur preußischen Grenze des Königreiches zwischen Strehla und Belgern, wurde dazu Sandstein verwendet, vor allem für repräsentative Bauteile wie etwa Giebelwände und gekoppelte Bogenfenster in den Giebeln. Die Einfassungen von Türen und Fenstern wurden außerdem grundsätzlich in Elbsandstein ausgeführt, es sei denn, dass weniger wohlhabende Bauern die Seitenwände der Obergeschosse ihrer neuen Wohnhäuser mit Fachwerk aussetzten. Aber selbst in solchen Höfen sind die Ställe in den Erdgeschossen mit kräftigen Pfeilern aus Sandstein ausgestattet, die flache Kreuzgratgewölbe in Ziegelmauerwerk tragen. Arm können die Bauherren nicht gewesen sein, die die Schwertransporte bezahlten.

Kaum erschwinglich waren sie aber offensichtlich in den elbfernen westlichen Landesteilen. Deshalb sind die Dörfer vom mittleren Erzgebirge

Umgebindehaus »Alte Mangel« in Ebersbach

bis zur Leipziger Tiefebene anders strukturiert: mit Häusern aus Hau- und Feldsteinen, Fachwerk und Lehm, oft verkleidet mit thüringischem Schiefer. Daher erscheinen sie weniger einheitlich. Aber allen sächsischen Bauernhäusern mit gemauerten Giebeln ist gemeinsam, dass sie nur geringe oder keine Dachüberstände aufweisen. Da sie auch keine Balkons und nur flache Fensterleibungen haben, stehen sie in kubischer Klarheit wie Skulpturen in der Landschaft – streng, zweckmäßig, protestantisch. Dazu gehören bei den gemauerten Häusern die völlig gleichmäßigen Fensterreihen, die dem Vorbild der Fassaden barocker Herrenhäuser nachfolgten, denen sie mitunter an Größe kaum nachstehen. Eine kulturprägende Funktion kommt dabei auch der Pirnaer Sandsteinindustrie zu. Offenbar lieferte sie die Tür- und Fensterpfeiler in bestimmten Maßeinheiten, nach denen die dörflichen Maurermeister ihre Bestellungen aufgaben. Noch niemand scheint sie vermessen zu haben. Sie bildeten aber die Grundlage dieser Baukultur, die die namenlosen Baumeister in Generationen ausgebildet und vererbt haben, mit festen, nie aufgeschriebenen Proportionsregeln. Sie erst ergeben die Einheit des Stils in der individuellen und landschaftlichen Vielfalt. Diese Dörfer sind ein hohes Gut sächsischer Kultur und Identität.

Am Elbelauf oberhalb Pirnas wurde diese Produktion von Bausteinen landschaftsbestimmend, denn jene hohen Felswände, die man dort heute über bewaldeten Terrassen in einiger Entfernung sieht, sind Resultate jahrhundertelangen Abbaus von Steinmassen, die sich ursprünglich fast senkrecht über den Elbufern auftürmten. Burgen, Festungen, Kirchen und Schlösser wurden aus ihnen ununterbrochen seit dem Mittelalter errichtet, von Königstein und Meißen bis Berlin und Kopenhagen. Bastionsartige steinerne Wälle, die in den Fluss reichen, markieren noch immer Anlegestellen und das Ende hölzerner Rutschen, auf denen die Steinblöcke von den Höhen der ausgehauenen Terrassen zu den Schiffen heruntergelassen wurden.

Am intensivsten hat man Elbsandstein abgebaut, als Dampfschiffe und Eisenbahnen die Errichtung größerer Gebäude und die Belieferung entfernter Territorien erleichterten. In ganz Sachsen, aber auch in den angrenzenden Ländern wurden daraufhin viele öffentliche Bauten wie Kirchen, Bahnhöfe, Schulen, Rathäuser, Postämter, Banken und Handelshäuser mit Elbsandstein verkleidet. Sogar in Städten an der Mulde und im Leipziger Tiefland, wo seit dem 12. Jahrhundert der rote Rochlitzer Porphyr als repräsentativer Gebäudeschmuckstein verwendet worden war, erscheint jetzt, weil billiger, das hellgraue Material aus der Sächsischen Schweiz. In Leipzig sieht man um 1900 so riesige Bauten wie den Hauptbahnhof und die großen alten Messehäuser und Hotels von diesem Stein bestimmt. Unter den Fassaden der meisten von ihnen befinden sich aber Ziegel, nicht anders als zwischen den Gewänden der Bauernhäuser. Den landschaftsbildenden Terrassen am Oberlauf der Elbe entsprachen also Lehmgruben, Ziegeleien, Kokereien, Braunkohlengruben, Kalk-, Zement- und Sägewerke, entsprach der Umbau der Wälder zu Wirtschaftsflächen nach den Maßgaben Heinrich von Cottas, der 1816 die Tharandter Forstakademie gegründet hatte. Erst die Eisenbahn hat diese Dynamik ermöglicht, die seit 1840 Sachsens Dörfer, Städte und Landschaften umwandelte, gemäß der Vision Friedrich Lists. Leipzig war Ausgangsort und Zentrum und es gibt bis heute kein dichteres Eisenbahnnetz als das sächsische in Deutschland.

Nach der Revolution vom September 1830 war das Land in einer Geschwindigkeit verändert worden, die bis dahin unbekannt war und die mit modernem Entwicklungstempo vergleichbar ist. Der Verfassung folgten die Reformen, den Dampf- und Werkzeugmaschinen der große Markt des Deutschen Zollvereins und die Eisenbahnen, diesen wiederum der Ausbau von Städten und Dörfern.

In den Künsten ereignete sich das Gleiche, als seien die Entwicklungsphasen zweier Generationen auf eine zusammengedrängt. Kein Generationswechsel bewirkte in der sächsischen Kultur solche Brüche wie der zwischen 1820 und 1840 am Beginn der Industrialisierung vergleichbar dem zwischen 1520 und 1540 während der Reformation. 1822 wurde in Dresden Carl Maria von Webers »Freischütz« erstmalig aufgeführt, 1843 Richard Wagners »Fliegender Holländer«. In diesen zwanzig Jahren veränderten sich die romantisch-märchenhaften Sujets von objektiver Darstellung mit allgemein akzeptierter Moral zum Erlebnis einer Schicksalsmacht; von der Klarheit und Durchsichtigkeit einer noch immer klassischen musikalischen Stimmenführung zu Klängen und Akkorden, in denen subjektiver Ausdruck die Musik bestimmt. Dazwischen, in den dreißiger Jahren, ereignete sich bereits in Leipzig der Aufbruch der romantischen Musik. Felix Mendelssohn Bartholdy leitete seit 1835 die Gewandhauskonzerte. Sein Genie ließ das Orchester zu jenem Ruhm aufsteigen, den es noch heute besitzt. Wie Robert Schumann entwickelte er die Kultur der Konzerte für Soloinstrumente – insbesondere des Klaviers – und der Vokalmusik, entsprechend dem großen Erbe von Heinrich Schütz und Johann Sebastian Bach aus lutherischer Tradition. Schumann gab hier seit 1834 die epochemachende »Neue Zeitschrift für Musik« heraus, beide Komponisten lehrten am Konservatorium, das 1843 als erstes in Deutschland vor allem durch Mendelssohns Einsatz gegründet worden war. Die bürgerliche Musikkultur gewann hier und jetzt die Oberhand über die höfische, sowohl im Stil wie auch in den Organisationsformen, denn das Publikum der großen Städte brauchte große Konzertsäle und große Orchester.

Ihnen entsprachen die Säle, in denen jetzt die bürgerlichen Kunstvereine regelmäßig Ausstellun-

»Neue Zeitschrift für Musik«, begründet von Robert Schumann, erschienen 1834 bei Bruno Hinze, Leipzig

Neue
Zeitschrift für Musik.
Redigirt von
Franz Brendel
unter Mitwirkung von Künstlern und Kunstfreunden.
Begründet von
Robert Schumann.
Sechs und dreißigster Band.
(Januar bis Juni 1852)
Mit Beiträgen
von
F. Brendel in Leipzig, H. v. Bülow in Weimar, R. Franz in Halle, A. Fuchs in Wien, A. Gathy in Paris, F. Gleich in Leipzig, H. Gödecke in Detmold, C. Gollmick in Frankfurt, H. Gottwald in Hohenelbe, Th. Hagen in London, J. Heller in Prag, L. Kindscher in Dessau, E. Klitzsch in Zwickau, L. Köhler in Königsberg, E. Krüger in Emden, O. Lorenz in Winterthur, A. Müller in Darmstadt, F. Präger in London, G. Pressel in Stuttgart, A. G. Ritter in Magdeburg, J. Rühlmann in Dresden, H. Sattler in Blankenburg, R. Schumann in Düsseldorf, C. Seiffert in Schulpforta, Th. Thrämer in Dorpat, Th. Uhlig in Dresden, R. Wagner in Zürich, F. G. Weber in Paris, C. F. Weitzmann in Berlin, F. Wieck in Dresden, A. W. v. Zuccalmaglio in Frankfurt a. M. u. A. m.
Leipzig,
bei Bruno Hinze.

gen veranstalteten. Der »Sächsische Kunstverein« ist 1828 von dem Leipziger Kaufmannssohn, Sammler und Kunsttheoretiker Quandt und dem Archäologen Böttiger in Dresden gegründet worden. Es war aber nicht so, dass in Sachsen plötzlich Bürger die Aristokraten als Mäzene und Konsumenten von Kunst abgelöst hätten. Beide Schichten waren hier seit Jahrhunderten Auftraggeber von Kunstwerken für Kirchen, Parks, Schlösser und Wohnungen. Neu hingegen war das klassische Bildungsideal, vor dem die Herkunft nichts mehr galt und das von breiteren Kreisen aufgenommen wurde als zuvor. Dementsprechend vergrößerte sich auch die Zahl der Künstler, die jetzt als Akademiker die Hochschulen in Dresden und Leipzig verließen und der Förderung bedurften. Ihre oftmals kleinen Bilder, kaum größer als Buchseiten, waren auf das Format der biedermeierlichen Wohnstuben eingestimmt. Solche kleinmeisterlichen Gemälde entstanden sowohl in Leipzig wie in Dresden gemäß dem Standard bürgerlicher Bildung und Reputation schon seit dem ausgehenden 18. Jahrhundert, und sie blieben charakteristisch sowohl für das Werk Caspar David Friedrichs als auch für das seines Umkreises und seiner Schüler. Zu Beginn des 19. Jahrhunderts tauchten sie allerdings fast überall in den Kunstzentren der deutschen Staaten auf – als Zeugnisse hoher geistiger Ansprüche bei begrenztem Vermögen, wobei dem Reiz des Feinen und Intimen durchaus eigene Bedeutung und eigener Rang zukamen.

Ob jedoch in größeren oder kleineren Bildern, die künstlerischen Absichten und Methoden wechselten in ihnen ebenso bruchartig wie in den anderen Künsten. Um 1820 lernten Carus und Dahl in Friedrichs Atelier extreme Raumtiefe darzustellen durch pastosen Farbauftrag unten im Vordergrund und feinste Lasuren, die oben die Ferne verdeutlichen, wobei die Hintergründe in Umkehrung der Schulregeln mit lichten, warmen Tönen ausgelegt sind, während vorn kühles Grün und dumpfes Braun dominieren. Licht und Wärme erscheinen weit entfernt vom Betrachter, vielleicht im Jenseits, und die Nähe ist düster. Präzise Lichtbeobachtung in geeigneten Tagessituationen und Idealismus, der die Welt nicht akzeptiert, wie sie ist, gehen darin einzigartig überein mit religiösen und politischen Bekenntnissen.

Die Schüler ließen aber diese symbolische oder gedanklich ausdeutbare Darstellungsweise rasch hinter sich. Sie beruhte auf Skizzen, Erinnerungen und Ideen, die in der Abgeschiedenheit des Ateliers vereinigt wurden. Dahl hingegen war in Deutschland der erste, der mit dem Malkasten und kleinen Papptafeln in die Landschaft zog, um Wolken, Wasser und Licht so zu malen, als ob das Auge die Hand direkt lenkt, ohne dass das Hirn etwas dazutut. Seine große Wirkung beruhte auf dieser Sichtweise. Gille und Rayski waren seine bedeutendsten Schüler und als Friedrich 1832, mit 58 Jahren, sein letztes Tafelbild malte, »Das Große Gehege bei Dresden«, begannen diese Enkelschüler schon, ihr eigenes Weltverständnis ins Bild zu setzen. Überdehnte Tiefenräume mit unwirklich schönem Himmelslicht schätzten sie nicht mehr. Schön war für sie und in Schönheit malten sie das Bestehende, mit breitem Pinsel »Naß in Naß«, sodass sich Mischungen auf dem Malgrund herstellten, die das Veränderliche als Bestandteil der Wirklichkeit charakterisierten.

1841 malte Ferdinand von Rayski das Porträt des Grafen Zech-Burkersroda, Bürgeradel in der dritten Generation, ein großes, repräsentatives Ölgemälde. Der Graf, in Dreiviertelfigur, steht im Frack vor einem braunen Grund, von dem Gesicht und Hände sich so weich abheben, dass Sensibilität hervortritt. Den Frack in schwärzlichen Tönen zu malen, ohne dass er optisch in den Grund einsinkt, sondern den Körper modelliert, dazu dienten dem Maler Knöpfe und Falten, vor allem aber Schal und Frackhemd in Weiß. Das weiße Hemd benutzte er auch zur Darstellung körperlicher Plastizität bei der Lücke zwischen Hose und Jackett. Er setzte den flachen Pinsel, getränkt mit einer weißen Farbmischung, mit seiner Schmalseite links in das nasse Schwarz und zog einen flachen Bogen nach rechts, wobei er den Pinsel zu seiner breiten Seite und wieder zurück drehte. Man sieht in diesem einen Strich, wie das Hemd locker auf dem Körper liegt und wie es durch die lässig-elegante Haltung des Aristokraten momentan sichtbar wird. Nur große Maler haben dieses Auge und diese Hand (siehe S. 200). Jedoch Ziel und Sinn der Malerei Rayskis waren von denen Friedrichs so radikal verschieden wie zur gleichen Zeit Wagners Opern von denen Webers.

Gille und Rayski wurden aber zu Außenseitern. Beide starben im letzten Jahrzehnt des Jahrhunderts in hohem Alter, arm und vergessen. In England und Frankreich hätte die Entwicklung ihren Rang noch zu ihren Lebzeiten bestätigt. In Deutschland, insbesondere in Sachsen, nahm sie einen anderen Weg. Seit der Gründung der Dresdner Kunstakademie im Jahre 1764 besetzten nämlich vorzugsweise Klassi-

Das Große Gehege bei Dresden. Gemälde von Caspar David Friedrich, 1832. SKD, Galerie Neue Meister

zisten die Lehrämter und sonnten sich im Lichte offizieller Anerkennung, trotz so bedeutender Professoren wie Graff und Zingg, denen die Wirklichkeit Maß aller Dinge war.

Mit der Berufung Carl Christian Vogels (seit 1831 geadelt als von Vogelstein) zum Nachfolger des ermordeten von Kügelgen im Jahre 1820 kam die moderne Variante des klassizistischen Figurenstils nach Sachsen. Der 1788 in Dresden geborene Vogel war 1813 zum Studium nach Rom gereist und dort unter den Einfluss einer Gruppe junger deutscher Maler gelangt, die sich an der Kunst Raffaels orientierten und auch jene Frömmigkeit nachlebten, die sie in den Werken des Meisters beispielhaft vorgebildet glaubten. Im Spott wurden sie deshalb Nazarener genannt. Die meisten von ihnen waren norddeutsche Lutheraner, aber einige konvertierten zum Katholizismus, so auch Vogel im Jahre 1819. Er brachte aus Rom nicht nur die romantisch-christliche Gesinnung und ihren Kunststil, sondern auch die Kenntnis der Freskenmalerei, die diese Jünger Raffaels neu belebt hatten, nach Sachsen zurück. Seit 1824 malte er den neu erbauten Festsaal und die katholische Kapelle des Schlosses Pillnitz aus und schuf damit ein erstes Beispiel der Monumentalmalerei, dem in Sachsen lange Zeit gefolgt wurde: bis zu den großartigen Raumdekorationen Klingers in Leipzig und Gussmanns in Dresden am Anfang des 20. Jahrhunderts.

Der auf schöner Linienführung basierende Stil der Nazarener wurde bald darauf von Ludwig Richter mit der Landschafts- und Genremalerei verbunden. Wie Vogel war auch Richter Sohn und Schüler eines Lehrers an der Dresdner Kunstakademie. 1803 geboren, ging er zwanzigjährig nach Rom, wo er im Kreis der Nazarener und Schüler des großen Landschafters Joseph Anton Koch den neun Jahre älteren Julius Schnorr von Carolsfeld traf, Sohn des Rektors der Leipziger Kunstakademie. Beide stimmten auch überein in der Verehrung der deutschen Kunst der Dürerzeit, insbesondere ihrer zeichnerischen und grafischen Kultur, und in der

Neigung zu empfindungsvoller Landschaftsmalerei. Jenseits dieser gemeinsamen Prägung und Herkunft waren sie grundverschieden, wie es ihre Karrieren belegen, denn Schnorr wurde 1825 von König Ludwig I. von Bayern an die Münchner Akademie berufen und schon zwei Jahre später begann er an den berühmten Fresken der Residenz zu arbeiten. In ihrem 1831 fertiggestellten Königsbau schuf er mit dem Nibelungenzyklus in fünf Sälen ein Hauptwerk der deutschen Monumentalmalerei der Epoche. Richter hingegen wurde nach seiner Rückkehr 1828 Zeichenlehrer an der Meissener Porzellan-Manufaktur und diese Beschäftigung mit dem Feinen, Zierlichen und Wohlgestalteten kam seiner Begabung entgegen. 1836 erhielt er die Berufung zum Lehrer für Landschafts- und Tiermalerei an die Dresdner Akademie. Hier gelang ihm seine große Entdeckung, durch die er zu einem der bekanntesten und beliebtesten Künstler Deutschlands aufstieg. Er erschloss die heimatliche sächsisch-böhmische Mittelgebirgslandschaft mit ihrem Volksleben für die Tafelmalerei, wobei er die Schönlinigkeit seiner nazarenischen Schulung auf diese Thematik anwandte. Es versteht sich von selbst, dass darin die harte Bauernarbeit nicht vorkam, denn sein Stil, der von raffaelischer Idealität abgeleitet war, erlangte Gültigkeit nur durch die Entdeckung idealer Verhältnisse in der Wirklichkeit. Dies konnte so vollkommen gelingen, weil die sanfte Harmonie in den Proportionen der obersächsisch-böhmischen Landschaft geradezu danach verlangte, von einem biedermeierlichen Idylliker erkannt zu werden (siehe S. 198). Der Sinn für solche Schönheit erwachte aber erst, als sie durch Großstädte, Eisenbahnstrecken und Fabrikschlote bedroht wurde. Richter hat als erster Maler diese Idealität urtümlicher Verhältnisse, in denen Mensch und Natur glücklich vereint erscheinen, als Gegenwelt zu einer sich problematisch verändernden Wirklichkeit gestaltet – gleichsam in den Fußstapfen des Philosophen Rousseau (siehe S. 240/241)

Als um 1846 Schnorr von Carolsfeld als Professor für Historienmalerei und Direktor der Galerie von München nach Dresden berufen wurde, erhielt hier die idealistisch-spätnazarenische Richtung in der offiziellen Malerei und Zeichenkunst das absolute Übergewicht, denn Richter und Schnorr zählten zu den berühmtesten Künstlern Deutschlands.

Brautzug im Frühling. Gemälde von Adrian Ludwig Richter, 1847. SKD, Galerie Neue Meister

Blick über den Wallgraben von Leipzig auf die Thomasschule und die Thomaskirche. Feder- und Bleistiftzeichnung von Julius Schnorr von Carolsfeld, 1817. Privatbesitz

Beide waren hervorragende Zeichner und mit ihren Vorlagen für den Holzschnitt oder Holzstich beherrschten sie weitgehend die deutsche Illustrationsgrafik. Richter schuf über 2 000 Zeichnungen für die Illustration vor allem von Märchen, Zeitschriften und Volkskalendern für den Leipziger Verleger Wigand. Deren Titel stehen für ihren Inhalt, wie etwa »Fürs Haus«, »Unser täglich Brot«, »Illustrierte Zeitung für die Jugend«, »Knecht Ruprecht«, »Deutsche Volksbücher«, »Beschauliches und Erbauliches«. Diese Darstellungen gehen überein mit denen des Dresdner Pädagogen und Volksschriftstellers Gustav Nieritz. Die volksbildnerische Absicht und die Parteinahme für die kleinen Leute ist bei beiden Ehren- und Herzenssache und die enorme Popularität ihrer Editionen, in denen die Welt akzeptiert wird, wie sie nun einmal ist, in Frömmigkeit, Treue, Fleiß und Hoffnung auf stilles Glück, ließ sie als Inbegriff des sächsischen Biedermeier erscheinen. Dies trifft insofern zu, als dass im frühindustriellen Sachsen die kleinbürgerlich-proletarischen Schichten außerordentlich zunahmen, die ihre Adressaten waren und sich solche Schriften leisten konnten. Eine ebenso große Volkstümlichkeit der druckgrafischen Werke Schnorr von Carolsfelds belegt aber, dass die zeitgenössische Gesellschaft sich bei zunehmender Arbeitsteilung stärker differenzierte als die des 18. Jahrhunderts und sich neben jener unteren Schicht eine mittlere und höher gebildete ausprägte, die das moralische Pathos von Idealgestalten entzückte. 1843 wurde das Nibelungenlied mit Schnorr'schen Holzschnitten veröffentlicht. Die Figuren vereinten die Technik der Dürerzeit – die dem altdeutschen Stoff glücklich angemessen war – mit dem Pathos des beginnenden Neobarock und damit auch eines neuen Gefühlskults. Richard Wagner könnte von Schnorrs Erfindungen angeregt worden sein. Vergleichbar altdeutsch und großartig geriet Schnorrs Bibelillustration in Holzschnitten (1851–1860), das meist gedruckte Bilderwerk des 19. Jahrhunderts in Deutschland.

Selbstverständlich konnte sich neben diesen Erfolgen und diesem Einfluss keine andere Richtung in Sachsen behaupten. Eduard Bendemann aus Berlin, seit 1839 als Professor an die Akademie berufen und sofort beauftragt, neu geschaffene Repräsentationssäle im Residenzschloss mit Fresken zu schmücken, verstärkte sie noch.

Die Brühlsche Terrasse in Dresden. Gemälde von Christian Friedrich Gille, 1862. Hannover, Landesgalerie

Christian Friedrich Gille und der junge Menzel in Berlin waren, nachdem Carl Blechen 1840 gestorben war, die wesentlichen deutschen Maler, die die Prinzipien realistischer Landschaftskunst aus direkter Anschauung zum Impressionismus hin weiterentwickelten. Doch Gilles großartige Naturstudien wurden nur von vereinzelten Kennern wahrgenommen. Er blieb inoffiziell wie auch Ferdinand von Rayski. Dieser nahm am bürgerlichen Kunstbetrieb überhaupt nicht teil, sondern malte hauptsächlich Porträts auf den Schlössern seiner Freunde in aristokratischer Zurückgezogenheit. Sein großes Gemälde mit den Wildschweinen im Maisfeld von 1863, das 1945 verbrannte, war das modernste Werk der deutschen realistischen Malerei. Es wurde 1917 für die Dresdner Galerie erworben, bis 1906 blieb es fast unbekannt.

Die offizielle sächsische akademische Malerei hingegen war um die Jahrhundertmitte berühmt und nahm eine großartige Position in Deutschland ein, nur modern war sie nicht. Dies bedeutet, dass sie der europäischen Kunst keine neuen Erkenntnisse hinzufügte und also auf ihre Entwicklung nicht einwirkte. Ihre Werke fixierten nur deutsche Befindlichkeiten, dies allerdings aufs Schönste, sodass ihr Rang hier unbestritten blieb bis heute.

Exakt Gleiches gilt für den Bildhauer Ernst Rietschel. Er wurde 1804 geboren, ein Jahr nach Ludwig Richter, und zwar in jenem halb sorbischen Landstrich der mittleren Lausitz, der auf engem Raum wiederholt geniale Talente hervorbrachte: Kändler aus Fischbach, Lessing aus Kamenz, Fichte aus Rammenau, Rietschel aus Pulsnitz. Als begabtes Kind armer Leute erhielt er eine Freistelle an der Dresdner Akademie und ging von hier nach Berlin zu Deutschlands erstem Bildhauer Christian Daniel Rauch, der ihn als Schüler annahm. In Dresden hatte man aber das talentierte Landeskind nicht aus dem Auge gelassen. 1830 erhielt er ein Romstipendium und schon im Jahr darauf erteilte die Regierung dem siebenundzwanzigjährigen Bildhauer den Auftrag zu einem Denkmal für König Friedrich August I. Es war absolut ungewöhnlich, einem jungen Künstler einen Staatsauftrag solchen Ranges und Umfanges anzuvertrauen, jedoch Rauch hatte seine Autorität für seinen Meisterschüler eingesetzt. Die Statue des ersten sächsischen Königs wurde noch unter seiner Aufsicht in Berlin entworfen, eine Sitzfigur,

Christian Daniel Rauch. Marmorbüste von Ernst Rietschel, 1857. SKD, Skulpturensammlung

angelehnt an Rauchs Max-Joseph-Denkmal für München, das eben gegossen wurde. Alle technischen Bedingungen dafür erfüllte die neue Bronzegießerei des Grafen von Einsiedel in Lauchhammer und hier entstand auch mit Rietschels Denkmal für Friedrich August den Gerechten Sachsens erste Monumentalbronze. Richard Wagner komponierte 1843 einen Festgesang zur Aufstellung des Denkmals inmitten des Zwingerhofes. Neuerdings hat man es auf den Schlossplatz versetzt.

Seit 1832 als Professor für Bildhauerkunst in Dresden, entwickelte Rietschel die Lehre Rauchs von der zeitlosen Noblesse klassizistischer Idealformen weiter zum Realismus hin, ohne jene alte Grundlage der Plastik jemals zu verlassen. Darin geht sein Stil merkwürdig überein mit dem seines akademischen Kollegen Ludwig Richter. Rietschel wurde zum ersten modernen Staatsbildhauer des Königreiches und seine Arbeiten schmückten und vollendeten alle nun entstehenden staatlichen Repräsentationsbauten: Sempers erstes Opernhaus, seine Galerie und Leipzigs Universität, die 1831 bis 1836 nach Entwürfen Schinkels errichtet wurde. Für deren Aula schuf er einen Zyklus von Marmorreliefs zur Kulturentwicklung der Menschheit nach den Phasen, die Hegel in seiner Ästhetik entwickelte.

Um die Mitte des 19. Jahrhunderts galt Rietschel als bedeutendster deutscher Bildhauer. Er schuf die Standbilder für Carl Maria von Weber in Dresden; für Lessing in Braunschweig; für Goethe und Schiller in Weimar und für Luther in Worms. Fast alle Denkmäler, die in der zweiten Hälfte des 19. Jahrhunderts in sächsischen Städten errichtet wurden, haben seine Schüler nach den Grundsätzen ihres Lehrers errichtet.

So wie mit Ernst Rietschel die sächsische Plastik nach Jahrzehnten der Stagnation neu begann, so auch die Architektur mit Gottfried Semper. Beide Künste waren nicht zur Entfaltung gelangt, weil die großen Staatsaufträge gefehlt hatten. Talente waren nicht herangezogen worden, einheimische verkümmert, wie etwa der Dresdner Schuhmachersohn Gottlob Friedrich Thormeyer, ein vorzüglicher Klassizist, der 1814 im Auftrag des Fürsten Repnin

Goethe-und-Schiller-Denkmal von Ernst Rietschel, 1857. Weimar, Theaterplatz

die Brühlsche Terrasse mit der großartigen Treppe zum Schlossplatz öffnete. Große Aufträge folgten nicht.

Nun aber, im Zuge der Reformen, wurde 1834 ein junger Architekt aus Paris zum Professor für Baukunst an die Dresdner Akademie berufen. Es war Gottfried Semper, geboren 1803 in Altona, im gleichen Jahr wie Ludwig Richter und ein Jahr vor Rietschel. Aber im Unterschied zu den beiden Sachsen hatte er nicht nur Italien bereist, sondern auch Griechenland. Er hatte in Paris gearbeitet und dort die Julirevolution erlebt und er mag in den Kunstausstellungen des Salons Werke des Malers Delacroix und des Bildhauers Rude gesehen haben. Durch solche Kenntnisse und Erlebnisse war er der Mehrzahl seiner Dresdner akademischen Kollegen weit voraus. Im Unterschied zu ihnen waren seine Grundvorstellungen nicht rückbezogen auf jenen klassizistischen Idealismus, den Winckelmann fast ein Jahrhundert zuvor zum Maßstab erhoben hatte, sondern er betrachtete architektonische Strukturen als Resultate jeweiliger gesellschaftlicher Zustände. Erzogen im Freistaat Hamburg, war er Republikaner geradezu von Natur und sah seine künstlerischen Ideale daher zum ersten Mal modellhaft verwirklicht in der Architektur der freien italienischen Stadtstaaten der Frührenaissance. (Der Schriftsteller Ferdinand Gregorovius beschrieb in den 1850er Jahren in »Wanderjahre in Italien« Florenz unter dem gleichen Gesichtspunkt.)

Semper fügte in den 15 Jahren seines Aufenthalts in Dresden dem Stadtbild, das durch Renaissance und Barock geformt war, eine dritte Prägung hinzu, die der Neorenaissance. Zerstört wurden sie alle während der Bombardierung am 13. Februar 1945, aber der Wiederaufbau der wichtigsten Semper'schen Bauten – der Galerie und der Oper – bezeugt, dass sie zur Bewahrung der Identität Dresdens für ebenso unverzichtbar erachtet wurden wie der Zwinger, die Hofkirche, das Schloss und die Frauenkirche.

Man sollte nicht vergessen, dass die meisten dieser Bauwerke mit hingebungsvoller Sorgfalt und alle finanziellen Erwägungen missachtend zur gleichen Zeit wiederhergestellt wurden, in der andere Ruinen von hohem Rang und hoher Bedeutung für

Semper-Oper. Das zweite Dresdner Hoftheater, äußere Ansicht nach einer Zeichnung vom Sohn Gottfried Sempers, dem Architekten Manfred Semper. Illustrierte Zeitung, Leipzig 1878

Gemäldegalerie am Zwinger in Dresden von Gottfried Semper, 1847 begonnen, nach Sempers Flucht von Bernhard Krüger und Karl Moritz Haenel nach seinen Plänen bis 1854 fertiggestellt

die sächsische Kultur – auch Werke Sempers – gesprengt wurden. In wenigen Beispielen tritt die Zwiegesichtigkeit des Landes DDR so deutlich in Erscheinung wie in diesen.

Semper plante eigentlich, die Galerie der Oper gegenüber zu errichten und die Zwingeranlage auf diese Weise bis zur Elbe fortzusetzen, ähnlich dem Forum einer antiken Stadt. Theater, Bibliothek und die meisten Museen wären so als Kulturzentrum mit einer Gartenanlage vereint gewesen. Dieses Vorhaben scheiterte, weil es nicht finanzierbar war. Zu vermerken ist aber, dass es nun, nur zwei Jahrzehnte nach den napoleonischen Kriegen und der fast vernichtenden Teilung Sachsens, im Zuge der Lindenau'schen Reformen möglich wurde, große Staatsaufräge für Denkmäler und Repräsentationsbauten zu erteilen. Nichts vermag den Anbruch einer neuen Ära in Sachsen so zu verdeutlichen wie diese Tatsache.

Das erste Opernhaus Sempers wurde zwischen 1838 und 1841 erbaut. Es brannte bereits 1869 ab und wurde durch das zweite ersetzt, das zwischen 1871 und 1878 entstand. Dieses, von 1977 bis 1985 wiederhergestellt, ist größer und formenreicher als das erste. Beiden gemeinsam ist aber die Grundidee des großen Baumeisters, die Struktur des antiken Amphitheaters zu verwenden und seine Rundung von außen so sichtbar werden zu lassen wie die des Kolosseums in Rom. Dies wurde zu einem Grundsatz des Theaterbaus. Aber im Unterschied zum zweiten Opernhaus wirkte das erste zierlicher, weil es schmaler war und ähnlich streng und klar wie die Langgalerien des Zwingers, die man von ihm aus sah, bevor die Galerie sie verdeckte. In diesem neuen, prächtigen Haus fanden die Uraufführungen der Opern »Rienzi« (1842), »Der Fliegende Holländer« (1843) und »Tannhäuser« (1845) von Richard Wagner statt. Seit 1843 war dieser »Königlich-Sächsischer Kapellmeister auf Lebenszeit«.

1847 begann Semper mit der Errichtung der Galerie an der offenen Nordseite des Zwingers. Seine Absicht war es dabei, den eigenen Bau von dem Pöppelmanns deutlich abzusetzen, um das barocke Ensemble nur als Vorhof wirken zu lassen; denn als Demokrat missachtete er selbstverständlich Form und Zweck solcher absolutistischen Repräsentationskunst. Er betrachtete seinen der öffentlichen Bildung geweihten Kunsttempel als höher stehend, wie er schrieb. Deshalb stellte er die Galerie wirklich höher, nämlich auf einen Sockel, durch den ihre Geschosse und ihre Reihen von Bogenfenstern um etwa einen Meter über die anschließenden der Zwingerpavillons erhoben sind. In ihren strengen Flächen artikuliert sich bürgerliche Gesinnung bewusst gegen die höfische Eleganz der geschmeidigen Fluchten des augusteischen Bauwerks. Und dessen prallen Putti, sinnlichen Naturgeschöpfen und heiteren Göttern sind die Genies der Kunstgeschichte und der Kampf antiker und christlicher Heroen in den Statuen und Reliefs von Ernst Rietschel und Ernst Julius Hähnel ebenso bewusst entgegengesetzt. Semper war jedoch ein großer Künstler und der Brutalismus bei der Selbstverwirklichung moderner Architekten war ihm fremd. Trotz seiner Programmatik kämpfte er nicht gegen gegebene städtebauliche Ordnungen. Deshalb respektierte und wiederholte er sowohl die Mittelachse des Kronentors als auch die strenge Reihung der Bogenfenster unter den Balustraden der Langgalerien gegenüber. Man redet heute unbefangen vom Zwinger wie von einer Einheit, weil seine beiden kontroversen Bestandteile sich zwar behaupten, aber versöhnt sind durch Kunst.

Unter Deutschlands frühen, großen Kunsttempeln war dies der dritte. Die Galerien Schinkels in Berlin und Klenzes in München gingen ihm voran. Nach der Letzteren mit der langen Innentreppe und der Folge von Oberlichtsälen und Seitenkabinetten mit Nordlicht richtete Semper die innere Struktur seines Baus. Alle drei verbrannten in den Bombardements des Zweiten Weltkrieges. Im Inneren wurde nur der Dresdner annähernd so wiederhergestellt, wie es das Genie seines Schöpfers vorgesehen hatte, und nur in ihm ist deshalb jene tiefe Verehrung für große Kunst noch erlebbar, um die die frühbürgerliche Gesellschaft des vorigen Jahrhunderts der gegenwärtigen voraus war.

Unter Sempers Bauten ragen zwei noch vor dem Opernhaus errichtete durch ihre architekturgeschichtliche und politische Bedeutung hervor. Der erste war die Villa Rosa, erbaut 1838 für den Bankier Oppenheim. Inspiriert durch den italienischen Villenbau der Spätrenaissance schuf der Architekt mit ihr den Grundtypus der großbürgerlichen Villa in strenger Symmetrie, mit zentralem Salon, Terrasse und Park. Sie wirkte auf die Villenarchitektur in ganz Mitteleuropa ein. Ihre Ruine ließ Oberbürgermeister Weidauer 1955 sprengen, gegen den Protest der Denkmalpfleger.

Das andere wichtige Werk des großen Baumeisters wurde ebenfalls verbrannt und abgerissen. Sein Feuerschein bedeutete aber das Menetekel, dem der Untergang der Stadt sechs Jahre später folgte. Es war die Synagoge. Sie stand nahe beim Albertinum an der östlichen Auffahrt zur Brühlschen Terrasse. Ein Gedenkstein an der Rasenböschung weist heute die Stelle. Die Dresdner in braunen Uniformen, die das Gotteshaus am 9. November 1938 aufbrachen und in Brand setzten, standen in einer antiaufklärerischen Tradition, die wie eine Unterströmung vom Mittelalter in die Neuzeit lief.

In der aufklärerischen augusteischen Periode waren jüdische Fachleute in Dresden hoffähig gewesen. Ihre namhaftesten Repräsentanten waren sogenannte Hofjuden Augusts des Starken, von denen einer sogar mit Unterschrift die Schätzungen im Juweleninventar des Königs von 1721 beglaubigte, und es waren die Maler Ismael Mengs und dessen berühmter Sohn Anton Raffael, Hofmaler Augusts III. und des Königs von Spanien. In jenen Jahrzehnten wuchs die Zahl der jüdischen Einwohner Dresdens sprunghaft an und 1751 erhielten sie ihren eigenen Friedhof. 1746 umfasste ihre Gemeinde 891 Mitglieder. Es ist bezeichnend, dass ihre Zahl in der Folgezeit sank und erst gegen 1870 wieder erreicht wurde, denn 1772 – in der Blütezeit der deutschen Aufklärung, als Lessings »Nathan der Weise« aufgeführt wurde, Fürst Franz von Anhalt-Dessau bei seinem Wörlitzer Schloss eine Synagoge bauen ließ und wenig später die jüdischen Salons in Berlin das Geistesleben bestimmten – wurden im Kurfürstentum Sachsen mittelalterliche diskriminierende Judengesetze neu bestätigt. Es handelte sich dabei allerdings um religiös begründete Ausgrenzungen: die Herkunft galt nichts, sondern allein das mosaische Glaubensbekenntnis. Getaufte Juden waren keine mehr.* Als nach der Vorgabe des Code Napoléon in Sachsen Katholiken und Lutheraner, schließlich 1811 auch die Reformierten, juristisch gleichgestellt wurden, blieben die Juden ausgenommen. Fast überall in Europa standen ihre Gotteshäuser im öffentlichen Raum, aber nicht in Sachsen, denn hier war ihnen Grundbesitz noch immer verboten. Erst 1836 hob die Reformregierung von Lindenau die unsinnigsten der überständig-mittelalterlichen Judengesetze auf. Die letzten hat die sächsische Justiz nach weiteren 30 Jahren endlich getilgt, als ihre Absurdität längst die Gesetzgeber selbst diskriminierte.

* Diesen Hinweis verdanke ich Ortrun Landmann.

Synagoge in Dresden, erbaut 1838 bis 1840 von Gottfried Semper, 1938 von den Nazis niedergebrannt

Vor diesem Hintergrund wird es verständlich, dass die kleine und relativ arme jüdische Gemeinde Dresdens 1838 den bedeutendsten Baumeister Sachsens um den Entwurf für ihre erste Synagoge im öffentlichen Raum bat und dass dieser, mitten in der Vorbereitung des Opernbaues und den Arbeiten an der Villa Rosa, den mit 500 Talern ziemlich bescheiden dotierten Auftrag annahm. Ihn auszuführen muss für Gottfried Semper eine Ehrensache gewesen sein. Sein Zentralbau, außen neoromanisch und innen angenähert an die maurischen Stilelemente spanischer Synagogen, wurde zum Modell vieler jüdischer Gotteshäuser in ganz Deutschland. Nach der Wiederbegründung einer jüdischen Gemeinde in der DDR wurde am Ende des 20. Jahrhunderts unweit des ursprünglichen Standortes am Elbufer neben der Brühlschen Terrasse eine moderne Synagoge in Gestalt eines in sich verschobenen Kubus errichtet – in Form und Position das Stadtbild stärker bestimmend als Sempers berühmtes Frühwerk.

Sempers erstes Hoftheater fasste bis zu 1750 Zuschauer und damit doppelt so viele wie das Moretti'sche Theater – auf dem heutigen Theaterplatz –, in dem bis dahin alle Aufführungen stattgefunden hatten. Das alte Pöppelmann'sche Hoftheater am Zwinger wurde schon seit Jahrzehnten nur mehr für Konzerte benutzt. 1841 wurde das Moretti'sche Theater abgerissen. Sempers Bau, sogleich und zu Recht als schönstes Theater der Welt bezeichnet, ermöglichte die Realisierung modernster Theaterideen vor großem Publikum. Für das Frühjahr 1842 wurde die Aufführung der neuen Oper »Rienzi« vorgesehen, die der sächsische Komponist Wagner aus Paris eingereicht hatte, und ein Jahr nach dem sensationellen Erfolg dieser Uraufführung wurden sowohl Richard Wagner wie auch der aus Weimar berufene österreichische Musiker Karl August Röckel als Musikdirektoren bei der neuen Hofoper angestellt. Beide waren fast gleichaltrig – geboren 1813 und 1814 –, hatten in London und Paris gelebt und dort die neuesten Kompositionen und ihre Meister kennengelernt und schlossen in Dresden eine folgenreiche Freundschaft. Im Unterschied zu den meisten anderen Dresdner Künstlern waren sie – so wie Semper und Rayski – weniger durch Italien und die Antike geprägt als durch Frankreich und seine revolutionäre Romantik.

Als im Jahre 1844 Robert Schumann und seine Frau Clara Wieck, die berühmte Pianistin, von Leipzig nach Dresden übersiedelten, hatten sich plötzlich die meisten maßgebenden Künstler Deutschlands aus der nach 1800 geborenen Generation in der Residenzstadt versammelt. Zwar war 1841 Ludwig Tieck fast siebzigjährig in das heimatliche Berlin zurückgegangen, aber an seine Stelle traten jüngere Literaten und Intellektuelle wie Otto Ludwig, Karl Gutzkow, Gustav Freytag, Julius Mosen, Arnold Ruge, Ernst Theodor Echtermeyer, Ludwig Wittig und Michail Alexandrowitsch Bakunin – mehrere von ihnen ausgewiesene Demokraten, Sozialisten und Anarchisten. Ihr Treffpunkt war das Café Français. Dort gründeten sie 1842 ein Lesekabinett, genannt »Literarisches Museum«, in dem an die 100 Zeitschriften und Tageszeitungen aus dem In- und Ausland gehalten wurden. In Leipzig war ihm ein schon 1828 von dem jungen Verleger Reclam gegründetes Kabinett vorausgegangen. Hier lebte der Diskurs wieder auf, der in den Salons der Spätaufklärung und Frühromantik üblich gewesen war und den die Demagogenverfolgung nach den Karlsbader Beschlüssen von 1819 verdrängt hatte. Das »Literarische Museum« hatte etwa 200 Mitglieder, vor allem Publizisten, Gelehrte, Künstler und Musiker. Im gleichen Jahr wurde in Leipzig der Schriftsteller-Verein gegründet, denn hier, wo sich Deutschlands Druckereien und Verlagshäuser konzentrierten, wurden auch zahlreiche Zeitungen und Zeitschriften herausgegeben. Als damals prominentester Autor lebte seit 1848 Gustav Freytag in der Stadt.

In der vorrevolutionären Ära waren dort aber vor allem Robert Blum und Louise Otto wichtig. Letztere, 1819 in Meißen geboren, öffnete 1846 mit ihrem vierbändigen Roman »Schloß und Fabrik« die Augen für die Probleme der Arbeiterinnen. 1848 richtete sie eine Adresse an die sächsische Regierung, in der sie die Interessen der Arbeiterinnen vertrat und deren Rechte einforderte.

Im gleichen Jahr gab sie die »Frauenzeitung« heraus, dies war der Beginn der Frauenbewegung in Deutschland. 1858 heiratete sie den sächsischen

Clara Wieck. Lithografie von A. Staub, 1838. Zwickau, Robert-Schumann-Haus

Schriftsteller August Peters nach dessen Entlassung aus dem Zuchthaus nach neunjähriger Haft. Er war als Teilnehmer an den Revolutionskämpfen in Dresden und Baden verurteilt worden.

Der aus Köln stammende Robert Blum, geboren 1807, gelernter Handwerker, kam im Jahre 1830 nach Leipzig und arbeitete hier als Sekretär und Kassierer am Theater. Er bildete sich zum Schriftsteller, schrieb ein Drama und gab Schriften heraus, deren Titel bereits ihre Tendenz verraten: »Verfassungsfreund« und »Vorwärts«. Letzterer blieb in der publizistischen Tradition der deutschen Sozialdemokratie bis heute. Blum war der Hauptautor der Leipziger »Sächsischen Vaterlandsblätter« und er gründete 1848 in den Tagen der Pariser Februarrevolution den sächsischen »Vaterlandsverein«, eigentlich die Partei der radikalen Demokraten, die sich von dem gemäßigten »Deutschen Verein« des Universitätsprofessors Karl Biedermann abhob. Als Vertreter Sachsens wurde er zu einem der Vizepräsidenten des Frankfurter Vorparlaments und zum Führer der Linken in der Deutschen Nationalversammlung gewählt. Diese entsandte ihn mit einer Adresse im Oktober nach Wien, das sich im Aufstand befand. Er beteiligte sich an den Barrikadenkämpfen und wurde nach der Niederwerfung der Revolution, trotz seiner Immunität als Abgeordneter der Deutschen Nationalversammlung, zum Tode verurteilt und erschossen. Sein Tod erregte ungeheure Erbitterung unter den Demokraten in ganz Deutschland und trug zweifellos dazu bei, dass die nachfolgenden Kämpfe in Dresden und Baden mit entschlossenster Schärfe geführt wurden.

Natürlich beobachtete die königliche Regierung in Dresden alle diese Entwicklungen, gewarnt durch den Volksaufstand von 1830 und die damaligen Forderungen der auf dem Königstein eingekerkerten Demokraten. Aber nachdem der alte König Anton 1836 gestorben war, entpuppte sich plötzlich gerade der Hoffnungsträger der Aufständischen, der nun als König Friedrich August II. die Regierung antrat, als entschieden konservativer Regent. Noch im gleichen Jahr verschärfte er die Zensurbestimmungen, und dies verstärkte sofort die Opposition der Liberalen in der Zweiten Kammer des Sächsischen Landtages. Damit begann eine Entwicklung, die zunächst 1843 im Rücktritt des Staatsministers Bernhard von Lindenau kulminierte. Er hatte stets auf Reformen und Interessenausgleich mit den Liberalen hingearbeitet.

Der geistige Rang dieses Mannes steht noch heute dem vor Augen, der das Lindenau-Museum am Rande des Schlossparks von Altenburg betritt. Der Minister hatte sich in seine Heimatstadt zurückgezogen und war dort sogleich darangegangen, aus seinen Kunstsammlungen ein Museum zu gründen, das er gemeinsam mit einer dazu errichteten Kunstschule 1847 der Stadt stiftete. Zur Ausbildung der Studenten besorgte er die Sammlung von Gipsabgüssen und Kopien italienischer Renaissancegemälde. Sie übermitteln uns noch jene klassischen Grundwerte, die seit Winckelmann als Maßstab setzend galten und den Stifter charakterisieren als den aufklärerischen Idealen der Erziehung und des Humanismus Ergebenen. Seine Sammlung frühita-

Lindenau-Museum Altenburg, 1873 bis 1875 erbaut

lienischer Gemälde ist die umfassendste außerhalb Italiens und die Bestände an antiken Vasen sind ebenfalls von internationaler Geltung. Das Lindenau-Museum als eine Schöpfung, die von keinen äußeren Bedingungen verengt ist, zeigt deutlicher als das Kompromisswerk seiner Verfassung die wahre Gesinnung dieses Mannes.

Das Altenburger Museum ist der erste städtische Museumsbau im sächsischen Raum. Der Leipziger folgte 1853, ermöglicht durch eine Stiftung des Unternehmers Schletter. Die Kunstwerke des »Vereins für Kunstfreunde« von 1828 und die seit 1837 vom »Leipziger Kunstverein« gesammelten wurden erstmals am Augustusplatz repräsentativ aufgestellt. Von diesen städtischen Museen in Altenburg und Leipzig ging das gesamte, überaus reiche bürgerliche Museumswesen in Sachsen aus und es war Bernhard von Lindenau, der den Maßstab setzte.

Nach der Entlassung dieses letzten großen Liberalen aus der oppositionellen Fraktion des sächsischen Adels von 1830 bestellte der König mit Traugott von Könneritz einen auf seine Linie eingeschworenen Konservativen zum Kabinettsminister, zu dessen ersten Amtshandlungen eine erneute Verschärfung der Zensur und repressive Erlasse gegen die Opposition gehörten. Damit erwies sich das wettinische Fürstenhaus bereits in der zweiten Generation als unfähig, in einer sich verändernden historischen Situation die Führung zu übernehmen, obwohl selbst die Opposition noch weitgehend royalistisch dachte. Dies belegt ein Vortrag Richard Wagners in der »Montagsgesellschaft«, einer allwöchentlichen Diskussionsrunde führender Intellektueller in einem Café am Dresdner Postplatz. Der Hofkapellmeister schlug vor, Sachsen in eine Republik umzuwandeln und das Königshaus mit der erblichen Präsidentschaft zu betrauen. Merkwürdigerweise war es fast genau dies, was Frankreichs Revolutionäre nach Ausrufung der Republik im Februar 1848 forderten und wiederum Ähnliches beabsichtigte die Frankfurter Nationalversammlung mit dem Antrag an König Friedrich Wilhelm IV. von Preußen, die deutsche Kaiserwürde anzunehmen.

Noch waren die radikalen Demokraten wie Blum, die Anarchisten wie Bakunin und die Sozialisten im ersten deutschen Arbeiterverein, der 1846 in Leipzig gegründet wurde, nicht die entscheidenden politischen Kräfte. Dennoch versuchte das Königshaus gerade in diesem Land, in dem von der Lausitz bis zum Vogtland Eisenbahnstrecken gebaut, Dampfmaschinen aufgestellt, Fabriken, Handelshäuser und Banken gegründet wurden, das Denken festzuhalten, das auf diese grundstürzenden Veränderungen des Lebens reagierte. Im Unterschied zur Erhebung von 1830, in der es den staatstragenden Kräften in Adel und Bürgertum darum gegangen war, einer handlungsunfähigen Regierung Reformen abzutrotzen, waren es jetzt die Künstler und Schriftsteller in Dresden und die Wissenschaftler, Studenten, Handwerksgesellen und Arbeiter in Leipzig, die von einer traumatisierten Regierung in die Opposition getrieben und veranlasst wurden, ihre widerstrebenden Interessen miteinander zu verbinden. Normalerweise hatten beamtete Architekturprofessoren und Hoftheaterdirektoren mit linken Journalisten und Arbeitern wenig gemeinsam.

Die explosive Gemengelage der Ideen und Interessen verdichtete sich zum künstlerischen Ereignis durch den Theaterdirektor Richard Wagner. Er war kein Klassiker, der einer ehrfürchtigen Nach-

Richard Wagner. Bronzebüste von Max Klinger, 1905. Leipzig, Museum der bildenden Künste

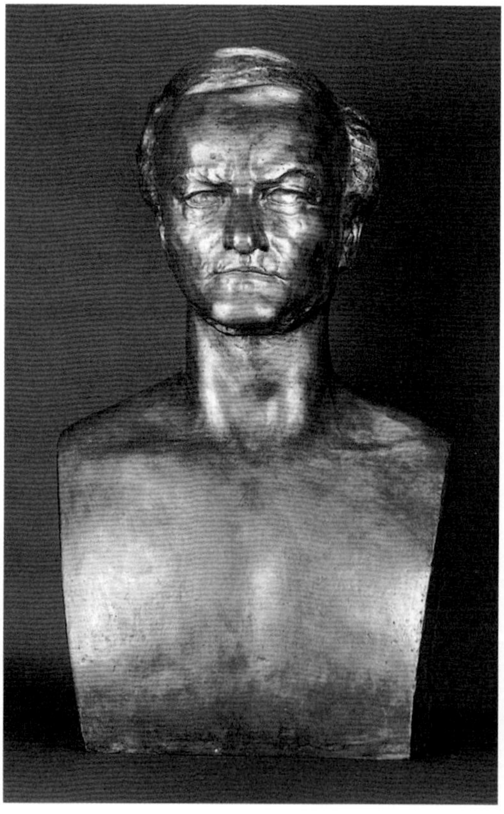

Lünette Nibelungen (Hebbel) im Vestibül der Semperoper Dresden. Aquarell im Album des Sächsischen Kunstfonds, C. W. Müller

welt das Exempel großartiger Lebensbewältigung bieten konnte, sondern ein ständig in Schulden, Liebesaffaren und Projekte Verstrickter, in dessen dramatischer Kunst die gesamte Problematik dieser Zeit zum Ausdruck kam: das Genie der Epoche. Geboren 1813 in Leipzig und aufgewachsen im Dresdner Theatermilieu, hatte er seine Gymnasialbildung und erste musikalische Unterweisungen bereits in der intellektuellen und musischen Atmosphäre seiner Geburtsstadt erhalten. Hier erlebte er als siebzehnjähriger Nikolaischüler die Unruhen von 1830, mit Gewissheit das Hochgefühl bürgerlichen Selbstbewusstseins bei den Kommunalgardisten und das erste proletarische Aufbegehren gegen die Maschinen, die die Existenz der Arbeiter sowohl begründeten als auch bedrohten. Zwanzigjährig verließ er die Stadt und traf 1839 in Paris ein, auf der Flucht vor Schulden und auf der Suche nach einer neuen Existenz. Er fristete dort drei Jahre lang das Leben eines freien Künstlers und musikalischen Gelegenheitsarbeiters. Bei den Opern, die der junge Mann komponierte, tauchte sofort etwas Neuartiges auf: Die musikalische Vision ging mit einer dichterischen überein. Es war schon der erste Schritt zu dem künstlerischen Totalerlebnis, das später, bereichert um seine Inszenierungskünste, als Gesamtkunstwerk das geistige Europa begeistern oder in Lager spalten, auf jeden Fall erschüttern sollte. Mit den Opern »Tannhäuser« (1845) und »Lohengrin« (1848) wandte er sich in seiner Dresdner Frühzeit altdeutschen Themen zu. Kleist, Caspar David Friedrich und Görres waren ihm damit schon zur Zeit der Befreiungskriege vorangegangen, danach der Dichter Uhland. Es ist aber kein Zufall, dass alle diese Künstler Oppositionelle gewesen waren, die mit solchen Stoffen den deutschen Fürstentümern das Ideal eines Nationalstaates entgegenstellten. Nur Bayern unter seinem großen König Ludwig I. war die Ausnahme. Ludwig ließ die Walhalla bei Regensburg als erstes deutsches Nationaldenkmal errichten und beauftragte Schnorr von Carolsfeld mit den Nibelungenfresken der Residenz, die Wagner zweifellos angeregt haben. Wagner aber ging über diese Vorläufer weit hinaus, als er im »Ring der Nibelungen« Germaniens Götter auf die Bühne brachte und die Thematik vom Nationalen ins Mythische weitete. Durch ihr Walten wird im Schicksal der Helden, in ihrer Verzweiflung und Heilserwartung das der Zivilisation gleichnishaft erahnbar. In diesen noch nie geschauten Epen werden Menschheitsfragen abgehandelt wie im griechischen Drama. Im Hintergrund der modernen Schaubühne stand dabei für Wagner wie für Semper das Ideal des antiken Amphitheaters und seine – der Vorstellung nach – demokratische Öffentlichkeit.

Nächst Paris war in den vierziger Jahren Dresden eine der besten Stätten zur Erlangung solcher Vorstellungen. Denn Sachsen war Schwerpunkt der Industrialisierung in Deutschland, hier kulminierten die Konflikte und Probleme, die sie mit sich brachte, und in seiner Hauptstadt hatte sich eine intellektuelle Elite zusammengefunden, befördert durch die Verfassung und die langjährige Liberalität der Regierung von Lindenau sowie die großartigen

Traditionen der Aufklärung, der Künste und Wissenschaften.

1841 waren Arnold Ruge und Theodor Echtermeyer nach Dresden gekommen. Sie hatten in Halle die »Halleschen Jahrbücher« herausgegeben, die wichtigste Zeitschrift der Junghegelianer. Als sie von der preußischen Zensur verboten wurde, wechselten sie nach Sachsen und setzten hier ihre Tätigkeit mit der Herausgabe der »Deutschen Jahrbücher für Kunst und Wissenschaft« fort. Sie konnten jedoch nur zwei Jahre lang erscheinen bis zu ihrem Verbot, denn sie gehörten damals zu den revolutionärsten Schriften deutscher Sprache. Daraufhin gründete Ruge die »Deutsch-Französischen Jahrbücher«, zu deren Vorbereitung der Redakteur der »Rheinischen Zeitung«, Karl Marx, nach Dresden kam. Sie wurden 1843 von beiden gemeinsam im Pariser Exil ediert. Für die »Rheinische Zeitung« schrieb auch der Dresdner Journalist Ludwig Wittig, ebenso für Robert Blums »Sächsische Vaterlandsblätter« und den »Vorwärts«. Wittig war der maßgebliche Verbindungsmann zwischen Paris und Warschau für die polnischen Emigranten und ihre »Polnische Demokratische Gesellschaft«. Zu seinen und Ruges Freunden und Mitautoren gehörte auch der aus altem russischem Adel stammende Michail Alexandrowitsch Bakunin. Dessen erstes großes philosophisches Werk »Schelling und die Offenbarung« erschien in Dresden, nachdem er bereits in St. Petersburg die erste Übersetzung eines Hegel'schen Textes ins Russische besorgt hatte. Dieser von deutscher Philosophie inspirierte Feuerkopf gehörte zu den großen politischen Erscheinungen des 19. Jahrhunderts. Die Wirkungen seiner anarchistischen Ideale blieben in der deutschen Philosophie und der Arbeiterbewegung lebendig bis in das 20. Jahrhundert. (Mit dem Werk des in Berlin lebenden Philosophen Max Stirner »Der Einzige und sein Eigentum«, das 1845 in Leipzig verlegt wurde, trat noch ein weiterer Wurzelstrang der internationalen anarchistischen Bewegung in Sachsen ans Licht, nachdem der Philosoph Karl Christian Friedrich Krause bereits zu Beginn des 19. Jahrhunderts in Dresden diesen Weg begangen hatte – eine in Spanien und Südamerika unter den Begriff »Krausismo« bis heute wirksame philosophisch-politische Richtung.)

Diese Schriftsteller, Philosophen und Journalisten sind aber nur auswahlsweise genannt als Angehörige eines weitaus größeren Kreises von revolutionären Demokraten, Sozialisten und Anarchisten, die sich im Literarischen Museum, in der Montagsgesellschaft oder in privaten Zirkeln mit den Akademieprofessoren Rietschel und Semper, den Theaterdirektoren Röckel und Wagner, mit Pädagogen und Abgeordneten zu Diskussionen und Vorträgen zusammenfanden.

Es war wiederum Leipzig, in dem die beiderseitig aufgeheizte Atmosphäre zum ersten Mal in einen blutigen Konflikt umschlug. Prinz Johann, Bruder des Königs Friedrich August II., war im August 1845 zu einer Inspektion der Kommunalgarden nach Leipzig gereist. Vor dem Hause am Roßplatz, in dem ein abendlicher Empfang stattfand, sammelte sich spontan eine Volksmenge, aus der Proteste gegen den Prinzen und Pfiffe laut wurden. Grund dafür war, dass die königliche Regierung den Gemeinden der sogenannten Deutschkatholiken und den lutherischen freikirchlichen »Lichtfreunden« die Anerkennung versagte. Beide Gruppierungen revoltierten gegen ihre jeweiligen Staatskirchen und waren latent demokratisch orientiert. Die Deutschkatholiken, zu deren Führern auch Robert Blum gehörte, strebten eine von Rom unabhängige deutsche Nationalkirche an. Angeblich sollte das streng katholische Königshaus die religiöse Bewegung im Auftrag Roms und der Jesuiten unterdrückt haben. Für die Beilegung derartiger Aufläufe und Krawalle war eigentlich die Kommunalgarde zuständig, doch es wurden Truppen herangeholt, die sofort in die Menge schossen. Acht Tote und zahlreiche Verwundete blieben auf dem Platz. Wer den unsinnigen Befehl gab, wurde niemals ermittelt. Untersuchungen vereitelte die Regierung. 15000 bis 20000 Leipziger nahmen am Begräbnis der Erschossenen teil, und dies war eine politische Demonstration. Beiderseits wusste man jetzt, woran man miteinander war, aber »der Pöbel« wollte nicht länger parieren.

Zweieinhalb Jahre später, im Februar 1848, war es soweit, dass er der Staatsmacht wieder den Gehorsam aufkündigte, aber diesmal nicht in einer Stadt allein, sondern fast im gesamten Deutschen Bund, gestärkt durch die Schubkraft der Revolution in Paris. Die Regierungen in den Unruhezentren von Berlin, Wien, Dresden und Karlsruhe reagierten einhellig ängstlich und kompromissbereit. Sie stimmten der Einberufung einer Deutschen Nationalversammlung in Frankfurt am Main zu, die, über den seit 1815 bestehenden Deutschen Bund hinausgehend, einen einheitlichen deutschen Nationalstaat konstituieren sollte. Die fürstlichen Regenten und gemäßigten Kreise sahen dabei die Auferstehung des – von vielen Romantikern verherrlichten – alten deutschen Kaiserreiches vor, unter Beibehaltung seiner herkömmlichen Staatengliederung. Doch das Modell der Radikaldemokraten war Frankreich, wie es sich eben neu konstituiert hatte, ein republikanischer Nationalstaat.

Schon am 13. März 1848 musste Friedrich August II., dem Druck der Opposition nachgebend, die Regierung von Könneritz entlassen. Am gleichen Tage stürzte Staatskanzler Metternich in Wien, nationale Erhebungen erschütterten das geteilte Polen und die Donaumonarchie von Böhmen über Ungarn bis in die serbischen und italienischen Provinzen; Unruhen brachen in Berlin und Karlsruhe aus. In ganz Sachsen zog das Landvolk vor die Schlösser der Grundherren und protestierte gegen die Lasten der Ablösung, das Schloss von Waldenburg wurde niedergebrannt. Unter diesen Umständen gab der König auch den Forderungen nach Presse- und Versammlungsfreiheit nach und erließ am 10. April eine Verordnung zur »Wahl deutscher Nationalvertreter für das zwischen den Regierungen und dem Volke zustande zu bringende deutsche Verfassungswerk«. Es wurde ein nahezu demokratisches Wahlgesetz erzwungen, durch das 24 sächsische Abgeordnete für die Frankfurter Nationalversammlung bestimmt werden sollten. In Sachsen kam dabei den linken Republikanern unter Robert Blum ein besonderes Gewicht zu und im neu einberufenen Landtag schlossen sich 21 Abgeordnete unter der Führung des Bautzner Juristen Tzschirner zu einem »Club der Linken« zusammen.

Zwar wurden schon im März und April 1848 die ersten revolutionären Volksaufstände in Berlin und in Baden, im Oktober jener in Wien durch Truppen blutig niedergeschlagen, aber die Vorbereitung der Deklaration eines deutschen konstitutionellen und gemäßigt liberalen Nationalstaates ging dennoch in den Beratungen der Frankfurter Nationalversammlung im Wesentlichen ungehindert voran. Am 27. März 1849 wurde in der Frankfurter Paulskirche die Deutsche Reichsverfassung beschlossen. Die preußischen Hohenzollern sollten erbliche Kaiser eines deutschen konstitutionell regierten Reiches werden, ohne fürstlich regierte Teilstaaten. Dies entsprach den Forderungen der Kämpfer in den Befreiungskriegen – Körners »Es ist kein Krieg von dem die Kronen wissen« – und denen der Dresdner Demokraten von 1830, für die Bernhard Moßdorf und Heinrich Ludwig Anton Bartholdy auf dem Königstein gestorben waren.

König Friedrich Wilhelm IV. von Preußen lehnte die Kaiserwürde ab, weil er damit Preußens Staatlichkeit und die Erbansprüche seines Hauses hätte aufgeben müssen. Auch der König von Sachsen verweigerte der Reichsverfassung der Frankfurter Nationalversammlung aus den gleichen Gründen die Anerkennung. Als daraufhin der Sächsische Landtag für die Reichsverfassung stimmte und die Bewilligung von Steuern verweigerte, löste ihn der König am 28. April 1849 kurzerhand auf. Überall waren die nationalen Revolutionen niedergeschlagen worden. Darauf baute Friedrich August II. Dennoch brach der Sturm los, denn die Demokraten wussten, dass jetzt die Freiheit – des Wortes, der Presse, der Gedanken, der Versammlung – auf dem Spiel stand und damit zugleich das Ziel eines einheitlichen, demokratisch verfassten Deutschland.

Anfang Mai wurden auf Initiative der Vaterlandsvereine in ganz Sachsen Paraden der Kommunalgarden anberaumt, die als Demonstrationen für die Reichsverfassung angelegt waren und deren Anerkennung durch den König forderten. Angesichts solcher Proteste gegen den Willen der fürstlichen Staatsgewalt wandte sich Friedrich August II. an den König von Preußen mit der Bitte um militärische Unterstützung im Falle revolutionärer Unruhen, denn die sächsische Armee stand zum größeren Teil in Schleswig. Dort hatte sie am 13. April gemeinsam mit den Bayern im Reichskrieg gegen Dänemark die Düppeler Schanzen erstürmt. Erst dieses Ersuchen um militärische Intervention an eine auswärtige Macht zur Lösung eines innenpolitischen Problems im Sinne der Regierung gegen den Willen des Volkes löste am 3. Mai 1849 den Sturm auf das Dresdner Zeughaus aus, zum Zweck der Volksbewaffnung zur Verteidung Sachsens gegen die preußischen Truppen. Genauso hatte auch die Erhebung von 1830 begonnen, aber diesmal wurden die Aufständischen am heutigen Albertinum in Dresden von sächsischer Artillerie mit Kanonenschüssen zurückgetrieben.

Am Morgen des 4. Mai flohen der König und seine Minister, die Demokraten bildeten eine provisorische Regierung, sofort wurden in der Stadt 108 Barrikaden errichtet und Kuriere in alle Städte des Landes gesandt, die die Kommunalgarden zum Marsch nach Dresden aufforderten. Deren Reaktionen waren aber sehr unterschiedlich, entsprechend den lokalen Bedingungen. In der Hauptstadt selbst erschien nur ein kleinerer Teil der Aufgerufenen. Aber die Chemnitzer Kommunalgarde marschierte geschlossen nach Dresden, ebenso größere Verbände von Gardisten und Freiwilligen aus Schneeberg, Oelsnitz und Hainichen. 300 Freiwillige kamen aus Leipzig. Als am 5. Mai die Straßenkämpfe begannen, standen annähernd 3 000 sächsischen Soldaten etwa ebenso viele Revolutionäre gegenüber. Erst als die Preußen mit über 2 000 Soldaten einmarschierten und an den Kämpfen teilnahmen, war die Sache der Revolution verloren.

Dennoch wurde im Kern der Dresdner Altstadt fünf Tage lang – bis zum 9. Mai – verbissen gekämpft. Die Barrikaden erwiesen sich dabei als kaum einnehmbar. Ein Meister hatte die Anweisung zu ihrer Konstruktion gegeben, Gottfried Semper, der selbst eine ihrer wichtigsten kommandierte. Mehrere Darstellungen, auch künstlerisch bedeutende von berühmten Augenzeugen wie den Malern Alfred Rethel und dem späteren Dresdner Akademieprofessor Julius Scholtz, zeigen sie übereinstimmend als stockwerkhoch und bestehend aus Fässern und Pferdewagen, die mit Bruchsteinen gefüllt waren – offenkundig Produkte der Pirnaer Sandsteinbetriebe –, sowie aus Steinpfeilern und Balken. Mit leichter Feldartillerie, die die sächsische Generalität in den Straßen einsetzte, waren sie nicht wegzuschießen. Aber Scholtz und Rethel zeigen nicht den Siegessturm der Freiheit, wie der große Delacroix in seinem monumentalen Pariser Barrikadenbild von 1830, sondern in kleinen Formaten den Todesmut der verlorenen Kämpfer. Wohl hatte sie die berühmteste Primadonna des deutschen Theaters, Wilhelmine Schröder-Devrient, vom Erker ihrer Wohnung am Altmarkt zum Kampfe aufgerufen, beriet und unterstützte sie der kaiserlich-russische Artillerieoffizier Michail Bakunin, stand der Theaterdirektor und Hofkapellmeister Richard Wagner an ihrer Seite – er hatte sich bei einem Gelbgießer Handgranaten anfertigen lassen–, schrieben die Redakteure Karl August Röckel, der Königliche Theater-Musikmeister und Freund Wagners, und Ludwig Wittig für sie, fochten die Landtagsabgeordneten der demokratischen Linken mit ihnen, bekundete der Bildhauer Rietschel seine Sympathie –, dennoch müssen sie schon am 6. Mai,

Der Tod auf der Barrikade (Auch ein Totentanz, Blatt V). Holzschnitt von Alfred Rethel, 1849. SKD, Kupferstich-Kabinett

Barrikadenkampf im Mai 1849. Gemälde von Julius Scholtz. Dresden, Stadtmuseum – Landhaus

als die Preußen eintrafen, gewusst haben, dass sie verloren waren.

Verbissen jedes Haus verteidigend, entwickelten sie eine neue Art des Straßenkampfes. Sie durchbrachen die Feuermauern zwischen den Gebäuden und verwandelten auf diese Weise ganze Straßenzüge in Festungen, wobei die Eckhäuser neben den Barrikaden wie Bastionen funktionierten. Um das Vorrücken der Truppen von der Elbbrücke her zu behindern, setzten sie Pöppelmanns altes Opernhaus am Zwinger in Flammen, wobei der gesamte Osttrakt des Zwingers abbrannte. Die dort aufgestellten wissenschaftlichen Sammlungen gingen verloren. Wagner schrieb später erbittert in einem Brief, dass er nicht selbst den Brand an das Haus gelegt habe – in dem er noch das letzte Konzert dirigiert hatte –, sei reine Selbstbeherrschung gewesen.

Am 9. Mai gelang es etwa 1800 Revolutionären, sich aus der Stadt zurückzuziehen. Manche schlugen sich nach Baden durch, um dort an den Revolutionskämpfen teilzunehmen. Deren Überlebende vereinigten sich wieder mit ihren Dresdner Mitstreitern in der Emigration, vor allem in London, New York und in der Schweiz. Sie waren die glücklich Entkommenen. Zahlreiche Gefangene wurden von den Soldaten beider königlicher Armeen erschossen, misshandelt, von der Elbbrücke geworfen und ertränkt. Viele, wie Bakunin und Röckel, wurden zum Tode verurteilt und, begnadigt zu lebenslänglichem Zuchthaus, schließlich an Österreich ausgeliefert, andere büßten lange Jahre in Waldheim hinter Gittern. Etwa 700 Kämpfer wurden gerichtlich verfolgt, zahlreiche andere, wie Wittig, Semper und Wagner, steckbrieflich gesucht, Wilhelmine Schröder-Devrient ausgewiesen, etwa 250 fielen.

Neben den Akademikern, Künstlern und Publizisten unter den Aufständischen befanden sich zum ersten Mal in großer Zahl, etwa zwei Drittel, Arbeiter. Vermutlich werden sie in der Mehrzahl den Arbeitervereinen angehört haben, die seit 1848 in allen sächsischen Industriezentren gegründet worden waren. Sie hatten sich bereits mit denen der anderen deutschen Länder zur »Allgemeinen Deutschen Arbeiterverbrüderung« zusammengeschlossen. Ihr gehörten etwa 115 Arbeiterorganisationen an und ihr »Zentralkomitee« befand sich in Leipzig. 1850 beschlagnahmte die sächsische Regierung seine Akten und archivierte sie in Dresden (jetzt publiziert).

Dies geschah im Zuge der Zurücknahme aller 1848 gewährten Zugeständnisse an die Demokraten. Am 1. Juni 1850 löste der König den Landtag auf und ordnete durch Dekret vom 3. Juni die Wiederherstellung der vorrevolutionären Verhältnisse an. Das neue Wahlrecht wurde außer Kraft gesetzt und jenes von 1831, das den Adel und das Besitzbürgertum privilegierte, als gültig bestimmt. Die Presse-, Versammlungs- und Vereinsfreiheit wurde erheblich eingeschränkt. Die Deutsche Nationalversammlung in der Frankfurter Paulskirche war auseinandergegangen und der Deutsche Bund von 1815 wurde rekonstituiert. Äußerlich erschien alles, wie es vorher war, als sei nichts passiert.

In Dresden wurde der Ostteil des Zwingers etwas verändert mit Anbauten nach einem Vorschlag Sempers wiederhergestellt. Drei niedergebrannte Bürgerhäuser ersetzte man durch Neubauten, der Rest wurde repariert. Die Sympathisanten der Revolution, wie etwa die Kunstprofessoren Rietschel und Richter oder der große Konstrukteur und Professor an der Technischen Lehranstalt Schubert, gingen wieder an ihre Arbeit. Schumann schrieb noch seine »Vier Märsche auf das Jahr 1849« und verließ die Stadt mit seiner Frau Clara im folgenden Jahr, um in Düsseldorf Musikdirektor zu werden. Wagner schrieb im Juli 1849 seinen bekannten Essay »Die Kunst und die Revolution« schon im Züricher Exil und ließ den »Lohengrin« 1850 durch Liszt in Weimar erstmalig aufführen – nachdem ihm bereits 1848 die Uraufführung in Dresden zugesagt worden war. Noch 1853 wurde sein Steckbrief wegen Hochverrats in Sachsen erneuert. Seine genialen Spätwerke erklangen in Bayern und dort errichtete er sein Festspielhaus. Semper hingegen ging nach London und beriet von dort aus brieflich seinen Dresdner Nachfolger bei der Errichtung der Galerie nach seinen Plänen. Er war Gründungsmitglied des Victoria and Albert Museums, des ersten Kunstgewerbeinstituts der Welt. Er errichtete später das berühmte Züricher Polytechnikum als Professor dieser Hochschule sowie andere Gebäude des Kantons und entwarf schließlich die Wiener Ringstraße, die das Bild dieser Stadt bis heute bestimmt. Der Steckbrief gegen den Hochverräter Semper galt bis 1863. Deshalb konnte ihn König Johann 1870 mit dem Neubau des abgebrannten Dresdner Opernhauses betrauen.

Adel und Großbürgertum, die Revolutionäre von 1830, hatten ihre Interessen 1849 offenbar von keiner Seite bedroht gesehen. Sie hielten sich fern und die von ihnen getragene industrielle Revolution lief gleichsam unter dem Umwälzungsversuch hindurch in unvermindertem, exponentiellem Wachstum lawinenartig in die zweite Jahrhunderthälfte. Aber in dramatischem Unterschied zu Sachsens historischen Umbrüchen in der Renaissance und im Barock fehlten jetzt Führung und Gründung dieser Prozesse durch Geist und Kunst. Es gab nichts, was mit den Schöpfungen Arnolds von Westfalen, Luthers oder Cranachs, nichts, was mit Winckelmann, Bach, Pöppelmann oder Permoser vergleichbar gewesen wäre. Im Lande wurde geforscht und erfunden, gebaut und produziert wie nie zuvor. Aber die weltbewegende Musik war entschwunden wie die große, visionäre Architektur; Rayski und Gille, die auf dem Entwicklungsstand der Malerschulen von Paris und London arbeiteten, standen abseits. Zwar galten Richter, Schnorr von Carolsfeld und Rietschel, Gustav Freytag und Emil Ludwig als große Künstler und Schriftsteller in den deutschen Staaten, doch wenig jenseits ihrer Grenzen, denn neue Ideen waren in ihnen verboten und Genie verdächtig. Spätbiedermeierliche Stille herrschte neben dem Stampfen der neuen Maschinen für mehr als 30 Jahre.

> »Gemütlich ruhen Wald und Fluß,
> Von sanftem Mondlicht übergossen;
> Nur manchmal knallts – ist das ein Schuß? –
> Es ist vielleicht ein Freund, den man erschossen
> … ,«

schrieb Heinrich Heine 1849 im Pariser Exil.

SOUVERÄNITÄTSVERLUST UND IDENTITÄTSBEHAUPTUNG (1850–1918)

Es hatte seit dem Beginn des 19. Jahrhunderts drei Versuche gegeben, Sachsens staatliche Selbstständigkeit zu beenden. In keiner Periode zuvor war das Land so bedrängt gewesen – von außen und von innen. 1815 war es dem Annexionsanspruch Preußens nur knapp, halbiert und gedemütigt, entronnen. 1813, 1831 und 1849 hatten bürgerlich-demokratische Politiker, Künstler und Intellektuelle sein Aufgehen in einem deutschen Nationalstaat gefordert. Das wettinische Königshaus und der mit ihm verbundene Adel waren diesen Versuchen entgegengetreten zur Wahrung ererbter existentieller Rechtsansprüche, gestützt zugleich auf eine althergebrachte, weitverbreitete patriotische Gesinnung im sächsischen Volk. Vom 17. bis zum 19. Jahrhundert ist sie bezeugt durch zahllose Kurwappen mit den gekreuzten Schwertern auf Fayence- und Zinntellern, auf Bauernschränken und Gebrauchsgläsern. Dies waren Geräte der breiten unteren Mittelschichten. Das königliche Rautenschild sieht man auf vornehmeren Meissener Porzellankrügen des späten 19. Jahrhunderts. Das »vaterländische« Bewusstsein des gebildeten Bürgers äußerte sich im Sächsischen Altertumsverein, der seit 1824 bestand und sich der Erforschung und Pflege der Landes- und Heimatgeschichte verschrieben hatte. Auch die sächsischen Kunstvereine in Dresden und Leipzig betrieben seit 1828 die Förderung der »vaterländischen« Kunst.

Es war vor allem das Königshaus, das die Pflege sächsischen Selbstverständnisses zu seiner Sache machte und sich dazu mit dem Adel und dem Bürgertum verband. Diese Allianz war zu wechselnden Zwecken seit der Reformation eine Art Grundsatz wettinischer Innenpolitik gewesen. Jetzt aber äußerte sich die beginnende Dominanz des Bürgertums in einer Angleichung der feudalen Eliten an dessen Bildungsvorstellungen und dessen Kleidung, wie sich zuvor, bis zum 18. Jahrhundert, der Bürger an die aristokratische Lebenshaltung angeglichen hatte.

Repräsentant dieses Prozesses war Prinz Johann von Sachsen, der Bruder König Friedrich Augusts II. Im Porträt, das der Hofmaler Vogel von Vogelstein 1832 lieferte, ist er dargestellt mit Büchern und Akten als Präsident des Geheimen Finanzkollegiums. Im schwarzen Frack und weißen Hemd könnte er jedoch auch für einen Schriftsteller oder Gelehrten gehalten werden und beides war er tatsächlich. 1801 geboren, publizierte er unter dem Pseudonym Philaletes (Wahrheitsfreund) seit 1828 die erste Übersetzung der »Göttlichen Komödie« Dantes ins Deutsche – eine bis heute wissenschaftlich als grundlegend anerkannte Leistung. Gleichzeitig war er in seinen jungen Jahren ein Fachmann auf juristischen und ökonomischen Gebieten der Staatslenkung und von Anfang an Direktor des Sächsischen Altertumsvereins. Dieser Wettiner übersetzte auch Oden des Horaz und Werke anderer klassischer Autoren, schrieb selbst Gedichte und Dramen, versammelte einen illustren Kreis von Schriftstellern und Gelehrten um sich – Tieck und Carus gehörten ihm an – und war zugleich rastlos in Regierungsgeschäften tätig. Zu Recht stellte ihn der

Prinz Johann als Vorsitzender des Geheimen Finanz-Kollegiums. Gemälde von Carl Christian Vogel von Vogelstein, 1832. SKD, Galerie Neue Meister

Hofmaler im Amte dar, denn er arbeitete, schrieb und beriet sich wie ein Bürger unter Bürgern.

Johanns konservativ-liberale Haltung wurde staatstragend, als 1854 sein regierender Bruder in Tirol tödlich verunglückte und er ihm als König nachfolgte. Bereits 1855 ließ er die Patrimonialgerichte aufheben, die letzte Bastion der feudalen Gutsherrschaft, und 1859 wurden die bäuerlichen Ablösungsverfahren in Sachsen beendet. Um 1870 galt die sächsische Landwirtschaft als führend, in ihren Erträgen denen der anderen deutschen Länder um 20 Jahre voraus. Dieser Entwicklungsstand fußte auf ökonomisch stabilen mittelbäuerlichen Betrieben. Deren ansehnliche Höfe sind es, die das Bild der sächsischen Dörfer bis heute prägen. Natürlich garantierte das explosionsartige Wachstum der Industriestädte einen ständig steigenden Bedarf an landwirtschaftlichen Erzeugnissen. Die Bevölkerung des Landes stieg auf über zwei Millionen an. Dresden, Leipzig, Meerane, Crimmitschau, Zwickau, Glauchau und Chemnitz verdoppelten und verdreifachten sich an Umfang und Einwohnerzahl und das Königreich erreichte bis zum Ausgang des Jahrhunderts die größte Bevölkerungsdichte in Europa. Die 1861 eingeführte vollständige Gewerbefreiheit trug dazu bei wie auch der staatlich finanzierte Eisenbahnbau.

Man muss dabei bedenken, dass diese Entwicklung noch ohne jegliche Schutzbestimmung und Absicherung für die Industriearbeiter voranging, der Arbeitstag bis zu 14 Stunden bei sechstägiger Arbeitswoche dauerte und Kinderarbeit nach wie vor die Regel war. Infolgedessen bildete sich in Sachsen eine deutsche Arbeiterbewegung und Leipzig, seine größte Industrie- und Handelsstadt, Sitz der Landesuniversität, der Verlagshäuser und Druckereien, Drehscheibe des deutschen Eisenbahnnetzes, wurde ihre Zentrale. Hier ist 1863 der Allgemeine Deutsche Arbeiterverein gegründet worden und die Delegierten wählten den Schlesier Ferdinand Lassalle zu ihrem ersten Präsidenten. Er hatte sich als Achtundvierziger-Demokrat unter dem Einfluss von Marx und Engels durch Vorträge und Aufsätze als Sozialist einen Namen gemacht. Doch schon im folgenden Jahr starb er bei einem Pistolenduell, sodass seine Wirkung gering blieb. In Leipzig arbeitete auch der junge August Bebel als Vorsitzender des Arbeiterbildungsvereins und nach Leipzig zog der aus Preußen ausgewiesene Wilhelm Liebknecht wegen der Stärke der Arbeiterbewegung. Beide gründeten im Kriegsjahr 1866 in Chemnitz die Sächsische Volkspartei. Es war die erste politische Partei in Deutschland. Im gleichen Jahr wurde Bebel zum Präsidenten des Verbandes deutscher Arbeitervereine gewählt, eine Bestätigung der führenden Position des Leipziger Arbeiterbildungsvereins. Schon drei Jahre später – 1869 – hat er gemeinsam mit Liebknecht in Eisenach die Sozialdemokratische Arbeiterpartei gegründet. Ein Viertel der Delegierten kam mit sächsischen Mandaten. 1877 wurde Bebel im Wahlkreis Dresden-Altstadt zu ihrem Reichstagsabgeordneten gewählt. Doch Leipzig, Zwickau, Chemnitz, Crimmitschau, Glauchau und Meerane waren gleichermaßen Hochburgen der Sozialdemokratischen Partei Deutschlands. In den sechziger Jahren, in denen die deutschen Arbeitervereine anstrebten, sich zu einer gesamtdeutschen politischen Partei zusammenzuschließen, wurde in Sachsen die Gründung eines neuen Deutschen Reiches vor allem von Seiten des Leipziger Unternehmertums propagiert. Die Frage war: unter wessen Führung, Preußens oder Österreichs? Rüstungen bereiteten die anstehende Auseinandersetzung vor. Sie brach schließlich 1866 wegen eines Streites um Schleswig-Holstein aus.

König Johann folgte dabei der Außenpolitik seines Kabinettsministers Friedrich Ferdinand von Beust, der schon seit 1850 die wettinische Dynastie und damit zugleich die sächsische Souveränität zu festigen bestrebt war. Dieses Ziel meinte er durch die Bindung der deutschen sogenannten Mittelstaaten an Österreich zu erreichen. Es lief auf eine Erneuerung jenes lockeren Staatenbundes unter kaiserlich-habsburgischer Führung hinaus, den Napoleon 1806 zerschlagen hatte. Bei einer preußischen Hegemonie befürchtete er die Auflösung der tradierten innerdeutschen politischen Rechtsordnung. Mit dieser Einschätzung stand von Beust im Einvernehmen mit den meisten deutschen Fürstenstaaten, merkwürdigerweise aber auch mit den Interessen der sächsischen Arbeitervereine, denn sie fürchteten Preußen als Hegemonialmacht unter Bismarcks Führung ebenfalls. Aus diesem Grunde vor allem hatten Bebel und Liebknecht im August 1866 die Sächsische Volkspartei gegründet. Sachsen war wiederum von preußischen Truppen besetzt und schien vor der Auflösung zu stehen, denn am 15. Juni 1866 hatte Preußen Sachsen den Krieg erklärt und bereits am 3. Juli hatte das Schnellfeuer aus den modernen Hinterladern der preußischen Armee bei Königgrätz in Böhmen den Krieg entschieden. Noch heute steht auf dem Wiener Zentralfriedhof der Obelisk zum

Gedächtnis an die für Österreich gefallenen sächsischen Soldaten. Als nämlich die preußische Armee am 16. Juni in Sachsen einmarschierte, zogen sich die sächsischen Truppen nach Böhmen zurück, um sich mit den Österreichern zu vereinigen. Das Königreich war innerhalb von vier Tagen besetzt. Preußen hatte aber auch das Königreich Hannover und Kurhessen nebst der Freien Reichsstadt Frankfurt eingenommen, es erklärte deren Gebiete kurzerhand für annektiert und die regierenden Dynastien für abgesetzt. Es war wohl hauptsächlich die Kraft der sächsischen Wirtschaft, die das Land vor diesem Schicksal bewahrte, denn Frankreich und das überwundene Österreich widersetzten sich mit ihrem ganzen politischen Gewicht einem so entscheidenden Machtzuwachs Preußens. Doch jene gemäßigten Liberalen des Leipziger Professors Karl Biedermann – dem Gegenspieler Robert Blums von 1848 –, der gemeinsam mit bedeutenden Leipziger Fabrikanten und Verlegern wegen demokratischer Gesinnung 1850 gemaßregelt worden war, stimmten bei den Wahlen zum preußisch dominierten konstituierenden Reichstag im Februar 1867 für das Aufgehen Sachsens in Preußen.* Aber mit dem Ruf »Sachsen ist in Gefahr« gewannen die königstreuen Konservativen die Mehrheit der sächsischen Mandate, zwei jedoch die sozialistische »Sächsische Volkspartei« mit der Zielstellung eines demokratischen Deutschland ohne erbliche preußische Zentralgewalt. Sie entsandte Bebel in den Reichstag. Sachsen konnte mit diesen Stimmen zu einer noch immer föderativen Gliederung des entstehenden Kaiserreiches wesentlich beitragen.

Seine Souveränität war jedoch nach dem deutschen Krieg von 1866 erheblich eingeschränkt. Der alte österreichische Verbündete war durch den preußischen Rivalen endgültig aus dem Reich hinausgeworfen worden. Sachsen musste in den von Berlin beherrschten Norddeutschen Bund eintreten, seine Armee Preußen unterstellen und nach dessen Maßgaben reorganisieren, außerdem noch 10 Millionen Taler Kriegsentschädigung an den Sieger zahlen. Wesentliche Hoheitsrechte gingen an den Norddeutschen Bund über. Das Königreich war damit eigentlich schon in eine Vorform des preußischen Deutschen Reiches eingegliedert, bevor dieses 1871 – unsinnigerweise und mit katastrophalen Folgen – in Versailles über den Trümmern des besiegten Frankreich ausgerufen wurde. Sächsische Truppen unter der Führung des Kronprinzen Albert hatten an diesem Sieg im Deutsch-Französischen Krieg so bedeutende Anteile, dass der Wettiner, letzter großer Feldherr seines Hauses, von Kaiser Wilhelm I. zum Generalfeldmarschall und Kommandeur eines Armeecorps ernannt wurde. Die für Sachsen bei Königgrätz Gefallenen waren vergessen, ihre überlebenden Kameraden zogen nur fünf Jahre später unter preußischen Pickelhauben zur Siegesparade in Dresden ein.

König Johann, der musische Gelehrte auf Sachsens Thron, entließ auf Bismarcks Ersuchen seinen Kabinettsminister von Beust – dieser wurde sofort zum österreichischen Reichskanzler berufen – und wahrte fortan strikteste Loyalität gegenüber Berlin. Es war die beste aller Möglichkeiten. Das Königreich Sachsen hatte jedoch nicht nur seine Souveränität eingebüßt, sondern auch die Führung in der industriellen Entwicklung. Denn die großen Jahrzehnte der Schwerindustrie hatten bereits eingesetzt und die Kapazitäten einer Mittelmacht waren dazu

Schelter & Giesecke Schriftgießerei, 1894. Leipzig, Grassimuseum

* Gleiches forderte Heinrich von Treitschke, in Dresden geborener Spross aus sächsischem Adel und späterer glühender Verfechter der preußisch-deutschen antisächsischen Geschichtsschreibung an der Berliner Universität.

Die Gründung der Burg Meißen durch König Heinrich I. Wandgemälde von Anton Dietrich, nach 1864. Albrechtsburg

weder zulänglich noch tauglich. Leipzig stellte Bücher, Noten, Waggons und Tuch her, Dresden und Leipzig Pianos, das Vogtland Spitzen und Musikinstrumente, das Erzgebirge Lokomotiven, Posamenten und Strümpfe, die Lausitz Leinen, Meißen Porzellan, als 1861 bei Alfred Krupp im preußischen Essen an der Ruhr ein 50-Tonnen-Dampfhammer in Betrieb ging und jene Hinterladerkanonen mit gezogenen Rohren seine Gussstahlfabrik verließen, mit denen Bismarcks Kriege zur Herstellung eines Deutschen Reiches unter Preußens Führung gewonnen wurden. Wieder, wie 1830 in Dresden, triumphierte das Bürgertum: Das geeinte Deutschland war nunmehr gegenüber den Großmächten konkurrenzfähig. Überall in Sachsen errichtete man zu Ehren des Reichsgründers Bismarck-Türme und Bismarck-Denkmäler.

Was Sachsen blieb, war dennoch viel. Es war das am dichtesten bevölkerte Land des Reiches mit der verbreitetsten und feinsten Leichtindustrie, mit einer bedeutenden Universität, mit Bergakademie, Technischer Lehranstalt und Konservatorien, mit berühmten Kunsthochschulen, dazu Handelshäusern und Banken. Es besaß die gebildetste und politisch fortgeschrittenste Arbeiterschaft, die höchst entwickelte bäuerliche Agrarproduktion, den verbreitetsten bürgerlichen Wohlstand. Als Hort oder Fundament all dieser Besonderheiten und Traditionen des kleinen Mittelstaates im großen Hohenzollernreich erschien jetzt das wettinische Königshaus – Inbegriff der Fortdauer sächsischer Geschichte und Identität.

Deshalb wurde nach 1870 die Stammburg der Markgrafen und Kurfürsten in Meißen, nachdem 1864 die Porzellan-Manufaktur in neue, zweckdienlichere Fabrikgebäude umgezogen war, mit Wandbildern geschmückt, die bedeutende Ereignisse aus der sächsisch-wettinischen Geschichte märchenhaft schön in der Tradition Ludwig Richters vorstellen. Dazu gesellte man überlebensgroße und wie im Mittelalter farbig gefasste Statuen der Markgrafen. Das bedeutendste künstlerische Denkmal aus dieser Zeit des existenzbedrohenden Umbruchs in der sächsischen Geschichte ist aber der Fürstenzug an der Außenfront des Langen Ganges am Dresdner Stallhof.

Er ist daran zu erinnern, dass sich in der öffentlich zugänglichen Gewehrgalerie im Inneren des Langen Ganges der Zyklus lebensgroßer Bilder der Sachsenfürsten befand, den Kurfürst Christian I. um 1590 hatte malen und anbringen lassen, das erste dieser dynastischen Ruhmesmale zur Vorstellung des hohen Alters und Ranges seines Hauses. Das zweite war die Reihe ebenfalls lebensgroßer Bildnisse der albertinischen Kurfürsten, die August der Starke in die überwältigende Pracht des Pretiosensaales seines Grünen Gewölbes hatte einkomponieren lassen, zu prinzipiell gleichem Zweck. Jedesmal hatte es sich um die Bekundung historischer Kontinuität und dynastischen Anspruchs an einem Wendepunkt der Staatspolitik gehandelt. Im ersten Falle sollte es die Aussöhnung mit den Reformierten und die Etablierung einer protestantischen Großmacht mit kursächsischem Zentrum sein; im zweiten ebenfalls die Gründung einer wettinischen Großmacht im Zeichen der sächsisch-polnischen Union und einer Aussöhnung mit der katholischen Welt. Jetzt wurde am gleichen Ort, dem Komplex des Residenzschlosses, ein gleicher Zyklus angebracht zu einem nur scheinbar gänzlich anderen Zweck. Jener Reiterzug in Sgraffito-Technik, der seit dem Ende des 16. Jahrhunderts die Außenfront des Langen Ganges schmückte und der vermutlich gemeinsam mit den Sgraffiti des gesamten Schlosses um 1675 restauriert worden war, muss nach weiteren zwei Jahrhunderten im feuchten Klima des Elbtals unansehnlich oder ruinös gewesen sein. Die Zeichnung beruht bei dieser grafikähnlichen Gestaltung darauf, dass eine weiße, dünne Oberschicht des Putzes in feuchtem Zustand aufgeschnitten oder abgekratzt wird, sodass ein schwarzer Unterputz hervortritt. Bröckelt die Oberschicht, so bleiben nur helle Schemen auf dem dunklen Grund. Dass es ein Zug von Berittenen gewesen war, sieht man im Kupferstich der Weck'schen Chronik von 1680, ohne ein Thema zu erkennen. Dies gewahrte man gewiss auch noch um 1860 vor den Resten des Originals, als man die Neugestaltung der vernachlässigten Fassade ins Auge fasste. Ihre Länge durch neu eingebrochene Fenster kompositorisch zu gliedern, lehnte König Johann ab. Für wie wichtig solche Fragen der Traditions- und Denkmalpflege in der existenzbedrohenden Situation jener Jahrzehnte erachtet wurden, erhellt die Tatsache, dass Johann 1824 als Kronprinz Gründungsvorsitzender des Sächsischen Altertumsvereins gewesen war und sein vorwiegend militärisch interessierter Kronprinz Albert ihm in diesem Amte nachfolgte. Schon 1837 hatte der Verein für ein Museum glanzvolle Werke vor allem der sächsischen Spätgotik zusammengetragen und es war dem Engagement des Königshauses zu verdanken, dass das Palais im Großen Garten dafür zur Verfügung gestellt wurde. Denn die Geschichte des Herrscherhauses und die des Landes wurden miteinander identifiziert, wie es noch heute in den konstitutionellen Monarchien Europas gesehen wird. Dass König Johann die Fassade des Langen Ganges in der historischen Gestalt zu erhalten wünschte, ist so erklärbar, und dass er ein Sgraffito in der Art des historischen favorisierte, ebenfalls. Es war der Maler Wilhelm Walther, der bereits 1865 einen entsprechenden Entwurf einreichte. Er hatte den nicht näher interpretierbaren Zug von Berittenen zu einem Festzug der wettinischen Sachsenfürsten durch die Geschichte umgedeutet.

Der Fürstenzug am Langen Gang des Dresdner Residenzschlosses von Wilhelm Walther, ursprünglich Sgraffito (1872–1876), von 1904 bis 1907 auf Meissener Porzellankacheln übertragen, Ausschnitt von Christian I. bis August III.

Der Maler, 1826 als Kind armer Leute im erzgebirgischen Cämmerswalde geboren, hatte sich nach Dresden durchgeschlagen, um an der Kunstakademie zu studieren. In dieser Epoche endete der Lebensweg eines zur Kunst berufenen armen Bauernsohnes nicht mehr notwendig in einer kleinstädtischen Werkstatt, in der Möbel bemalt wurden. Die Dorfbevölkerung war mobiler, die Kommunikationsnetze waren dichter geworden und die meisten Zweige der Volkskunst starben ab, weil die Begabten in die Großstädte abwanderten und die Industrie auch die dörflichen Haushalte versorgte.

Einer der akademischen Lehrer des jungen Walther war Gottfried Semper gewesen. Der Student mag einen Hang zum Technischen gehabt haben. Der Baumeister wiederum, dem Ideal der Renaissance verschworen, mag ihn auf noch wohlerhaltene Reste der Schlosssgraffiti hingewiesen haben. Jedenfalls berief der noch immer Geächtete im Jahre 1863 seinen ehemaligen Schüler nach Zürich und übertrug ihm die Ausführung der von ihm entworfenen Sgraffiti an seinem neu erbauten Polytechnikum. Aufgrund dieser Erfahrung konnte Walther seinen Entwurf für die Fassade des Langen Ganges gestalten.

Bewundernswert ist dabei der Bildungsweg des Dorfjungen. Er beherrschte die akademisch korrekte Wiedergabe von Mensch und Tier, lernte eine längst vergangene Dekorationsweise im Technischen und Formalen anzuwenden, und zwar auf ein riesiges Format, das er kompositorisch und proportional gültig gliederte. Und er verstand sich auf sächsische Geschichte, aber nicht nur nach Lehrbüchern, sondern er hatte die Charaktere der Herrscher studiert, ihre Bildnisse, ihre Kleidung und Ausrüstung, selbst ihre historisch wechselnden Pferderassen. In den Dresdner Museen fand er Vorlagen und Modelle und noch steht dort die Arbeit aus herauszufinden, welche er bevorzugte. Das Wichtigste aber ist, dass dieser tüchtige Mann und gute Künstler einen sächsischen Nerv traf, der in den sechziger Jahren die meisten Bewohner des Königreiches in allen Schichten einte. Es war, was man das Vaterländische nannte. Bebel und Liebknecht hatten darauf gebaut, als sie nach der verlorenen Schlacht von Königgrätz die antipreußische Sächsische Volkspartei in Chemnitz gründeten, und ebenso die konservativen Royalisten, die nur Monate später mit dem Ruf »Sachsen ist in Gefahr« die Wahlen zum konstituierenden Reichstag gewannen. Dies ereignete sich innerhalb von zwei Jahren nach Walthers erstem Vorschlag zum Fürstenzug. Er hatte das Gespür gehabt für das, was in der Luft lag, und er hatte die künstlerische Form dafür gefunden. Das Thema war nicht bestellt.

Walthers ureigene Erfindung aber, abweichend sowohl von dem Renaissancemodell des Reiterzuges als auch von den beiden Gemäldezyklen der wettinischen Dynastie, ist die bildliche Zustimmung des Volkes zu seiner Geschichte und seinem Fürstenhaus am Ende des Zuges in den porträtmäßig erfassten Vertretern des Militäradels, der Hochschulen, der Dresdner Künstlerschaft – mit dem alten Ludwig Richter und mit Walther selbst –, der am Bildwerk

tätig gewesenen Handwerker und, als einzige Namenlose, der Bergleute, Bauern und der Kinder. Dies war aber keine untertänige Devotion, sondern das Bild der politischen Sachlage in Sachsen.

Walther übertrug die Figuren des Fürstenzuges in eineinhalbfacher Lebensgroße auf die 102 Meter lange Fläche von seinen Kartons auf den Putz, den er selbst von 1873 bis 1876 ritzte. Zu dieser Zeit waren die Befürchtungen der Royalisten und der Linken aus den Jahren der Walther'schen Studien und Vorzeichnungen längst in Wirklichkeit umgeschlagen. Sachsen hatte seine staatliche Eigenständigkeit verloren. Die Gründer der Sächsischen Volkspartei von 1866, Liebknecht und Bebel, verbüßten als Sozialdemokraten wegen Hochverrats eine zweijährige Festungshaft (1872–1874) ausgerechnet in dem königlich-polnischen und kurfürstlich-sächsischen Schloss Hubertusburg, jener glanzvollen Stätte augusteischer Kultur, die zur Strafanstalt herabgewürdigt worden war. Damit stand die ideale Übereinstimmung aller sächsischen Stände und Klassen infrage.

Während die jungen Militärs und Studenten und die älteren Künstler und Beamten nach der Darstellung in Walthers Sgraffito dem Zug ihrer Fürsten folgten, verließ ein philosophisches Genie seine sächsische Heimat, um – wie vor ihm Leibniz, Lessing und Fichte – nie wiederzukehren. Es war Friedrich Nietzsche, 1844 in Röcken bei Lützen geborener Pfarrerssohn, Absolvent der seit 1817 preußischen Landesschule von Schulpforta, Student der Philologie in Leipzig. 1869, noch vor seiner Promotion, wurde der Fünfundzwanzigjährige als Professor an die Universität Basel berufen. In Leipzig erkannte man diese titanische Begabung nicht und ließ ihn ziehen. Auch nachdem er unter Wagners Einfluss 1872 seine Erstlingsschrift »Die Geburt der Tragödie aus dem Geiste der Musik« veröffentlicht hatte, unternahm Sachsen nichts, um den späteren Umwerter aller Werte zurückzuholen.

Studie zur Nietzsche-Büste von Max Klinger, um 1901. Leipzig, Museum der bildenden Künste

DIE

GEBURT DER TRAGÖDIE

AUS DEM

GEISTE DER MUSIK.

VON

FRIEDRICH NIETZSCHE,

ORDENTL. PROFESSOR DER CLASSISCHEN PHILOLOGIE AN DER UNIVERSITÄT BASEL.

LEIPZIG.

VERLAG VON E. W. FRITZSCH.

1872.

»Die Geburt der Tragödie aus dem Geiste der Musik« von Friedrich Nietzsche, Verlag von E. W. Fritzsch, Leipzig 1872

Walthers Beschwörung sächsischer Einigkeit und Herrlichkeit wurde im Klima des Elbtals rasch unansehnlich und deshalb sorgte er noch selbst für die Übertragung des Frieses in die unauslöschbare Kunsttechnik des Meissener Porzellans – in der er sogar den Feuersturm des 13. Februar 1945 überstand –, und so wurde er 1907 fugenlos in Kacheln aufgesetzt, jedoch mit einer wesentlichen Änderung, die die keramische Technik ermöglichte. Sachsens Fürsten zogen jetzt auf goldenem Grund. Dies war eigentlich eine Art von Erhöhung ins Mythische, da aber die Gestalten in ihrer klassizistisch-schönen Linearität und Gebärdensprache nach der grafischen Schule Ludwig Richters und Schnorr von Carolsfelds ohnehin nicht als realistisch zu verstehen sind, geht der goldene Schein mit ihnen überein und ihre Vergangenheit wird märchenhaft samt der Gegenwart der wettinischen Herrscher bis ins vorletzte Glied mit ihrem getreuen Gefolge. Denn der letzte Wettiner, König Friedrich August III., regierte bereits Sachsen, als das Kachelbild fertiggestellt wurde, ehrbar, gewissenhaft, streng konservativ, dabei volksverbunden und verehrt selbst von seinen Sozialdemokraten, die ihn 1918 absetzten, nach 829 Jahren ununterbrochener Herrschaft seiner Familie über Sachsen. Es war die älteste Dynastie Europas.

Auf Walthers Fries sind alle Herrscher zu sehen, in der Reihenfolge, wie dynastisch gezählt wird, ohne Frauen und mit ihren für Sachsen charakteristischen Zunamen, vom Erlauchten und Gebissenen über den Weisen und Großmütigen bis zum Starken, Gerechten und Gütigen. Jedem sind die Jahreszahlen seiner Regierung zugeordnet, jeder trägt seine Eigenschaften deutlich zur Schau und ist – soweit belegbar – historisch richtig gekleidet und ausgestattet. Das Wandbild steht mit dieser Rationalität und seiner technischen Brillanz, doch auch mit seiner südlich anmutenden Pracht, bei der das Monumentale nicht ins Heroische gesteigert wird, sondern ins Festliche, gänzlich in der alten sächsisch-protestantischen Tradition der Residenz. Doch so schön es ist und so sehr es bewundert wird, modern war es nie.

Als Wilhelm Walther auf dem Gerüst stand, malten in Paris die Impressionisten. In der Zoologischen Station von Neapel arbeitete Hans von Marées an seinen grandiosen Fresken und sie zeigten, wie die Gemälde der jungen deutschen Maler Max Liebermann und Wilhelm Leibl in diesen Jahren, Arbeitende aus den Unterschichten, dynamisch geschildert in malerischem Realismus. In Dresden lebten die alten Maler Gille und von Rayski noch, deren bildnerische Methode nun außerhalb des Landes zum Durchbruch gelangte.

Die sächsische Wirtschaft stürmte unter dem milden Regiment des gelehrten Königs Johann mit Riesenschritten voran, aber der Geist stagnierte. Sein Reiterdenkmal von 1889 auf dem Dresdner Theaterplatz zeigt ihn wahrheitsgemäß in feiner konservativer Gemessenheit, weniger feudal als bürgerlich. Es stammt von Johannes Schilling, einem 1828 in Mittweida geborenen Rietschel-Schüler. Zu Recht erscheint auch er im bürgerlichen Gefolge am Ende des Fürstenzuges, denn er blieb wie König Johann ein Klassizist, solange er lebte, und die Wahrheit seiner plastischen Gestaltung war die des Geistes der Residenz.

Dieser blieb auch unverändert unter König Albert, dem Generalfeldmarschall des Kaisers, der seinem Vater 1873 in der Regierung nachfolgte und Dresden zur zweitgrößten Garnisonsstadt des Reiches ausbaute. Allerdings war sein Kasernenviertel,

Albertstadt genannt, eine noble Kunstschöpfung, denn die weiträumig angeordneten Bauten waren noch immer klassizistisch-historisierend in parkartig gestaltetem Gelände. Im Geiste blieb er der Sohn seines bedeutenden Vaters. Das unter ihm zur Skulpturensammlung umgebaute Zeughaus des Kurfürsten August – daher Albertinum geheißen – und das Finanzministerium am Elbufer gegenüber der Brühlschen Terrasse, 1892 bis 1894 gebaut, sowie das Gebäude der Kunstakademie von 1895 weisen diesen gleichen, von den großen europäischen Entwicklungen scheinbar unberührten, jedoch noch immer feinen und schmuckreichen historistisch-klassizistischen Stil auf. (In Paris war die Verehrung der Antike schon um 1860 von Jacques Offenbach und Honoré Daumier verspottet und somit ihr Ende angezeigt worden.) Nur an den Ausmaßen der Neubauten erkennt man eine Modernität, die die kleinteilige alte Residenz und die feingliedrige Rokokobebauung der Brühlschen Terrasse den An-

König Johann von Sachsen. Bronzenes Reiterstandbild von Johannes Schilling, 1889. Dresdner Theaterplatz (1949)

Albertinum, ehemaliges kurfürstliches Zeughaus Dresden, Brühlsche Terrasse

forderungen der expandierenden Großstadt opferte. Elemente des Zwingers tauchen an ihnen auf, in Dachformen und Puttengruppen wie ein Spuk, denn die Gebäude lügen einen Stil herbei, der sich unberührt und unbehelligt vom ansteigenden Industrielärm, der Großstadtproblematik und den Klassenkämpfen der Sozialdemokratie zu erhalten versucht. Es war dieser Geist der Residenz, der endlich 1905 die Revolte der jungen malenden Architekturstudenten auslöste, die sich zur Künstlergemeinschaft »Die Brücke« zusammengeschlossen hatten.

Erst das sogenannte Gesamtministerium, das in den Jahren von 1900 bis 1904 östlich vom Finanzministerium am Elbufer errichtet wurde, zeigt mit der Aufnahme des Jugendstils – gleichwohl unter einer vergoldeten Königskrone in deutlichem Bezug auf den Zwinger –, dass mit dem neuen Jahrhundert auch eine neue geistige Haltung die alte Residenzstadt veränderte. Dabei ist es bemerkenswert, dass bereits zehn Jahre zuvor (1893) ein Meisterwerk modernen Stahlbaus fertiggestellt worden war, die Loschwitzer Elbbrücke, »Blaues Wunder« genannt, die erste eiserne Monumentalkonstruktion in Deutschland. Solche Kühnheit schien aber nur im freien Gelände der Vororte erlaubt gewesen zu sein, denn als der zunehmende Verkehr 1907 den Abbruch der Pöppelmann'schen Elbbrücke vor dem Schloss erzwang, errichtete man die neue Augustusbrücke wohl höher, breiter und mit weiteren Bögen, jedoch formal nach dem Muster der alten – also im Respekt vor der großen Vergangenheit, die das Gesamtbild der Stadt repräsentierte.

Um diese Zeit stieg die Zahl der Einwohner auf eine halbe Million an, sie hatte sich also innerhalb von 50 Jahren verzehnfacht. Leipzig war etwas kleiner bei etwa gleicher Proportion des Wachstums. Alle sächsischen Industriestädte entwickelten sich damals in solcher Geschwindigkeit und um die alten Stadtkerne legten sich Ringe und Viertel von Straßen mit geschlossener Gründerzeitbebauung. Die jahrhundertealte Wirtschaftsstruktur des Vogtlandes, des Erzgebirges und seines Vorlandes war dabei noch immer wirksam und Chemnitz, Zwickau und Plauen traten unter den umliegenden Städten ebenso mächtig und reich hervor wie bereits im Mittelalter – weshalb sie im Zweiten Weltkrieg ähnlich intensiv bombardiert und zerstört wurden wie Dresden und Leipzig.

In der sächsischen Lausitz aber setzte durch die industrielle Nutzung ihrer Braunkohlenfelder,

Loschwitzer Elbbrücke »Blaues Wunder«

Dresdner Ministerialgebäude am Carolaplatz: rechts das Finanzministerium von Otto Wanckel, 1890/1894; links das Gesamtministerium (seit 1990 auch Staatskanzlei) von Edmund Waldow, 1900/1904. Luftbildaufnahme von NNW, 1925

durch Holz-, Glas- und Textilbetriebe eine so starke Zuwanderung ein, dass die Sorben in ihren angestammten Gebieten zur Minderheit schrumpften, obwohl das Königreich, im Unterschied zu Preußen, keine Germanisierungspolitik gegen sie betrieb und die DDR sie schließlich sogar entschieden förderte. Zu dieser letztlichen Anerkennung trug der geschichtliche Umstand bei, dass die politische und kulturelle Vereinigung der Sorben, die Domowina, gegründet zur Wahrung der Identität bei ansteigender Überfremdung, von Anfang an politisch links orientiert war, entsprechend der sorbischen Sozialstruktur. Aus solchen sowohl ethnischen als auch politischen Gründen beteiligten sich zahlreiche Sorben am antifaschistischen Widerstandskampf und mit diesem Bonus war es der Domowina möglich, nach 1945 gegen tschechoslowakische Gebietsansprüche aufzutreten, die sich auf slawische Gemeinsamkeiten gründeten. Ihr ist die Einrichtung des Deutsch-Sorbischen Volkstheaters in Bautzen und die Pflege der sorbischen Literatur und Volkskunst zu verdanken, Grundelemente der heutigen Kultur in der sächsischen Lausitz und des Überlebens dieses Volkes, das eine der Wurzeln des Sächsischen schlechthin repräsentiert.

Die Städte der Lausitz überstanden den Zweiten Weltkrieg im Wesentlichen unbeschädigt. Da aber durch die Teilung von 1815 die Lausitzer Territorien ihre alten Wirtschaftsbeziehungen teilweise eingebüßt hatten, hielt die Entwicklung dieser alten, reichen Städte bei der Industrialisierung nicht Schritt und deswegen gehören, nach Restaurierung ihrer verwahrlosten Substanz, die fünf deutsch gebliebenen – Görlitz, Bautzen, Zittau, Löbau und Kamenz – aus dem mächtigen Sechsstädtebund des 14. Jahrhunderts wegen der Unversehrtheit ihrer historischen Gestalt zu den schönsten alten Städten Deutschlands.

In der sächsischen Lausitz setzte insgesamt die Industrialisierung etwas später ein als in den anderen Landesteilen und sie verlief weniger punktuell auf einige Städte konzentriert, sondern gleichmäßiger in der Fläche. Dennoch wuchsen die Städte und wie in allen anderen bedeutenderen des Königreichs wurden auch hier größere öffentliche Gebäude errichtet: Kirchen, Schulen, Postämter, Rathäuser, Gerichte, Bahnhöfe, Museen, Theater und Kaufhäuser.

Unvergleichlich und allen anderen sächsischen Städten mit der Pracht seiner Großbauten voraus war Leipzig. Die Kaufleute der Stadt hatten verstan-

Görlitzer Kaufhaus zum Strauß, von dem Architekten Schumanns aus Potsdam 1912/13 errichtet. Lichthof des Inneren mit Anklängen an den Jugendstil

Riquethaus in Leipzig, erbaut 1908/09 von Paul Lange, und Messehaus Specks Hof, 1908/09, 1911 und 1928/29 in drei Etappen nach Entwürfen von Emil Franz Hänsel errichtet

den, dass bei Eisenbahnverkehr und Produktion von Massengütern die jahrhundertealte Struktur der Warenmesse nicht länger haltbar war und hatten statt ihrer rechtzeitig die der Mustermesse entwickelt. Es kamen immer mehr Kaufleute mit leichterem Gepäck selbst aus fernsten Ländern und stellten ihre Muster in kleineren Ständen in neuen palastartigen Messehäusern aus. Deren lange, hohe, reich gegliederte Fassaden begannen im Stadtbild mit denen des Reichsgerichts, des Neuen Rathauses, der Universität und ihrer Bibliothek, des Gewandhauses, der Oper und des Museums der bildenden Künste, des Konservatoriums und des Deutschen Buchhändlerhauses zu konkurrieren. Alle diese Gebäude waren, nicht anders als die Dresdner der letzten zwei Jahrzehnte des 19. Jahrhunderts, in historisierenden Formen gehalten. Aber mit dem neuen Jahrhundert setzte auch in Leipzig ein neuer Architekturstil ein, vergleichbar dem Dresdner Gesamtministerium und dem Chemnitzer Kulturzentrum aus Museum und Oper, jedoch größer, zumal seine Bauten nicht von Sachsen allein errichtet wurden.

Es waren drei Monumentalbauten, die annähernd gleichzeitig in Leipzig vor Ausbruch des Ersten Weltkrieges entstanden: der Hauptbahnhof, die Deutsche Bücherei und das Völkerschlachtdenkmal. Vergleicht man ihre Kubatur, ihren architektonischen Rang und den Aufwand ihrer Ausstattungen innen und außen mit heutigen Möglichkeiten in Deutschland – soweit man montierte Gebäude mit klassisch gemauerten und geschmückten vergleichen kann –, so gewinnt man eine Ahnung vom Reichtum und von der Kraft, die das Kaiserreich in seinen letzten Jahren entwickelte. Der Messeverkehr war so angestiegen, dass Sachsen und Preußen gemeinsam beschlossen, hier den größten und modernsten Kopfbahnhof Europas zu errichten. Sofort schossen in seiner Nähe neue luxuriöse Hotels empor, deren Sandsteinfassaden ihm angeglichen waren. Gleichzeitig war die Buchproduktion im Reiche stark gewachsen, sodass zu ihrer Dokumentation und Sammlung im Zentrum des Deutschen Verlagswesens ein Bibliotheksgebäude riesigen Ausmaßes für notwendig erachtet wurde.

Reichsgericht am Simsonplatz, erbaut 1888 bis 1895 von den Architekten Peter Dybwad und Ludwig Hoffmann

Völkerschlachtdenkmal Leipzig, erbaut von Bruno Schmitz; Bauplastik von Franz Metzner, 1898 bis 1913

Außerdem wollte man zur 100-Jahr-Feier der Völkerschlacht ein Nationaldenkmal, das außer dem Sieg die bereits 1813 erstrebte und nun endlich erreichte Einheit Deutschlands und die Gründung des zweiten Kaiserreiches repräsentieren und deshalb alle jemals geschaffenen in seinen Schatten stellen sollte. (Bekanntlich hatte Sachsen daran den geringsten Anteil, ist aber dennoch an diesem Bild nationalen Größenwahns hauptbeteiligt gewesen.) Die beiden anderen Gebäude gehören aber zum Besten in der deutschen Architektur der Zeit, zweckmäßig, sensibel gegliedert und daher in ihrer

Deutsche Bücherei in Leipzig, erbaut 1914 bis 1916 von Oskar Pusch (heute: Deutsche Nationalbibliothek)

Größe ohne imperialistische Monumentalität, und ihre neuartigen Formen sind ihren neuartigen Bestimmungen entsprechend erfunden.

Solche mächtigen Bauwerke, den Schlössern der Landesherren an Größe überlegen, prägen das Bild der Städte bis heute. Ihnen ähneln in Stil und Aufwand die Villen der neuen Geldaristokratie, die nicht mehr einzeln bei den Fabriken stehen, sondern sich mit ihren parkartigen Gärten vor den Städten in ganzen Straßenzügen erstrecken. Ihr Gegenbild sind die weiten Viertel von Mietskasernen, die die vorstädtischen Dorfkerne und die jahrhundertealten, erst jetzt gepflasterten Ausfallstraßen umlagern. Pferdebahnen auf Schienen ermöglichten die so weit ausgedehnten Wohnbezirke der neuen Großstädte, seit den neunziger Jahren waren es elektrische Straßenbahnen. Elektrizitäts-, Gas-, Wasserwerke und Wassertürme wurden um sie herum aus dem Boden gestampft. Dennoch beherrschte niemand die Probleme der wuchernden Industrie-, Siedlungs-, Wirtschafts- und Verwaltungsgebiete, die sich um die altstädtischen Kerne ineinanderschoben. Ansteckende Krankheiten wie Tuberkulose, Diphterie, Cholera, Scharlach, Syphilis und Typhus gehörten zum Alltag, denn städtische Müllabfuhrbetriebe und Abwasserkanalsysteme wurden erst seit dem Ende des Jahrhunderts eingeführt, und Hausangestellte trugen die Krankheitserreger aus den Elendsquartieren in die Villenviertel. Selbst in den altstädtischen Gassen der vornehmsten und reichsten Städte wie Dresden und Leipzig siechten uralte Fachwerkhäuser mit Hinterhöfen und Kloaken, die von Ratten und Ungeziefer unheilbar verseucht waren, vor sich hin.

Im Königreich Sachsen kulminierten diese Probleme, denn seine Bevölkerung war in den Jahren von 1815 bis 1905 von 1,2 Millionen auf 4,5 Millionen angewachsen, fast auf das Vierfache, aber die Zahl der Großstadtbewohner hatte sich etwa verzehnfacht. Zwei Drittel aller sächsischen Bürger wohnten in Städten, die Landwirtschaft beschäftigte nur noch etwa 15 Prozent von ihnen. Aber etwa 33 Prozent der Einwohner arbeiteten in der Industrie, ein Viertel von ihnen waren Frauen. Ein Drittel aller Unternehmen waren Großbetriebe, in denen etwa 12 000 Dampfmaschinen liefen. Die Bevölkerungsdichte überstieg 250 Köpfe pro Quadratkilometer und Meyers Großes Konversationslexikon von 1909 konstatiert: »Sachsen ist eines der Hauptindustrieländer der Erde.« Hinzuzufügen ist, dass noch immer die Leichtindustrie dominierte.

Die politischen Entsprechungen dieser Sachverhalte waren soziale Spannungen, wiederholte Streiks und ein Zulauf zur Sozialdemokratischen Partei und ihren Bildungsvereinen, der den Reichsdurchschnitt um das Doppelte überstieg. In

Hauptbahnhof Leipzig. Bauherren: Staatsregierungen von Sachsen und Preußen; Architekten: William Lossow und Max Hans Kühne, 1915

Deutsches Hygiene-Museum Dresden. Historisches Foto

den Landtagswahlen von 1903 erreichte die SPD 58,8 Prozent der Wählerstimmen. Selbst König Friedrich August III., der seit 1904 regierte – ein Konservativer, der streng auf der Einhaltung des spanischen Hofzeremoniells bestand –, versuchte klug und redlich den Spagat, auch der König seiner Sozialdemokraten zu sein, was ihm durch vorbildliche soziale Maßnahmen und seine berühmten sächsischen Kernsprüche gelang. Kein Geheimpolizist oder »Bodyguard« ward je um ihn gesehen, wenn er in Dresden spazierte, Schlittschuh lief oder bei Hitze an einer Theke Bier trank.

Die Folgen dieser springflutartigen Industrialisierungswelle in Sachsen für den gesamten sozialen Organismus waren so bedrohlich, dass ein Reformdruck entstand, der alle Klassen und Schichten zum Handeln zwang; denn die Seuchen befielen Arme und Reiche und Erkrankungen von Facharbeitern schädigten auch die Fabriken. Aus diesen Gründen richtete die sächsische Regierung als erste im Reich bereits 1871 eine »Chemische Zentralstelle für öffentliche Gesundheitspflege« in Dresden und 1878 in Leipzig an der Universität einen Lehrstuhl für Hygiene ein. Dort war schon 1864 nach einem Vorschlag des Leiters der orthopädischen Heilanstalt Dr. Schreber der erste »Schreberverein« gegründet worden mit Kleingärten und einem Kinderspielplatz, um der von Mangelkrankheiten wie etwa Rachitis heimgesuchten Arbeiterbevölkerung eine gesunde Ernährung und Lebensweise zu ermöglichen. Die Ständeversammlung diskutierte 1883 den Vorschlag, »ein Gesundheitsmuseum zur Förderung der allgemeinen Gesundheitspflege im Interesse der vaterländischen Industrie« zu begründen, und bezeichnenderweise stimmten ihm sowohl die Konservativen als auch die Sozialdemokraten zu. Seine Realisierung ermöglichte aber erst die Internationale Hygieneausstellung von 1911 in Dresden, in der elf Nationen in 50 Ausstellungshallen ihre Bemühungen und Resultate vorwiesen. Wie drängend das Problem war, bezeugt die Tatsache, dass die Lehrschau von Mai bis Oktober mehr als 5 Millionen Besucher verzeichnete – zu einer Zeit, als es noch kaum Autos und Flugzeuge gab. Der Dresdner Industrielle Lingner – Produzent des Odol-Mundwassers – war die eigentliche Triebkraft des gigantischen Unternehmens. Es ist verwunderlich, dass heute offensichtlich kein Interesse der Industrie an einer Darstellung des heutigen sozialen Hauptproblems besteht, einer Welt-Ökologie-Ausstellung. 1912 folgte die Gründung des Deutschen Hygiene-Museums, das schließlich 1930 sein noch heute bestehendes eigenes Haus in Dresden erhielt.

Auf der Internationalen Hygieneausstellung wurde ein Architekturmodell der renommierten Dresdner Baufirma Schilling & Gräbner gezeigt. Es war der Entwurf eines Heilstättenkomplexes, den die Landesversicherungsanstalt Sachsen speziell für Arbeiter und Angestellte auf einem Südhang über dem alten Silbergräberstädtchen Gottleuba im Osterzgebirge errichtete. Dies war eine rasch gezogene Konsequenz aus der Einführung der Allgemeinen Pflicht-Krankenversicherung. Nach den Bismarck'schen Versicherungsgesetzen aus den achtziger Jahren, mit denen Deutschland allen Industriestaaten voranging, wurde 1911 diese Pflichtversicherung für alle Arbeitnehmer im Reich gesetzlich vorgeschrieben.

Die Anlage in Gottleuba, gestaltet wie ein Komplex von Villen in einem ausgedehnten Park, war bei ihrer Eröffnung im Jahre 1913 vermutlich Europas erste große sozialmedizinische Rehabilitationseinrichtung. Alle Gebäude waren mit vorzüglichem Mobiliar versehen, das Kurmittelhaus auch mit Kunstwerken ausgestattet. Zur Heilstätte gehörte ein Kulturhaus mit zwei Musik- und Theatersälen und einer Bibliothek. Wie in keiner zweiten Einrichtung dieser Epoche tritt die allgemeine Reformgesinnung der nordeuropäischen Industriegesellschaften hier spezifisch sächsisch in Erscheinung, denn in Gottleuba vereinten sich die alten lutherischen Grundsätze der Volksbildung mit denen der aufklärerischen Tradition und der sozialdemokratischen Arbeiterbildungsvereine. Es ist die Gegend, in der man in Dorfkirchen Werke Cranachs und der Dürerschule findet; Silbergeräte der Dresdner Hofkunst; Hammerherrengüter, die Aristokratenschlössern gleichkommen; meisterliche Ofenplatten der Pirnaer Kunstgießer; Skulpturen der Bergleute unter Tage, mit denen die Herren von Bünau den Eingang ihres Lauensteiner Schlosses schmückten, und den Bergmann als Kanzelträger auf den Edelsteinen des Müglitztales in der Kirche von Glashütte – jener Stadt, in der die Firma Lange & Söhne seit der Mitte des 19. Jahrhunderts die berühmten goldenen Taschenuhren herstellte, die heute als Kunstobjekte gelten.

Gartenstadt Hellerau, Am Dorffrieden. Reihenhaus-Siedlung in hygienischer und naturverbundener Atmosphäre, von Riemerschmid und Muthesius seit 1907 angelegt

Hellerauer Festspielhaus, von Heinrich Tessenow für die Schule für Rhythmische Gymnastik 1910 erbaut

Zeitlich etwa parallel zur Arbeiterheilstätte Gottleuba und aus gleicher Gesinnung wurde in Hellerau bei Dresden die erste deutsche Gartenstadt gebaut. Ihr Vorbild waren Arbeiterwohnsiedlungen in England, aber einen weiteren Wurzelstrang bildeten zweifellos die bekannten Leipziger Schrebervereine. Hier erstrebten erstrangige Architekten und Gestalter, die in der neu gegründeten Möbelfabrik, den Textil- und Metallwerkstätten arbeiteten, allen dort tätigen Arbeitnehmern ein gesundes Leben in einer künstlerisch geformten Umgebung zu schaffen. Riemerschmids Haus- und Möbelschöpfungen und Tessenows Festspielhaus mit seiner Vereinigung von Bühne und Zuschauerraum gehörten zu den modernsten Werken ihrer Art im damaligen Europa, doch nicht allein in der Form, sondern auch in ihrer avantgardistischen Vision, die die Kunst, das Humane und das Soziale zur einheitlichen Gestalt verschmolz.

Rein trat diese Gesinnung in der Hellerauer Tanzschule des Schweizer Pädagogen Émile Jaques-Dalcroze ans Licht. Er war 1910 berufen worden zur Einrichtung einer »Bildungsanstalt für Musik und Rhythmus«, in der sowohl Schüler aus aller Welt als auch die Kinder der Arbeiter und Angestellten den Tanz als Ausdruck der Persönlichkeit erlernen und den »Rhythmus als soziale Institution« erleben sollten. Im Hintergrund stand dabei die Idee der Eurhythmie, die der Philosoph Rudolf Steiner in Weimar verkündete, und erstmalig spielten Lichtführung und Lichtregie eine gestaltende Rolle. Als 1913 Paul Claudels »Mariä Verkündigung« im Festspielhaus aufgeführt wurde, waren Gerhart Hauptmann, George Bernard Shaw, Franz Werfel, Oskar Kokoschka und Rainer Maria Rilke unter den Zuschauern.

Ein Jahr später welkten die Hellerauer Menschheitsträume unter dem Feuer des Ersten Weltkrieges. Hellerau blieb aber als Modell eines sozialen Arkadien, beargwöhnt zwar wegen seines idealistischen Konzepts von den Sozialdemokraten, einer der ersten und schönsten Versuche, klassische Humanität und moderne Industriegesellschaft auszusöhnen. Eine künstlerische Folge war es, dass Mary Wigman, Jaques-Dalcrozes große Schülerin, 1920 in Dresden ihre berühmte Schule für künstlerischen Ausdruckstanz eröffnete, aus der Gret Palucca hervorging, deren Tanzschule als staatliche Fachhochschule die Hellerauer Tradition heute weiterträgt.

Der Ausdruckstanz mit seiner Programmatik, das Subjektive und Instinktive zu entfesseln jenseits künstlerischer Konvention, ist die deutliche Verbindung zwischen den noblen Bürgern von Hellerau und den autodidaktisch malenden ehemaligen Architekturstudenten der Künstlervereinigung »Die Brücke« in Dresdens proletarischer Westvorstadt. Eine direkte und persönliche scheint es kaum gegeben zu haben, obwohl beide künstlerische Bewegungen beinahe gleichzeitig einsetzten und die Moritzburger Teiche unweit von Hellerau liegen. Dort missachteten die jungen Maler – Schmidt-Rottluff, Bleyl, Heckel und Kirchner – mit ihren Freundinnen und gleichgesinnten Künstlern wie Nolde, Pechstein oder Otto Mueller in mehreren Sommern die Gesetze bürgerlichen Anstands und der königlich-sächsischen Behörden durch nacktes Baden und Malen von Akten im Freien.

Konventionslose Unmittelbarkeit des Erlebens auszudrücken, war auch ihr Ziel. Vorbilder hatten sie dennoch. Denn Gotthardt Kuehl, in Paris geschulter Impressionist und seit 1895 Professor an der Dresdner Kunstakademie, hatte schon 1897 mit der Einrichtung der jährlichen Internationalen Kunstausstellungen seine Kollegen aus ihrem historistischen Dämmern gerissen und allen Interessierten Einblicke in die neuesten europäischen Entwicklungen ermöglicht. Die jungen »Brücke«-Maler kannten also die jungen Franzosen. Mindestens ebenso wichtig für sie waren aber ozeanische und afrikanische Skulpturen aus Holz, die das Dresdner Völkerkundemuseum zeigte. Hier, in den Werken anonymer Künstler aus vorzivilisatorischen Gesellschaften, vermeinten sie jene Unmittelbarkeit des Ausdrucks, das wesentlich Menschliche in Kunst vorgeprägt zu erblicken, das sie selbst anstrebten. Sie schnitzten Figuren nach diesen Vorbildern, fanden im Schwarz-Weiß des Holzschnitts eine neue Ausdruckskraft und malten in ungebrochenen Farben. 1905 hatten sie sich zusammengeschlossen. Seit 1907 wurden ihre Arbeiten in Dresdner Privatgalerien gezeigt, trotz ihres Kults des Urfrühen und Irrationalen und ihres Bruchs mit aller Tradition.

Dies war umso erstaunlicher, als dass gerade in jenen Jahren der große Dirigent Ernst von Schuch die Uraufführungen der neuen Opern von Richard Strauss für Dresden sicherte und mit deren musikalischen Anforderungen den Ruf der Hofkapelle und der Oper erneuerte, zu den ersten Europas zu

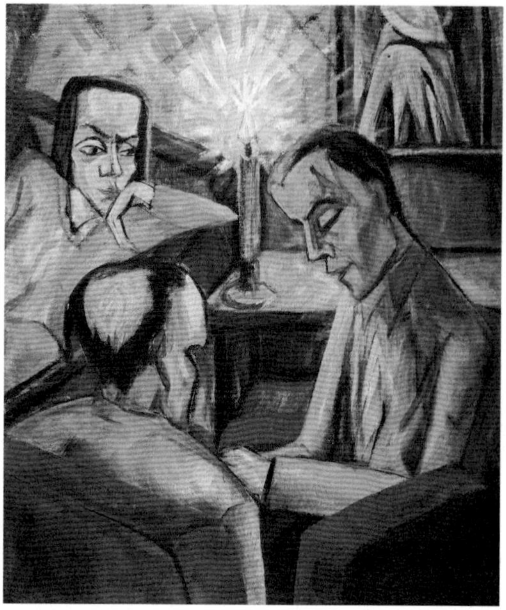

Beim Vorlesen. Gemälde von Erich Heckel, 1913. Halle, Staatliche Galerie Moritzburg

Der Trinker (Selbstbildnis). Gemälde von Ernst Ludwig Kirchner, 1914. Nürnberg, Germanisches Nationalmuseum

Zurückgekehrte Kähne. Gemälde von Max Pechstein, 1919. Halle, Staatliche Galerie Moritzburg

Nach dem Bade. Gemälde von Karl Schmidt-Rottluff, 1912. SKD, Galerie Neue Meister.

zählen: 1901 wurde »Feuersnot« gespielt, 1905 »Salome«, 1909 »Elektra«, 1911 »Der Rosenkavalier«. Mit solcher ebenso modernen wie kulinarisch schönen Art des Musizierens mochte der Geist von Hellerau wohl übereingehen, zumal Jaques-Dalcroze, Riemerschmid, Strauss, von Schuch, selbst noch Tessenow gemeinsam der damals mittleren bis älteren Generation angehörten. Die Expressionisten der »Brücke« aber, deren Extremismus mit jener moderaten Moderne nicht übereinstimmte, waren um 1910 höchstens eben 30, den flüchtigen Gast Nolde ausgenommen. 1911, nach nur fünfjähriger Gemeinschaft, verließen sie die heitere Residenz, um im weltstädtischen Berlin dem Zeitgeist näher zu sein. 1910 hatte dort Herwarth Walden die Zeitschrift »Der Sturm« gegründet, zwei Jahre darauf die zugehörige Galerie. Er versammelte um sich alle, die sich als Avantgardisten verstanden – von Moskau bis Paris. Schon einige Jahre zuvor hatte es zwei sächsische Bildhauer aus der Generation der Expressionisten ebenfalls nach Berlin gezogen: Georg Kolbe aus Waldheim und Richard Scheibe aus Chemnitz. Doch beider Kunst war weder sächsisch geprägt, noch hatten sie hier Wirkung oder Nachfolger, obwohl beide zu den bedeutenden deutschen Bildhauern des 20. Jahrhunderts zählen.

In Dresden bot der geballte Komplex von Hof, Adel und Großbürgertum die Reibungsfläche zur Entzündung der malerischen Revolte, nicht aber den Boden zu ihrer Ausbreitung. Hier stand die

Malerei unter dem Stern des noblen Gotthardt Kuehl, der, obwohl geborener Lübecker und von München gekommen, sich doch sogleich in die Linie jenes subtilen Kolorismus eingliederte, der sich über alle Stile und Epochen hinweg als eine Eigenart Dresdner Malerei behauptete – vermutlich eine Folge des graublauen Lichts im Dunst des oberen Elbtals. In seinen Stadtlandschaften nahm er Vorgaben auf, die in Dresden bis zu Bellotto und Thiele zurückreichen. Die Meisterateliers auf der Brühl'schen Terrasse bieten diesen Blick. Nach Kuehls Tod im Jahre 1915 übernahm Robert Sterl dessen Klasse. Er, der Meister dynamischer Arbeitsdarstellungen unter den deutschen Impressionisten, vollbrachte den Dresdner Kompromiss zwischen den heftigen, abstrahierenden Farbklängen, deren Wirkung die »Brücke«-Maler erkundet hatten, und den Licht- und Bewegungsphänomenen, die die Impressionisten aufspürten – eine Wirkung der jungen auf die ältere Generation, jedoch verträglich für fortgeschrittene Käufer von Möbeln Riemerschmids und Besucher von Strauss-Opern. Den wirklich herrschenden Geschmack verraten auf einer weiteren Kompromissstufe Sterls Repräsentationsporträts. Liebermanns Bildnisse aus diesen Jahren bezeugen, dass die Berliner Gesellschaft weitaus offener und moderner war.

Am Leipziger Gewandhaus, seit 1895 geleitet von dem großen Dirigenten Arthur Nikisch, dirigierte für eine Saison Gustav Mahler, mit seiner ironisch gebrochenen Spätromantik der Ziehvater der musikalischen Moderne. Dort herrschte – selbstverständlich – ein anderes geistiges Klima als in der königlichen Residenz. Hier war um 1900 durch Wilhelm Ostwalds Forschungen an der Universität das Weltzentrum für physikalische Chemie entstanden. 1909 erhielt er als erster deutscher Gelehrter den Nobelpreis. Der Psychologe Wilhelm Wundt und der Historiker Karl Lamprecht waren führend in ihren Disziplinen. Die Leipziger Volkszeitung unter ihrem Chefredakteur Franz Mehring galt als bedeutendstes Publikationsinstrument der deutschen Sozialdemokratie. Der Insel-Verlag druckte die Werke der neuesten Autoren. Gleichzeitig sammelte der »Deutsche Patriotenbund zur Errichtung eines Völkerschlacht-National-Denkmals bei Leip-

Die Augustusbrücke zu Dresden im Schnee. Gemälde von Gotthardt Kuehl, 1899. SKD, Galerie Neue Meister

zig« die riesige Spendensumme von 6 Millionen Goldmark und beauftragte den international bekannten Spezialisten für Nationaldenkmäler Bruno Schmitz aus Preußen mit dem Entwurf des Kolosses. Initiator des Projekts war der Leipziger Architekt und Baumeister Thieme. Im Jahre 1900 wurde der Grundstein gelegt.

In dieser Periode anarchischen Wachstums und der Ballung widersprüchlicher Kräfte strahlte in Leipzig, nach Jahrzehnten der Mittelmäßigkeit an der Akademie, plötzlich eine große künstlerische Gestalt auf, Max Klinger, Grafiker, Maler, Bildhauer, Raumgestalter, Kunsthandwerker und Schriftsteller. In seiner Universalität, aus der sein scharfes Gespür für die Probleme der Epoche entsprang, sowie in der Spannung zwischen Intellekt und Gefühlstiefe, ähnelt er aufs Erstaunlichste zwei anderen sächsischen Genies seiner Epoche, wie er Söhne Leipzigs oder der nahen Flussniederungen: Wagner und Nietzsche. Nicht zufällig hat Klinger beide verehrt und porträtiert und beide könnte er noch selbst gesehen haben.

Das Neue Gewandhaus zu Leipzig mit dem Mendelssohn-Denkmal von Werner Stein. Historisches Foto, nach 1892

Entwurf zum Hauptbild des Gemäldes »Christus im Olymp« von Max Klinger, 1897, in der Aula des Augusteums der Leipziger Universität. Historische Aufnahme

Er war einer der Meister des Symbolismus, einer philosophisch-feierlichen Gedankenkunst, die in riesigen Gemäldeformaten, bestimmt für öffentliche Räume, Fragen abhandelt, die Gebildete angehen, wie etwa das Verhältnis von Christentum und Antike, der beiden Wurzeln unserer Kultur. Betrachtet man sein Werk »Christus im Olymp«, so kann man sich vorstellen, dass er eineinhalb Jahrhunderte früher auch den Vorhang des Leipziger Alten Theaters bemalt haben könnte mit Shakespeare, der in einen griechischen Tempel schreitet, wie ihn Goethe beschrieb. Gleich seinem Vorgänger Oeser war Klinger ein Mann von ausgezeichneter Bildung, der in seiner Kunst nicht auf die Spontaneität des Blickes oder des Gefühls setzt, sondern überordnet, was er weiß. Man kann bis zu Lembergers Reformationsillustrationen zurück gehen, um dieses künstlerische Verhalten als charakteristisch für die Stadt der sächsischen Landesuniversität zu erklären, und man kann diese Linie bis zur Gegenwart ziehen und Wolfgang Mattheuer benennen als heutigen Repräsentanten jener Richtung, in der das Rationale oder Gedankentiefe sich zu gleichsam sprachgewaltigen Bildern verdichtet. Darin war Klinger einer der Großen. Er hat den grafischen Zyklus nach den Vorbildern Dürers, Goyas und Daumiers schon als junger Künstler in den achtziger Jahren in Deutschland mit seinen Radierungen zu neuen Ehren gebracht. Kaum ein Grafiker um 1900 vermochte es, sich der Brillanz dieser Blätter und der Dramatik ihrer Bildsprache zu entziehen. Käthe Kollwitz und Edvard Munch haben davon gezehrt wie auch die Meister der italienischen »Pittura metafisica«; ein anderer großer Leipziger, Max Beckmann, geht in seinen frühen Zyklen – in der dunklen Beredtheit seiner Erfindungen – auf ihn zurück und manche frühen Radierungen Picassos mit ihren Kontrasten von klassischen Umrissen und dunklen Flächen erwecken die Idee, er habe Blätter Klingers im Kopf gehabt. Dies betrifft vor allem dessen philosophische Reflexionen, aber andere Radierungen stehen gleichzeitig im Zusammenhang mit dem sozialkritischen Naturalismus in den Dramen des jungen Gerhart Hauptmann – ein Beispiel für die Spannweite Klingers. Er lieferte dekorative Entwürfe für das Leipziger Ratssilber und die mächtige, polychrome Sitzfigur Beethovens, für das Aulagemälde der Universität »Die griechische Geisteswelt« und Radierungen über die revolutionären Berliner Märztage von 1848. Es gab kaum eine geistige Strömung der Epoche, die sein Werk nicht reflektiert, in immer neuen, erstaunlichen, kaleidoskopisch sich ändernden Konstellationen und stets bedeutend. So ist der aus verschiedenen Materialien komponierte Beethoven ein Beitrag zur damaligen Diskussion über die ursprüngliche Farbigkeit der griechischen Plastik. Deren berührendstes künstlerisches Ergebnis ist wohl die »Neue Salome« aus bemaltem Gips von 1894, ein Jahrzehnt vor der Opernversion von Richard Strauss. Als Klinger 1886 den »Beethoven« während eines Studienaufenthaltes in Paris konzipierte, beschäftigte er sich gleichzeitig mit der neuesten Malerei. 1888 in Rom malte er das »Kollosseum« und dieses Gemälde – heute in der Dresdner Galerie Neue Meister – ist wohl die früheste und erstaunlichste Adaption der gobelinhaften Flächenmalerei des Paul Cézanne in der deutschen Kunst. Der Geniekult, der die Apotheose Beethovens hervorrief und dem Klinger noch weitere Werke für Wagner und Brahms folgen lassen wollte, gehörte zum Geist des Jugendstils – die französische Variante war Rodins Balzac-Statue – und machte schließlich Klinger selbst zum Idol. Bis zu seinem Tod im Jahre 1920 beherrschte er das Leipziger Kunstleben als einer der letzten Künstlerfürsten. Ein Repräsentant des Jugendstils war er dennoch nicht, sein Werk steht in genialischer Abgehobenheit in den Entwicklungen seiner Epoche, angeregt von vielen und viele anregend, als eine sächsische Sonderform.

Rainer Maria Rilke, »Das Stunden-Buch«, Insel-Verlag, Leipzig 1909

Im gemäßigten Dresdner Kunstklima, neben den Impressionisten der Akademie und den Architekten und Lebenskunstgestaltern von Hellerau, gab es eine Gruppe ausgeprägter Jugendstilmaler, unter ihnen Sascha Schneider. Er war Monumentalmaler, Bildhauer und Grafiker wie Klinger, doch dessen Geniekult äußerte sich bei ihm mit vergleichbaren künstlerischen Mitteln als Kult schöner und kraftvoller Männlichkeit. Es konnte nicht ausbleiben, dass sich seine Neigung an Heldengestalten entzündete, die damals unweit von ihm der Feder eines Schriftstellers entsprangen, der von einer der elysischen Töchter mit dem Götterfunken der Phantasie begabt worden war. Sascha Schneiders Freund war Karl May, Sohn eines armen Webers aus dem vorerzgebirgischen Hohenstein-Ernstthal. Ihm schuf Schneider die Titelbilder seiner millionenfach gedruckten, noch heute gesuchten Romane über die Abenteuer Old Shatterhands alias Kara Ben Nemsi und seiner Gefährten. Nichts kam dem gleich an sächsischer Literatur am Ende des 19. Jahrhunderts – von Nietzsche stark abgesehen. Denn diese Literatur entsprach nicht nur einem neuen, fast unzählbaren Lesepublikum der Industriegesellschaft, sie erzeugte es auch. Darin trifft sich dieser weitwirkende Jugendschriftsteller mit zwei Frauenschriftstellerinnen: Marlitt und Courths-Maler, Kinder des gleichen, von mittelständischem Werkfleiß und breit gefächerter Volksbildung geprägten sächsisch-thüringischen Raumes. Doch Karl May, ein ausgebildeter Volksschullehrer, hatte auch didaktische Absichten, war ein fleißiger Arbeiter und entschiedener, lutherisch geprägter Moralist – im Alter bekannte er sich zur frühen europäischen Friedensbewegung. Bei der Vorbereitung seiner Abenteuerromane studierte er einschlägige Wörterbücher, historische und geografische Literatur und Reiseberichte. Von Letzteren übernahm er, was er brauchbar fand, mit Ungeniertheit. Aber gerade an solchen Stellen, die einem Plagiat nahe kommen,

Villa »Shatterhand«, letztes Wohnhaus (1896–1912) von Karl May. Radebeul bei Dresden, Karl-May-Museum

erweist sich die Größe seines Talents, denn seine Ausschmückungen verwandeln die sachlichen Schilderungen der Augenzeugen in plastische Bilder von fremdländischem Zauber, in denen stets das literarisch Richtige stattfindet und außerdem der gute deutsche Abenteurer siegt, verbunden mit den guten Eingeborenen, deren Kultur er respektiert – ein signifikanter Gegensatz zu dem, was um 1900 der weiße Mann in seinen Kolonien praktizierte.

Aber Karl May war kein großer Dichter, Kuehl und Sterl in Dresden keine bedeutenden Maler, Lossow & Kühne, Schilling & Gräbner keine genialen Architekten. Vom Leipziger Sonderfall Max Klinger abgesehen, hatte Sachsen keinen Künstler von europäischem Rang, als es um 1900 eine seiner wirtschaftlichen Blütezeiten erreichte, die vergleichbar war mit jenen um 1500, um 1600, um 1750 und um 1840. Die beiden großen Architekturbüros können geradezu als Maßstab für die sächsische Kunst der Epoche genommen werden. Bei Schilling & Gräbner wie bei Lossow & Kühne, beide ansässig in Dresden, hatten sich je ein künstlerischer Entwerfer und ein Bautechniker zusammengetan. Sie bekundeten schon durch diese Kombination den Beginn des Industriebaus und zugleich die Aufgabe individuellen Künstlertums in ihrer Architektur. Beide architektonischen Großunternehmen waren in der Lage, ihren Auftraggebern sowohl altmodische historistische Villen zu errichten als auch solche stilistisch durchgestalteten, hochmodernen Erfindungen zu liefern wie die Heilstätte Gottleuba oder die Verbindung einer riesigen Stahlkonstruktion mit repräsentativen steinernen Hallen wie beim Leipziger Hauptbahnhof von Lossow & Kühne. Die erste reine Jugendstilkirche in Sachsen war die Christuskirche in Dresden-Strehlen, mit der Schilling & Gräbner zum ersten Mal das Gebot der Evangelischen Landeskirche durchbrachen, kirchliche Neubauten im neogotischen Stil zu errichten. Man beherrschte alle Anforderungen der modernen Welt auf hohem Niveau – ohne Genie –, aber in der Breite einer hervorragenden Bauschule, die das ganze Königreich umfasste. Die Neubauten dieser Zeit, soweit noch erhalten, wie Schulen, Ämter, Museen,

Die Christuskirche in Dresden-Strehlen, erbaut von Schilling & Gräbner, 1905 bis 1907

Theater, Fabriken und Villen, sind von durchweg guter Form und selbst in den Arbeitervorstädten sieht man Anlagen, die zwar einen bescheidenen, jedoch auch künstlerischen Lebensanspruch bezeugen.

Der Erste Weltkrieg verhinderte mögliche Gipfelleistungen, die auf dieser breiten Basis hätten aufbauen können und brach alle Entwicklungen ab. Etwa 750 000 Sachsen zogen an die Fronten, annähernd jeder dritte kam nicht zurück, und was der Krieg nicht nahm, ruinierte die Inflation. Als 1918 König Friedrich August III. abdankte, endete eine sächsische Geschichte, die im Jahre 1089 mit der Einsetzung des ersten Wettiners zum Markgrafen von Meißen begonnen hatte.

Offensichtlich blieb aber das Ende der Dynastie und die Umwandlung des Königreiches in einen Freistaat ohne tiefere Auswirkungen auf Sachsen und das sächsische Selbstverständnis. Das Territorium, seine Verwaltungsstruktur und die Beamtenschaft unterlagen keiner Veränderung, obwohl die Wahlen zur sächsischen Volkskammer am 2. Februar 1919 eine klare Mehrheit der SPD erbrachten und folglich die Regierung und der Ministerpräsident von ihr gestellt wurden. Armut, Hunger, Streiks und revolutionäre Unruhen überdeckten das geschichtliche Ereignis, als sich der letzte wettinische Landesherr auf seine schlesischen Besitzungen zurückzog.

Notenhandschrift zur Oper »Daphne« von Richard Strauss

Andererseits muss in Betracht gezogen werden, dass die Reichsgründung von 1871 und die von ihr erzeugte Stärke der Industrialisierungswelle sich auf alle ehemaligen deutschen Teilstaaten ausgewirkt hatte in einer starken Durchmischung der Bevölkerung. Arbeiter, Techniker und Unternehmer, aber auch Wissenschaftler, Künstler, Beamte und Offiziere, nicht mehr gehindert durch unterschiedliche Staatsangehörigkeiten und Währungen, zugleich mobilisiert durch die Eisenbahnverbindungen, zogen in Mengen dorthin, wo sich ihnen die besten Aussichten boten. Auffällig äußert sich dieser Prozess in der südsächsischen Villen- und Landhausarchitektur um 1900 durch Übernahme bayerisch-fränkischer Motive in Fachwerk, breiten Dachüberständen mit profilierten Balkenköpfen und Balkons vor den Giebelwänden. Selbst in erzgebirgischen Dörfern findet man solche eigentlich landfremden Dachkonstruktionen und man kann die Häuser nach ihnen annähernd datieren. Merkwürdig stark färbte dieser Zug die Dresdner Kultur ein – als habe eine betonte Kooperation der beiden Königreiche stattgefunden, die alles andere als preußenfreundlich waren: der Maler Kuehl war von München nach Dresden gekommen, gleichfalls der Maler, Architekt und Gestalter Riemerschmid und, erst 1916, der Maler Feldbauer, Professor an der Akademie. Dort lehrte auch als Nachfolger Schillings der Münchner Bildhauer Georg Wrba und als Stadtbaurat und Leiter des Hochbauamtes war der Bayer Hans Erlwein tätig, der über München und Bamberg gekommen war. Dazu zählen die Uraufführungen der Opern von Strauss. Alle diese Männer haben die Dresdner Kultur am Beginn des 20. Jahrhunderts nachhaltig geformt, wobei sie in der Linie der großen Tradition der Stadt und des Landes weiterbauten, -malten, Skulpturen und Möbel schufen.

Dabei ist aber festzuhalten, dass derartige Einflüsse und Modifikationen alter Territorialstile einer Linie entsprachen, die mit der Reichsgründung in die Zukunft gezogen worden war, denn das, was im Falle Dresdens besonders deutlich hervortrat, war prinzipiell in ganz Deutschland gängige Praxis. Die Deutschen stimmten auch darin überein, eine ein-

Neues Grassi-Museum Leipzig, erbaut 1925 bis 1929 von Carl William Zweck und Hans Voigt nach Entwürfen von Hubert Ritter, Foto 1929

heitliche deutsche Kultur anstelle der früheren kleinstaatlichen zu haben. Die Moderne der zwanziger Jahre setzte diese Einebnung der alten Regionalstile fort. Bauhausarchitektur ist nicht mehr ortsspezifisch und heute in Chicago, Moskau und Tel Aviv gleichermaßen zu Hause, ungeachtet ihrer protestantisch-aufklärerischen Wurzeln, die in Weimar und Dessau liegen.

Das Bild, das die Künste bieten, steht aber für das Ganze. Von jenen Vorzügen, mit denen 1866 das Königreich Sachsen unter die preußische Vormundschaft geraten und fünf Jahre später unter Salutschüssen in das Zweite Kaiserreich eingetreten war, blieb bis zum Beginn des Ersten Weltkrieges nicht viel, außer seinen unvergleichlichen Leichtindustrien, denn Industrie und Landwirtschaft hatten überall aufgeholt und blühten in ganz Deutschland. Die Sozialdemokratie hatte sich zwar 1906 mit dem Leipziger Volkshaus eines ihrer repräsentativsten Gebäude errichtet, ihre sogenannten Hochburgen lagen aber nicht mehr in Sachsen allein, sondern auch in Berlin, Halle und Hamburg, in Oberschlesien und am Rhein. Künste und Wissenschaften standen in hohem Ansehen, in München, Karlsruhe, Bonn, Weimar, Breslau und Berlin ebenso wie in Dresden und Leipzig. Mit dem Rang und der volksbildenden Wirkung der alten ruhmreichen augusteischen Museen Dresdens vermochten jene von München und Berlin Schritt zu halten. Sachsen war ein Land wie die meisten anderen in Deutschland, als es am 10. November 1918 seine alte Dynastie stürzte und die Republik ausgerufen wurde.

Sächsische Identität behauptete sich dennoch. Sie hatte sich zwar als ersetzbar erwiesen in den 1815 preußisch gewordenen Gebieten von Wittenberg bis Görlitz durch die des Siegers, den die Bevölkerung schließlich akzeptierte. Sie zeigte sich jedoch als unabhängig von der staatlichen Ordnung und unaustilgbar in den alten Meißnischen Kernländern als ein psychisches und geistiges Moment, sichtbar, hörbar und fühlbar in den Künsten und in der Sprache.

ZWEIFACHES ENDE UND NEUBEGINN (1919–1990)

Sachsens staatliche Souveränität, bedroht seit Beginn der napoleonischen Ära, erlosch 1867, doch als Königreich unter seiner angestammten Dynastie hatte es vermocht, seine innere Selbstbestimmung zu halten. Selbst diese wurde aber schließlich seit 1918 ausgehöhlt und brach mit dem Freistaat nach kaum 15 Jahren zusammen. Das Dritte Reich der Nazis egalisierte politisch und administrativ alle ehemaligen Teilstaaten und seit der Auflösung des Landtages am 30. Januar 1934 existierte zwar noch die Verwaltung als Landesregierung, jedoch der sächsische Staat nicht mehr. In den deutschen Katastrophen und Erholungsphasen, die, seit 1914 der Erste Weltkrieg begann, dichter aufeinanderfolgten als je zuvor, trat als sächsische Besonderheit hervor, dass sie sich hier stärker auswirkten als in anderen Teilen Deutschlands.

Der Grund dafür war zunächst die historische Wirtschaftsstruktur Sachsens. Nur noch etwa 13 Prozent der Erwerbstätigen arbeiteten um die Mitte der zwanziger Jahre in der Landwirtschaft, doch 61 Prozent von ihnen in Industrie und Handwerk – hier lag der Reichsdurchschnitt bei 41 Prozent – und die meisten Betriebe waren mittelständisch. Viele von ihnen stellten Güter her, die in schwierigen Zeiten kaum gefragt waren – Spitzen, Noten, Bücher, Musikinstrumente, Keramik, Möbel, Uhren, Glas, auch bereits Kraftfahrzeuge – und wurden, wie der gesamte in Sachsen traditionell starke Mittelstand, durch den Fall der Reichsmark ins Bodenlose während der Inflationsjahre besonders schwer getroffen und dezimiert. Über Generationen vermehrte Bankkonten verfielen zu nichts und man bezahlte schließlich 1923/24 alltägliche Einkäufe mit Millionen-, schließlich Milliarden- und Billionenbeträgen. Ein ungeheuerlicher Ausverkauf von Grund-, Haus- und Kunstbesitz betraf den Mittelstand. Die Arbeitslosigkeit der Arbeiter und Angestellten erreichte höhere Prozentzahlen als in den anderen deutschen Ländern und ihre Not war entsetzlich, jenseits heutiger mitteleuropäischer Maßstäbe. Infolgedessen nahmen sowohl linker wie rechter politischer Extremismus zu. Dazwischen verminderten sich Anzahl und Gewicht jener, die für die Weimarer Republik eintraten.

Bis zur Mitte der zwanziger Jahre wurde der Freistaat von Sozialdemokraten oder von linken Koalitionen regiert. Streiks, politische Unruhen und blutige Straßenkämpfe verbreiteten sich wiederholt von den Zentren Chemnitz, Leipzig und Dresden über das ganze Land. Dreimal rückten Truppen der Reichswehr ein, um revolutionäre Situationen mit Waffengewalt zu beenden, so 1919 in Dresden, Leipzig und Chemnitz und im Oktober 1923 in ganz Sachsen, um die revolutionäre Regierungskoalition aus linken Sozialdemokraten und Kommunisten unter dem Ministerpräsidenten Erich Zeigner zu stürzen, die Anordnungen der Reichsregierung missachtete. Die Inflation war zu einem Höhepunkt fortgeschritten und der sozialdemokratische Reichspräsident Friedrich Ebert hatte im September den Ausnahmezustand im Reich verkündet. Mit seiner Unterschrift ließ Reichskanzler Gustav Stresemann, Mitbegründer des Verbandes Sächsischer Industrieller, die Reichswehr in Sachsen einmarschieren und den Widerstand blutig brechen. Ruhe und Ordnung erschienen so verbunden mit der politischen Rechten und als 1924 die Währungssicherheit in der Republik wiederhergestellt wurde und die Wirtschaft wieder Tritt fasste, neigte sich plötzlich bei den Wahlen die Waage zu ihren Gunsten.

Merkwürdigerweise ging dieser Umschwung überein mit der Wendung der expressionistischen Maler der zweiten Generation in Dresden zur »Neuen Sachlichkeit«. Als 1927 Otto Dix eine Professur an der Dresdner Akademie erhielt, mussten die sieggewohnten sächsischen Sozialdemokraten Regierungsbündnisse mit bürgerlich-liberalen Parteien eingehen. Dabei wuchs die Wählerschaft der »Nationalsozialistischen Deutschen Arbeiterpartei« unaufhörlich, entzückt über eine Mitte, die den Ausgleich zwischen links und rechts, Kapital und Arbeit, Fortschritt und Reaktion gelobte vermittels des nationalen Kampfes gegen ein internationales jüdisches Kapital und eine kommunistische Internationale. Zweifellos hat der Friedensvertrag von Versailles, mit dem die Sieger von 1918 (ausgenommen die Vereinigten Staaten) versuchten, Deutschland und Österreich auf Dauer niederzuhalten, ein Klima aus Demütigung und Verzweiflung im Reiche

Theaterplatz in Chemnitz mit Opernhaus und Museum, erbaut 1906 bis 1909 von Richard Möbius

erzeugt, das solchem nationalistischen Hexeneinmaleins günstig war. Sachsen kann als Modell dafür genommen werden. Erst rotes Königreich, dann beinahe eine rote Republik, wechselte es seine politische Farbe innerhalb von zehn Jahren ins Braune. Im Januar 1933 erreichten die Nazis hier etwa den gleichen Stimmenanteil wie bei Wahlen 40 Jahre zuvor die Sozialdemokraten: 45 Prozent. Ihre Erfolgszahlen begannen emporzuschnellen, als Sachsen 1929 von der Weltwirtschaftskrise erfasst wurde und schließlich 1932 mit 14 Prozent unterversorgten Arbeitslosen wieder zu den am stärksten betroffenen Notstandsgebieten Deutschlands zählte. Doch jetzt galt die SPD nicht mehr als Hort der Entrechteten. Zwar waren die linken Arbeiterparteien noch immer stark in Leipzig und Chemnitz, aber im braun mutierten Sachsen war die Hauptstadt am deutlichsten verfärbt. In dieser alten, kultivierten Residenz, in der der heranwachsende Erich Kästner Schönheit einatmete »wie Försterskinder die Waldluft«, herrschte seit 1933 als sächsischer »Gauleiter« ein ehemaliger Plauener Spitzenfabrikant namens Martin Mutschmann. Bald erreichte Dresden den höchsten Prozentsatz von Mitgliedern seiner Partei unter allen deutschen Großstädten, ungeachtet ihres erwiesenen Anteils an Mördern und Brandstiftern, ihres Heldenkultes und offen propagierter Aufrüstung zum Krieg, den sie am 1. September 1939 vom Zaune brach. Gibt es irgendwo ein Beispiel für einen modernen Fall alttestamentlichen Gotteszorns, dann ist es das Schicksal dieser Stadt.

Wie schon während der politischen Umbrüche im 19. Jahrhundert oder bei der künstlerischen Revolte der »Brücke«-Maler um 1905 hatte sich Dresden in den Jahren der Weimarer Republik als ein Ort mit extremen Spannungen erwiesen. Chemnitz und Leipzig waren homogener und darin zeigte sich, dass die zeitüblichen sozialen Gegensätze allein solche Heftigkeit geistiger und politischer Reaktionen nicht erzeugten. In Dresden spielte offensichtlich die immer und überall gegenwärtige Tradition der Macht und der Künste einen verschärfenden Part in allen Auseinandersetzungen, während im Leipziger Geistesleben Innovationen leichter durchsetzbar waren, denn für Wissenschaft, Handel und Industrie sind sie lebenswichtig.

In Chemnitz hingegen setzte eine eigenständige geistige Produktion nach fast vierhundertjähriger Unterbrechung durch die Folgen von Kriegen, nachlassender Wirtschaftskraft oder schließlich reinen kapitalistischen Wachstums erst nach 1900 wieder ein. Die Stadt hatte sich schon 1836 bis 1838 während der ersten Industrialisierungsphase ein Theater gebaut und gleichzeitig die »Königliche Gewerbeschule« zwecks Ausbildung technisch gebildeter Fachleute. Aus ihr entwickelte sich eine Ingenieurschule und 1986 die Technische Universität. 1901 kam das »Central-Theater« hinzu und Henry van de Velde errichtete Industriebauten. Ein neu erwachter Ehrgeiz der dritten sächsischen Großstadt, auch kulturell den beiden größeren nahezukommen, ließ dann 1906 bis 1909 den Theaterplatz mit Opernhaus

Villa Esche in Chemnitz, erbaut 1902/03 von Henry van de Velde

Kaufhaus Schocken in Chemnitz, erbaut 1929/30 von Erich Mendelsohn

und Museum von Richard Möbius als einen städtebaulich großen Wurf entstehen. Nach 1920 konnte hier der bedeutende Kunsthistoriker Schreiber-Weigand als Direktor der »Kunsthütte« eine legendäre Sammlung moderner Malerei aufbauen, gestützt vor allem auf die Meister der »Brücke«, zumal drei von ihnen aus dem westsächsischen Gebirgsvorland stammten, in dem auch Chemnitz liegt: Pechstein aus Zwickau, Heckel aus Döbeln, Schmidt-Rottluff aus dem Chemnitzer Vorort Rottluff.

Die sehr schmale, aber bedeutende Schicht des Chemnitzer jüdischen Bürgertums errichtete sich 1929/30 ein Denkmal mit dem Kaufhaus des Großunternehmers Schocken, das als eines der modernsten Bauwerke des Architekten Erich Mendelsohn das Bild der Innenstadt mitbestimmte.

Damals wuchsen im Chemnitzer Bürgertum auch zwei literarische Talente heran, denen durch jüdische Herkunft und intellektuelles Vermögen vorbestimmt war, sich gegen die Nazis und auf die Seite der Linken zu stellen. Stefan Heym und Stefan Hermlin kämpften in der Emigration gegen den deutschen Faschismus. Ihre Gedichte, Romane, Erzählungen und Essays gehören zu den bedeutenden Leistungen deutscher Literatur im 20. Jahrhunderts. Aber sächsisch geprägt kann man sie kaum mehr nennen, nachdem sie so schwierige Erfahrungen gemacht, längere Zeit ihres Lebens im ehemaligen Ost-Berlin geschrieben und neue Kämpfe ausgefochten haben. Ihr Jugendschicksal steht aber beispielhaft für die Blüte einer neuen Chemnitzer Kultur, die im Ansatz zum Welken gebracht wurde. Wie Heym und Hermlin verließen auch Mendelsohn und die Familie Schocken ihre Heimat. Schreiber-Weigands Sammlung, mit der Chemnitz auf der Höhe der deutschen Moderne stand, wurde als Musterkollektion der »entarteten Kunst« verdammt und in die ganze Welt verschleudert. Ihr Schöpfer wurde entlassen und teilte mit Karl Schmidt-Rottluff die innere Emigration.

In Leipzig wuchsen zwei große Künstler am Ende des 19. und zu Beginn des 20. Jahrhunderts heran. Es waren die Maler Max Beckmann, geboren 1884, und Hans Hartung, geboren 1904. Auch sie emigrierten nach Holland und nach Frankreich, kehrten aber nie zurück. Es ist charakteristisch, dass beide Sachsen verließen, bevor der Druck der Nazis einsetzte. Schon 1932 ging Hartung ins Ausland, lebte seit 1935 in Paris und kämpfte seit 1939 als Freiwilliger gegen den Nationalsozialismus. Zusammen mit dem in Dresden erzogenen Wolfgang Schulze (Wols) gehörte er zu den führenden Meistern der abstrakten französischen Moderne. Beckmann entschied sich schon sechzehnjährig für den Impressionismus, ging zum Studium an die damals vorbildlich moderne Weimarer Akademie und orientierte sich anschließend in Berlin an Liebermann. Doch unter dem Eindruck der Vernichtungsschlachten des Ersten Weltkrieges ließ er Schilderungen der Oberfläche hinter sich und erfand einen von innerer Dramatik bestimmten expressionistischen Figurenstil, mit dem er Weltruhm erlangte. 1950 starb er in New York. Die stumme Beredtheit seiner Gestalten, ihre symbolhafte, verschlüsselte Psychologie und ihre klassisch-mythologischen Hintergründe bezeugen die Eindrücke, die Beckmann von Klingers Werken empfangen hatte.

Es war die Fortsetzung dieser Leipziger Linie, als 1928 Willy Geiger von München als Professor an die Leipziger Akademie berufen wurde, einer der besten deutschen Zeichner seiner Zeit. Sein Realismus war jedoch ausdrucksgesättigt und modern genug, um den Nazis als »kulturbolschewistisch« zu erscheinen. Geiger wurde 1933 entlassen.

Gleichzeitig mit Geiger wurde an der Leipziger Kunstgewerbeschule ein weiterer Zeichner und Maler seines Lehramts enthoben, Max Schwimmer, ein Leipziger des Jahrgangs 1895. Auf ihn trafen politische Vorwürfe allerdings zu, denn er hatte die linke Presse mit Kritiken und Zeichnungen beliefert. Es entsprach seiner Überzeugung, die Figur als Träger ablesbarer Aussagen zu verwenden, aber diese klassische und zugleich Altleipziger Bildvorstellung – die ihrer Herkunft nach zeichnerisch ist – kommt bei ihm mit einer französischen Prägung einher. Dieser begnadete Zeichner besaß die im Deutschen seltene Gabe der Anmut. Die Nazis verboten ihm die künstlerische Arbeit und er fristete ein kärgliches Leben von kleinen Illustrationsaufträgen, die er illegal ausführte und unter Pseudonym veröffentlichte. Nach 1945 lehrte er als Professor in Leipzig und Dresden.

Zu den ersten Opfern der braunen Kulturpolitik gehörte auch der Gewandhauskapellmeister Bruno Walter. Erst 1929 hatte er das Orchester von Wilhelm Furtwängler übernommen, der es seit 1922 geleitet hatte. Bedenkt man, dass ebenfalls von 1922 an und bis 1933 Fritz Busch die Dresdner Staatskapelle dirigierte, so wird ersichtlich, dass das sächsische Musikleben während der Jahre der Weimarer Republik auf dem höchsten Niveau stand, allerdings ohne solche schöpferischen Leistungen zu erbringen wie die Meister der Wiener Schule

Selbstbildnis mit Minna Beckmann-Tube. Gemälde von Max Beckmann, 1909. Halle, Staatliche Galerie Moritzburg

oder etwa Richard Strauss und später Carl Orff in Bayern. Die beiden großen Dirigenten wurden zur Emigration gezwungen und aus »rassischen Gründen« ließ die Stadt Leipzig 1936 das Denkmal Felix Mendelssohn Bartholdys abreißen. Nicht mehr gedacht werden sollte des Gründers ihres Konservatoriums, der das Gewandhausorchester zu Weltruhm geführt hatte.

Es gelang aber, die vakant gewordenen Spitzenstellungen mit erstrangigen Dirigenten wieder zu besetzen, so mit Karl Böhm in Dresden und Hermann Abendroth in Leipzig – fast, als sei nichts gewesen.

Die Nazis erfüllten ihr Versprechen auf Arbeit, die Konjunktur kam in Fahrt und ihr Motor war die Rüstungsindustrie. Zu deren Schwerpunkt wurde die Motorisierung bestimmt, Kraftfahrzeuge, Panzer und Flugzeuge. Die Zwickauer Horch-Werke – Ursprung des heutigen Audi – expandierten. Es folgte der Ausbau von Autobahnen und Flugplätzen, nützlich für den geplanten Krieg. Technologie und Wissenschaften wurden in rapider Geschwindigkeit entwickelt – bei gleichzeitiger drastischer Absenkung der Zahl der Studierenden – und der Anteil der Großindustrie vergrößerte sich über alle traditionellen sächsischen Maßstäbe hinaus mit den südwestsächsischen Werken der Auto-Union, den Chemiewerken im Leipziger Raum und den Braunkohleförderungs- und -verarbeitungsbetrieben. Aber es vergrößerten sich auch die alten Stahl- und Eisengusswerke, die Fabriken des Schwermaschinenbaues und die Textilbetriebe in Leipzig und von der Lausitz über den Chemnitzer Raum bis zum Vogtland.

Werner Heisenberg. Historisches Foto

Es versteht sich, dass bei diesem Entwicklungsschub der Industrien den Wissenschaften höchste Bedeutung zukam. Solchen Anforderungen entsprachen die sächsischen Hochschulen, jedoch nicht allein in den praktischen Fächern, sondern auch in den Geistes- und den Naturwissenschaften. Leipzig wurde durch Werner Heisenberg, der schon 1927 berufen worden war, Zentrum der theoretischen Physik in Deutschland – zumindest nach Einsteins Emigration –, und mit ihm und Peter Debye arbeiteten dort zwei Nobelpreisträger. An Bedeutung entsprach ihnen Heinrich Barkhausen an der Technischen Hochschule in Dresden. Noch nicht dreißigjährig wurde er 1911 einer ihrer jüngsten Professoren. Er war ein Pionier der Schwachstromtechnik – der Begriff »Phon« (Maßeinheit für Lautstärke) geht auf ihn zurück – und die moderne Entwicklung der Nachrichten- und Kommunikationstechnik sowie der Elektronik basiert auf seinen Erkenntnissen. In Tokio, wo er in den dreißiger Jahren lehrte, errichtete man ihm einen Gedenkschrein.

Dresdens industrielle Entwicklung war ausgegangen von zahlreichen Manufakturen und Werkstätten, die sich am Bedarf des Hofes orientierten. Diese Grundlage prägte noch das Produktionsprofil der Stadt im Zeitalter der Großbetriebe. Seit der ersten Industrialisierungswelle um die Mitte des 19. Jahrhunderts konzentrierten sich hier Tabak- und Schokoladenfabriken, und sie brachten wiederum einen Maschinenbau hervor, der auf ihre Produkte und deren Verpackung spezialisiert war. Als einziges Dresdner Fabrikgebäude behauptet sich neben den baugeschichtlichen Monumenten der Altstadt das der Zigarettenfabrik Yenidze von 1908/09 in Gestalt einer Moschee mit Glaskuppel und dem Minarett, das einen Schornstein verbirgt. Der Bau gilt als Hauptwerk der orientalisierenden Richtung des internationalen Jugendstils, die – beispielsweise – annähernd gleichzeitig ein Bankgebäude gleicher Art in Detroit/USA hervorbrachte, und er ist insofern ein Gegenstand der Architekturgeschichte.

Auf gleichen frühindustriellen Anfängen basieren auch die Nähmaschinen-, Schreibmaschinen- und Kamerawerke Dresdens. Speziell die Fotoindustrie geht auf einen der Großen in der Geschichte der Fotografie zurück, auf Hermann Krone. 1827 in Breslau geboren, studierte er seit 1849 an der Dresdner Kunstakademie. 1853 gründete er hier eine »Photographische Lehr- und Portraitanstalt«

Lehrtafel 36 aus dem historischen Lehrmuseum für Photographie (gestiftet 1907 von Hermann Krone)

und 1869 die »Photographische Gesellschaft«. Von 1870 an gab er Vorlesungen am Polytechnikum und erhielt 1895 an dessen Nachfolgeeinrichtung, der Technischen Hochschule, die erste Professur für Fotografie in Deutschland. Den technischen und künstlerischen Neuerungen, die Krone eingeführt hatte, folgten in Dresden sowohl Lichtbildner, die in die Kunstgeschichte der Fotografie eingegangen sind, wie Hugo Erfurth und Edmund Kesting, als auch Kamera- und Fotopapierfabriken. Die wichtigsten Hersteller fusionierten bereits 1926/27 zur Zeiss-Ikon-AG. Dieser erste Produzent von Spiegelreflexkameras war 1941 mit über 13000 Beschäftigten der größte fototechnische Betrieb Europas. Er war »kriegswichtig« wie auch die Schreibmaschinenfabrik, und sie erreichten deshalb in den ersten Jahren des Zweiten Weltkrieges ihre größte Kapazität, kurz bevor sie die Alliierten an den Rand des Ruins bombardierten.

Wie nach 1849, jedoch in extremer Verschärfung, erwies es sich während der nationalsozialistischen Diktatur, dass weder Freiheit, Gleichheit und Brüderlichkeit, noch christlich-humanistische Tradition, Toleranz, Geist und Kunst zur Entwicklung der modernen Industrie und Wissenschaften notwendig sind. Selbst die Philosophie und die traditionellen Geisteswissenschaften kamen ohne sie aus, soweit sie nicht von Demokraten, Sozialisten oder Juden betrieben wurden. Diese waren jedoch in der Minderheit wie die Publizisten, Künstler und Musiker und wie die jüdischen Mitbürger. In den sächsischen Großstädten lag deren Anteil an der Einwohnerschaft bei 1 Prozent, in den kleineren Städten und Gemeinden weit darunter. Das Verstummen dieser Minderheiten durch Amtsenthebungen, plötzliches Verschwinden, selbst bekannt gewordene Ermordungen, die Brandmarkung mit dem Judenstern, die Brandschatzung der Synagogen im November 1938 fiel wenig ins Gewicht angesichts der Tatsache, dass Hunderttausende von der Sinnentleerung durch Arbeitslosigkeit und der Last der Armut befreit waren. Die Geschäfte gingen gut, das Handwerk blühte und das alte Nationalbewusstsein dazu. Deutschland war wieder groß. Die Stimmung schlug erst um, als ganze Seiten in den Tageszeitungen nicht mehr ausreichten für die Todesanzeigen der Gefallenen, die Alliierten Nacht für Nacht Städte und Industrieanlagen bombardierten und nun auch Angehörige der bis dahin nicht betroffenen Mehrheit vom Terror des Regimes ereilt wurden.

»Ich will Zeugnis ablegen bis zum letzten«. Tagebücher von Victor Klemperer von 1933 bis 1945. Berlin 1995

Es gibt kein Zeugnis, das die qualvolle Strangulierung des freien Geistes und der mit ihm aufs engste verbundenen jüdischen Minorität in Deutschland so präzis dokumentiert wie die Tagebücher des Dresdner Romanisten Victor Klemperer. In Landsberg (Warthe) 1881 geboren, erhielt er 1921 die Professur für Romanistik an der Technischen Hochschule in Dresden. 1935 wurde er wegen jüdischer Herkunft entlassen – ein Sachverhalt, der seit Generationen ohne jede religiöse, juristische und politische Relevanz in Deutschland und im gesitteten Westeuropa war. Ein historischer Bodensatz war aufgestiegen, von Brecht »Abschaum« genannt. Klemperers Tagebücher von 1933 bis 1945 wurden unter dem Titel »Ich will Zeugnis ablegen bis zum letzten« in zwei Bänden herausgegeben (Berlin 1995). Mit der Objektivierung seiner eigenen Lage vollbrachte der Wissenschaftler und Essayist zugleich eine Darstellung der deutschen Katastrophe, die ohne Parallele in der deutschen Literatur steht. Dresden, wo er aufgestiegen war und wo er gelitten hatte, wo er das furchtbarste Bombardement jenes Krieges überlebte, machte er zu seiner Wahlheimat.

Erich Kästner. Historisches Foto

Hier starb er, hoch verehrt und geehrt, im Jahre 1960, nachdem er seit 1947 in Greifswald, Halle und Berlin gelehrt hatte. Man darf seine Schriften in die lange Linie des sächsischen aufklärerischen Rationalismus einreihen. Zwar sind territoriale Bezüge im Reiche der Wissenschaften zweitrangig, aber Klemperer war auch ein großer Schriftsteller und dessen subjektive Momente erlauben solche Zuordnung.

Von erstem Rang ist dieser Bezug bei einem anderen Dichter. Zweifelsfrei sächsisch geprägt erscheint der Dresdner Erich Kästner, wenn er auch die längste Zeit in Berlin und München lebte. Aber in Dresden wurde er 1899 geboren, wuchs er auf, lernte er nach eigenem Bekunden Schönheit zu begreifen, besuchte er vor seiner Einberufung in den Ersten Weltkrieg 1917 das Lehrerseminar. 1919 begann er in Leipzig Literaturgeschichte zu studieren und war gleichzeitig Redakteur der linksliberalen »Neuen Leipziger Zeitung«. Als freier Schriftsteller in Berlin publizierte er seit 1928 Gedichte, das Kinderbuch »Emil und die Detektive«, das auch als Theaterstück erschien und verfilmt wurde, und 1931 den berühmten kritischen Roman »Fabian«. 1933 und 1937 verhafteten ihn die Nazis, sie schränkten seine Publikationsmöglichkeiten ein und erlegten ihm zeitweise Schreibverbot auf. Manches veröffentlichte er unter Pseudonym. Nach dem Krieg lebte er in München und verfasste im Gedenken an seine zerstörte Heimatstadt das Erinnerungsbuch »Als ich ein kleiner Junge war« (1957). Was auch immer dieser vielseitige Schriftsteller schrieb, es stand unter dem Bekenntnis zu kritischer Vernunft. Sie war sein allgegenwärtiges Maß auch für Spott und Satire, Bitternis und Trauer. Sein Ziel war es, zu tätiger Humanität und Klarheit des Denkens zu erziehen. Als schreibender Moralist und Pädagoge steht er in einer sächsischen Tradition, die, von Luther und Melanchthon ausgehend, mit Christian Günther, Lessing, Rabener und Gellert eine in der deutschen Literatur besondere Dichte und Höhe erreichte.

Zu Recht wurde Kästner bei seinem Auftreten in den späten zwanziger Jahren als literarischer Verfechter der »Neuen Sachlichkeit« betrachtet, eigentlich einer Richtung der deutschen Malerei, die sich um 1925 auszuprägen begann, und zwar mit bezeichnender Stärke in Dresden. Hier war nach dem Wegzug der »Brücke«-Expressionisten (1911) und nach dem Tode Gotthardt Kuehls im Jahre 1915 Robert Sterl der modernste Maler. Wie der annähernd gleichaltrige norddeutsche Bildhauer Ernst Barlach war auch er 1906 nach Russland gereist auf der Suche nach dem Elementaren – die »Brücke«-Maler fanden es an den Moritzburger Teichen und im Völkerkundemuseum. Sie waren nicht unbeteiligt an Sterls malerischen Resultaten, die man in seinen Russlandbildern seit etwa 1910 sehen konnte in der Verwendung reiner, ungebrochener Farben und verknappter Formen. Emil Nolde, im gleichen Jahr geboren wie Sterl (1867), malte damals methodisch genauso.

Ein anderer Expressionist, Oskar Kokoschka, um eine Generation jünger und von ihnen durch Herkunft und Schulung unterschieden, stand auf einer ähnlichen Entwicklungsstufe. Er war 1916 als junger österreichischer Offizier in das Lahmann'sche Sanatorium auf dem Weißen Hirsch bei Dresden gekommen, um Kriegsverletzungen auszuheilen. Zunächst trat er als Dichter hervor. 1917 brachte er drei Dramen zur Aufführung: »Mörder, Hoffnung der Frauen«, »Hiob« und »Der brennende Dornbusch«. Bereits im Jahre zuvor hatte der expressionistische Dramatiker Walter Hasenclever, ein Freund Kokoschkas, in Dresden sein Schauspiel

»Der Sohn« aufführen lassen, 1919 der Arzt und Dramatiker Friedrich Wolf sein Frühwerk »Das bist du«. Die Atmosphäre in der Stadt war günstig für die Aufnahme der Moderne, trotz großer Tradition in klassischer Mäßigung und Rationalität, denn Strauss' frühe, neutönerische Opern, die Internationalen Kunstausstellungen und die Arbeiten der »Brücke«-Meister hatten ihre Wirkungen getan. 1919, mit Zusammenbruch und Revolution, erhob sich in Dresden die zweite Welle des Expressionismus. Kokoschka erhielt eine Professur an der Akademie und die »Neue Dresdner Sezession Gruppe 1919« wurde gegründet. Deren bedeutendste Mitglieder waren Otto Dix und Conrad Felixmüller und ihr Ziel eine revolutionäre Umgestaltung der Kunst und der Gesellschaft. Im Vergleich mit den sächsischen Malern war Kokoschka im Stil eher gemäßigt und es konnte ihm deshalb gelingen, die alte Tradition der Dresdner Stadtlandschaften weiterzuführen. Wie Kuehl vor ihm, sah er durch

Liebespaar vor Dresden. Gemälde von Conrad Felixmüller, 1928. SKD, Galerie Neue Meister

Frau mit Kind. Gemälde von Otto Dix, 1921. SKD, Galerie Neue Meister

sein Atelierfenster in der Akademie hoch über der Elbe eine Stadtlandschaft, die gemalt werden wollte. Hier begann er seine fast ein halbes Jahrhundert überspannende Serie von Stadtbildern, eines der großen Phänomene in der modernen Malerei, deren Gemeinsames der dresdnische Atelierblick von oben ist (siehe S. 309). So wichtig also die Wirkung Dresdens auf ihn, so wesentlich war die seine für die Entwicklung der Malerei in Sachsen, vor allem, als die Künstler in der DDR die Ausprägung einer eigenständigen Moderne erstrebten. 1923 verließ Kokoschka abrupt die Stadt – wegen der Begrenztheit des künstlerischen Wirkens und der Kleinlichkeit des Bürgertums, wie er später schrieb, beides sei ihm unerträglich. Ein Jahr später ging auch Hasenclever, und weder Friedrich Wolf noch der expressionistische Lyriker Walter Rheiner hielten sich länger in Dresden. Der Expressionismus erlosch. Im Katalog der berühmten Mannheimer Kunstausstellung »Die neue Sachlichkeit« von 1925, die dieser Richtung den Namen gab, wird Otto Dix unter dem Wohnort Berlin verzeichnet. Dort wohnte mittlerweile auch Erich Kästner.

Beethoven. Skulptur aus veschiedenen Marmorarten und Bronze von Max Klinger, 1902. Leipzig, Museum der bildenden Künste

Karl Liebknecht spricht. Gemälde (Ausschnitt) von Max Schwimmer, um 1950. Leipzig, Stadtgeschichtliches Museum

Steinbrecher. Gemälde von Robert Hermann Sterl, 1911. Leipzig, Museum der bildenden Künste

Der Krieg. Gemälde von Otto Dix, 1929 bis 1932. SKD. Gemäldegalerie Neue Meister

Dresden. Augustusbrücke mit Rückenfigur. Gemälde von Oskar Kokoschka, 1923. SKD, Gemäldegalerie Neue Meister

Das unsterbliche Dresden. Gemälde von Ernst Hassebrauk, 1951. Dresden, Stadtmuseum

Frühbürgerliche Revolution in Deutschland. Monumentalgemälde (Ausschnitt) von Werner Tübke, 1983 bis 1987.
Bad Frankenhausen, Panorama Museum

Gesicht zeigen. Bronzeplastik von Wolfgang Mattheuer, 1981. Frankfurt a. M., Galerie Schwind

Kommen wir zum Nächsten. Gemälde von Neo Rauch, 2005. Sammlung Essl Privatstiftung, Klosterneuburg/Wien.
courtesy Galerie EIGEN + ART Leipzig / Berlin & David Zwirner, New York

Jedoch nahm Dix 1927 die Berufung zum Professor an die Dresdner Akademie an; und im Verein mit den älteren Professoren Sterl, Gußmann, Hettner, Feldbauer, Dorsch und Richard Müller prägte er jenen vielstimmigen, immer subtilen Realismus aus, der in der Dresdner Malerschule bis in die siebziger Jahre hinein dominierte. Wie sein politischer Gegenspieler Richard Müller gründete Dix alles bildnerische Arbeiten auf die Zeichnung und dementsprechend ersetzte er den Farbenrausch der Impressionisten und Expressionisten durch die altmeisterliche, das Bild in Schichten aufbauende Lasurtechnik.

Stilangebend war aber auch eine Gruppe von Malern, die wie Dix der Generation der Jahre um 1890 angehörten, ebenfalls eine expressionistische Phase durchlaufen hatten und zum Realismus zurückgekehrt waren, ebenso unter dem Namen der »Neuen Sachlichkeit«. Es ist charakteristisch, dass eine Mehrzahl von ihnen in Kleinstädten unter ärmlichen Verhältnissen aufgewachsen war und sich wie Dix aus einer Handwerkslehre uber die Dresdner Kunstgewerbeakademie zur Kunstakademie bis zum Beruf des freien Künstlers hochgearbeitet hatte. Diese gleiche Prägung bestimmte auch die Biografien vieler Dix-Schüler und erklärt das ausgeprägte sozialkritische, auch antifaschistische Moment in der Dresdner Malerei seit den späten zwanziger Jahren. Letzteres ging überein mit expressionistischen Elementen in den Werken älterer Akademieprofessoren. Einige Gemälde von Sterl und Hettner in der Galerie wurden von den Nazis als »entartet« beschlagnahmt.

Nur zwei Jahre nachdem Dix die Dresdner Professur übernommen hatte, im Jahre 1929, wurde hier die »Assoziation revolutionärer bildender Künstler Deutschlands« gegründet. Sie stand der Kommunistischen Partei nahe und war mit 40 Mitgliedern nach der Berliner die zweitstärkste dieser Vereinigungen. Einige der modernsten und namhaftesten Maler der späteren DDR gehörten ihr an, unter ihnen Hans Grundig, Wilhelm Lachnit, Kurt Querner, Eugen Hoffmann, Willy Wolff, Hans Jüchser und Otto Griebel. In den fünfziger Jahren gerieten sie ins Abseits oder unter das Verdikt des Formalismus während der fast zwei Jahrzehnte anhaltenden Phase der stalinistischen Kunstdoktrin. Andere ehemalige »Asso«-Mitglieder verfochten diese Irrlehre jedoch, wie Lea Grundig, Rudolf Bergander und Eva Schulze-Knabe. Deren Ehemann Fritz Schulze, ein vorzüglicher Maler und Holzschneider – Freund Hans

Selbstbildnis im Gefängnis. Gemälde von Alfred Frank, 1934. SKD, Galerie Neue Meister

Hartungs aus Leipziger Tagen –, war als Haupt einer antifaschistischen Widerstandsgruppe 1942 hingerichtet worden. Unter der Anklage des Hochverrats ermordet wurden auch der Leipziger Grafiker und ehemalige »Asso«-Vorsitzende Alfred Frank und der Görlitzer Schriftsteller und Grafiker Johannes Wüsten. – Dies ist ihnen zu Ehren geschrieben.

Dix ist 1933 als erster Dresdner Hochschullehrer entlassen worden. Er zog sich in der Folgezeit an den Bodensee zurück, seine Freunde, Kollegen und Schüler in die innere Emigration. Von den schmachvollen Ausstellungen über »entartete Kunst« – die erste fand schon 1933 in Dresden statt – waren in der Mehrzahl ältere Künstler betroffen, die in expressionistischen Richtungen gearbeitet hatten. Die meisten aus der in den Jahren um 1900 geborenen Generation waren aber neu – sachlich und realistisch orientiert aus Überzeugung und standen, wenn sie wollten, außerhalb politischer Pressionen. Zu diesem traditionalistischen Kern der Dresdner Schule gehörten so bedeutende Zeichner und Maler wie Hegenbarth, Hans-Theo Richter, Kröner, Kretzschmar, Rudolph, Querner, Rosenhauer und

Das Tausendjährige Reich. Mitteltafel des Gemäldes von Hans Grundig, 1936. SKD, Galerie Neue Meister

Hassebrauk. Sie alle zählten in der DDR, nicht oder wenig angefochten, zu den geschätzten Künstlern, obwohl sie nach wie vor keinerlei politische Bindung eingingen.

Kenner und Liebhaber sehen heute ihre Arbeiten mit Bewunderung an. In keine Richtung der offiziellen Künste des 20. Jahrhunderts einzuordnen, zählte ihr bewährter Freund und publizistischer Vorkämpfer Fritz Löffler ihre Kunst zu den sächsischen Sonderformen. Eine Voraussetzung der Dichte, Breite und Qualität dieser Schule war das hohe Maß von Erlernbarkeit – eigentlich ein Merkmal der alten klassischen Territorialschulen. Die meisten dieser Männer waren exzellente, sogar virtuose Zeichner und es gab keinen, der nicht die Regeln des Bildbaus und der perspektivischen und zugleich konstruktiven Farbabstufung vollkommen beherrschte. Es stehen diese Arbeiten auf dem Fundament des traditionellen sächsischen Rationalismus und der mit ihm verbundenen hohen technischen Kultur. Solche Tugenden provinziell zu nennen – auch angesichts der internationalen Kommunikationsmöglichkeiten, die diese Künstler nutzten – heißt, den als Grundbedingung modernen Denkens gerühmten Pluralismus in den Künsten für ungültig zu erachten.

Zumeist aus der gleiche Lehre hervorgegangen und in der vollendeten Handhabung des Kunsttechnischen dieser Schule zugehörig, wichen einige Dresdner Maler methodisch von ihr ab. Sie nutzten ihre Kommunikationsmöglichkeiten für die Hinwendung zur internationalen Moderne. Dies waren Glöckner, Wigand, Wolff, Schmidt-Kirstein, Kesting, Heuer und der Einzelgänger Körnig. Ihre Arbeiten wurden in der DDR seit der Mitte der fünfziger Jahre etwa bis zur Mitte der siebziger Jahre nicht in staatlichen Galerien ausgestellt, jedoch ohne Aufhebens von Museen gekauft und privat gesammelt. Von ihnen erlangte bisher allein der Konstruktivist Hermann Glöckner internationale Anerkennung.

Dieser großen Schule folgte in Dresden nur eine kleine Gruppe von Malern und Zeichnern nach. Denn die im zweiten und dritten Jahrzehnt dieses Jahrhunderts Geborenen wuchsen in kunstfeindlicher Zeit heran, viele starben im Krieg oder verzogen nach ihm. Jene aber, die in den vierziger und fünfziger Jahren ihre Schüler waren oder durch sie geprägt wurden, verließen in großer Zahl dieses geistig verengte, aussichtslose, zuweilen sogar gefährliche Land DDR und die berühmt Gewordenen von ihnen – Gerhard Richter, Baselitz, Penck, Graubner – werden kaum noch als Dresdner oder Sachsen wahrgenommen. Die im Lande blieben und daher weniger bekannt sind, jedoch unter den gleichen Maßstäben einer internationalen Moderne arbeiten – etwa Uhlig und Göschel in Dresden, Claus und Morgner in Chemnitz, Gerhard Altenbourgh – erlangten Anerkennung weitaus später, jedoch auch kaum als sächsische Künstler.

Nur die Häupter der Leipziger Schule – Heisig, Mattheuer und Tübke – die jener eigenen Entwicklungslinie folgten, auf der zuletzt Beckmann und Klinger ihre leuchtenden Bahnen zogen, behaupten mit ihren zeitbezogenen, wie auch immer verschlüsselten Inhalten und mit ihrer kunsttechnischen Brillanz eine offensichtliche sächsische Identität. Das Hauptwerk dieser Schule ist Werner

Ecce homo I. Federzeichnung von Gerhard Altenbourgh, 1949. Altenburg, Lindenau-Museum

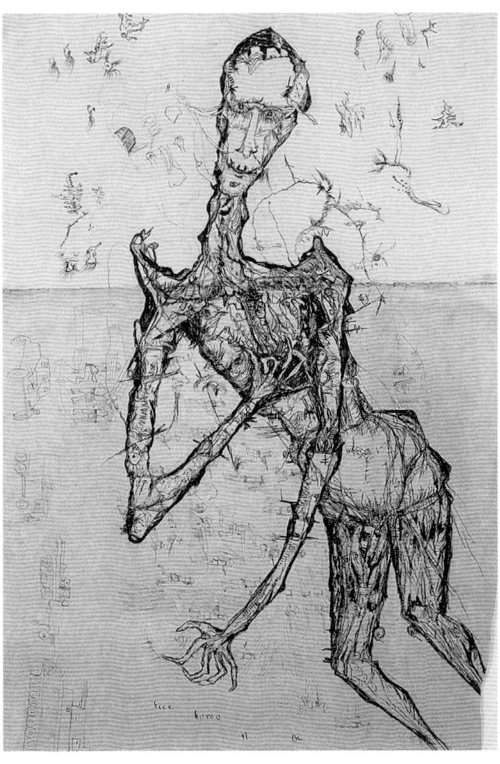

Vier konstruktive Elemente, beweglich. Plastik von Hermann Glöckner, 1964/76. Altenburg, Lindenau-Museum

Hinter den sieben Bergen. Holzschnitt von Wolfgang Mattheuer, 1970. Chemnitz, Staatliche Kunstsammlungen

Tübkes Monumentalgemälde im Rundbau auf dem Schlachtberg bei Bad Frankenhausen, wo 1525 das Heer der aufständischen Bauern unter Thomas Müntzer geschlagen wurde, gewidmet dieser ersten revolutionären Volkserhebung in Deutschland. Die Fülle der Figuren ist abgeleitet von Altdorfers »Alexanderschlacht« in der Münchner Alten Pinakothek, darüber hinaus ist die gesamte Bildwelt der deutschen Renaissance zum Zeugnis dafür genommen worden, wie dieses Ereignis wahrgenommen werden sollte. Es ist aber nicht nur ein Bild dessen, was wir über die Geschichte und die handelnden Personen wissen, sondern auch davon, was wir dazu mutmaßen und was wir als uns betreffend erahnen. Darin erhebt das Werk den gleichen geistigen Anspruch an den Betrachter wie vergleichbare Monumentalbilder der klassischen europäischen Malerei seit der Renaissance. Allein schon damit steht es einzigartig in der Geschichte der neueren Malerei – als bewusster Traditionalismus gegen den Zug zur globalen Gleichartigkeit (siehe S. 310).

Eine andere Position außerhalb des Zuges der Zeit nehmen auch die Dresdner Glöckner und seine Nachfolger Luther und Wilhelm Müller ein, Konstruktivisten, bei denen Klarheit oder sogar Berechenbarkeit der Form mit höchstem technischem Vermögen übereingehen, bestimmbar als neue Zeugnisse traditioneller sächsischer Kultur. Man muss wissen, dass sich die meisten dieser Modernen aus sich selbst entwickelten, ohne Anerkennung, Markt und Ausstellungen, bekannt nur in engem Kreis. Jedoch gerade dies war die Bedingung ihrer exemplarischen Unabhängigkeit. Die offizielle Malerei an der Dresdner Akademie, davon extrem verschieden, vermochte dem nichts entgegenzuhalten. Nur dem Zeichner Gerhard Kettner gelang es, das Erbe seiner Lehrer und akademischen Vorgänger Hans-Theo Richter, Hegenbarth und Schwimmer integer weiterzuentwickeln (siehe S. 327).

In Leipzig gab es Spannungen zwischen inoffizieller und offizieller Malerei in weitaus geringerem Maße. Wie stets hatte die Stadt ihr eigenes geistiges Klima, insbesondere unter den Bedingungen der DDR. Denn dieser Staat, der seinem Selbstverständnis und Wunschbild nach monolithisch sein wollte, war heterogen in Zeiten und in Orten.

Die alten Zentren von Leipzig, Chemnitz und Plauen waren von den westlichen Alliierten zwischen dem Dezember 1943 und dem März 1945 gezielt bombardiert worden, doch die Dresdner Altstadt wurde am 13. Februar 1945 demonstrativ vernichtet. Der Zeichner Wilhelm Rudolph hatte sich

Lebenserinnerungen des Dr. jur. Schulze II. Gemälde von Werner Tübke, 1965. Halle, Staatliche Galerie Moritzburg

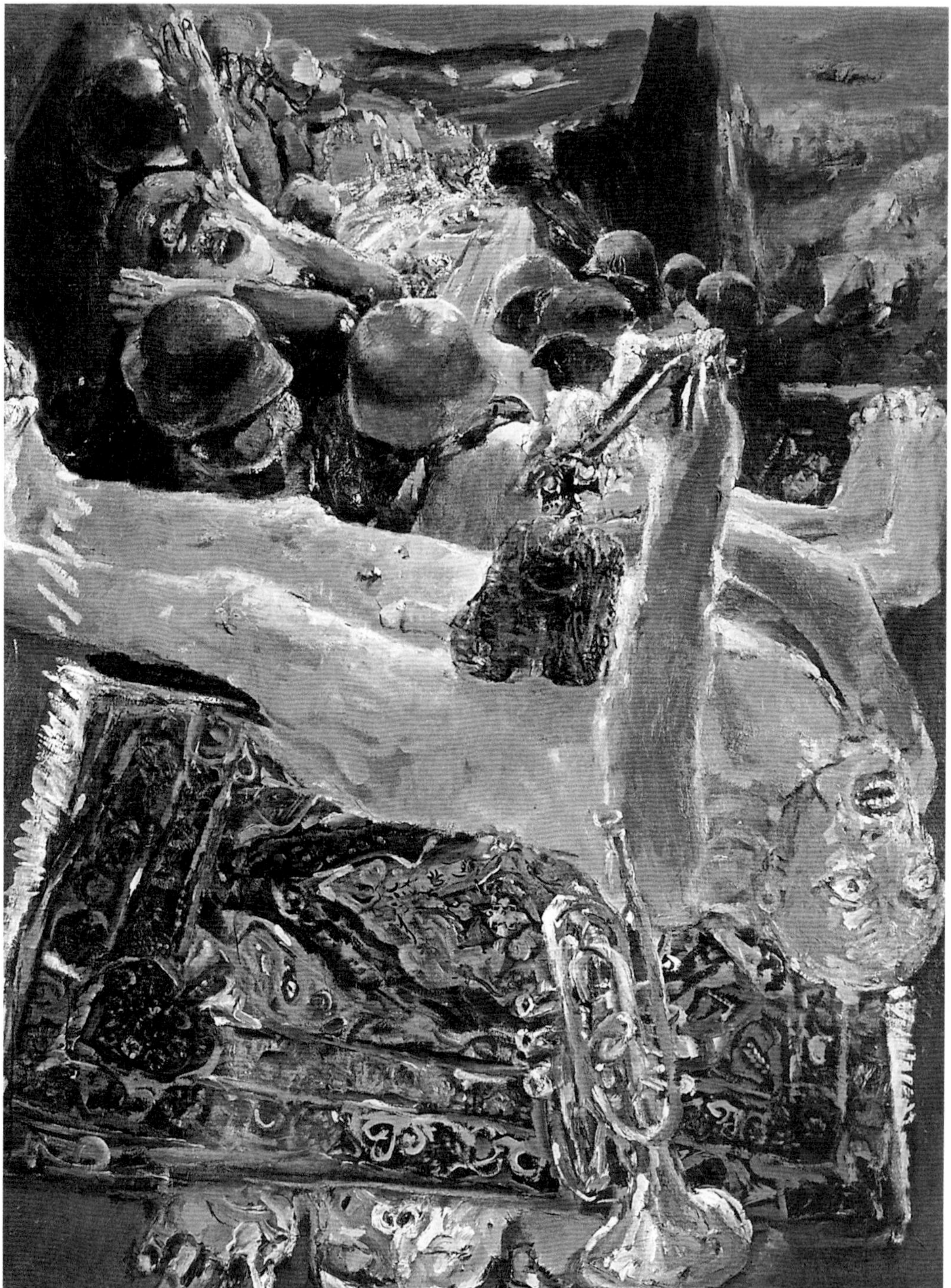

Die Ardennenschlacht (auch: Der Weihnachtsraum des unbelehrbaren Soldaten). Gemälde von Bernhard Heisig, 1978 bis 1981. Staatliche Museen zu Berlin / PK, Neue Nationalgalerie

Wilhelm Rudolph, Dresden 1945, Holzschnitt, SKD, Kupferstich-Kabinett

im Sommer 1945 in die leere Steinwüste gestellt, die eben noch eine Perle unter Europas Städten gewesen war, um hungernd und verbissen das Grauen in immer neuen Anläufen und Ansichten mit dem Stift zu dokumentieren. Viele tausend Einwohner waren bei diesen Luftangriffen getötet worden. Damit begann eine Entwicklung, die bis nach 2000 anhielt: der Rückgang der Bevölkerung in Sachsens großen Städten. Selbst Eingemeindungen vermochten nicht, ihn aufzuhalten. Dresden und Leipzig, die 1940 mehr als 600 000 Einwohner verzeichneten, zählen heute etwa 15 Prozent weniger. Kleinere sächsische Städte, die zu Industriestandorten ausgebaut wurden wie Johanngeorgenstadt, Hoyerswerda oder Pirna, wuchsen zwar gleichzeitig stark an, doch die Bevölkerungsentwicklung insgesamt blieb rückläufig, zumal jene in den Großstädten sich grundlegend von der vergleichbarer westdeutscher unterscheidet, die seit den fünziger Jahren enorm anstieg. Ständige Abwanderungen aus der DDR, wiederholt verstärkt zu großen Schüben, haben dazu beigetragen.

Die nordwestsächsische Tiefebene, wegen ihrer zentralen Lage in Europa seit Jahrhunderten ein Ort geschichtsentscheidender Schlachten und Friedensschlüsse – bei Mühlberg, Torgau, Lützen, Breitenfeld, Altranstädt, Hubertusburg und Leipzig –, bewährte sich als Ziel großer Armeen auch 1945. Hier, an der alten Torgauer Elbbrücke, trafen am 25. April amerikanische und sowjetische Truppen aufeinander und feierten ihren Sieg über den deutschen Faschismus. Elbe und Mulde blieben für einige Wochen ihre Grenzlinien, bis die Amerikaner im Juli nach Hessen und Franken zurückgingen und die Rote Armee bis zur Westgrenze Thüringens vorrückte. Sachsen wurde Teil der sowjetischen Besatzungszone.

Alle Entwicklungen, die nun einsetzten, zielten in den Grundprinzipien darauf ab, mit Förderung und Druck der Besatzungsmacht diesen Teil Deutschlands, der Sachsen einschloss, nach sowjetischem Modell umzugestalten. Dabei blieben nationalkonservative Antifaschisten unberücksichtigt. Unter ihnen hatten Sachsen einen wesentlichen Anteil. Der ehemalige Leipziger Oberbürgermeister Goerdeler und die beiden sächsischen Generäle Beck und Olbricht waren am Attentat auf Hitler am 20. Juli 1944 beteiligt gewesen und wurden hingerichtet. Erst in den achtziger Jahren ist ihnen in der DDR offiziell die Ehre zuerkannt worden, die ihnen gebührt.

Bürgerlich-liberale Demokraten und Sozialdemokraten hat aber die sowjetische Administration gemeinsam mit Kommunisten zunächst in führende Positionen gestellt. Doch in den folgenden Jahren sorgte die aus Moskau eingeflogene »Gruppe Ulbricht« dafür, dass sie assimiliert oder aus ihren Ämtern entfernt wurden. Ein wichtiger Schritt zu diesem Ziel war die Vereinigung der beiden Arbeiterparteien im Jahre 1946. Bewegungen in diese Richtung hatte es in Sachsen seit den zwanziger Jahren gegeben und sie waren in Hitlers Konzentrationslagern beiderseits für die Zukunft anvisiert und beschworen worden. Jetzt wurde die »Sozialistische Einheitspartei Deutschlands«, die SED, gegründet mit Druck und sogar Terror gegen jene Sozialdemokraten, die darin das Ende ihrer politischen Einflussnahme befürchteten. Sie sollten Recht behalten.

1949 wurde die DDR gegründet und schon am 23. Juli 1952 setzte der Sachse Walter Ulbricht eine Verwaltungsreform durch, die die Auflösung der Länder und ihre Aufteilung in Bezirke vorsah: Sachsen existierte nicht mehr. Dies war zwar von den Patrioten und revolutionären Demokraten des 19. Jahrhunderts wiederholt gefordert worden, doch deren politische Gründe waren 1871 mit der Ausrufung des Zweiten Kaiserreiches erloschen. Die Beweggründe der SED sind erkennbar, jedoch nicht genau erforscht. Dass es einer der schwerwiegenden politischen Fehler dieser Partei war, den Ländern die historische Identität zu nehmen, erwies sich im Oktober 1989, als plötzlich bis in die kleinsten Dörfer hinein überall weiß-grüne Fahnen gehisst wurden, etwa ebenso viele wie schwarz-rot-goldene.

Es gab eine schwelende Identitätskrise. Die drei sächsischen Bezirke Dresden, Leipzig und Chemnitz wurden von den strukturpolitischen Maßnahmen der SED am stärksten betroffen, denn die sächsische Wirtschaft war noch immer durch mittelständische Betriebe geprägt und die Landwirtschaft durch mittelbäuerliche Höfe. Darauf gründete sich eine ungewöhnlich starke, vielfach akademisch gebildete Mittelklasse und eine hoch spezialisierte Arbeiterschaft. Doch die DDR forcierte den Ausbau der Schwerindustrie, belegte die Mittelbetriebe mit schwersten Restriktionen oder enteignete sie. Die Folgen waren katastrophal. Hunderte von Betrieben wurden nach Westdeutschland verlegt und mit den Inhabern gingen die Fachleute, Juristen, Ingenieure und Arbeiter. Ihr Fleiß war eine der Grundlagen des sogenannten Wirtschaftswunders im Westen. Von Restriktionen mit der Begründung des Klassenkampfes waren aber Kaufleute, selbstständige Handwerker, Mittelbauern und Akademiker aller Fachgebiete mit ihren Kindern prinzipiell bedroht und Sachsens Bevölkerung wurde deshalb durch einen Exodus noch nie dagewesenen Ausmaßes dezimiert.

Andererseits wurden riesige Industrieanlagen mit dazugehörigen Wohnstätten errichtet. Die Hochschulen – unter ihnen mehrere Neugründungen – arbeiteten mit aller Kraft an der Ausbildung von neuen Fach- und Führungskräften. Kinder von Antifaschisten, Arbeitern und Kleinbauern wurden bevorzugt immatrikuliert. Viele von ihnen waren zuvor durch »Arbeiter- und Bauernfakultäten« von Werkbank und Feld geholt und zur Hochschulreife ge-

Karl-Marx-Bronzemonument von Lew Jefimowitsch Kerbel, 1972. Chemnitz

Ringbebauung am Rossplatz in Leipzig

bracht worden. In Westdeutschland hätten sie dazu kaum eine Chance gehabt. Dennoch verließen auch viele von ihnen dieses Land, bis 1961 die Mauer zwischen Ost- und Westberlin jeglichen Auszug bis hin zum tödlichen Risiko extrem erschwerte.

Gegenläufige Entwicklungen wie diese waren ein Charakteristikum jenes vergangenen Landes. So wurden etwa beim Wiederaufbau der Zentren von Dresden und Chemnitz die kleinteiligen, altstädtischen Straßenzüge und Plätze bewusst negiert, ungeachtet des Identitätsverlustes. Aber in Chemnitz – 1953 als altes Zentrum der Arbeiterbewegung in Karl-Marx-Stadt umbenannt – ist schließlich der idolhaft überdimensionierte Marx-Kopf des Moskauer Bildhauers Kerbel vor dem Neubau der ehemaligen Bezirksleitung, kompositionell zugeordnet der Wand mit dem vielsprachigen Aufruf »Proletarier aller Länder vereinigt euch«, von den Einwohnern als Ausdruck einer neuen Identität angenommen worden, sodass sie alle bisherigen Versuche zurückgewiesen haben, das Monument in der heutigen, wieder in Chemnitz rückbenannten Stadt abzureißen. Nicht akzeptiert wurde hingegen in Leipzig der monströse Universitätsturm und das zugehörige reliefgeschmückte Gebäude, die nach Ulbrichts Willen in seiner Heimatstadt außerhalb aller innerstädtischen Proportion das historische Ensemble aus klassizistischer Universität und gotischer Universitätskirche ersetzen sollten.

In den Zentren von Leipzig, Zwickau und Zittau wurden stadtprägende historische Gebäude in ganzen Quartieren nach Verwahrlosung einfach abgebrochen, sodass der Rhythmus von Straßen und Plätzen dauerhaft durchlöchert und gestört bleibt. Im Gegensatz dazu gelang es gleichzeitig dem Museumsdirektor in Görlitz und dem Bürgermeister von Torgau durch persönliches Engagement und allen materiellen Schwierigkeiten zum Trotz mit Hilfe des damaligen Instituts für Denkmalpflege in Dresden, die alten Zentren zu retten. In der Geschlossenheit und Qualität ihrer historischen Gestalt zählen sie heute zu Deutschlands schönsten Innenstädten.

In den sechziger Jahren wurde in Dresden das Reiterdenkmal Augusts des Starken, das während des Krieges sicher verwahrt worden war, neu vergoldet am historischen Ort wieder aufgestellt. Die Stadt war wieder ein kulturelles und touristisches Zentrum geworden, nachdem die Moskauer Regierung 1956 die alten Gemälde und 1958 Teile der Bestände anderer Museen – auch Bilder des Leipziger Museums – wieder zurückgegeben hatte. Sie waren nach der bedingungslosen Kapitulation von sowjetischen Kunstexperten, Trophäenkommission genannt, zusammengeholt und abtransportiert worden. Wie viele Werke außer denen der Sächsischen Landesbibliothek sich noch in Russland befinden, ist nur teilweise bekannt. Der Wiederaufbau der Dresdner Kunstsammlungen, der nun mit großem Einsatz von Finanzmitteln und Fachleuten vorangebracht wurde, hat zu einer neuen Identitätsbildung in Sachsen wesentlich beigetragen. Wie in der Vergangenheit kam auch jetzt den großen unter den wettinischen Fürsten eine zentrale Bedeutung zu. Historiker der Freiberger Bergakademie und Dresdner Kunsthistoriker waren sehr erfolgreich, deren Rolle bei der Entwicklung des Landes ins allgemeine Bewusstsein zurückzubringen. Bei den erzgebirgischen Bergparaden wurden nun die alten, reich gestickten königlich-sächsischen Fahnen wieder mitgeführt. Auch bildeten sich zahlreiche Gruppen von heimatpflegerisch Engagierten, Heimatzeitschriften entstanden, Hunderte von ehrenamtlichen Helfern sorgten sich in ihrer Freizeit selbstlos um Kirchen, Burgen, Schlösser, historische Mühlen und Häuser. Hilfreich war dabei der Umstand, dass infolge der Selbstisolation der DDR die meisten Institutionen in Politik, Wirtschaft, Kunst und Wissenschaft von Sachsen geleitet wurden. Viele von ihnen besaßen oder entwickelten ein sächsisches Selbstverständnis und seit den siebziger Jahren schwand allmählich die Bedeutung politischer oder religiöser Bekenntnisse, wenn es um sächsische Belange ging.

Solche innersächsischen Tendenzen waren zunächst nur von indirekter Wirkung – eine unterschwellige Strömung – in einem Lande, dessen absolut verfehlte Wirtschafts- und Innenpolitik auf einen in sich verfallenden Überwachungsstaat hinauslief. Es ist eine tragische Entwicklung unserer Geschichte, dass die vermeintlichen Erben der deutschen Arbeiterbewegung, mutige Kämpfer gegen den Faschismus, angetreten, »die Ausbeutung des Menschen durch den Menschen« zu beenden, zu jenen Männern mutierten, die ihren Staat nur mehr mit Geheimpolizisten, Minen und Maschinenpistolen gegen das Volk halten zu können meinten. Noch ist im Dunkeln, welchen Anteil etwa sowjetische Diktate, der Kalte Krieg, Fehler der Theorie, Borniertheit oder persönliche Traumata daran hatten. Nur eine historische Umrissskizze ist gegenwärtig allenfalls verantwortbar.*

Deutlich zu verzeichnen ist hingegen bereits jetzt, welche Entwicklungen Geist und Literatur nahmen. Die Leipziger Universität gewann zunächst ihren hohen Rang unter den Hochschulen im deutschsprachigen Raum zurück durch Professoren wie den Philosophen Ernst Bloch, den Literaturwissenschaftler Hans Mayer und den Historiker Walter Markov, die aus der Emigration bewusst in die sowjetische Besatzungszone zurückgekehrt waren, aber auch durch alteingesessene ältere Professoren wie etwa die Germanisten Frings und Korff. Doch nach dem Bau der Mauer in Berlin verließen Bloch und Mayer das Land ihrer Wahl, veranlasst durch lang andauernde Einschränkungen, Angriffe und Schikanen. Andere namhafte Professoren wurden emeritiert und die Universität verlor ihre Geltung in den Geisteswissenschaften nach kaum fünfzehnjähriger Blüte. So große Schriftsteller wie Christa Wolf und Uwe Johnson, beide Schüler Hans Mayers, gingen nicht mehr aus ihr hervor.

In der sächsischen – oder von Sachsen geschriebenen – Literatur dieser Zeit zeichnen sich in mehreren Generationen unterschiedliche Haltungen ab, die durch das politische Geschick des Landes bestimmt waren. So kamen Heym und Hermlin nicht nach Chemnitz zurück, sondern gingen nach Berlin, und sie können kaum mehr als sächsische Autoren gelten, wenngleich ihr Lebensweg aus dem geistig-politischen Klima der sächsischen Industriemetropole in ihrer Jugendzeit erklärt werden kann. Beide gehören zu den seltenen Köpfen, die die Kraft aufbrachten, sich nach den schweren Kämpfen ihrer Anfänge in neue Auseinandersetzungen mit ihren ehemaligen Mitstreitern zu begeben, ihrer Sache getreu. Ähnlich verlief die Entwicklung dreier sächsischer Dichter aus der um und nach 1930 geborenen Generation: Heiner Müller, Reiner Kunze und Volker Braun. Sie wurden, teils wegen ihrer proletarischen Herkunft, zuerst von der Staatspartei gefördert und gerieten später – jeder auf seine Weise – mit ihr in Konflikte. Aber, wie Heym und Hermlin vor ihnen, verließen sie Sachsen frühzeitig, ohne Wurzeln geschlagen zu haben.

* Siehe dazu Max Horkheimer und Theodor Adorno: Dialektik der Aufklärung. Philosophische Fragmente. Leipzig 1989 (Einleitung)

Der Sorbe Jurij Brězan hingegen war sorbisch zentriert, blieb in Bautzen, zog sich rechtzeitig aus einer politisch-organisatorischen Funktion zurück und wurde zum wahren Nachfolger des bedeutendsten sächsisch-sorbischen Dichters Jakub Bart-Ćišinski (1856–1909). Wie seinem Vorgänger ging es Brězan um das Selbstverständnis und um die Bewahrung des Lebensraumes und der Kultur der Sorben. Diesen Freiraum füllte er mit seinen Romanen und Erzählungen aus – nicht als ein Mann des Volkes schlechthin, sondern als einer seines Volkes.

Erich Loest aus der Industriestadt Mittweida unweit von Chemnitz, 1926 geboren, versuchte nach der Rückkehr aus dem Kriege in Leipzig ein Schriftsteller des Volkes zu werden, Sozialist auch er. Nach Anfängen als Redakteur der Leipziger Volkszeitung und ersten Romanen wurde er auffällig als einer, der unterscheidet zwischen seinen Idealen und den Weisungen der Parteiführung. Nach Ausbruch des antistalinistischen Aufstandes in Ungarn im Jahre 1956 fürchtete die SED dessen Ausbreitung und sie begriff die Literatur als mögliches Medium und brennende Lunte. Loest wurde als gefährlich eingestuft, verhaftet und mittels erfundener und absurder Anklagen zu sieben Jahren Zuchthaus verurteilt. 1981 verließ er Leipzig. In Westdeutschland schrieb und publizierte er seine erfolgreichen Romane, deren Gegenstand Lebenssituationen dieser Stadt sind, in der er geistig anwesend blieb und deren Ehrenbürger er 1996 wurde.

Loest ist ein sächsischer Erzähler. Die meisten seiner Figuren stammen aus diesem Lande, bewegen sich in ihm, erleiden oder meistern sächsische Schicksale. Beim Schreiben hat er neben den Erfordernissen der Literatur seine Leser im Auge, denn er möchte – wie die pädagogisch gebildeten sächsischen Erzähler Gustav Nieritz und Erich Kästner vor ihm – ein Schriftsteller sein, der verdeutlicht, was richtig ist und was falsch, überzeugt von der Notwendigkeit der Vernunft und dem Ideal der Einfachheit und Klarheit – nach altlutherischer Tradition. So hat er seinen Lebensbericht geschrieben »Durch die Erde ein Riß«, ein bleibendes Denkmal jener Zeit der Hoffnungen und ihres Verfalls in Leipzig in der DDR, zugleich eine Darstellung des Missverhältnisses der Staatspartei zum Recht, zur Wahrheit und zur Wirklichkeit.

Das wichtigste literarische Zeugnis dieses Elends ist Werner Bräunigs Roman »Rummelplatz«. Dass er erst 31 Jahre nach dem Tode des Autors erschien, gehört zu seinen Besonderheiten, denn es

Seminar am Literaturinstitut »Johannes R. Becher« in Leipzig: links oben Werner Bräunig, später Seminarleiter für Prosa; rechts Georg Maurer. Historisches Foto, Privatbesitz

ist ein Buch über die Industriearbeit und die Arbeiter, das die Kulturpolitiker dieser Partei ständig bei den Schriftstellern einforderten. Wie programmgemäß war der Verfasser aus der Arbeiterschaft hervorgegangen und schilderte das eigene Erleben der Produktionsvorgänge mit beispielloser poetischer Kraft. Die Voraussetzung dafür war aber das Auffinden und Sagen der Wahrheit, und genau wegen dieser elementaren Bedingung des Realismus wurde das Buch nach dem Vorabdruck eines Kapitels verboten, noch ehe es vollendet war. Infolge einer hexenjagdartigen Kampagne war dem Dichter der Boden unter den Füßen zerstört worden, er verwand den Schlag nicht und starb früh – eine tödliche Enttäuschung, die damals nicht wenige der schöpferisch befähigten echten Sozialisten traf. Vereinzelte, künstlerisch schwache Passagen wirken wie nachträglich ideologisch überfärbt und könnten Versuche des Romanciers sein, die Barrieren seiner Zensoren doch noch zu überwinden.

Bräunig, Jahrgang 1934, stammte aus Chemnitz, ging als Jungarbeiter in die Bundesrepublik, kehrte in die DDR zurück und arbeitete im heimatlichen erzgebirgischen Raum, auch unter Tage in dem damals sowjetischen Uranabbaubetrieb namens Wismut. Dies ist auch der poetische Ort dieses Romans, mit der legendären Rauheit und Wildheit der Produktionsbedingungen eines Konzerns, der als verdeckter Rüstungsbetrieb im Kalten Krieg in dem zerstörten Land aus dem Boden gestampft wurde. Es ist das Buch über die Verwirklichung und das Versagen einer sozialistischen Vision, konkret dargestellt an den Umständen einer verfehlten Praxis. Es behandelt also grundsätzlich das gleiche Problem wie Brigitte Reimanns Roman »Franziska Linkerhand«, beide Bücher und beide Autoren erlitten ähnliche Schicksale – große, unvollendete Werke, die gleichsam das Ende des Landes vorwegnahmen, aus dem sie hervorgingen. Gerade indem sie die künstlerischen Forderungen erfüllten, die aus den aufklärerischen Traditionen der Arbeiterbewegung hervorgingen, offenbarten sie die theoretischen und praktischen Fehler ihrer sowjetisch geschulten und verpflichteten Parteiführung.

Daran ist diese auch gescheitert, als im Oktober 1989 die Bewohner der verkommenden Stadtviertel Leipzigs und Dresdens auf die Straße gingen, weil sie so nicht länger leben mochten – ohne Bewegungsfreiheit, ohne Gedankenfreiheit und ohne Vernunft und Ordnung, zurückgefallen um 200 Jahre hinter die Errungenschaften der politischen Menschenrechte, die während der Aufklärung erstritten worden waren. Dies widerstrebte ihrem Selbstverständnis. Bereits Theodor Fontane hatte sie in einem Brief, den er in der Mitte des 19. Jahrhunderts aus Dresden schrieb, wie folgt charakterisiert: »Die Sachsen verdanken das, was sie sind, nicht ihrer Gemütlichkeit, sondern ihrer Energie. Diese Energie hat einen Beisatz von Nervosität, ist aber trotzdem als Lebens- und Kraftäußerung größer als bei irgendeinem anderen deutschen Stamm.«

Sachsen waren aber auch viele der Uniformierten, die sich 1989 den Demonstranten entgegenstellten, auf Bürgerkrieg gedrillt und bewaffnet mit allem, was moderne Technik bietet, und viele Sachsen saßen in den Kommando- und Parteizentralen. Offenbar wussten sie alle, dass die Menschenmassen auf den Straßen zu Recht skandierten »Wir sind das Volk!« und dass sie deren Willen und Interessen missachtet, sie schlecht vertreten und gedemütigt hatten. Sie ließen sich verjagen. Kein Schuss fiel.

Ereignisse der politischen Wende 1989/90 in Texten von 64 Schriftstellern und Publizisten

Am 3. Oktober 1990, dem Tag der deutschen Vereinigung, wurde auf der Albrechtsburg in Meißen das Land Sachsen wiedergegründet.

AUSKLANG (1990–2007)

Ob Kunstwerke Gültigkeit haben über die Jahre ihrer Entstehung hinaus, erweist sich oftmals erst nach Jahrzehnten. Dies ist die Schwierigkeit eines Kapitels, das kulturelle Entwicklungen nach der Neugründung des Freistaates Sachsen beschreiben soll. Es gibt aber auch kulturelle Leistungen, die offensichtlich weiterwirkende Folgen des politischen Umsturzes sind. Zu deren wichtigsten gehört die Wiederherstellung der alten städtischen Zentren, die nicht selten Rettung bedeutete. Dabei war es nicht nur so, dass das Einheitsgrau der Verwahrlosung Verfall anzeigte, sondern dass es Gleichgültigkeit und Nichtachtung erzeugte selbst in Fällen intakter Bausubstanz von Gebäuden, die die geschichtliche Identität der Kommunen markierten. Dieses Problem ist im Freistaat weitgehend gelöst. Selbst in kleinen Landstädten bezeugen wieder die Marktplätze und altstädtischen Straßenzüge ihren geschichtlichen Rang, und sie bringen damit ein kommunales Selbstverständnis hervor, wie es für dieses Land charakteristisch ist und wichtig für die Lebensqualität seiner Bürger.

Wie in allen Lebensbereichen der DDR gab es auch in diesem gegenläufige Entwicklungen. Torgau und Görlitz sind erstaunliche Beispiele dafür, dass tatkräftige und kulturbewusste Bürger, legitimiert durch Amt und politisches Engagement, ihre Innenstädte weitgehend unversehrt erhalten konnten, indem sie zumindest Fassaden erneuern ließen und somit ihre Schönheit bewusst machten. Erst dadurch erschien der Abriss absurd. Auch konnte bewiesen werden, dass die Restaurierung preiswerter war als Abriss und Neubau.

Andererseits wurden aber auch Zentren in stark zerstörten Großstädten neu geschaffen, wobei die Architekten die Weiterentwicklung lokaler Bautraditionen beachteten. Bedeutende Beispiele dafür entstanden in Rostock und Berlin; in Sachsen steht der Dresdner Altmarkt mit seinen Barockbezügen dafür. Maßgebende Baumeister waren aus dem Bauhaus hervorgegangen, und ihre auf urbane Zusammenhänge zielenden Anlagen stehen heute unter Denkmalschutz.

Jedoch, trotz dieser Bemühungen gelang es kaum, dort ein städtisches Funktionsgefüge wiederherzustellen, wo das gewachsene Straßennetz missachtet wurde. Wie stark die Wirkung solcher traditioneller Strukturen ist, erhellt das Beispiel Leipzigs. Bei dem Großangriff vom Dezember 1943 war das verheerende Verfahren des Flächenbombardements noch unentwickelt gewesen. Im Zentrum waren weit mehr Gebäude erhalten, als man es heute wahrnimmt. Doch selbst die törichten Abrissaktionen, angeordnet ohne Kenntnis von Geschichte oder Kunstgeschichte und ohne Respekt vor den Leistungen vergangener Generationen, bewirkten nicht, dass die Historizität des Stadtkerns verloren ging, weil das Straßennetz der alten Stadt erhalten blieb. In Chemnitz und Dresden aber wurden diese städtischen Grundordnungen zerstört durch aufmarschgerechte Schneisen – wie etwa in Stuttgart durch autogerechte. In Dresden änderte man auch die Proportion des Altmarkts. Mit alledem wurden gewachsene urbane Ordnungen gestört und die Individualität der Städte erheblich gemindert. Das Gefühl, in einer alten europäischen Stadt zu sein, stellt sich nicht mehr ein. Dies ist aber ein kostbares Gut, dessen Rang erst die Globalisierung erhellt.

Dresden, durch das Flächenbombardement vom Februar 1945 am stärksten betroffen, trat diesem Verlust zuerst entgegen mit dem Plan einer Bürgerbewegung von 1990, die Frauenkirche archäologisch wieder aufzubauen, dies heißt: Stein für Stein mit dem gleichen Material wie im 18. Jahrhundert. Es ist sprechend, dass dasselbe Vorhaben in Polen nach dem Krieg unter ungleich schwierigeren Verhältnissen und in weit größerem Umfang verwirklicht wurde. In beiden Fällen ging es um die Identität der Betroffenen. In Dresden war die Frauenkirche als Hauptwerk des evangelischen Kirchenbaus und Bekrönung der Stadtgestalt unverzichtbar. Ihr Wiederaufbau, finanziert durch eingeworbene Spenden aus aller Welt, ermöglicht und durchgesetzt mit dem jahrelangen Engagement von Bürgern der Stadt, ist eine beispielhafte Leistung. Sie beweist nämlich die Wirkung eines architektonischen Meisterwerks auf das Selbstverständnis der Bewohner, auf die weitere Umgebung des Baus, mithin auf die Stadtgestalt überhaupt; schließlich

Wiederaufgebaute Frauenkirche. Dresden, 2006

auf ökonomische Möglichkeiten, die sich daraus ergeben. Diesen Zusammenhang von Kultur und Ökonomie haben Sachsens Kurfürsten seit dem 16. Jahrhundert beachtet. Seine Varianten sind zahlreich, aber seine Verwirklichung dennoch schwer. Sie gelingt nur mit dem kenntnisreichen und zielbewussten Einsatz großer Mittel. Dies durch eine kollektive Privatinitiative erreicht zu haben, ist ein Dresdner Sonderfall. Dank und Ehre gebühren dabei vor allem dem Musiker Ludwig Güttler.

Die Nachwirkungen für die Stadt waren von Anfang an ins Auge gefasst worden. Sie stellten sich sofort ein. Das Umfeld der Kirche ist der historische Kern der Stadt. Er umschließt das Residenzschloss mit den zugehörigen Nebengebäuden. Dessen Wiederaufbau, ebenfalls durch Bürgerinitiative erkämpft, war schon in den achtziger Jahren begonnen worden. Nun sahen Geschäftsleute die Chance, durch Beteiligung an der Wiedererrichtung der berühmten Altstadt auch an den kommerziellen Möglichkeiten eines touristischen Zentrums von weltweitem Ruf zu partizipieren. Das mittelalterliche Straßennetz war im Umfeld der Kirche erhalten und neben ihm die Grundmauern von zahlreichen Gebäuden, die infolge ihrer kunstgeschichtlichen Bedeutung ebenfalls dokumentiert waren, wie die Frauenkirche selbst.

Dennoch trat ein Problem hervor, das bereits den Wiederaufbau altstädtischer Zentren in Westdeutschland in vielen Fällen bestimmt hatte: Werden solche Vorhaben nicht als kulturelle oder nationale Notwendigkeit begriffen, die alle finanziellen Erwägungen überwindet, sondern sind kommerzielle Interessen im Spiel, dann werden die enormen Kosten eines archäologischen Aufbaus von den jeweils privaten Bauherren nicht aufgebracht. Kompromisse bleiben nicht aus. Die Bauten werden auf den originalen Grundrissen in den dokumentierten Formen aus Beton errichtet und die historischen Fassaden vorgeblendet. Natürlich sind dann die Wände und Decken wesentlich dünner und die Proportionen im Inneren verändert. Der Hall aller Töne und Geräusche ist nicht mehr der von Balken und starkem Mauerwerk. Auch an äußeren Details gibt es in der Regel Änderungen, die von der Verbindung montierter und gegossener Elemente mit traditionellen verursacht werden.

Wenn man dieses Dilemma beklagt, muss man die Alternative kalkulieren. Moderne Häuser an diesen Stellen wären ehrlich, heißt es. Es ist aber seit der Revolutionierung des Bauwesens im 20. Jahrhundert nirgendwo gelungen, die künstlerische Vielgestaltigkeit und die Wohnlichkeit historischer Stadtzentren zu erreichen. Ihre Nachteile, wie Enge, Lichtlosigkeit und Schmutz, konnte man vermeiden. Ihre Vorzüge, die aus der unterschiedlichen Repräsentationsgestik vieler Generationen und ihren Schönheitsbegriffen hervorgingen, erwiesen sich als unersetzbar. Was wäre, wenn wir die Bestrafung der vergangenen Generation durch Zerstörung ihrer geschichtlichen Identität hinnehmen und auf alle zukünftigen übertragen würden; was wäre Köln ohne seine Kirchen, München ohne seine Residenz, Dresden ohne seine Elbfront vom Zwinger bis zur Frauenkirche; was wäre Sachsen ohne den Glanz seiner alten Städte von Zittau bis Grimma, von Schneeberg bis Torgau? Bestimmend für die Stadtgestalten sind der Wille der Kommunen und ihrer Einwohner, und dazu sollte es keine Alternative geben.

Wie wichtig ruhmreiche Traditionen für kulturelle Entwicklungen sind, erweist neuerdings exemplarisch die Leipziger Malerschule. Es ist eine wirkliche Schule im althergebrachten Sinne dieses Begriffs. Ihre Mitglieder arbeiten bei aller individuellen Verschiedenheit auf einer gemeinsamen gestalterischen Grundposition im abgegrenzten Raum eines Landes oder einer Stadt. Bildende Künstler finden sich dazu öfters zusammen, Literaten seltener. Obwohl in Leipzig das Literaturinstitut Johannes R. Becher dank vorzüglicher Lehrmethoden eine einflussreiche Schule war, aus der die meisten sächsischen Autoren nach dem Fortgang Hans Mayers hervorgingen, stellte sich ein Schulzusam-

Sabine, Graphit-Zeichnung von Gerhard Kettner, 1997. Privatbesitz

menhang nicht ein, und so ist es noch heute, denn das Institut besteht wegen der Qualität seiner Lehre noch immer. Es pflegten sächsische Schriftsteller seit mehreren Generationen nach Berlin umzuziehen, eine Schule bildete sich dort aber auch nicht. Von Heiner Müller über Volker Braun und Christoph Hein bis zu jüngeren Autoren wie Wolfgang Hilbig und Durs Grünbein hielt es keinen im Lande, sei es vor oder nach 1990. Auch der in Dresden geborene Ingo Schulze ging 1993 nach Berlin.

Jedoch an der Leipziger Hochschule für Grafik und Buchkunst hatte sich schon seit den sechziger Jahren eine Malweise entwickelt, die in der Klarheit und Ablesbarkeit ihrer Formensprache wie ihrer Thematik orientiert war an der eigentümlichen lokalen Tradition, die über Klinger zurückreicht bis zum Gründungsdirektor Oeser im Zeitalter der Aufklärung. Trotz dieser Eigenschaften entsprach die ganze Richtung nicht dem, was man damals im Berliner Politbüro unter sozialistischem Realismus verstand. Diese Maler waren offenbar zu intellektuell. Dennoch wurden sie von Leipziger Kulturfunktionären gestützt. Man war dort anscheinend gebildet genug, um den Bezug dieser Schule zur Tradition der Universitätsstadt zu begreifen. Seit den siebziger Jahren drängten ihre Bilder die Werke der bis dahin dominierenden Dresdner Schule in den Kunstausstellungen der DDR allmählich zurück. Dem lagen nicht allein die Unterschiedlichkeit der traditionellen Malweisen zugrunde, sondern auch die der Generationen. Die damals berühmten Dresdner waren fast ausnahmslos in den Jahren um 1900 geboren, die Leipziger um 1930. Die maßstabsetzenden Professoren waren Tübke, Mattheuer und Heisig. Von ihren zahlreichen Schülern seien hervorgehoben Zander und Gille als Repräsentanten der beiden auf Form und auf Farbe basierenden Spielarten. Jetzt aber ist bereits die dritte Generation am Werk, und sie tritt hervor und ist in aller Welt geschätzt unter dem Sammelbegriff »Neue Leipziger Schule«. Sie steht anscheinend für einen Wandel geltender Kunstansichten, denn sie präsentiert nicht mehr das Innovative, Subjektive und Handschriftliche, sondern diese Maler sind Traditionalisten und malen weiter in den Bahnen der Leipziger Künstlergenerationen vor ihnen: handwerklich versiert im Bildbau, genau in der Darstellung der Figur und oftmals gesellschaftskritisch in der Thematik.

Innerhalb einer Epoche gibt es keinen Standpunkt, eine Epoche zu betrachten.

Johann Wolfgang von Goethe (1749 – 1832)

Chronologischer Überblick

929 Heinrich I. erobert auf seinem Slawenfeldzug das Gebiet bis zur Havel und oberen Elbe. Bau von Festungen von Meißen bis Magdeburg.

1089 Kaiser Heinrich IV. setzt den Wettiner Heinrich I. von Eilenburg als Markgrafen von Meißen ein.

1168 Silberfund auf dem erzgebirgischen Gebiet des neu gegründeten Zisterzienserklosters Altzella. Ansiedlung erfahrener Bergleute aus dem Harz – Vorläufer von Freiberg.

UM 1200 Gründung von Leipzig, Dresden, Freiberg, Chemnitz, Altenburg und Zwickau.

1230 Heinrich der Erlauchte übernimmt die Herrschaft der Markgrafschaft Meißen, etabliert sich zu einem der mächtigsten und reichsten Herrscher im Heiligen Römischen Reich, bringt Silber sowie Zinn aus der Mark Meißen auf die großen europäischen Märkte und legt die Grundstrukturen der Landesverwaltung fest.
Der Zinnbergbau im Erzgebirge beginnt. Bereits elf Jahre später wird das englische Zinnmonopol gebrochen.

CA. 1230–1260 Bildwerke der Spätromantik und Frühgotik entstehen um Freiberg, Naumburg und Meißen.

1233 Heinrich fixiert das Freiberger Bergrecht.

CA. 1240 Die Inschrift MARTIN ME FECIT („Martin hat mich gemacht.“) auf der Fußleiste einer Putzritzzeichnung aus einem Kloster bei Aue gehört zu den ersten Künstlerinschriften der europäischen Kunst.

SEIT 1249 Die Pest wütet in Mitteldeutschland.

1254 Die erste Stadtschule Sachsens wird beim Leipziger Thomaskloster gegründet.

1265 Judenordnung Heinrich des Erlauchten.

1275 Erste steinerne Elbbrücke in Dresden.

1283 Die ersten Handwerkerinnungen gründen sich.

1288 Albrecht der Entartete wird Markgraf von Sachsen.

1288–MITTE 14. JAHRHUNDERT Große Teile des Herrschaftsgebietes Sachsen gehen durch Erbstreitigkeiten verloren. Der Aufschwung der Künste unter dem Hause Wettin leidet darunter spürbar. Erst ab Mitte des 14. Jahrhunderts ist Sachsen politisch konsolidiert.

1382 Wilhelm I. wird Markgraf von Meißen und erweitert das Herrschaftsgebiet durch Kauf und Eroberung.

1384 Wilhelm erlässt eine Landfriedensordnung zur Förderung von Handel und Gewerbe.

14. JAHRHUNDERT Durch Bergbau und Handel leben nun bereits rund ein Viertel der Landesbewohner in Städten. Das städtische Schulwesen bildet sich aus. Der Dom zu Meißen wird fertiggestellt.

1409 Gründung der Universität Leipzig als sechste Universität im Heiligen Römischen Reich.

1423 Friedrich IV. von Meißen wird als Friedrich I. Kurfürst von Sachsen.

1438 Erster Landtag Sachsens (Versammlung der kursächsischen Landstände – Adel, Geistlichkeit und Städte).

MITTE 15. JAHRHUNDERT Wirtschaftliche Expansion. Entwässerungssystem von Wilhelm I. greift. Arbeitsteilung, Kapitaleinsatz und Bildung größerer Unternehmen im Bereich Bergbau. Erste Streiks der Bergleute.

1464 Kurfürst Friedrich II. erlässt als erster Reichsfürst eine Landesbauordnung, in der den Ämtern und Vögten die Aufsicht über das Bauwesen übergeben wird. Seine beiden Söhne Ernst und Albrecht übernehmen die Herrschaft.

CA. 1470–1530 Ein Bauboom an Kirchen bricht aus, viele Vorgängerbauten werden dafür abgerissen.

1471 Schneeberg wird gegründet.

1471–1521 Arnold von Westfalen erbaut in Meißen die Albrechtsburg (erster Schlossbau Deutschlands).

1485 Ernst und Albrecht teilen das Herrschaftsgebiet unter sich auf („Leipziger Teilung“) – das albertinische und das ernestinische Sachsen entstehen. Dresden und Wittenberg werden zur jeweiligen Residenz, Teilgebiete bleiben unter gemeinsamer Verwaltung.

1497 Annaberg erhält das Stadtrecht.

1498 Aufstände der Bergleute in Schneeberg u. Annaberg.

1499 Der Kaiser bestätigt die „Väterliche Ordnung“ Herzog Albrechts des Beherzten, nach der nur der Erstgeborene Landeserbe ist und die albertinischen Herrschaftsgebiete nicht mehr geteilt werden dürfen.

ENDE 15. JAHRHUNDERT Ein Netz von Maler- und Bildhauerwerkstätten mit einem eigenständigen obersächsischen Stil entsteht (brillante Lösungen formtechnischer Probleme bis an die Grenzen des Möglichen).

1500 Georg der Bärtige folgt seinem Vater Herzog Albrecht.

1502 Ernsts Nachfolger Friedrich der Weise gründet die Universität zu Wittenberg.

1507 Leipzig erhält vom Kaiser ein Messeprivileg.

1509 Die „Annaberger Bergordnung“ verfügt die Oberaufsicht in allen Bereichen des Montanwesens durch fürstliche Bergbehörden.

UM 1510 Die Arbeiten an der Wittenberger Schlosskirche werden beendet. Sie vereint in etwa 20 Altären die Werke der ersten Meister der deutschen Renaissance.

1514 Gründung einer Lateinschule in Freiberg.
Der Engländer Richard Crocus führt an der Leipziger Universität den Unterricht in Griechisch ein.

1517 Luther schickt einen Brief mit seinen 95 Thesen an Kardinal Albrecht von Brandenburg, Erzbischof von Mainz. Der Leipziger Drucker Jakob Tanner veröffentlicht ein Flugblatt mit den Thesen auf Deutsch.

1518 Georgius Agricola gründet in Zwickau neben der bestehenden Latein- eine griechische Schule.

1520 Das Wittenberger Heiltum, eine Sammlung von Heiligenreliquien, umfasst bereits 19 013 Objekte.

1521 Luther übersetzt das Neue Testament während seiner kurfürstlichen Sicherheitsverwahrung auf der ernestinischen Wartburg.
Kurfürst Friedrich der Weise missbilligt auf dem Reichstag zu Worms den Ablasshandel öffentlich.
Thomas Müntzer wird aufgrund seiner Predigten gegen die alte Ordnung aus Zwickau vertrieben.
Lucas Cranach d. Ä. stellt in „Passional Christi und Antichristi" den Papst als Antichristen dar.

1525 Ernestinische, albertinische und hessische Truppen zerschlagen das Bauernheer von Thomas Müntzer.
Tod Friedrichs des Weisen. Auf dem Totenbett bekennt er sich zur lutherischen Lehre.
Herzog Georg der Bärtige geht u. a. mit dem Kurfürsten von Brandenburg und dem Erzbischof von Mainz einen Bund gegen die evangelischen Reichsstände ein.

1526 Torgauer Bündnis – Zusammenschluss Kursachsens mit anderen protestantischen Fürstentümern.

1527 Johann der Beständige begründet das System der evangelischen Landeskirchen. Kursachsen wird zur lutherischen Hegemonialmacht.

1533 Die Formensprache der Renaissance hält Einzug in Sachsen. Herzog Georg der Bärtige lässt das Georgentor in Dresden erbauen, Kurfürst Friedrich der Großmütige den Südostflügel von Schloss Hartenfels bei Torgau.

1539 Heinrich („der Fromme") folgt als albertinischer Herzog und führt die Reformation ein.

1542 Errichtung des Oberbergamtes in Freiberg.
Herzog Moritz provoziert einen militärischen Aufmarsch gegen das ernestinische Kurfürstentum. Die bislang gemeinsam geführten Ämter werden geteilt.
Moritz gibt das Jagdschloss Moritzburg in Auftrag.

AB 1546 Abriss und Neubau der Stadtmauern von Dresden und Leipzig. Überreste davon sind heute u. a. noch die Brühlsche Terrasse und die Mauer über dem Zwingergraben in Dresden sowie die Moritzbastei in Leipzig.

1547 Wittenberger Kapitulation – der albertinische Herzog Moritz wird Kurfürst von Sachsen.
Moritz lässt die bereits ab 1382 zum kurfürstlichen Residenzschloss ausgebaute gotische Burg zu Dresden erweitern, wobei das spätere „Grüne Gewölbe" geschaffen wird.

1548 Moritz gründet die Dresdner Hofkapelle.

1550–1567 Hieronymus Lotter erbaut die Pleißenburg in Leipzig.

1553 Kurfürst Moritz gibt den Auftrag, das Residenzschloss zu Dresden umzubauen. Es gilt als die erste fast regelmäßige Vierflügelanlage der deutschen Baukunst und war Vorbild für viele weitere Schlösser.
Moritz' Bruder August wird Kurfürst und erlässt eine Landesordnung (1555) sowie weitere Landesgesetze.

1555 Augsburger Religionsfrieden.
Das Moritzmonument wird an der Brühlschen Terrasse in Dresden errichtet. Es ist das erste Denkmal im freien, nicht kirchlichen Raum in Deutschland.

1556 August gründet die Sächsische Landesbibliothek, Vorläufer der Sächsischen Nationalbibliothek und eine der ältesten Bibliotheken Deutschlands.

1559–1563 August lässt das Zeughaus mit einer einzigartigen Sammlung von Geschützen an die innere Mauer der Festung Dresden bauen.

UM 1560 August gründet die Dresdner Kunstkammer, die zweite Gründung ihrer Art im Reich.

UM 1567 August schafft mit der Kurfürstlichen Rüstkammer eine der größten Prunkwaffensammlungen der Welt.

1568 Das letzte Nonnenkloster in Kursachsen, das Kloster zum Heiligen Kreuz bei Meißen, wird aufgelöst.

1568–1572/73 Hieronymus Lotter erbaut die Augustusburg für Kurfürst August von Sachsen, das erste deutsche Schloss mit rein quadratischem Grundriss.

1572 August erlässt 172 Konstitutionen, die die Grundlage der Rechtsprechung in Sachsen bilden.

1574 August beruft Tobias Wolff als Hofmedailleur nach Dresden. Die sächsische Medaillenkunst etabliert sich zur führenden im nördlichen Europa.

1575 August ruft Giovanni Maria Nosseni, Architekt und Bildhauer aus Lugano, nach Dresden. Mit ihm hält der italienische Stil Einzug in die kursächsische Hofkunst.

1580 Veröffentlichung der Konkordienformel, einer Zusammenfassung der lutherischen Lehrsätze, auf die sich alle lutherisch regierten Gebiete des Reiches festlegen müssen.

1583 Der nach Dresden berufene Arzt Georg Bartisch begründet mit dem „Augendienst" die Augenheilkunde.

1586 Christian I. wird Kurfürst von Sachsen. Er stirbt 1591 im Alter von 31 Jahren.

1601 Christian II. herrscht im Kurfürstentum, das Herzog Friedrich Wilhelm von Sachsen-Weimar verwaltet hatte.

NACH 1610 Ein frühbarocker Klassizismus löst den bereits seit 100 Jahren vorherrschenden Manierismus ab.

1611/1613 Johann Georg I. wird Kurfürst und erlässt eine „Defensionsordnung", nach der alle Stände Truppen bereitstellen müssen.

1615 Kurfürst Johann Georg I. ruft Heinrich Schütz als Hofkapellmeister nach Dresden. Beginn der eigenständigen deutschen Barockmusik.

UM 1620 Der Frühbarock hält in allen sächsischen Künsten Einzug.

1620 Einmarsch des lutherischen Kurfürsten Johann Georgs I. im Auftrag des katholischen Kaisers in die Lausitz. Gewaltsame Rückführung der schlesischen Lutheraner unter die kaiserliche Herrschaft. Verpfändung der Lausitz bis zur Erstattung der Kriegskosten an Kursachsen.

1621 Erlass einer neuen Münzordnung als Reaktion auf die Silberkrise. Landesweite Errichtung von Münzprägeanstalten. Aufhebung des Dresdner Monopols.

1626 Leipzig erklärt seinen Bankrott und wird unter kurfürstliche Finanzaufsicht gestellt.

1629 Die Äbtissin Dorothea Schubert beauftragt den Dresdner Hofbildhauer Sebastian Walther mit einem Altarretabel und zwei Epitaphien für die Stifter des Klosters St. Marienstern. Walther gilt als erster Meister des Frühbarocks in der sächsischen Plastik.

1631–1645 Kursachsen leidet unter den Folgen des Dreißigjährigen Krieges (1618–1648). Viele Städte werden belagert, besetzt, geplündert und niedergebrannt. Die Bevölkerung schrumpft um etwa 30 Prozent; Bergbau, Handel und Manufaktur kommen praktisch zum Erliegen. Die meisten Künstler fliehen; wer bleibt, hungert (unter ihnen Paul Fleming und Paul Gerhardt).

1635 Die Lausitz wird endgültig an Sachsen abgetreten.

1645 Waffenstillstandvertrag zwischen Johann Georg I. und Schweden.

1648 Westfälischer Frieden.

ZWEITE HÄLFTE 17. JAHRHUNDERT Aufschwung der Wirtschaft – Wiederaufnahme von Bergbau, Handwerk und Produktion, etwa 20 neue Manufakturen.

1652 Johann Georg I. verfügt testamentarisch, dass neben dem Erstgeborenen Johann Georg II. auch die anderen drei Söhne Herzogtümer vom Kurstaat erhalten. Sachsen-Zeitz, Sachsen-Weißenfels und Sachsen-Merseburg gehören damit ab 1656 nur noch juristisch zu Kursachsen.

1659 Johann Georg II. erlässt nach Raubgrabungen und Aufständen der Bergleute ein neues Bergdekret.

1660 Die „Leipziger Zeitung“ wird erstmals gedruckt.

1662 Die erste italienische Oper im nördlichen Deutschland wird im kurfürstlichen Schloss aufgeführt.

1667 Einweihung des Dresdner Hoftheaters am Taschenberg mit Platz für 2000 Besucher. Beginn der bürgerlichen Opern- und Theaterkultur in Sachsen.

1678–1683 Bau des Palais im Großen Garten vor den Toren Dresdens. Es gilt als Hauptwerk des sächsischen Hochbarocks.

1678–1687 Bau der Alten Börse in Leipzig.

1680 Tod Johann Georgs II., Johann Georg III. wird Nachfolger.

1682 Die erste Ausgabe der „Acta Eruditorum“, der ersten wissenschaftliche Zeitschrift und Grundfeste der Aufklärung in Deutschland, wird in Leipzig gedruckt. Seit 1684 publiziert auch Gottfried Wilhelm Leibniz hierin.

1684 Die Hammerherrenfamilie Schnorr stiftet die erste Zentralbaukirche Sachsens in Carlsfeld.

1688 „Monatsgespräche“, die erste Zeitschrift in deutscher Sprache, erscheint unter der Schirmherrschaft des Frühaufklärers Christian Thomasius in Leipzig.
Christian Reuter veröffentlicht sein satirisches Lustspiel über Leipzig, das als erste deutsche Komödie gilt.

1691/1694 Johann Georg IV. übernimmt die Herrschaft, stirbt jedoch 1694 kinderlos. Sein Bruder Friedrich August I. wird Kurfürst von Sachsen.

1697 Friedrich August I. tritt zum Katholiszismus über, um als Anwärter auf den polnischen Thron auftreten zu können. Im September wird er in Krakau zu König August II. von Polen gekrönt. Bis zu seinem Tod 1733 baut er seine sächsische Residenz mit modernen Gebäuden und großen Kunstsammlungen zur Hauptstadt einer Großmacht aus.

1698 August der Starke gründet in Leipzig die erste deutsche Staatsbank.

1700 August der Starke beginnt den Nordischen Krieg gegen Schweden um Livland, das er gemäß den Krönungsbedingungen für Polen zurückerobern muss.

1701 August gründet das Contubernium in Dresden, ein metallurgisches Forschungsinstitut insbesondere zur Erzeugung von Gold, ab 1706 auch von Porzellan.

1702 August gründet die Stipendienkasse beim Freiberger Oberbergamt zur Ausbildung von Bergbeamten und zur montanwissenschaftlichen Forschung – die Vorform der Bergakademie.

1706 August bildet mit dem „Geheimen Kabinett“ die erste staatliche Zentralbehörde dieser Art in Deutschland, die direkt dem Souverän untersteht.

1707 Mit dem Abzug der Schweden beginnt in Sachsen eine fast 40-jährige Periode des friedlichen Ausbaus – die Grundlage für den augusteischen Barock.

1708 Johann Gottfried Böttger erfindet das europäische Hartporzellan.

1709 August rückt mit seinem Heer in Polen ein und übernimmt wieder den Thron.
Die Bauarbeiten am Zwinger zu Dresden beginnen.

1710 August erklärt die Meißener Albrechtsburg zur Staatsmanufaktur für Porzellan.

SEIT 1711 Der Theologe und Geograf Adam Friedrich Zürner vermisst das gesamte Kurfürstentum. Noch heute zeugen die Postmeilensäulen von seiner Arbeit.

1713/1724 Modernisierung der Schulordnung; Ansätze zur gesetzlichen Schulpflicht werden geschaffen.

1715 Die „Neuen Zeitungen von gelehrten Sachen" werden erstmals in Leipzig gedruckt.

SEIT CA. 1715 Durch Zusammenwirkung verschiedener Stile entsteht der sächsische Barockklassizismus.

1719 Hochzeit des Kronprinzen mit Maria Josepha, der ältesten Tochter Kaiser Josephs I.

1720 Die Bauordnung von Dresden wird erlassen. Zusammen mit den Vorgängerordnungen von 1708 und 1710 führt sie zu einem barocken Wiederaufbau Dresdens.

1720–1724 August der Starke lässt bei Pillnitz das Wasser- und das Bergpalais bauen.

1722 Graf Zinzendorf erbaut auf seinen Besitzungen das Gut „Herrnhut" für seine pietistische Brüdergemeine.

1724 Das Grüne Gewölbe wird für die Öffentlichkeit zugänglich gemacht; erstes Spezialmuseum für dekorative Künste überhaupt; Beginn der modernen Museologie.
Veröffentlichung des Codex Augusteus in Leipzig, einer Sammlung der Gesetze Sachsens.

1724–1727 Jacob Leupold veröffentlicht in Leipzig die ersten drei Bände seines „Theatrum Machinarum", einer Enzyklopädie zu mechanischen Problemen verschiedenster Gebiete.

1724–1730 Bau der Ritterakademie in Dresden.

1726 Baubeginn der Dresdner Frauenkirche, nachdem der Vorgängerbau aufgrund zu geringen Fassungsvermögens abgerissen wurde.

1728 Beginn der Bauarbeiten am Japanischen Palais in Dresden.
Umfunktionierung des Zwingers zum Königlichen Palast der Wissenschaften, dem ersten nach Sachgebieten geordneten Komplex wissenschaftlicher Sammlungen, der der Öffentlichkeit zugänglich ist.

1733/34 August der Starke stirbt 1733 und der Erbfolgekrieg um die polnische Krone beginnt. Krönung Friedrich Augusts II. zu König August III. erst 1734 in Krakau.

1734–1751 August III. beauftragt Gottfried Knöffel, den späteren Hofbildhauer, Schloss Hubertusburg zu erweitern. Abschluss der Arbeiten erst 1751. Es gilt als „sächsisches Versailles".
August III. beruft den berühmten Opernkomponisten Johann Adolf Hasse nach Dresden.

1738 General Graf Rutowski, einer der vier unehelichen Söhne Augusts des Starken, gründet eine Freimaurerloge in Dresden, die zweite deutsche nach der Hamburger.

1740–1742 Erster Schlesischer Krieg. Preußen erobert mit Hilfe Sachsens Schlesien. Die erhoffte Landbrücke nach Polen bleibt jedoch aus.

1744–1746 Zweiter Schlesischer Krieg. Sachsen schlägt sich auf Österreichs Seite, wird jedoch geschlagen. Konsequenz ist eine millionenschwere Kriegsschuld gegenüber Preußen.

1745/1751 Anton Raphael Mengs wird zum Kabinettmaler zu Dresden ernannt, 1751 zum sächsischen Oberhofmaler.

1746 Lorenzo Mattielli, Hofbildhauer, baut für den Grafen Brühl mit dem Neptunbrunnen zu Friedrichstadt eine der prächtigsten Brunnenanlagen Europas.

1751 Der erste jüdische Friedhof in Dresden wird eingeweiht.

1755 Johann Joachim Winckelmann veröffentlicht seine „Gedanken über die Nachahmung der griechischen Werke in der Malerei und Bildhauerkunst". Sie gelten als Programmschrift des Klassizismus.

1756–1763 Siebenjähriger Krieg (Dritter Schlesischer Krieg). Dresden wird vier Jahre lang wechselnd besetzt, gezielt bombardiert und teilweise niedergebrannt. Seuchen und Hungersnöte brechen aus. Die Wirtschaft wird durch eine Inflation schwer erschüttert.

1763 Tod Augusts III. Sein Sohn Friedrich Christian wird Kurfürst. Er führt das Konzept des „Rétablissements" ein, fährt eine strikte Sparpolitik, löst die Oper in Dresden auf und entlässt Hofkapellmeister Hasse. Noch 1763 stirbt Friedrich Christian. Sein Bruder Xaver übernimmt als Administrator das Land, bis Friedrich Christians Sohn volljährig ist.

1764 Beginn der modernen Kunstwissenschaft und Archäologie. Johann Joachim Winckelmann lässt sein Hauptwerk „Geschichte der Kunst des Altertums" drucken.
Gründung der Leipziger Ökonomischen Sozietät und Einrichtung eines Lehrstuhls für Ökonomie.
In Leipzig und Dresden werden Kunstakademien gegründet. Adam Friedrich Oeser wird erster Direktor der neu gegründeten Zeichenakademie zu Leipzig und kurfürstlich-sächsischer Hofmaler.

1765 Gründung der Bergakademie in Freiberg, der ersten Technischen Hochschule der Welt auf Vorschlag des Freiherrn Friedrich Anton von Heinitz.
Christian Ludwig von Hagedorn ruft die Schweizer Künstler Anton Graff und Adrian Zingg an die Kunstakademie nach Dresden. Sie führen die aufgeklärte Wirklichkeitsempfindung in die sächsische Kunst ein und werden zu Wegbereitern des bürgerlichen Realismus in der deutschen Malerei und Zeichenkunst.

1768 Friedrich August III. übernimmt die Herrschaft.

1770 Friedrich August III. verbietet die Folter.

1773 Friedrich August III. erlässt eine Schulordnung, Erweiterung des Unterrichts in den Volksschulen.

1776 Johann Gottlieb Naumann wird Hofkapellmeister.

1778 Friedrich August III. gründet das erste deutsche Lehrerseminar für Volksschullehrer in Dresden und die erste Schule für Taubstumme in Leipzig.

1778/79 Bayerischer Erbfolgekrieg. Sachsen geht ein Bündnis mit Polen ein, verzichtet auf seinen Erbanspruch, erhält aber die Schönburgischen Länder um Glauchau und Meerane.

1781 Graf Einsiedel beauftragt Thaddeus Wiskotschill, eine Sammlung von Gipsabgüssen nach berühmten antiken Skulpturen anzulegen. Hierfür experimentiert Einsiedel mit modernen englischen Verfahren zur Herstellung gusseiserner Großplastiken.
Johann Adam Hiller gründet eine Konzertgesellschaft.

1782 Die Arbeiten am Park des Grafen Lindenau in Machern bei Leipzig beginnen.

1784 Friedrich August III. erwirbt eine Sammlung von Gipsabgüssen berühmter Kunstwerke aus dem Nachlass Anton Raphael Mengs', Vorbilder für die Güsse Einsiedels. 1794 werden diese im Dresdner Johanneum als Museum öffentlich ausgestellt.

1784–1797 Die spätgotische Halle der Nikolaikirche zu Leipzig wird unter Oesers Führung vom Gotischen ins Klassizistische umgeformt.

1788 Friedrich August III. lässt die 1764 erworbene Bibliothek des Historikers Heinrich von Bünau und die Brühlsche Bibliothek von 1768 im Obergeschoss des Japanischen Palais als öffentliche Bibliothek ausstellen. Im Erdgeschoss des Palais werden zur gleichen Zeit die Antikensammlung und das Münzkabinett eingerichtet. Die Porzellansammlung Augusts des Starken wird im Souterrain untergebracht.

1789 Johann Friedrich Mende errichtet bei Rothenburg das erste Schiffshebewerk.

1790 Bauernaufstand wird durch kurfürstliche Truppen niedergeschlagen.

1791 Das Halsbrücker Amalgamierwerk wird in Betrieb genommen. Es gilt als Wunderwerk der Metallurgie.

1792 Der Kurfürst erlässt ein Mandat „Wider Verbreitung aller zu Empörung und Aufruhr anstehender Schriften".

UM DIE JAHRHUNDERTWENDE Dresden wird zum Zentrum der Kunstwelt.

1797 Graf Detlev Carl von Einsiedel lässt die erste Dampfmaschine nach englischem Vorbild konstruieren.

UM 1800 Aufgrund der stark zurückgehenden Silbererträge wird die Textilproduktion in Massenfabrikation zum Hauptzweig der sächsischen Wirtschaft. Die Manufakturen weichen Fabriken, die mit Maschinen und Wasserkraft arbeiten. Maschinenbaubetriebe bilden sich. Chemnitz wird zum „deutschen Manchester", Sachsen zum Pionierland der industriellen Revolution in Deutschland.

1805 Allgemeine Schulpflicht in Kursachsen.

1806 Napoleon schlägt nach der Gründung des Rheinbundes die sächsisch-preußischen Truppen bei Saalfeld und Jena-Auerstedt. Daraufhin bietet er Friedrich August III. an, zum König erhoben zu werden, um im Gegenzug den Franzosen Truppen für Feldzüge zur Verfügung zu stellen. Friedrich August III. stimmt zu und wird König Friedrich August I.

1806–1815 Die spätbarocke letzte große Manufakturphase geht in das sächsische Biedermeier über.

1807 König Friedrich August I. erhält das Großherzogtum Warschau als Erbland.

1811 Francesco Morlacchi wird Musikdirektor der italienischen Oper in Dresden.

1813 Völkerschlacht bei Leipzig. Napoleons Armee wird geschlagen und das Königreich Sachsen zum Generalgouvernement der verbündeten Mächte.
E. T. A. Hoffmann wird Kapellmeister der Secondaschen Theatertruppe.

1813/14 Unter Fürst Repnin-Wolkonski wird eine Medizinisch-Chirurgische Lehranstalt gegründet, die Dresdner Kunstakademie reformiert.

1814/15 Wiener Kongress – Preußen erhält den Wittenberger Kurkreis, den Thüringischen Kreis, die Niederlausitz und die östliche Oberlausitz zugesprochen, Sachsen-Weimar den Neustädter Kreis. Die restlichen rund 40 Prozent des ursprünglichen Staatsgebietes bleiben sächsisches Königreich. Friedrich August verzichtet auf das Großherzogtum Warschau.
Neue Stadtkirchen und Rathäuser werden im Stil Schinkels errichtet.
Die sächsische Staatsuniversität von Wittenberg wird der preußischen von Halle einverleibt. Der preußische König finanziert das Denkmal Luthers in Wittenberg zum 300. Reformationsjubiläum 1817. Es wird zum Leitbild der deutschen Denkmalskunst des 19. Jahrhunderts.

1815 Sachsen tritt dem Deutschen Bund bei.

1816 Caspar David Friedrich wird in Dresden zum Akademiemitglied ernannt (1824 außerordentlicher Professor).
Heinrich von Cotta gründet die Tharandter Forstakademie.

1817 Carl Maria von Weber wird Musikdirektor der deutschen Oper in Dresden und Kapellmeister.

1820 Johan Christian Clausen Dahl und Carl Christian Vogel kommen an die Kunstakademie Dresden. Vogel bringt die moderne Variante des klassizistischen Figurenstils und die Monumentalmalerei nach Sachsen.

1822 Uraufführung des „Freischütz" in Dresden.

1825 Ludwig Tieck wird in Dresden Königlicher Hofrat und Dramaturg.

1827 Friedrich August I. stirbt. Da er keinen männlichen Erben hat, folgt ihm sein Bruder Anton.

1828 Rudolf Sigismund Blochmann errichtet hinter dem Dresdner Zwinger Deutschlands erstes Gaswerk.
Gründung des „Sächsische Kunstvereins" in Dresden.
In Leipzig gründet der Verleger Reclam ein Lesekabinett.
Prinz Johann von Sachsen publiziert als „Philaletes" die erste Übersetzung Dantes „Göttlicher Komödie".

1829 Der erste Unternehmerverband, der „Industrieverein für das Königreich Sachsen", wird in Chemnitz gegründet.

1830 Julirevolution in Frankreich – Unruhen auch in Leipzig und Dresden. Die Dresdner Kommunalgarde fordert die Abdankung Antons, Pressefreiheit, Einschränkung und Offenlegung des Staatshaushaltes sowie die Einberufung des Landtages. Die liberale Adelsfraktion unter Bernhard August von Lindenau erreicht, dass Prinz Friedrich August an der Seite des alten Königs mitregieren darf.

1831 Von Lindenau erwirkt eine Verfassung, durch die das Königreich Sachsen zur konstitutionellen Monarchie wird. Weitere Reformen folgen.
Die sorbische Bevölkerung kann erstmals Religions- und Leseunterricht in eigener Sprache abhalten, eine wichtige Voraussetzung für die Blüte der sorbischen Literatur.
Ernst Rietschel erhält den Auftrag, ein Denkmal für König Friedrich August I. zu errichten, Sachsens erste Monumentalbronze.

1833 Friedrich List veröffentlicht in Leipzig die Schrift „Über ein sächsisches Eisenbahnsystem als Grundlage eines allgemeinen deutschen Eisenbahnsystems".
Sachsen tritt dem Deutschen Zollverein bei.

1834 Gottfried Semper wird zum Professor für Baukunst an die Dresdner Akademie berufen. Er führt die Neorenaissance in Dresden ein.

1835 Felix Mendelssohn Bartholdy wird zum Gewandhauskapellmeister berufen.

1836 König Anton stirbt. König Friedrich August II. besteigt als Hoffnungsträger der Liberalen den Thron, führt jedoch eine streng konservative Regierung.
Adrian Ludwig Richter wird zum Lehrer für Landschafts- und Tiermalerei an die Dresdner Akademie berufen. Er malt das Volksleben der sächsisch-böhmischen Mittelgebirgslandschaft und führt so den Stil der idealisierten Wirklichkeitsdarstellung ein.
In Chemnitz wird die Königliche Gewerbeschule gegründet. 1986 wird sie zur Technischen Universität.

1837/38 Johann Andreas Schubert entwickelt das erste sächsische Elbdampfschiff und baut die erste deutsche Lokomotive, die „Saxonia".

1838–1841 Gottfried Semper baut für den Bankier Oppenheim die Villa Rosa und schafft so den Grundtypus der großbürgerlichen Villa, der sich in Mitteleuropa verbreitet. In Dresden entstehen unter ihm zudem bis 1840 die Synagoge, die als Modell für viele jüdische Gotteshäuser in ganz Deutschland dient, und bis 1841 die Semper-Oper. Das „schönste Theater der Welt" brennt jedoch 1869 ab und wird 1871–1878 durch einen Neubau ersetzt.

1839 Die Eisenbahnstrecke Leipzig–Dresden wird in Betrieb genommen und führt zu einem gewaltigen Entwicklungs- und Bevölkerungsschub in beiden Städten.

1841 Nachdem die Schriften von Arnold Ruge und Theodor Echtermeyer in Preußen verboten werden, wechseln beide nach Dresden, wo sie die „Deutschen Jahrbücher für Kunst und Wissenschaft" herausgeben.

1842 Das „Literarische Museum", ein Lesekabinett aus jungen Literaten und Intellektuellen, wird in Dresden gegründet.
In Leipzig wird aufgrund der hohen Dichte von Druckereien und Verlagen der Schriftstellerverein gegründet.

1843 Der Staatsminister Bernhard von Lindenau tritt zurück. Sein Nachfolger wird Traugott von Könneritz, der eine weitere Verschärfung der Zensur veranlasst.
Richard Wagners „Fliegender Holländer" wird in Dresden uraufgeführt und Wagner zum „Königlich-Sächsischen Kapellmeister auf Lebenszeit" ernannt.
Das Konservatorium zu Leipzig wird gegründet.

1845 Prinz Johann, Bruder Friedrich Augusts II. besucht Leipzig. Spontan protestiert eine Menschenmenge offen gegen den Prinzen. Truppen schießen sofort in die Menge. Am Begräbnis der Opfer nehmen 15 000–20 000 Leipziger Teil – eine öffentliche Demonstration.

1846 Luise Otto veröffentlicht ihren vierbändigen Roman „Schloss und Fabrik" und macht damit auf die Probleme der Arbeiterinnen aufmerksam.
In Leipzig gründet sich der erste deutsche Arbeiterverein.

1847 Der ehemalige Staatsminister von Lindenau stiftet seine privaten Kunstsammlungen gemeinsam mit einer extra errichteten Kunstschule der Stadt Altenburg. Das zugehörige Museum gilt als der erste städtische Museumsbau im sächsischen Raum.
Gottfried Semper beginnt mit der Errichtung der Gemäldegalerie am Zwinger.

1848 Luise Otto fordert gegenüber der sächsische Regierung die Rechte der Arbeiterinnen ein. Im gleichen Jahr gibt sie die „Frauenzeitung" heraus und läutet somit den Beginn der Frauenbewegung ein.
König Friedrich August II. stimmt im Zuge der durch die Februarrevolution in Paris beflügelten Unruhen im Deutschen Bund der Presse- und Versammlungsfreiheit zu und lässt Vertreter für die Teilnahme an der Deutschen Nationalversammlung in Frankfurt am Main wählen. Ein neues Wahlgesetz wird verabschiedet.

1849 In der Frankfurter Paulskirche wird die Deutsche Reichsverfassung beschlossen. König Friedrich Wilhelm IV. von Preußen lehnt die Kaiserwürde jedoch ab. Auch Friedrich August II. von Sachsen verweigert der Nationalversammlung die Anerkennung. Es kommt zum Volksaufstand, der jedoch mit Hilfe preußischer Truppen niedergeschlagen wird.

1849–1851 Johann Andreas Schubert erbaut für die Bahnstrecke Leipzig–Plauen–Hof die Göltzschtalbrücke.

1850 Die sächsische Regierung beschlagnahmt die Akten des Zentralkomitees der Allgemeinen Deutschen Arbeiterverbrüderung. Ein Dekret ordnet die Wiederherstellung der vorrevolutionären Verhältnisse an.

1851–1860 Julius Schnorr von Carolsfeld illustriert die Bibel in Holzschnitten. Die Ausgabe avanciert in Deutschland zum meist gedruckten Bilderwerk des 19. Jh.

1852 In Leipzig wird die „Neue Zeitschrift für Musik“ von Robert Schumann herausgegeben.

1853 Hermann Krone gründet in Dresden eine „Photographische Lehr- und Portraitanstalt“.

1854 Johann folgt Friedrich August auf den Thron.

1861 Die vollständige Gewerbefreiheit wird eingeführt.

1863 Ferdinand von Rayski malt sein Gemälde „Wildschweine im Maisfeld“, das modernste Werk der deutschen realistischen Malerei.
Die Arbeitervereine aus den sächsischen Industriezentren schließen sich in Leipzig zum „Allgemeinen Deutschen Arbeiterverein“ zusammen.

1864 In Leipzig wird der „Schreberverein“ mit Kleingärten und einem Kinderspielplatz gegründet, um der arbeitenden Stadtbevölkerung eine gesunde Ernährung und Lebensweise zu ermöglichen.

1866 August Bebel und Wilhelm Liebknecht gründen in Chemnitz die Sächsische Volkspartei, die erste politische Partei in Deutschland.
Preußen erklärt Sachsen den Krieg. Sachsen widersetzt sich einer Annektion, muss dafür jedoch seine Armee Preußen unterstellen und Kriegsentschädigung zahlen. Wesentliche Hoheitsrechte gehen an den Norddeutschen Bund über.

1871 Das Deutsche Reich wird in Versailles ausgerufen.

1873 Albert folgt seinem Vater auf den Thron.

1884–1887 Der sächsische Landtag beschließt den Umbau des Zeughauses zum Museum. Es erhält zu Ehren König Alberts den Namen „Albertinum“.

1893 Die Loschwitzer Elbbrücke, genannt „Blaues Wunder“, wird fertiggestellt. Sie gilt als erste eiserne Monumentalkonstruktion in Deutschland.

1893–1920 Max Klinger, Meister des Symbolismus, beherrscht die Leipziger Kunstszene.

1895 Hermann Krone erhält an der TU Dresden die erste Professur für Fotografie in Deutschland.

1897 Gotthardt Kuehl von der Dresdner Kunstakademie, richtet die erste Internationale Kunstausstellung ein.

UM 1900 Das Königreich Sachsen erreicht die größte Bevölkerungsdichte in Europa.
Die Dresdner Architekturbüros Schilling & Gräbner und Lossow & Kühne läuten den Beginn des Industriebaus ein.

1904 König Friedrich August III. übernimmt das Amt.
Sascha Schneider, Jugendstilmaler aus Dresden, illustriert die Titelbilder der Romane Karl Mays. Dessen Bücher schaffen eine neue Lesekultur in der Industriegesellschaft.

1905 In Dresden bildet sich die expressionistische Künstlergruppe „Die Brücke“. Sie besteht aus autodidaktisch malenden, ehemaligen Architekturstudenten. Sie widersetzen sich der bürgerlichen Ordnung u. a. durch nacktes Baden und das Malen von Akten im Freien.

1905–1907 Schilling & Gräbner bauen die erste reine Jugendstilkirche in Sachsen, die Dresdner Christuskirche.

1906–1909 In Chemnitz wird der Theaterplatz mit Opernhaus und Museum gebaut.

1908/09 In Dresden wird die Zigarettenfabrik Yenidze in Gestalt einer Moschee gebaut. Sie gilt als Hauptwerk der orientalisierenden Richtung des internationalen Jugendstils.

1909 Die erste deutsche Gartenstadt entsteht in Hellerau bei Dresden nach englischem Vorbild.

1911 In Dresden findet die Internationale Hygieneausstellung statt.

1912 Das Deutsche Hygiene-Museum, bereits 1883 in der Ständeversammlung diskutiert, wird gegründet. 1930 erhält es ein eigenes Gebäude in Dresden.

1913 Das Völkerschlachtdenkmal in Leipzig wird eingeweiht.

1914–1916 Die Deutsche Bücherei in Leipzig, heute Deutsche Nationalbibliothek, wird gebaut.

1915 Der Hauptbahnhof Leipzig, entworfen von Lossow & Kühne, wird eingeweiht. Er gilt als größter und modernster Kopfbahnhof Europas.
Am 1. Mai finden in mehreren sächsischen Städten Friedensdemonstrationen statt.

1918 Friedrich August III. dankt ab und beendet damit die jahrhundertelange Herrschaft der Wettiner in Sachsen. Sein Herrschaftsgebiet wird zum Freistaat.

1919 Erich Kästner beginnt sein Studium in Leipzig. Er ist Redakteur der linksliberalen „Neuen Leipziger Zeitung“. Er vertritt die „Neue Sachlichkeit“.
Oskar Kokoschka erhält eine Professur an der Dresdner Akademie.

1921 Die erste NSDAP-Ortsgruppe außerhalb Bayerns gründet sich in Zwickau.

1926/27 Die wichtigsten Hersteller von Kameras und Fotopapier fusionieren zur Zeiss-Ikon-AG. Sie produziert die ersten Spiegelreflexkameras.

1927 Otto Dix erhält eine Professur an der Dresdner Akademie. Der Expressionismus in Sachsen wandelt sich unter seinem Einfluss zur „Neuen Sachlichkeit“.
Werner Heisenberg macht die Universität Leipzig zum Zentrum der theoretischen Physik in Deutschland.

1929 Die „Assoziation revolutionärer bildender Künstler Deutschlands“ gründet sich in Dresden.
Der „Schwarze Freitag“ markiert den Beginn der Weltwirtschaftskrise. Sachsen zählt zu den am stärksten betroffenen Notstandsgebieten Deutschlands.

1933 Die Nationalsozialisten erreichen 45 Prozent der sächsischen Stimmen. Dresden hat den höchsten Anteil an Parteimitgliedern unter allen deutschen Großstädten.

1936 Die Stadt Leipzig lässt das Denkmal Felix Mendelssohn Bartholdys abreißen.
Das Heimatwerk Sachsen wird gegründet. Es steuert alle auf Sachsen bezogenen kulturellen Aktivitäten.

1943–1945 Die alten Zentren von Leipzig, Chemnitz und Plauen werden von den westlichen Alliierten gezielt bombardiert, die Dresdner Altstadt 1945 vernichtet.

1946 Die beiden Arbeiterparteien vereinigen sich zur „Sozialistischen Einheitspartei Deutschlands".

1949 Die DDR wird gegründet.

NACH 1950 Die Künstler der Dresdner Schule sind traditionalistisch ausgerichtet, die meisten malen sachlich und realistisch. Da sie sich in keine Richtung der Künste des 20. Jahrhunderts einordnen lassen, betrachtet man ihre Kunst gemeinhin als „sächsische Sonderform".

1952 Walter Ulbricht setzt eine Verwaltungsreform durch, die die Auflösung der Länder und ihre Aufteilung in Bezirke vorsieht – Sachsen existiert nicht mehr.

1953 Chemnitz wird in „Karl-Marx-Stadt" umbenannt.

1956 Das Reiterdenkmal Augusts des Starken, während des Krieges verwahrt, wird im Rahmen der 750-Jahr-Feier Dresdens am historischen Ort wieder aufgestellt.

1956/1958 Die Moskauer Regierung gibt die Dresdner Gemäldegalerie wieder zurück. Der Wiederaufbau der Dresdner Kunstsammlungen beginnt.

1957 Erich Loest, der sich selbst als Schriftsteller des Volkes versteht, wird als „gefährlich" eingestuft, verhaftet und zu sieben Jahren Zuchthaus verurteilt.

1959/60 Die Kollektivierung der Landwirtschaft wird durchgesetzt. Die Bauern müssen in die LPGs eintreten.

SEIT DEN 1960ER JAHREN Die alten städtischen Zentren werden wiederhergestellt – entweder durch Restaurierung wie in Torgau und Görlitz, oder durch Neubau wie beim Dresdner Altmarkt. Maßgebende Baumeister hierfür sind aus dem Bauhaus hervorgegangen.
Historiker der Freiberger Bergakademie und Dresdner Kunsthistoriker bringen die sächsische Kulturgeschichte zurück ins Bewusstsein der Einwohner. Alte Bräuche werden wieder aufgenommen, Heimatvereine gründen sich („Sachsenrenaissance" in den 1980ern).

1961 Die strukturpolitischen Maßnahmen der SED treffen v. a. die Bezirke Dresden, Leipzig und Chemnitz. Eine Landflucht enormen Ausmaßes setzt ein. Der Bau der Mauer gebietet der Flucht gen Westen schließlich Einhalt.

1970ER JAHRE Die Bilder der bis dahin dominierenden Dresdner Schule werden in den Kunstausstellungen der DDR von der Leipziger Schule verdrängt.

1973 In Königswalde findet das erste Friedensforum statt.

1976–1987 Werner Tübke schafft das Monumentalgemälde im Rundbau auf dem Schlachtberg bei Bad Frankenhausen, gewidmet dem Bauernaufstand unter Müntzer 1525. Es gilt als Hauptwerk der Leipziger Schule.

1980ER JAHRE Der Wiederaufbau des Residenzschlosses wird durch eine Bürgerinitiative erkämpft.

1985 Die im Krieg zerstörte Semperoper wird wiedereröffnet.

1989 Erste Montagsdemonstration in Leipzig, ausgehend von den Friedensgebeten in der Nikolaikirche. Am 9. November wird die Grenze geöffnet.

1990 Auf der Albrechtsburg in Meißen wird das Land Sachsen wiedergegründet.
Eine Bürgerinitiative fordert, die Dresdner Frauenkirche als Hauptwerk des evangelischen Kirchenbaus archäologisch wieder aufzubauen. Sie wird 2005 eingeweiht. Der Wiederaufbau wird durch Spenden aus aller Welt finanziert.

NACH DER WENDE Die dritte Generation, die „Neue Leipziger Schule", tritt in den Vordergrund. Sie widmet sich wieder den alten Traditionen. Als ihr „Oberhaupt" wird Neo Rauch, zunächst Professor für Malerei und Grafik an der Leipziger Akademie, verstanden.

1991 Der Mitteldeutsche Rundfunk strahlt seine erste Sendung nach der Neugründung aus.

1992 In Freiberg findet der erste „Tag der Sachsen" statt.

1996 Die Sächsische Akademie der Künste wird in Dresden gegründet.

1998 Die erste Sächsische Landesausstellung wird im Kloster St. Marienstern eröffnet.

2001 Die ehemalige sächsische Fürstenschule in Meißen, in der DDR LPG-Hochschule, wird zum Landesgymnasium St. Afra für Hochbegabte umfirmiert.

2002 Das „Jahrhunderthochwasser" der Elbe und weiterer Flüsse in Sachsen verwüstet weite Landstriche.

2006 In Dresden wird das Historische Grüne Gewölbe wiedereröffnet.

2012 Die Technische Universität Dresden erhält den Status „Exzellenzuniversität".

2013 Erneutes Hochwasser in Sachsen. Durch die zwischenzeitlich umgesetzten Hochwasserschutzmaßnahmen fällt der Schaden diesmal jedoch geringer aus.

AUSWAHL BENUTZTER UND ZU VERTIEFENDEN STUDIEN EMPFOHLENER LITERATUR

Albert Prinz von Sachsen: Die Wettiner in Lebensbildern. Graz, Wien, Köln 1995

Asche, Sigfried: Drei Bildhauerfamilien an der Elbe. Wien 1961

Asche, Sigfried: Balthasar Permoser und die Barockskulptur des Dresdner Zwingers. Frankfurt a. M. 1966

Barock in Dresden, hrsg. von Ulli Arnold und Werner Schmidt. Ausstellung in der Villa Hügel in Essen. Leipzig 1986

Bergbau im Erzgebirge. Technische Denkmale und Geschichte, hrsg. von Otfried Wagenbreth und Eberhard Wächtler. Leipzig 1990

Blaschke, Karlheinz: Beiträge zur Geschichte der Oberlausitz. Gesammelte Aufsätze. Görlitz, Zittau 2000

Blaschke, Karlheinz: Der Fürstenzug zu Dresden. Leipzig 1911

Blaschke, Karlheinz: Geschichte Sachsens im Mittelalter. Berlin 1990

Carus, Carl Gustav: Neun Briefe über Landschaftsmalerei. Leipzig 1831

Caspar David Friedrich und sein Kreis. Ausstellung Dresden 1974

Czok, Karl: Das alte Leipzig. Leipzig 1978

Czok, Karl: August der Starke und Kursachsen. Leipzig 1987

Czok, Karl: August der Starke und seine Zeit. 4., neu gestaltete und erweiterte Auflage, Leipzig 2004

Das Dresdener Schloß, Monument Sächsischer Geschichte und Kultur. Ausstellung Dresden, 2. Auflage 1992

Das Jahrhundert der Reformation in Sachsen, hrsg. von Helmar Junghans. 2. Auflage Leipzig 2005

Der silberne Boden. Kunst und Bergbau in Sachsen, hrsg. von Manfred Bachmann, Harald Marx und Eberhard Wächtler. Stuttgart und Leipzig 1990

Die politische »Wende« 1989/90 in Sachsen. Rückblick und Zwischenbilanz, hrsg. von Alexander Fischer und Günther Heydemann. Köln, Weimar, Wien 1995

Die sächsischen Fürsten und Landesschulen. Interaktion von lutherisch-humanistischem Erziehungsideal und Eliten-Bildung, hrsg. von Jonas Flöter und Günther Wartenberg. Leipzig 2004

Dehio, Georg: Handbuch der deutschen Kunstdenkmäler. Sachsen I und II. München 1996

Ecclesia Triumphans Dresdensis. Ausstellung Künstlerhaus Wien 1988

Ferdinand von Rayski in der Dresdener Galerie, Ausstellungskatalog hrsg. von Gerd Spitzer, Ausstellung Staatliche Kunstsammlungen Dresden. Dresden 2006

Ferdinand von Rayski. Ausstellung Dresden 1990

Festschrift zur 900-Jahr-Feier des Hauses Wettin, hrsg. von Hans Assa von Polenz und Gabriele von Seydewitz. Bamberg 1989

Forberger, Rudolf: Die Manufaktur in Sachsen vom Ende des 16. bis zum Anfang des 19. Jahrhunderts. Berlin 1958

Forberger, Rudolf: Die industrielle Revolution in Sachsen 1800–1861. Bd. 1: Die Revolution der Produktivkräfte in Sachsen 1800–1830. Berlin 1982. Bd. 2: Die Revolution der Produktivkräfte in Sachsen 1831–1861. Stuttgart 1999

Fürstenau, Moritz: Zur Geschichte der Musik und des Theaters am Hofe zu Dresden. 2 Bände. Dresden 1861–1862 (Reprint Leipzig 1971)

Gemäldegalerie Dresden Neue Meister. Bestandskatalog 1987

Geschichte Sachsens, hrsg. von Karl Czok. Weimar 1989

Glaube und Macht. Sachsen im Europa der Reformationszeit. 2. Sächsische Landesausstellung. Aufsatzband und Katalogband. Dresden 2004

Gottfried Semper zum 100. Todestag. Ausstellung Dresden 1979

Gröger, Helmuth: Burgen und Schlösser in Sachsen. Dresden 1940

Gleisberg, Dieter: Merkur und die Musen. Schätze der Weltkultur aus Leipzig. Katalog. Wien 1989

Haase, Gisela: Dresdener Möbel des 18. Jahrhunderts. Leipzig 1983

Haase, Gisela: Sächsisches Glas. Leipzig 1988

Heimatwerk Sachsen. Große Männer Sachsens, hrsg. von Franz Schubert. Dresden 1939

Hentschel, Walter: Dresdener Bildhauer des 16. und 17. Jahrhunderts. Weimar 1966

Hentschel, Walter: Kursächsischer Eisenkunstguß. Dresden 1955

Hentschel, Walter: Sächsische Plastik um 1500. Dresden 1926

Heres, Gerald: Dresdener Kunstsammlungen im 18. Jahrhundert. Leipzig 1991

Heres, Gerald: Winckelmann in Sachsen. Berlin, Leipzig 1991

Hoffmann, Friedrich Gottlob: Abbildung der vornehmsten Tischlerarbeiten ... Leipzig 1789, (Reprint Leipzig 1979)

Holzhausen, Walter: Prachtgefäße, Geschmeide, Kabinettstücke. Goldschmiedekunst in Dresden. Tübingen 1966

Horkheimer, Max und Adorno, Theodor W.: Dialektik der Aufklärung. Philosophische Fragmente. Frankfurt a. M. 2006

Hoyer, Eva Maria: Sächsischer Serpentin. Leipzig 1995

Jäckel, Günther: Dresden zur Goethe-Zeit. Berlin 1988

Justi, Carl: Winckelmann und seine Zeitgenossen. 2 Bände. 4. Auflage Leipzig 1943

Karlsch, Rainer und Schäfer, Michael: Wirtschaftsgeschichte Sachsens im Industriezeitalter. Leipzig 2006

Köhler, Johann August Ernst: Das Königreich Sachsen und seine Fürsten. Leipzig 1889

Königliches Dresden. Höfische Kunst im 18. Jahrhundert, hrsg. u. a. von Jutta Kappel. Ausstellung München 1990

Koschmal, Walter: Grundzüge sorbischer Kultur. Eine typologische Betrachtung. Bautzen 1995

Kötzschke, Rudolf und Kretzschmar, Hellmut: Sächsische Geschichte. Dresden 1935

Landesgeschichte in Sachsen. Tradition und Innovation, hrsg. von Rainer Aurig, Steffen Herzog und Simone Lässig. Bielefeld 1997

Krell, Hartmut: Das Verfahren gegen den 1601 hingerichteten kursächsischen Kanzler Dr. Nicolaus Krell. Frankfurt a. M. 2006

Kunst der Bachzeit. Ausstellung Leipzig 1985

Laux, Karl: Die Dresdener Staatskapelle. Leipzig 1964

Löffler, Fritz: Otto Dix. Dresden 1972

Löffler, Fritz: Die Stadtkirchen in Sachsen. Berlin 1973

Löffler, Fritz: Das alte Dresden. 6. Auflage Leipzig 1982

Löffler, Fritz: Bernardo Bellotto genannt Canaletto. Dresden im 18. Jahrhundert. Leipzig 1985

Ludolphy, Ingetraut: Friedrich der Weise. Göttingen 1984

Ludwig Richter – Der Maler, Ausstellungskatalog, hrsg. von Gerd Spitzer und Ulrich Bischoff. Ausstellung Staatliche Kunstsammlungen Dresden. München, Berlin 2003

Luther, Stephan: Von der Kgl. Gewerbeschule zur Technischen Universität. Die Entwicklung der höheren technischen Bildung in Chemnitz 1863–2003. Chemnitz 2003

Magirius, Heinrich: Der Dom zu Freiberg. Leipzig 1986
Martin Luther und die Reformation in Deutschland, hrsg. von Gerhard Bott. Ausstellung Nürnberg 1983
Marx, Harald: Die Gemälde des Louis de Silvestre. Katalog. Dresden 1975
Matthäus Daniel Pöppelmann. Der Architekt des Dresdener Zwingers, hrsg. von Harald Marx. 2. Auflage Leipzig 1990
Menzhausen, Ingelore: Das rothe und das weisse Porcellain, in: Johann Friedrich Böttger, die Erfindung des europäischen Porzellans, hrsg. von Rolf Sonnemann und Eberhard Wächtler. Leipzig 1982
Menzhausen, Ingelore: Höroldt und sein »Seminarium«, in: Keramos, Heft 120, April 1988, S. 3–38
Menzhausen, Ingelore: In Porzellan verzaubert. Die Figuren Johann Joachim Kändlers in Meissen aus der Sammlung Pauls-Eisenbeiss in Basel. Basel 1993
Menzhausen, Joachim: Das Grüne Gewölbe. Leipzig 1968
Menzhausen, Joachim: Dresdener Kunstkammer und Grünes Gewölbe. Leipzig 1968
Naumann, Günter: Sächsische Geschichte in Daten. Berlin und Leipzig 1991
Neidhardt, Hans Joachim: Die Malerei der Romantik in Dresden. Leipzig 1976
Petzold, Richard: Heinrich Schütz und seine Zeit in Bildern. Leipzig 1972
Pevsner, Nikolaus: Leipziger Barock. Dresden 1928
Posse, Otto: Die Wettiner. Genealogie des Gesamthauses Wettin. Reprint mit Berichtigungen und Ergänzungen der Stammtafeln bis 1993 von Manfred Kobuch. Leipzig 1994
Quellmalz, Werner: Die edlen Steine Sachsens. Leipzig 1990
Richter, Michael: Die Bildung des Freistaates Sachsen. Friedliche Revolution, Föderalisierung, deutsche Einheit 1989/90. Göttingen 2004
Rudolph, Karsten: Die sächsische Sozialdemokratie vom Kaiserreich zur Republik 1871–1923. Köln, Weimar, Wien 1995
Sachsen. Historische Landeskunde Mitteldeutschlands, hrsg. von Hermann Heckmann. Würzburg 1991
Sachsen im Kaiserreich. Politik, Wirtschaft und Gesellschaft im Umbruch, hrsg. von Simone Lässig und Karl Heinrich Pohl. Köln, Weimar, Wien 1997
Sachsen und Mitteldeutschland. Politische, wirtschaftliche und soziale Wandlungen im 20. Jahrhundert, hrsg. von Werner Brahmke und Ulrich Heß. Köln, Weimar, Wien 1995
Sächsische Biographie. Online-Lexikon zur sächsischen Geschichte, bearbeitet und hrsg. vom Institut für sächsische Geschichte und Volkskunde e. V.: www.isvg.de/saebi
Sander, Ingo und Hesse, Hans: Ein Maler der Spätgotik in Sachsen. Dresden 1983
Schade, Werner: Die Malerfamilie Cranach. Dresden 1974
Schmidt, Eva: Der Preußische Eisenkunstguß. Berlin 1981
Schmidt, Otto Eduard: Kursächsische Streifzüge. 7 Bände. Leipzig und Dresden 1902–1930
Spitzer, Gerd: Christian Friedrich Gille. Katalog. Dresden 1994
Stadtlexikon Dresden. Dresden, Basel 1994
Staszweski, Jacek: August III., Kurfürst von Sachsen und König von Polen. Berlin 1996
Tausend Jahre deutscher Vergangenheit in Quellen heimatlicher Geschichte, insbesondere Leipzigs und des Leipziger Kreises, hrsg. von Karl Beier, Alfred Dobritzsch und Karl Lamprecht. 2 Bände. Leipzig 1911
The Fine Arts Museum of San Francisco, Kalifornien. Ausstellung Palace of the Legion of Honor 1979
The Metropolitan Museum of Art. Ausstellung New York 1978/79
The Splendor of Dresden, Five Centuries of Art Collecting. Ausstellung National Gallery of Art, Washington 1978
Thulin, Oskar: Die Lutherstadt Wittenberg. 7. Auflage Berlin 1968
Unter einer Krone. Kunst und Kultur der sächsisch-polnischen Union, hrsg. von Werner Schmidt und Dirk Syndram. Ausstellungskatalog Leipzig 1997
Watzdorf, Erna von: Johann Melchior Dinglinger, der Goldschmied des deutschen Barock. 2 Bände. Berlin 1962
Welt–Macht–Geist. Das Haus Habsburg und die Oberlausitz 1526–1635, hrsg. von Joachim Bahlke und Volker Dudeck. Görlitz, Zittau 2002
Wollgast, Siegfried: Philosophie in Deutschland zwischen Reformation und Aufklärung 1550–1650. Berlin 1988
Von der Königlichen Kunstakademie zur Hochschule für Bildende Künste, hrsg. von der Hochschule für Bildende Künste Dresden. Dresden 1990
Wirtschaftsatlas Sachsens, hrsg. von den Industrie- und Handelskammern Dresden, Leipzig, Chemnitz-Plauen-Zwickau. Dresden 2005. Sonderausgabe
Wirtschaft und Gesellschaft in Sachsen im 20. Jahrhundert, hrsg. von Werner Brahmke und Ulrich Heß. Leipzig 1998
Wirtschaft. Innovation. Bildung. Beiträge zur Darstellung von 100 Jahren Industrie- und Wirtschaftsentwicklung in Sachsen, hrsg. vom Bildungswerk der Sächsischen Wirtschaft e.V. Chemnitz 2000
Zwahr, Hartmut: Revolution in Sachsen. Beiträge zur Sozial- und Kulturgeschichte. Köln, Weimar, Wien 1996

Periodika

Neues Archiv für Sächsische Geschichte
Sächsische Heimatblätter
Dresdener Hefte

NAMENSREGISTER

Gerade stehende Ziffern verweisen auf den Text, *kursive* auf die Abbildungen.

BILDNACHWEIS

Archiv Nossen / Kloster Altzella (H. Boswank): S.17
Beyer, Constantin, Weimar/Bochum: S. 46, 49, 268/269
Bildarchiv Preußischer Kulturbesitz, Berlin: S. 55, 63, 138r., 231, 240, 256, 269, 289, 307
Courtesy Galerie EIGEN + ART Leipzig/ Berlin, David Zwirner, New York: S. 312
Deutsche Bundesstiftung Umwelt / PUNCTUM-Fotografie: Umschlag Vorderseite r., S. 61, 65, 112, 162, 242
Dittrich, Silvio, Dresden: S. 30, 39, 56/57, 72, 185
Klassik Stiftung Weimar: S. 212
Kühne, Armin, Leipzig: S. 277/278
Landesamt für Denkmalpflege Sachsen, Dresden: S. 113, 163
Lieberknecht, Werner: S. 20, 194, 215, 326
Menzhausen, Joachim: S. 327
PUNCTUM-Fotografie / Bertram Kober: S. 276, 279, 280
Sächsisches Hauptstaatsarchiv, Dresden: S. 154, 228, 237
Sächsische Landesbibliothek – Staats- und Universitätsbibliothek, Dresden, Abt. Deutsche Fotothek: S. 10 (Dankelmann), 12 (Walter Möbius), 14, 20 (Max Nowak), 21 (Max Nowak), 22, 33 r. (Walter Möbius), 35 l. (Walter Möbius), 35r. (Max Nowak), 36 (Walter Möbius), 37 (Walter Möbius), 45, 50 (Walter Möbius), 67/68, 70 (Manfred Thonig), 77 u. (Heinz Nagel), 86 (Brigitte Paetzold), 88 (Regine Ritter), 91 (Rudolph Kramer), 95 (Waltraud Rabich), 96, 103, 104 (Walter Möbius), 107 (Wolff), 109 (Gerhard Döring), 122 r. (Bernd Walther), 139, 145, 156 (Margot Heckmann), 169 (Rudolph Kramer), 174 (Manfred Thonig), 180 (Siegfried Bregulla), 191 (Oskar Kaubisch), 217, 260 (Regine Richter), 271, 308, 319, 320 (Asmus Steuerlein)
Schlossbetrieb Augustusburg: S. 85
Stadtgeschichtliches Museum Leipzig: Umschlag Rückseite l., S. 19, 84, 122l., 164, 189, 235, 238, 306
Stadtmuseum Dresden: S. 98, 199, 206, 261, 309u.
Stiftung Luthergedenkstätten in Sachsen-Anhalt: S. 97 r.
Verlagsarchiv: Umschlag Rückseite r., S. 11, 13, 15, 16, 23, 24l, 24r., 26, 28, 31, 32, 33l., 34, 40, 41, 43, 44, 48, 51, 52, 53, 54, 60, 62, 64, 69, 71, 73, 74/75, 77o., 79, 80, 81, 83, 87, 90, 91, 92, 93, 97l., 100, 101, 105, 106, 108, 110, 111, 114, 116, 118, 119, 120, 121, 123, 125, 126, 128, 129, 131, 133, 135r., 135l., 136, 137, 138l., 140l., 140r., 141, 143, 146, 147, 148, 149, 150, 151o., 151u., 152, 153, 157, 159, 160, 161, 165l., 165r., 166r., 166l., 167r., 167l., 168, 170l., 170r., 171, 172, 175, 176, 177l., 177r., 177u., 178, 181, 188, 190, 192, 193, 195, 196, 197, 198, 200, 201, 202, 203, 205, 207, 208l., 208r., 210l., 210r., 213, 214, 219, 221, 223, 224, 225, 226, 229, 232, 233l., 233r., 238, 239, 241, 243, 245, 246, 247, 248, 249l., 249r., 250, 251, 253, 254, 255, 257, 263, 265, 266, 270, 272, 273, 274, 275, 281, 282, 283, 284l., 284r., 285, 286, 287, 288, 290, 291, 292, 293, 294, 296, 297o., 297u., 299, 300, 301, 302, 303, 304l., 304r., 305, 309o., 310, 311, 313, 314, 315, 316, 317, 318, 321, 323, 324

Da nicht alle Rechteinhaber ermittelt werden konnten, bitten wir, berechtigte Ansprüche beim Verlag geltend zu machen.